PÁGINA 36

PÉ NA ESTRADA

SEU GUIA COMPLETO
Críticas aprofundadas, listas detalhadas e dicas de quem entende

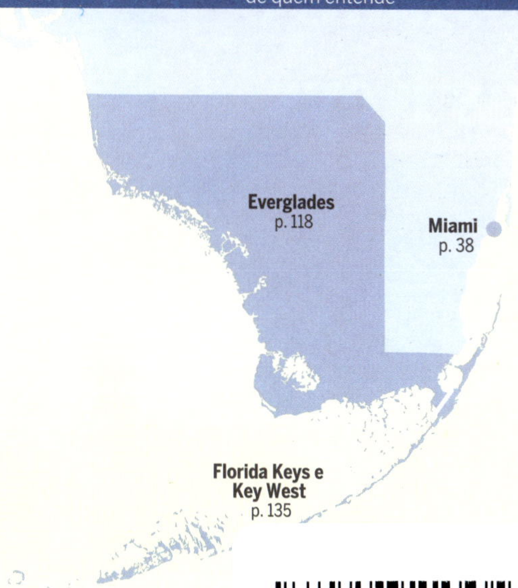

PÁGINA 219

GUIA DE SOBREVIVÊNCIA

INFORMAÇÕES PRÁTICAS E ESSENCIAIS PARA AJUDÁ-LO A ORGANIZAR UMA VIAGEM TRANQUILA

ESTA EDIÇÃO FOI ESCRITA E PESQUISADA POR

Adam Karlin

bem-vindo a Miami e às Keys

A cidade mágica

O sul da Flórida é uma terra de sonhos. Miami é conhecida como a Cidade Mágica. Não importa para onde olhar, criatividade e inovação são importantes aqui, manifestando-se em arte, arquitetura e festivais. É possível perceber isso da extravagância da Lincoln Rd à efêmera beleza dos néons da Ocean Dr; dos edifícios altos do centro de Miami aos condomínios vazios que levaram os especuladores à falência; das paredes rosadas das mansões de Coral Gables aos salões escuros e sexy de Overtown; e dos ovos Fabergé no interior do Museu Vizcaya às obras de arte experimentais em Midtown. Se ficar em Miami tempo suficiente, poderá acreditar que a mágica é real.

Artes e vanguarda

Em Miami e Miami Beach, os bairros mais novos são os distritos onde a comunidade criativa está abrindo os melhores restaurantes, bares e casas noturnas (e aqui "o mais novo" e o "melhor" geralmente andam de mãos dadas). Às vezes, isso assume a forma de fortes investimentos públicos em obras-primas arquitetônicas como o Adrienne Arsht Center e o New World Center, dois impressionantes espaços de artes cênicas que trouxeram mais charme a Miami e Miami Beach, respectivamente. Às vezes, jovens artistas usam *open houses*, galerias abertas à noite e shows especiais em estúdios para renovar zonas inteiras dos bairros. De todas a

JON DAVISON / LONELY PLANET IMAGES ©

A beleza é o mais importante aqui. Com modelos, hotéis art déco, *nascer do sol na praia e um ecossistema pantanoso com ilhas sedutoras, o sul da Flórida é uma obra-prima estética.*

(à esquerda) Ocean Drive de South Beach (p. 46)
(abaixo) Patins e bicicletas em South Beach (p. 42)

LEE FOSTER / LONELY PLANET IMAGES ©

formas, a grande Miami está crescendo, física e culturalmente.

Ah, Flórida

Se Miami está repleta de cultura, prazer e beleza urbana, o sul da Flórida transborda beleza natural, especialmente o espetacular ecossistema pantanoso do Everglades e as florestas nas ilhas e canais das Keys. Se fossem chacoalhados os Estados Unidos, todas as excentricidades (e muitos dos excêntricos) cairiam neste canto do sudeste do país, o sul da Flórida. O que acontece quando essas pessoas se misturam com a considerável população imigrante da região? Prazer, diversidade e, de vez em quando, o sacrifício de uma galinha para uma entidade vodu. Miami é bastante iconoclasta, mas e fora da cidade? Em Everglades, você vai encontrar jacarés lutadores e caçadores do Pé Grande tomando cerveja em restaurantes de frutos do mar com panteras rondando no quintal. Nas Keys, encontrará *drag queens* trabalhando como exterminadoras de insetos e ilhas chamadas de No Name [sem nome] habitadas por miniaturas de cervos. Toda essa maravilhosa familiaridade é acolhida por uma incrível beleza natural: baías iluminadas, lagoas serenas, abundantes florestas de ciprestes, ilhas de esmeralda espalhadas por um mar azul-petróleo e uma extensão de pântanos muito antigos.

Miami e Keys

81°45'W
81°30'W
81°15'W
81°00'W
80°45'W
80°30'W
26°15'N
26°00'N
25°45'N
25°30'N
25°15'N
25°00'N
24°45'N
24°30'N
24°15'N
Big Cypress Swamp
Naples
Big Cypress National Preserve
Everglades
Miami C
Marco Island
Collier-Seminole State Park
Ochopee
Everglades City
Chokoloskee
Cape Romano
10,000 Islands
Chevelier Bay
Shark Valley
Everglades
Observação de jacarés e pássaros (p. 118)
Big Lostmans Bay
Florida City
Golfo do México
Shark Point
Everglades National Park
Whitewater Bay
Hell's Bay
Hell's Bay
Reme pelo coração de Everglades (p. 130)
Cape Sable
Flamingo
Florida Bay
Tavernier
Plantation Key
Plantation
Key West
Hemingway bebia aqui; você recusaria uma dose?(p. 153)
Islamorada
Lignumvitae Key
Indian Key
Layton
Upper Keys
Duck Key
Grassy Key
Great White Heron National Wildlife Refuge
Cudjoe Key
Big Pine Key
Little Pine Key
Marathon
Boot Key
Middle Keys
Big Pine
Bahia Honda Key
Bahia Honda State Park
Key West
Sugarloaf Key
Estreitos da Flórida
Key West
Veja ampliação
Lower Keys
Bahia Honda State Park
Acampe nesse ensolarado litoral (p. 150)
Overseas Highway
Viagem tropical memorável (p. 27)

North Beach
Adore o sol em parques e enseadas isoladas (p. 53)
Design District
Visite galerias e estúdios (p. 61)
Miami Beach
Escolha entre uma variedade de bares (p. 104)
Midtown Miami
Coma na fronteira culinária de Miami (p. 99)
South Beach
Veja os titãs do design déco (p. 42)
South Beach
Observe as celebridades na Collins Ave (p. 42)
Overtown
Clubes da moda com música ao vivo (p. 107)
Calle Ocho
Explore o animado centro latino de Little Havana (p. 67)
Coral Gables
Maravilhe-se com as mansões e villas (p. 71)
Coral Gables
Procure os fantasmas no opulento Biltmore Hotel (p. 71)
Boca Raton
Deerfield Beach
Fort Lauderdale
Hollywood
North Beach
Hialeah
Miami Beach
Miami
Key Biscayne
OCEANO ATLÂNTICO
Florida Keys National Marine Sanctuary
Biscayne National Park
Biscayne Bay
Elliott Key
John Pennekamp Coral Reef State Park
Key Largo
Key Largo National Marine Sanctuary
0 30 km
0 20 milhas
ALTITUDE
500 pés
0
OCEANO ATLÂNTICO
Dry Tortugas National Park e Key West
Dry Tortugas National Park
Key West National Wildlife Refuge
24°45'N
24°30'N
80°15'W
83°00'W
82°45'W
82°30'W
82°15'W

AS 15 MELHORES EXPERIÊNCIAS

Curtir a vida noturna de Miami

1 Miami é uma cidade divertida e bonita, e a melhor maneira de aceitar essa verdade é percorrer as regiões. Em lugares como Midtown, Overtown e Coral Gables, encontre bares descontraídos (p. 104) – até botecos! – onde a clientela é glamorosa, sexy e radiante, mas também amigável e pé no chão. Vale a pena conhecer até os megaclubes em Miami Beach, com suas restrições de vestuário e preços altíssimos, principalmente pela dedicação com que inovam no campo da criação de excessos boêmios.

Aproveitar o sol em North Beach

2 Quando as pessoas pensam em diversão sob o sol e Miami, sua agenda mental geralmente traz duas palavras: South Beach. E não nos entendam mal! South Beach é estupenda. Mas se estiver interessado em fugir das multidões e da pressão de ter uma aparência fabulosa refugiando-se em uma praia de alta qualidade, vá para North Beach (p. 53). Lugares como Haulover Beach Park (p. 54) são o tipo de praia bonita o suficiente para ser seu protetor de tela, e se você realmente quer um bronzeado completo, há praias onde o uso de roupa é opcional.

1

JOCHEN TACK / PHOTOLIBRARY ©

2

GREG BALFOUR EVANS / ALAMY ©

Ver jacarés em Everglades

3 O sul da Flórida adora abraçar o que é novo em termos de moda, culinária e tudo que o mundo acha legal. Mas, olhando embaixo da superfície da região (literalmente), você vai encontrar uma paisagem e habitantes antiquíssimos. Quão antigos? Não existe nada mais primitivo do que os jacarés, criados pela natureza para serem perfeitos carnívoros coriáceos; predadores cuja composição é tão perfeita que não precisaram mudar muito desde o tempo dos dinossauros. É possível ver muitos jacarés nos caminhos do Centro de Visitantes de Royal Palm (p. 130).

Badalar em Key West

4 Key West é muitas coisas: ícone da contracultura; parte mais ao sul dos EU continental; refúgio solar da comunidade gay. Mesmo não nos esquecendo de nada disso, também é, gostemos ou não, um bar flutuante Milhares de pessoas vêm para cá anualmente para se soltar. Una-se a elas! Comece com um pôr do sol em Mallory Square (p. 153), assista a um cachorro caminhando sobre a corda bamba e engolidores de fogo, depois embarqu na famosa "Duvall Crawl" (p. 157) e prepare-se para a noite mais divertida da sua vida. Só não planeje muitas coisas para a manhã seguinte.

5

TONY SAVINO / SYGMA / CORBIS ©

6

JEFF GREENBERG / ALAMY ©

Explorar a calle Ocho

5 *Ellos llaman a este barrio "Little Havana" pero no son solo cubanos los que viven aquí.* Perdão. Estamos só falando que Little Havana (p. 67), o chamado coração da comunidade cubana de Miami, é habitado por mais do que cubanos. Há falantes de espanhol de todos os lados na calle Ocho, também conhecida como "8th St", uma das mais coloridas e culturalmente vibrantes vias públicas no país. Ajuda falar um pouco de espanhol, mas não é imprescindível. Só é preciso pegar um charuto, um copo grande de suco e aproveitar a efervescência multicultural de Miami.

Visitar galerias no Design District

6 Os moradores mais antenados de Miami se juntam de vez em quando nos clubes de South Beach, mas há anos o centro das atividades dos descolados é Midtown (a área ao norte de Downtown que inclui Wynwood e o Design District; p. 61), que já foi um bairro de trabalhadores. Muitos edifícios agora são galerias, estúdios, galpões de arte e às vezes tudo isso ao mesmo tempo. Todo mês esses espaços artísticos abrem suas portas (p. 107). Vinho não falta. Os artistas, os literatos ou apenas os glamorosos zanzam de galeria em galeria. E novas fronteiras na Miami *cool* são abertas.

Caçar os fantasmas de Biltmore

7 Miami está cheia de edifícios impressionantes, e alguns dizem que a maior joia da cidade é o Biltmore em Coral Gables (até o nome se enrola aristocraticamente na língua). Construído em 1925, esse hotel (p. 71) une as duas vibrações iniciais e distintas da era do jazz: a exibição de talento e a dignidade elegante. Hoje, a prosperidade e os fantasmas dos antigos hóspedes rondam o edifício majestoso, e não estamos apenas dizendo que o Biltmore conserva a essência de seus dias de glória; alguns dizem que os espíritos assombram seus corredores.

Procurar celebridades em South Beach

8 South Beach (p. 42) tem tudo a ver com glamour, em seu significado original, em inglês antigo: um feitiço. Mágica. Tantas celebridades visitam South Beach que o estilo de vida delas se espalha sobre nós, meros mortais que os perseguimos, esperando vê-los passear por Lincoln Rd (p. 43; foto abaixo) ou beber no Shore Club (p. 87). Há uma mágica própria na atmosfera de *paparazzi* de South Beach. Perca-se na multidão, porque quando você procura celebridades e frequenta os mesmos lugares que elas, começa a se sentir como tal.

LEE FOSTER / LONELY PLANET IMAGES©

ROUGH GUIDES / PHOTOLIBRARY ©

LOOK DIE BILDAGENTUR DER FOTOGRAFEN GMBH / ALAMY ©

Contemplar os gigantes da *art déco*

9 Como todas as grandes cidades, Miami e Miami Beach possuem um estilo arquitetônico único (p. 213). Na verdade, *art déco* não é só um diferencial de Miami. Em lugares como South Beach (p. 42), é o estilo definitivo. É uma expressão do começo do século 20 de estéticas que incorporam inspirações aparentemente contraditórias – modernidade com nostalgia das belas-artes; aerodinâmica com ornamentos fantásticos; cores tênues e misturas de pastel. Tudo que quiser conhecer de decoração encontra-se em maior concentração fora de Miami e Miami Beach.

Comer em Midtown Miami

10 Miami é uma cidade que adora seus prazeres, e o maior deles é uma boa refeição. Se você realmente quer estimular seu paladar, venha para a fronteira culinária de Miami: Midtown (Wynwood e arredores; p. 99). Em restaurantes como Señora Martinez, Sustain e Michy's, você vai encontrar o melhor dos ingredientes locais – um rico banquete tirado dos campos e oceanos da Flórida – preparado ao estilo de Miami, com muito talento tropical e diversão.

Admirar as mansões de Coral Gables

11 Coral Gables (p. 71) é chamada de Cidade Linda por bons motivos. Os Estados Unidos em geral e Miami em particular estão sempre associados com ostentação, e Coral Gables assume esse clichê e dá a ele um novo sentido. Sim, as casas aqui são opulentas, e algumas são realmente exageradas, mas muitas são maravilhosas execuções de um revival do estilo mediterrâneo que mistura o melhor das vilas ibéricas, casas marroquinas e cúpulas romanas. Coral Gables é o ponto mais chique de Miami; recomendamos uma visita.

STEPHEN MEESE / DREAMSTIME ©

Andar de caiaque em Hell's Bay

12 Os antigos moradores de Glades, que já habitaram o que é agora um dos mais lindos parques nacionais dos Estados Unidos, apelidaram esse trecho aquático como "Hell's Bay". Por quê? O canal, parte de uma complicada rede capilar de riachos, era "um inferno para entrar, um inferno para sair". Mas depois que se entra é um paraíso, sombreado por um túnel de vegetação que diminui o calor enquanto seus remos o conduzem pela água. Esqueça o nome assustador; andar de caiaque em Hell's Bay (p. 130) é uma das experiências exploratórias mais românticas do sul da Flórida.

Acampar em Bahia Honda

13 Todos pressupõem que as Keys da Flórida estão marcadas por lindas praias, mas isso não é exatamente o caso. As Keys são ilhas de mangue, e assim suas praias são geralmente um emaranhado de samambaias e vegetação – bonitas, mas não lembram em nada uma praia tradicional. Não tanto em Bahia Honda (p. 150), onde uma bela faixa de areia fofa se espalha por toda a costa. Agende antes e você poderá acampar e acordar com uma brisa marítima perfeita e o brilho de um novo dia dançando nas ondas próximas.

Explorar a noite do norte de Downtown

14 A noite do norte do centro de Miami significa festas em todas as estações. Os bares, pubs e casas noturnas nessa região (p. 107), que vão mais ou menos de Overtown ao artístico Midtown até as longas vistas de Biscayne Blvd, contemplam uma gama variada de estilos: há salões elegantes onde modelos que parecem estátuas com saltos altíssimos tomam chardonnay; bares alegres onde o karaokê geralmente faz parte do menu; estúdios que se converteram em excelentes lugares com música ao vivo; e alguns poucos exemplos excêntricos que misturam tudo isso num único lugar.

14

Viajar de carro pela Overseas Highway

15 As Florida Keys estão conectadas pela Hwy 1, também conhecida como Overseas Hwy (p. 27). Cruzar as muitas pontes da estrada e parar sempre para admirar o golfo do México ou a baía da Flórida é simplesmente um dos maiores prazeres de viajar pela região. Se você não gosta de dirigir, pode ir de bicicleta por uma boa parte da rota de 200km; a maior parte do caminho é plana, há acostamentos em toda a rota e mais de 112km da Florida Keys Overseas Heritage Trail (p. 142) para o prazer dos ciclistas.

15

você precisa saber

Moeda

» Dólares norte-americanos ($)

Idioma

» Inglês e espanhol

Quando ir

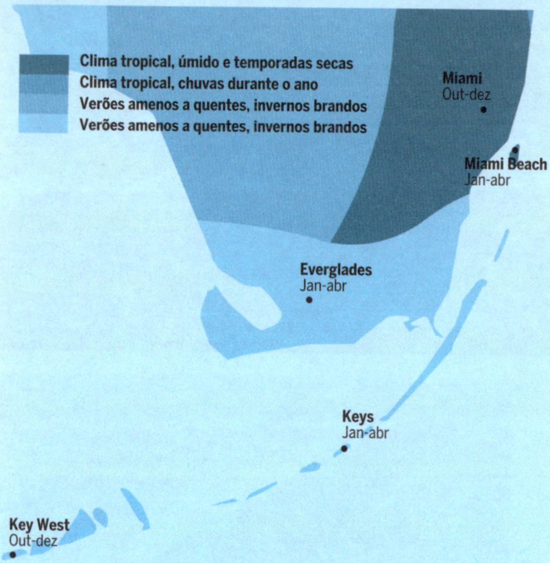

Alta temporada (jan-mar)

» O clima de inverno no sul da Flórida é seco, ensolarado e praticamente perfeito.

» Agende com antecedência para conseguir um hotel nessa época.

» A grande quantidade de festivais é igual a muita diversão – e multidões.

Média temporada (abr-mai e out-nov)

» O final da primavera lembra o final do inverno; em maio o clima fica úmido.

» Outubro ainda é temporada de furacões, mas o tempo fica mais seco logo depois.

» A temporada de festivais começa no final do outono.

Baixa temporada (jun-set)

» Está quente como o inferno, mas a brisa marítima é refrescante.

» Mosquitos são a pior parte, especialmente em Everglades.

» Já falamos dos furacões? Felizmente, há bons sistemas de pré-aviso.

Seu orçamento diário

Até $100

» Quartos em hostel cerca de $25; quartos econômicos entre $60 e $ 70

» Comprar alimentos em mercados

» Caminhadas e bicicleta – evite táxis!

Médio $100-250

» Quartos de hotéis podem ser reservados com antecedência para bons descontos

» Rotas artísticas e galerias de arte noturnas são opções divertidas e baratas

» Com pratos entre $15 e $25, lanchonetes da faixa de orçamento médio possuem valores excelentes

Alto, acima de $250

» Entrada nas maiores casas noturnas a partir de $20

» Espere pagar pelo menos $50 por pessoa nos pratos em restaurantes mais caros

» Aproveite os serviços de quarto!

Dinheiro

» Bancos 24 horas são muito comuns em toda Miami, Keys e nas cidades ao redor de Everglades. Cartões de crédito são aceitos na maioria do comércio.

Vistos

» Exigido para a maioria dos visitantes estrangeiros, a menos que sejam parte do Programa Visa Waiver (ver p. 225).

Celulares

» Chips locais podem ser usados em telefones europeus ou australianos. Outros telefones devem funcionar em roaming.

Dirigir

» Dirija à direita; volante do lado esquerdo do carro.

Sites

» **Art Circuits** (www.artcircuits.com) Mapas de galerias.

» **Everglades National Park** (www.npsgov/ever) Mapas e informações.

» **Beached Miami** (www.beachedmiami.com) Site de arte.

» **Miami Favs** (miamifavs.tumblr.com) Amor por tudo de Miami.

» **Miami Herald** (www.herald.com) Notícias.

» **Florida Keys e Key West** (www.fla-keys.com) Informação para visitantes das Keys.

» **Lonely Planet** (www.lonelyplanet.com/usa/miami) Destinos, reserva de hotéis, fóruns de viajantes e mais.

Taxas de câmbio

Brasil	R$1,9
Europa	€1,4
Reino Unido	£1,6

Para taxas de câmbio atualizadas acesse www.xe.com

Telefones importantes

Você precisa discar o DDD para chamadas locais, exceto para emergência

DDD de Miami e Keys/ Everglades	☎305, 786/239
Polícia/Bombeiros/ Emergência médica	☎911
Patrulha de Miami Beach	☎305-673-7714
Hotline de furacões	☎305-468-5400
Parque Nacional de Everglades	☎305-242-7700

Chegada a Miami

» **Miami International Airport (MIA)**
Ônibus – O Airport Flyer liga o MIA e Miami Beach a cada 30 minutos
Trem – Tri-Rail liga o MIA a vários pontos no centro (veja p. 117)
Táxi – Corridas para Lincoln Rd em Miami Beach custam $32
Carro – As principais locadoras estão disponíveis próximo ao terminal principal.
Há mais informações para entrar e sair de Everglades (p. 119) e Keys (p. 139)

Dirigir em Miami

Lembre-se: Miami e Miami Beach são duas cidades diferentes separadas pelas águas azuis de Biscayne Bay. Miami Beach está conectada a Miami por cinco estradas; se você está indo para South Beach, pegue a MacArthur Causeway (A1A). Você também pode pegar a Venetian Causeway, que vai da NE 15th St – útil para chegar à Lincoln Rd. A estrada seguinte, a Julia Tuttle Causeway, conecta a praia com a 41st St, o centro do Design District de Miami. A grande autoestrada norte-sul (I-95) conecta Miami a Fort Lauderdale ao norte. Dirigir pelas autoestradas é bastante fácil no sul da Flórida, e os carros alugados geralmente vêm equipados com transponders Sun Pass, aparelhos que já possuem crédito para você passar pelos vários pedágios da região. Essa cobrança é geralmente acrescentada ao aluguel; contate a locadora e entre em www.sunpass.com para mais informações.

se você gosta de...

Praias

Muitas pessoas quando pensam em Miami estão na verdade pensando em Miami Beach – uma amostra de como o sul da Flórida e as praias estão conectadas. A costa começa na ponta da South Beach e se estende por mais de cem quarteirões de paisagem urbana. Para uma orla coberta de belezas naturais em vez de condomínios, vá para North Beach, Crandon Park, em Key Biscayne, ou Bahia Honda State Park, em Florida Keys.

South Beach As pessoas normais vêm para cá – para procurar modelos, celebridades e o estilo de vida dos famosos (p. 42)

Bahia Honda State Park Um lugar bastante tranquilo e com muito vento que serve como exemplo da beleza florestal e ensolarada de Keys (p. 150)

Crandon Park Uma maravilhosa praia que mistura natureza e diversão ao longo da Key Biscayne (p. 65)

Haulover Beach Park Em North Beach, Haulover tem privacidade e silêncio – e uma praia nudista (p. 54)

Boardwalk O calçadão em Mid-Beach agrega areia macia, turistas curiosos e judeus ortodoxos com seus casacos pretos – fabulosamente surreal (p. 53)

Vida noturna

Não é nenhuma surpresa que uma região tão famosa por seu *sex appeal* propicie que as pessoas relaxem e se divertam muito toda noite. Sensualidade latino-americana, moda europeia e a habilidade norte-americana natural para diversão se unem em alguns fantásticos bares e casas noturnas em Miami. As Keys oferecem muita diversão que atrai turistas, pescadores e alguns piratas insanos e alegres.

Midtown Os bares mais inovadores e interessantes de Miami atraem artistas, criativos e, claro, a multidão glamorosa (p. 106)

Keys Key West fica com a glória, mas as outras Keys têm suas próprias festas (p. 135)

Overtown Música ao vivo e hipsters se misturam com decoração chichi e DJs internacionais ao norte de Downtown (p. 107)

Key West Essa ilha de excêntricos no final do arco-íris não sofre com falta de diversão (p. 164)

South Beach Adoráveis bares locais e lounges se misturam com uma cena mais chique de modelos e celebridades (p. 104)

Culinária

O sul da Flórida é um ímã para imigrantes e por isso desenvolveu um paladar internacional, suplementado por uma generosidade local de frutas tropicais e vida marinha. Muitos sabores são latino-americanos, mas uma multidão de gente famosa exige – e recebe – a gastronomia *fusion* da Europa e da Ásia. A cozinha caseira pode ser encontrada em cidades menores ao redor de Everglades, enquanto as Keys equilibram sabores nativos e paladares cosmopolitas.

Little Havana A comunidade cubana de Miami oferece uma das melhores gastronomias fora de Havana (p. 101)

Midtown Alguns dos menus mais originais de Miami são servidos nos restaurantes mais bonitos da cidade (p. 99)

North Beach Pode não ser tão glamoroso quanto South Beach, mas há excelentes restaurantes étnicos nessa região (p. 96)

Everglades Jacaré frito, pernas de rã fritas, molho picante e cerveja gelada – pode não ser alta gastronomia, mas é delicioso (p. 126)

Key West Para uma ilha deste tamanho, há uma fantástica variedade culinária (p. 163)

RICHARD I'ANSON / LONELY PLANET IMAGES ©

» Banhistas na South Beach de Miami (p. 42)

Atividades ao ar livre

A paisagem tropical do sul da Flórida é única nos Estados Unidos. Das ilhas de mangue em Keys aos pastos cuidados, praias e florestas de palmeiras no grande pântano que é Everglades, há muita beleza diferente, que está além das casas noturnas e modelos.

Everglades O "River of Grass" é um ecossistema lindo e único que pode facilmente ser o ponto alto de uma visita ao sul da Flórida (p. 118)

Crane Point Museum Na ilha de Marathon, esse museu ao ar livre é uma boa introdução à ecologia de Florida Keys (p. 147)

Oleta River State Park Passe pelos condomínios de North Miami Beach e embarque na serenidade selvagem dentro de uma canoa ou caiaque (p. 54)

Hell's Bay Vá de canoa até o coração do pântano nessa atrativa série de pequenos riachos (p. 130)

10,000 Islands Para realmente ficar zen no sul da Flórida, acampe nesse adorável arquipélago (p. 128)

Música

Miami é, sem dúvida, o maior celeiro musical da América Latina, uma região que – perdoe o estereótipo – adora sua música. Do samba à salsa e o reggaeton, os ritmos do Caribe, da América Central e do Sul ressoam aqui, ao lado do tecno europeu, do indie rock, do pop haitiano e do hip-hop local. Não é preciso dizer que o ritmo é contagiante.

The Stage Shows independentes com atitude, indo dos roqueiros de Orlando aos rappers de Overtown (p. 108)

Green Parrot Bandas locais tocam ao vivo na cena roqueira do bar mais velho e mais descolado de Key West (p. 164)

Churchill's Se você acha que Miami não tem rock, dê uma olhada nos moicanos desse pub britânico (p. 106)

Seven Seas Lá, as noites de karaokê são uma fascinante mistura da música de Miami, de cubanos mais velhos, garotas roqueiras e estudantes universitários de arte (p. 107)

Big Night in Little Haiti A festa mensal no Little Haiti Cultural Center é um festival caribenho/criollo que faz bem aos ouvidos (p. 63)

Vida selvagem

O Everglades lembra uma filmagem de *Jurassic Park*. As Keys, um dos melhores lugares para a prática de pesca esportiva do mundo têm a vantagem de uma grande população de camurupim, peixe-espada e marlim. No meio, há santuários de animais e parques naturais submarinos, espalhados de Miami até os limites de Everglades e das Keys.

Royal Palm Visitor Center Caminhe pelo boardwalk e fique de olho nas centenas de jacarés saindo da água (p. 130)

John Pennekamp Coral Reef State Park Nos EUA continental, não há um lugar melhor para mergulhar (p. 139)

Big Pine Key Os minicervos – muito graciosos – habitam a maior ilha em Keys (p. 150)

Biscayne National Park Um parque nacional que está quase inteiramente embaixo da água. O passeio a Biscayne é para pescar ou simplesmente admirar os peixes (p. 132)

Everglades Outpost Esse santuário animal, criado por muitos benfeitores, é um desvio obrigatório para os visitantes de Everglades (p. 129)

» Mercado de produtores Robert Is Here (p. 129)

Compras

Miami celebra descaradamente o consumismo. A ostentação atinge os níveis de Milão em termos de joias e roupas sofisticadas por causa da forte presença europeia e latina em Coral Gables e Miami Beach; mais marcas artesanais e de decoração elegante podem ser encontradas no Design District. Há muitos shoppings em Miami, mas também há muitas butiques independentes.

Books and Books A melhor livraria independente em Miami é um bastião de bom gosto e ótima literatura (p. 113)

Pepe Y Berta Entre nessa alfaiataria de Little Havana e vista uma *guayabera*, a camisa mais legal de Cuba (p. 113)

Metta Boutique Equilibre seu carma nessa linda loja de presentes ecológicos e baseados no comércio justo (p. 113)

Miami Mid Century Reviva com antiguidades e peças de design a era dourada de Miami com sua estética exagerada (p. 112)

C Madeleine's São roupas *vintage* tão lindas que podem ser classificadas como alta costura clássica (p. 113)

Artes

Nós damos crédito a Miami por usar a arte para estimular a revitalização urbana. De eventos como Art Basel (23) a espaços como o Adrienne Arsht Center até as galerias intimistas de Wynwood, a arte abriu caminho para uma boa parte do renascimento de Miami. Os artistas também encontram inspiração entre a luz e as idiossincrasias da louca Key West.

Adrienne Arsht Center for the Performing Arts Com formas que lembram uma série de conchas do mar, o centro Arsht é um espaço de performance por excelência (p. 55)

New World Center Ainda não superada, a sala de concertos de Miami Beach recebe produções vanguardistas e tradicionais (p. 43)

Studios of Key West Uma parada para olhar as galerias nesse centro artístico de Key West (p. 158)

Cuba Ocho Esse espaço em Little Havana exibe as artes visuais e performáticas que evidenciam a criatividade cubana em Miami (p. 68)

Wynwood Dê uma passada no segundo sábado de cada mês para um *open-house* nas melhores galerias de Miami (p. 107)

Arquitetura

Sejam os hotéis *art déco* de South Beach ou os brilhantes edifícios espelhados de North Beach, as vilas cor-de-rosa de Coral Gables ou as casas estilo colonial de Key West, o sul da Flórida possui muitos exemplos de arquitetura, o que a coloca como uma região diferente de todas as outras nos EUA.

Art Deco Historic District O coração do South Beach está cheio de hotéis, calçadões e outros exemplos do movimento *art déco* (p. 42)

Freedom Tower Downtown Miami é conhecido por seus arranha-céus, e essa clássica torre foi uma das primeiras (p. 60)

Coral Gables As mansões de Coral Gables abarcam vários estilos, de bolos de casamento mediterrâneos a palácios neoárabes (p. 71)

Key West Há um prazer suspeito em passear pela frente das casas em estilo francês-caribenho e espanhol na região de Key West (p. 153)

Vizcaya Essa região de conto de fadas é a mais opulenta, a mais exagerada joia na consideravelmente brilhante coroa arquitetônica de Miami (p. 68)

Se você gosta de... circo, tente fazer uma aula na South Florida Circus Arts School, onde suas fantasias de ser um trapezista se transformam em realidade (p. 79)

Flórida excêntrica

Às vezes pensamos que a Flórida precisa de um novo slogan: "A Flórida é um delicioso estado estranho". Há muitos excêntricos que são atraídos para essa parte do mundo. Seja pelo clima, pelos jacarés ou o hedonismo – não temos certeza, mas a seguir listamos alguns dos nossos favoritos na categoria "Só na Flórida".

Everglades International Hostel O jardim desse fantástico hostel lembra a arte psicodélica das capas de disco dos anos 1960 (p. 129)

Skunk Ape Research Headquarters É um "museu" zoológico de répteis dedicado à caça do Pé Grande de Everglades. Por que você ainda não foi até lá? (p. 125)

Coral Castle Um palácio revestido por um letão com corais que também funciona como um monumento ao amor perdido. Por que não? (p. 128)

Robbie's Marina Como um zoológico aquático, exceto que os bichos são enormes camuripim (p. 142)

Florida Keys History of Diving Museum Mergulhadores, venham ver aquela que talvez seja a mais completa coleção de parafernália de mergulho nos EUA (p. 143)

A Velha Flórida

"Velha Flórida" é um termo associado com nostalgia a uma Flórida mais simples, rural e menos desenvolvida. A Velha Flórida ideal é um pouco afetada, mas o termo também é um slogan para atrações ecológicas, voltadas para a preservação, que valem muito seu tempo.

Robert Is Here Nesse mercado de fazendeiros, experimente a fartura da região – às vezes enviada diretamente para sua casa (p. 129)

Turtle Hospital Nessa instituição de Keys, os visitantes podem ver uma equipe dedicada de voluntários cuidando de tartarugas machucadas e doentes (p. 147)

Rod & Gun Club Lodge Paredes de madeira, drinques no bar e fotos de viagens antigas de caça e pesca (p. 127)

Florida Keys Wild Bird Rehabilitation Center Esse santuário para aves machucadas é uma atração clássica nas Keys (p. 140)

No Name Key Essa silenciosa ilha possui cervos em miniaturas e algumas das melhores pizzas nas Keys (p. 151)

Encontros multiculturais

As Keys são um derivado do Caribe, enquanto Miami é uma das cidades mais ricas em imigrantes no país. A diversidade é mais do que um clichê – é o tecido que forma a sociedade do sul da Flórida. Os lugares a seguir estão ligados à natureza tropical cosmopolita dessa região.

Viernes Culturales Little Havana transforma-se numa festa de rua cubana na última sexta-feira do mês (p. 68)

Goombay Festival No final de outubro, Key West explode numa celebração de música, comida e dança das Bahamas (p. 161)

Little Haiti Cultural Center Compre uma bolsa de contas de Porto Príncipe ou arte original de jovens haitianos-americanos (p. 63)

Miccosukee Village Em Everglades, descubra as tradições dos habitantes indígenas da Flórida (p. 124)

Arthur Godfrey Road Também conhecida como 41st St, essa estrada de Miami Beach é o núcleo da grande população judaica da cidade (p. 54)

mês a mês

Melhores eventos

1 **Art Basel Miami Beach**, dezembro

2 **Winter Music Conference**, março

3 **Sweatstock**, maio

4 **Hemingway Days**, julho

5 **Fantasy Fest**, outubro

Janeiro

O começo do ano coincide com o auge da estação turística nessa região. Espere um bom clima, multidões, preços mais altos do que o normal e muitos eventos especiais.

Orange Bowl

Hordas de fãs de futebol americano vão até Miami para o Super Bowl do futebol americano universitário, o famoso Orange Bowl (www.orangebowl.org). A cidade ganha uma cara mais jovem, enquanto os torcedores rivais se acalmam nos bares de esportes.

Key West Literary Seminar

Key West é um refúgio para escritores fugindo do mundo real, e seus autores expatriados transformam todos os anos o Seminário Literário de Key West (http://keywestliteraryseminar.org/lit) em um dos maiores festivais de letras dos EUA.

Art Deco Weekend

Feira de fim de semana (www.artdecoweekend.com) relacionada com *art déco* (o principal estilo de Miami), promove visitas guiadas a muitos centros de estruturas do estilo, além de concertos, apresentação de carros clássicos, cafés com mesas na calçada e vendedores de artes e antiguidades. Acontece em meados de janeiro.

Miami Jewish Film Festival

Festival internacional de cinema (www.miamijewishfilmfestival.com) com muita projeção fora de Miami, é uma grande chance de *kibitz* (conversar) cinematograficamente com uma das maiores comunidades judaicas dos EUA.

Fevereiro

Última esperança dos habitantes do Norte fugindo do inverno rigoroso, fevereiro traz festivais de arte, festas de rua e uma excelente possibilidade de contemplar a vida selvagem em Everglades.

Coconut Grove Arts Festival

Um dos mais prestigiados festivais (www.coconutgroveartsfest.com) do tipo em uma cidade cujo calendário artístico não para, essa feira no final de fevereiro conta com mais de trezentos artistas de todo o globo.

Original Miami Beach Antique Show

Exposição (www.originalmiamibeachantiqueshow.com) incrível que combina coisas estranhas e legais do mundo todo, assim como uma busca arqueológica. Atrai cerca de oitocentos comerciantes de mais de vinte países.

South Beach Wine & Food Festival

Festival (www.sobefest.com) com boa comida e bebida que se tornou importante no calendário social do sul da Flórida. Espere brunches, jantares e churrascos cinco estrelas. O melhor momento do ano para estar perto de *chefs* celebridades.

Março

Chega a primavera, trazendo um clima mais quente, golfe internacional e torneios de tênis ao ar livre, além do dia de São

Patrício. Não se assuste com as loucuras dos universitários no Spring Break.

Winter Music Conference

Promoters, DJs, produtores e baladeiros vêm de todo o mundo para ouvir novos artistas, atualizar conhecimentos tecnológicos e dançar a noite toda. Se você se interessa por música eletrônica, seria um crime perder a WMC (www.wmcon.com).

Miami International Film Festival

Festival (www.miamifilmfestival.com) de duas semanas patrocinado pelo Miami-Dade College, apresenta documentários e filmes de todo o mundo. Filmes em língua espanhola são um componente importante do evento.

South Beach Comedy Festival

Não vamos dizer que março é o mês mais feliz em Miami, mas durante o Festival de Comédia de South Beach (www.southbeachcomedyfestival.com) é difícil ir embora sem um sorriso, com tantas apresentações de talento pela cidade.

Miami Fashion Week

Vogue, querida. Modelos são como peixe no oceano durante a maior parte do ano, mas abundam durante a Miami Fashion Week (www.miamifashionweek.com), quando os estilistas chegam à cidade e as passarelas estão por toda parte.

Abril

Bem-vindo à média temporada, preços mais baixos, temperaturas mais agradáveis e alguns eventos. Esse é o melhor período de transição da cidade entre as multidões do inverno e o calor excessivo do verão.

Billboard Latin Music Awards

Essa premiação prestigiosa (www.billboardevents.com/billboardevents/latin/index.jsp) no final de abril arrasta executivos da indústria, estrelas e muitos fãs de música latina. Shows de artistas de todo o mundo frequentemente acompanham a cerimônia.

Robert Frost Poetry Festival

Key West celebra um dos muitos poetas premiados que chamaram a ilha de lar, com o Festival de Poesia Robert Frost (www.robertfrostpoetryfestival.com). O festival coincide com o National Poetry Month.

Miami Gay & Lesbian Film Festival

Realizado do final de abril ao começo de maio, esse festival anual (www.mglff.com) acontece em vários cinemas de South Beach. Visitantes da comunidade LGBT encontrarão eventos divertidos no festival, que é mais intelectual do que o comum para a cena de Miami.

Maio

A primavera no sul da Flórida pode significar calor agradável ou que faz derreter. É quando a temporada de mosquitos começa forte em Everglades.

Sweatstock

Todo ano, a Sweat Records (www.sweatrecordsmiami.com), uma das melhores lojas de discos da cidade, organiza um festival voltado para a música local com indie rock, punk e eletrônica. Os visitantes mergulham de cabeça na cena musical de Miami.

Miami Museum Month

Esse evento faz com que maio seja um bom momento para visitar Miami. O Mês do Museu (www.miamimuseummonth.com) é uma excelente oportunidade para experimentar happy hours, mostras especiais e palestras únicas em alguns dos melhores museus da cidade.

Junho

O clima fica realmente quente e úmido em Miami, e o calendário de eventos tende a diminuir um pouco como resultado.

Goombay Festival Coconut Grove

Um dos poucos festivais Goombay realizados no sul da Flórida, esse evento enorme, realizado na primeira semana de junho, celebra a cultura das Bahamas em Coconut Grove. Música, comida de rua e *muita* dança (www.goombayfestivalcoconutgrove.com).

Julho

Está bem – não é só quente, também é a temporada de furacões. Ai! Mas, sério, é um bom momento para visitar. Há menos gente e os moradores são bem mais amigáveis e acessíveis aos turistas.

Dia da Independência

O dia 4 de julho é marcado por uma excelente queima de fogos e o show de laser com música ao vivo que levam mais de 100 mil pessoas ao fresco Bayfront Park. A pirotecnia ilumina o céu de Biscayne Bay de uma forma estranhamente romântica.

Hemingway Days

Um dos rituais anuais mais famoso (e infame) de Key West é o Dias de Hemingway, uma festa que celebra tudo relacionado a esse autor (nossa forma de dizer: espere muita bebida, talvez até alguma caçada). O ponto alto é a busca anual de pessoas parecidas com ele.

Agosto

Agosto é o ponto mais tranquilo da baixa temporada. Muitos visitantes vão para Keys, onde os ventos refrescantes do mar são comuns.

Miami Spice

Os melhores restaurantes ao redor de Miami participam no Mês da Comida Apimentada (Ilovemiamispice.com), oferecendo refeições com preço fixo para levar as pessoas para longe do ar-condicionado. Para a maioria dos turistas, é um festival mais acessível do que o South Beach Wine & Food Festival.

Setembro

O clima ainda é abafado, e o outono traz de volta os estudantes – espere bastante bagunça nos bairros universitários como Coconut Grove e Coral Gables.

International Ballet Festival of Miami

Enquanto a maior parte do calendário artístico de Miami é voltado para as artes visuais e a música, o Festival Internacional de Balé de Miami (www.internationalballetfestival.org) é o principal evento para os patronos da dança clássica da cidade.

Great Grove Bed Race

Com o *pub crawl* de pijama e pessoas fantasiadas arrastando as camas em uma corrida pela Coconut Grove, a Great Grove Bed Race (www.thegreatgrovebedrace.com), realizada no fim de semana do Dia do Trabalho (o primeiro fim de semana de setembro), é uma das celebrações mais estranhas de Miami.

Womenfest

Festival (www.womenfest.com) que foca as mulheres da comunidade de LGBT em Key West. É o principal evento para a população lésbica da ilha e atrai milhares de visitantes de todo o mundo para uma confraternização.

Outubro

Com o fim da temporada de furacões e o clima ficando bastante agradável de novo, Key West retoma o calendário de eventos com duas comemorações de rua estridentes.

Fantasy Fest

Realizado no final de outubro, o Fantasy Fest (www.fantasyfest.net) é, sem dúvida, o ponto alto do calendário social das Keys. As pinturas corporais, o glitter, as penas e os carros alegóricos malucos saem às ruas, as inibições são deixadas em casa, e tem início praticamente um bacanal romano.

Goombay Key West

No coração da Bahama Village, um dos bairros caribenhos mais vibrantes do país, o Bahamanian Goombay Festival (www.goombaykeywest.org) traz música, comida, canto e dança durante a mesma semana insana do Fantasy Fest.

Novembro

A temporada turística começa no final do mês, trazendo mais multidões e dias mais frescos. A temporada dos festivais começa com a White Party.

White Party

Se você é gay, ama música, excessos e diversão

picante, mas não está na White Party (www.whitepar ty.net), há algum problema. Essa semana extravagante leva milhares de homens e mulheres gays para festas ininterruptas em casas noturnas e outros locais da cidade.

Miami Book Fair International

A feira (www.miamibook fair.com) acontece de meados ao fim de novembro e está entre os eventos mais importantes e bem frequentados desse tipo nos EUA. Centenas de escritores conhecidos nacionalmente se reúnem com editores; os autores latino-americanos formam um contingente bastante considerável.

Dezembro

A temporada turística está no auge, com os moradores do norte reservando com antecedência para conseguir se deleitar ao sol e passar as festas de fim de ano na região.

Art Basel Miami Beach

Uma das exposições de arte mais importantes do mundo, a Art Basel (www.artba selmiamibeach.com) pode assumir a responsabilidade de colocar Miami Beach no mapa das celebridades internacionais. Mostras em galerias, instalações públicas e festas acontecem por toda Miami e Miami Beach.

King Mango Strut

Realizada a cada ano logo depois do Natal, esse desfile bizarro que acontece há 24 anos em Coconut Grove (www.kingmangostrut.org) tem um conteúdo político e engraçado que começou como uma paródia dos eventos atuais e da agora extinta Orange Bowl Parade.

Art Miami

Realizada em janeiro ou dezembro, a Art Miami (www.art-miami.com) é uma feira que expõe trabalhos modernos e contemporâneos de mais de cem galerias e artistas internacionais. Pode não ter o mesmo peso da Basel, mas o talento ainda impressiona bastante.

roteiros

Se você tem seis ou sessenta dias, estes roteiros fornecem um ponto de partida para uma grande viagem. Quer mais inspiração? Visite lonelyplanet.com/thorntree para conversar com outros viajantes

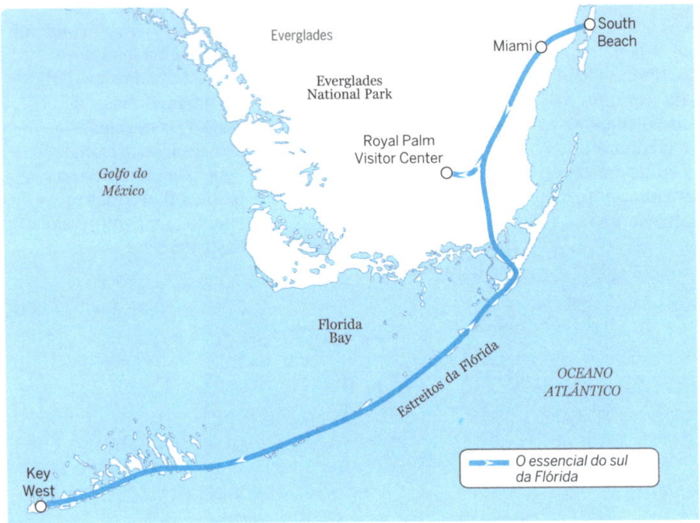

Dez dias

O essencial do sul da Flórida

Recomendamos começar a viagem em **South Beach**, Miami, que engloba o melhor e o pior do que o sul da Flórida tem a oferecer. Escolha hotéis como Delano, Tides e Shore Club, lugares que capturam tanto a inovação estética como a exclusividade da experiência de South Beach. Divirta-se olhando as pessoas na Lincoln Rd e passeando pelo Art Deco Historic District.

Se eleger South Beach como base, passe os próximos dias explorando alguns dos bairros de Miami, incluindo o sabor latino de **Little Havana**, os cafés e as mansões estilo europeu de **Coral Gables** e as galerias de arte, a comida excelente e a vida noturna agitada de **Wynwood** e do **Design District**.

Quatro ou cinco dias são um bom período para sentir um pouco de Miami. Passe o restante do seu tempo viajando pela Overseas Highway Road Trip ou pelo Everglades National Park, sem esquecer de reservar pelo menos um dia e uma noite para **Key West** e ir ao **Royal Palm Visitor Center** em Everglades.

Cinco dias

Miami: de Downtown a South Miami

Nessa viagem, você conhecerá alguns dos melhores territórios étnicos de Miami, vai se familiarizar com alguns dos bairros mais ricos e testemunhar a luxuosa mágica que justifica o apelido de "Cidade Mágica".

Comece em Downtown, com seus edifícios de aço e vidro que sombreiam becos e mercados de pulgas. Ande no gratuito Metromover, fazendo paradas para ver o excelente museu **HistoryMiami** e o maravilhoso **Adrienne Arsht Center for the Performing Arts**. Caminhe pelo **Miami River**, vendo o pôr do sol e entregando-se ao romantismo (tente não se afastar muito da estação do Metromover, por segurança). À noite, tome uma cerveja no **Tobacco Road** antes de comer um cachorro-quente no **La Moon** à moda dos locais.

No dia seguinte, vá para Coral Gables e não perca o **Biltmore Hotel**, a **Venetian Pool** (possivelmente a melhor piscina pública nos EUA) e uma rodada de compras em Miracle Mile. Se não for chique o suficiente, veja o que acontece quando inspiração mediterrânea, estilo barroco e dinheiro se juntam no **Vizcaya Museum & Gardens**. Termine a visita a essas elegantes mansões com um jantar em um dos melhores restaurantes de Miami instalado - é sério - em um posto de gasolina em **El Carajo**.

No terceiro dia, vá para Little Havana e dê uma volta pela **Calle Ocho**, sem perder o dominó no Máximo Gómes Park. Almoce comida cubana, olhe as lojas de charutos e vá para Coconut Grove, onde os hippies de ontem foram substituídos pelo yuppies de hoje. Bom, ainda há alguma vibração cármica em forma de lojas como a **Metta Boutique** sob as figueiras.

Passe o último dia explorando Key Biscayne, desfrutando de praias, banho de sol e felicidade extrema em áreas como o **Crandon Park**. Antes de ir embora, tome uma cerveja e coma um peixe defumado ouvindo fascinantes histórias no sofá do **Jimbo's** em Virginia Key, um bar cheio de velhos piratas e pescadores, onde os peixes-boi às vezes nadam bem ao lado, nas docas próximas.

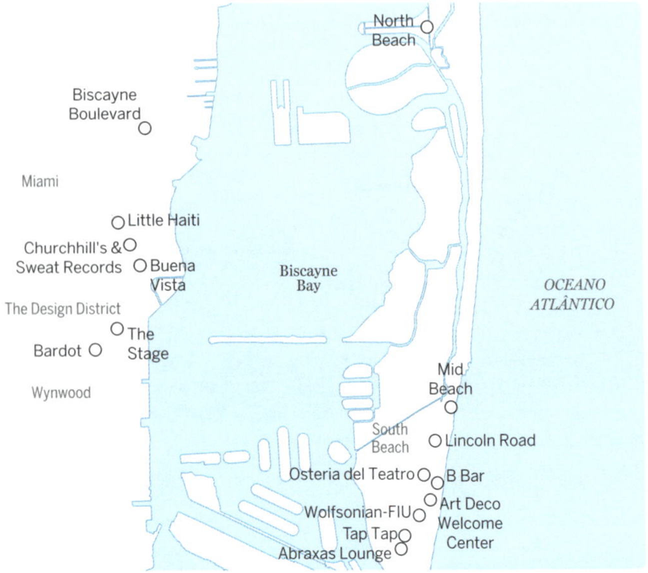

Cinco dias
Miami: Miami Beach e North Miami

Comece a viagem em South Beach e eleja essa região e seus excelentes hotéis como base. Não deixe de visitar o museu de design **Wolfsonian-FIU** para conhecer mais sobre a *art déco* dos arredores. Vá até a **Lincoln Road** para olhar as pessoas e conhecer as butiques; depois, faça a visita guiada com o simpático pessoal do **Art Deco Welcome Center**. Para um ótimo jantar, experimente o **Osteria del Teatro** (italiana clássica) ou o **Tap Tap** (haitiana psicodélica). Quando estiver pronto para cair na noite, sugerimos que tome os primeiros drinques no **B Bar** e algumas cervejas no **Abraxas Lounge**.

No dia seguinte, dê uma olhada em **Little Haiti**. Um dos bairros mais coloridos entre os ditos "estrangeiros" em Miami, pode ser meio complicado à noite, mas durante o dia é seguro de explorar. A 1km ao sul, você vai encontrar a **Sweat Records** e o **Churchill's**; a primeira é a melhor loja de música de Miami, enquanto o segundo é um pub punk estilo britânico sujo e caído.

É fácil passar o dia inteiro visitando Little Haiti, então na manhã seguinte vá para o estiloso **Design District** e as galerias de arte e estúdios de **Wynwood**. Juntos, esses bairros constituem Midtown Miami, o setor mais assumidamente artístico e criativo da cidade. O Design District é uma área compacta, fácil de visitar e boa para compras (se você tiver dinheiro para gastar; a região não tem artistas famintos, aparentemente). Se tiver fome, vá para um dos novos restaurantes que estão surgindo ao norte deste ponto no sombreado **Buena Vista** ou ao longo do **Biscayne Boulevard**. À noite, clubes como o **Bardot** e locais como **The Stage** são ótimos para drinques e dançar ao som de DJs e música ao vivo.

Depois de alguns dias explorando Midtown e South Beach, vá para o norte, seguindo a Collins Ave até **Mid-Beach** e **North Beach**. Para chegar, você vai passar pelo Condo Canyons – fileiras e fileiras de arranha-céus residenciais, todos heranças do poder imobiliário em Miami. Em Mid-Beach, perto do norte de South Beach, você vai encontrar um excelente calçadão para caminhar margeando a areia.

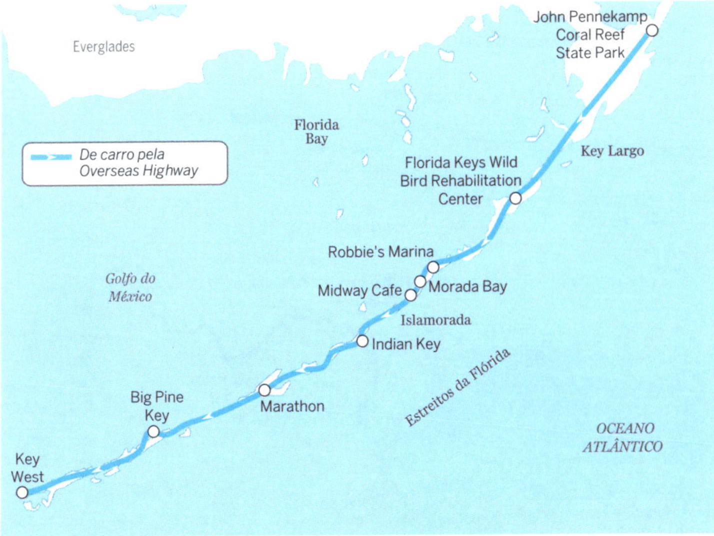

Três dias

De carro pela Overseas Highway

A Overseas Highway (Hwy 1) vai da ponta do continente até o famoso Mile Marker 0: Key West, o final da estrada e dos EUA. Ao longo do caminho até o marco zero, você será agraciado com algumas das atrações mais peculiares do estado e a sempre inspiradora vista da baía da Flórida de um lado, o golfo do México do outro.

Mas primeiro terá de passar por Upper Keys, ilhas maiores que bloqueiam a vista da água por causa dos grandes campos de pinheiros e mangues. Em Key Largo, ao norte, dê uma olhada nas opções de mergulho no **John Pennekamp Coral Reef State Park**, ou visite os pássaros em recuperação no **Florida Keys Wild Bird Rehabilitation Center**. Depois de um dia de atividades entre peixes ou pássaros, coma algo no adorável Key Largo Conch House.

É uma boa ideia dormir em Islamorada no seu primeiro dia em Keys – se tiver condições, fique no excelente **Morada Bay**. Na manhã seguinte, alimente o enorme camurupim na **Robbie's Marina**, e se estiver em forma, alugue um caiaque e passeie por **Indian Key**. Quando terminar, vai estar um pouco cansado, então não deixe de tomar um café no excelente **Midway Cafe**.

No meio do dia, você já terá chegado a **Marathon**, centro geográfico de Keys. Se estiver curioso sobre a ecologia única de Keys e quiser caminhar pela mata, vá até o Crane Point Museum; se estiver mais interessado em tartarugas marinhas, visite os veterinários do santuário Turtle Hospital. Jante sobre a água no Keys Fisheries, depois tome uma cerveja no Hurricane.

Acorde e cruze a Seven-Mile Bridge em **Big Pine Key**, onde pequenos cervos de Keys correm ao lado da estrada.

Mais uma hora dirigindo ao sul e você chega a **Key West**. Realmente, essa ilha merece seu próprio itinerário – só não perca o pôr do sol em Mallory Sq, os gatos de seis dedos na Hemingway's House e uma noite no Green Parrot, o mais famoso bar de Keys.

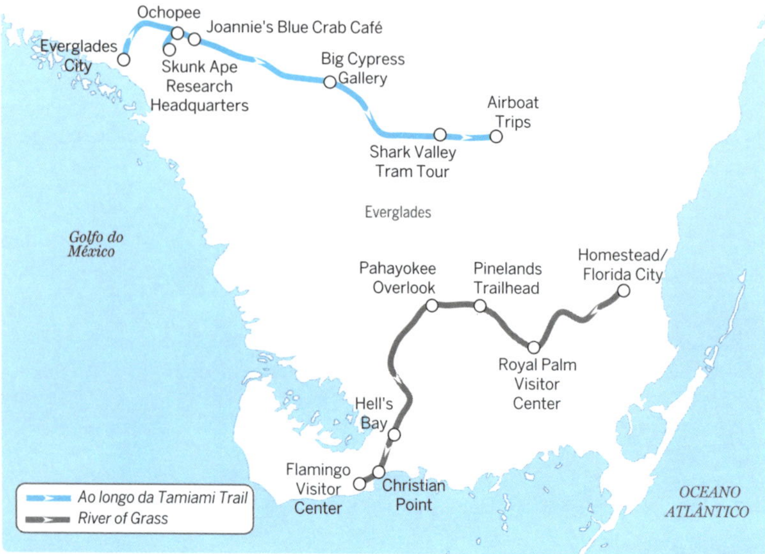

Dois dias Ao longo da Tamiami Trail

Essa rota vai levá-lo ao centro do que muitos consideram o estereótipo de Everglades: passeios de aerobarco através do pântano inundado, repleto de jacarés, com uma parada numa vila de pescadores.

Vá para o oeste seguindo o Tamiami Trail (US 41) depois dos **passeios de aerobarco** até a entrada do Shark Valley. Faça o famoso **Shark Valley Tram Tour** ou alugue uma bicicleta no quiosque em frente e volte pedalando por um caminho de asfalto (o mesmo usado pelo tram) que contorna o pântano. É muito provável avistar jacarés e pássaros.

Vá para **Everglades City** (as outras atrações do Tamiami Trail podem ser vistas na viagem de volta a Miami), uma vila agradável que estava ligada ao contrabando via pântano, mas hoje está mais dedicada ao turismo.

No dia seguinte, siga de volta para Miami. Pare no **Skunk Ape Research Headquarters**, um zoológico estranho, loja de presentes e campo de caça ao Pé Grande; almoce no excelente **Joannie's Blue Crab Café**; conheça a menor agência de correio do país em **Ochopee**; e pare na **Big Cypress Gallery**, que contém algumas das mais belas fotos de Glades.

Dois dias "River of Grass"

Esse roteiro em Everglades serve para visualizar as enormes pradarias e os bosques de ciprestes.

Vá para o sul de Miami até Homestead/Florida City (cidades vizinhas) e pare no **Coral Castle**, um monumento sentimental dedicado a um amor não correspondido. Você estará bem ao lado do Everglades National Park, onde encontrará o **Robert Is Here**, um mercado com o melhor da produção de frutas e produtos locais. Continue até o **Everglades Outpost**, um hospital veterinário para animais exóticos.

Vá para o oeste a fim de ver alguns dos pontos mais impressionantes dentro do parque, inclusive o **Royal Palm Visitor Center**, onde os caminhos levam a canais sombreados cheios de enormes jacarés; o **Pinelands Trail**, que conduz a um bosque de pinheiros finos; e o **Pahayokee Overlook**, com paisagens no silêncio zen do enorme Glades.

Siga de volta para Florida City e passe a noite no fantástico **Everglades Hostel.**

Na manhã seguinte, retorne ao Glades e vá mais para o sul – há ótimos lugares para andar de caiaque e canoa na **Hell's Bay**, atravessar pelos pontos alagadiços de **Christian Point** e passear de barco na Florida Bay no **Flamingo Visitor Center**.

Miami e Keys para crianças

Melhores regiões para crianças

Coconut Grove

Grandes shoppings, cozinha tradicional e um centro ótimo para caminhar.

Everglades

As exposições no Parque Nacional são ótimas para crianças. Além de ser o lar dos grandes jacarés, que elas adoram.

Florida Keys

O clima despreocupado e atividades como snorkel, mergulho, pescaria, passeios de barco são ideais para famílias ativas com crianças mais velhas.

Key Biscayne

Um parque central enorme dedicado a crianças e cercado por trilhas seguras e praias públicas.

Coral Gables

Mais shoppings, restaurantes de preço médio que aceitam crianças e a encantadora Venetian Pool.

Miami Beach

Lincoln Rd, South Pointe Park, Ocean Drive Neon e a praia vão manter seus filhos com sorrisos enormes.

O sul da Flórida não ostenta a mesma reputação que uma ida a Orlando entre as melhores viagens para se fazer com crianças, mas também qual pode competir? Essa região ainda sabe como agradar a criançada. É possível encontrar muitos parques, trilhas naturais, mega shoppings, praias, zoológicos, hotéis e restaurantes para a família, que podem manter seus filhos entretidos. Com a óbvia exceção dos passeios noturnos, os bairros mais boêmios de Miami e alguns poucos restaurantes mais finos (e, OK, as praias de nudismo em Haulover State Park), não há lugares listados neste guia que consideraríamos ruins para crianças, apesar de alguns serem naturalmente mais agradáveis do que outros.

Com as crianças

Há muitas atividades para crianças em Miami. É só se lembrar disto: aqui é a Flórida, e toda cidade turística nesse estado já antecipou as necessidades de toda sua família. Com grande habilidade e refinamento, quase todo museu, zoológico, atração, restaurante e hotel está voltado para agradar as famílias de todos os tipos.

Seu único problema é decidir o que fazer. A Flórida oferece tantas opções para crianças e famílias que planejar pode ser exaustivo. Roteiros simples podem, de repente, se transformar em uma corrida louca para fazer caber todas as atividades desejadas. Não dá nem para colocar tudo neste guia.

Comer fora

A maioria dos restaurantes de preço médio na Flórida tem um menu dedicado às crianças, além de cadeirões, canetinhas e locais para troca de fraldários. Mesmo as lanchonetes étnicas baratas – uma constante deliciosa em todos os lugares de Miami – são boas para acomodar crianças. Quase todo restaurante, até os mais chiques, preparam refeições especiais para crianças sob pedido. Como regra, famílias com crianças ou bebês são atendidas mais rápido na hora do jantar (em torno das 18h). Alguns restaurantes mais sofisticados podem não ser receptivos com crianças; simplesmente pergunte quando fizer as reservas.

Parques com animais

Alguns turistas estrangeiros vêm ao sul da Flórida esperando que a Disney World e o Universal Studios estejam logo nos arredores de Miami (estão a alguns quilômetros de distância). O sul da Flórida não tem uma infinidade de parques temáticos, mas o que há, em número bastante alto, são parques com animais. Alguns deles são organizados por voluntários que resgatam bichos machucados, como o Turtle Hospital e o Bird Sanctuary, em Keys. Outros lembram mais parques temáticos com zoológicos, como o Monkey Island e o Jungle Island em Miami. Todos esses locais fazem sucesso com as crianças, apesar de os situados em Miami oferecerem uma infraestrutura especificamente mais voltada para o público infantil.

Praias

A típica praia familiar da Flórida está em frente ou perto de centros comerciais bem ativos e lotados, com esportes aquáticos e atividades, lojas para turistas, mercados, restaurantes e hotéis de preço médio. É verdade que a praia mais popular da região, South Beach, é um pouco mais sofisticada e esnobe. Mas tudo bem - ainda é a Flórida. Muitas famílias se reúnem na parte sul de South Beach. Mid-Beach e North Beach também são mais voltadas para a família, como as praias em Key Biscayne. As Keys, de fato, não têm muitas praias, apesar de serem ilhas, mas o Bahia Honda State Park, em Bahia Honda Key, é seguro, razoavelmente focado na natureza, embora ainda divertido, e abriga um pequeno centro de ciências destinado a crianças. Sombrero Beach, em Marathon, fica próxima a um parque de diversões e tem boas opções de alimentação.

Museus e atrações

Miami e Keys possuem muitas atrações que as crianças adoram. Além de toda a vida animal tanto no Everglades National Park quanto fora dele, há muita bizarrice típica dos EUA. Lugares difíceis de definir, como o Coral Castle, em Homestead, fascinam as crianças por sua atmosfera estranha. Os centros de visitantes dos muitos parques da região possuem mostras interativas para as crianças. Muitos dos museus que visitamos podem ser destinos divertidos para levar seus filhos, embora eles possam não se entusiasmar, apesar de que é possível que as crianças mais ligadas em cultura gostem do passeio. Museus como HistoryMiami e Bass Museum são ótimas opções.

Contato com a natureza

Muito do seu tempo será passado em locais com ar-condicionado, mas não deixe de ter contato com a natureza. A Flórida é bastante plana, então os rios e as trilhas são ideais para os pequenos. Calçadões elevados através de pântanos cheios de jacarés são aventuras perfeitas. Rios plácidos e baías intercosteiras são excelentes para quem está visitando pela primeira vez, sejam adultos ou crianças. Nunca praticou snorkel em um recife de corais ou surfou? A Flórida tem locais ótimos para aprender. Reserve um cruzeiro para conhecer vida marinha, nadar com peixes-boi, observar ninhos de tartaruga marinha, ou um passeio em barco com fundo de vidro. No Oleta River State Park e na maioria dos parques estaduais do capítulo sobre Keys, há caiaques e barcos para famílias.

Destaques para as crianças

Praias e parques

» South Pointe Park – Barraca de sorvete, grama macia e planos para instalar uma queda-d'água.

» Calçadão em Mid-Beach – Em frente a uma faixa de areia ótima para famílias.

» Arch Creek Park – Ideal para caminhadas pela natureza e por trilhas assombradas.

» Crandon Park – Lindo ponto em Key Biscayne com areia e trilhas naturais.

» Bill Baggs Cape Florida State Recreation Area – Mesas de piquenique em frente a uma linda praia.

» Biscayne Community Center e Village Green Park – Playgrounds, campos de esporte e uma agenda cheia para as crianças.

» Barnacle Historic State Park –Trilhas e shows voltados para famílias frequentes.

» Fruit & Spice Park – Trilhas agradáveis com muito vento que passam por plantações de frutas.

» Biscayne National Underwater Park – Passeios de barco com fundo de vidro, mergulho em recifes épicos.

» John Pennekamp Coral Reef State Park – Os mesmos recifes de coral incríveis, mergulho ou barcos com fundo de vidro.

» Harry Harris Park – Em Key Largo, esse pequeno parque é um dos melhores das Keys para crianças, com playground e ótimas piscinas.

» Sombrero Beach Park – Areia fofa e águas calmas de um lado, playground do outro.

Para ver animais

» Metrozoo – Em Miami, é grande e amplo com todas as espécies mais conhecidas.

» Marjory Stoneman Douglas Biscayne Nature Center – Em Key Biscayne, adequado para crianças e uma boa apresentação ao clima subtropical do sul da Flórida, com ótimas atividades.

» Monkey Jungle – Em Miami; o slogan "Onde humanos ficam em jaulas e macacos correm livres" diz tudo. Inesquecível.

» Jungle Island – Em Miami, pássaros tropicais e espécies exóticas como o ligre, uma mistura de tigre com leão.

» Everglades Outpost – Esse santuário de animais dirigido por voluntários é essencialmente um grande pequeno zoológico.

» Miami Seaquarium – Em Key Biscayne, um dos maiores do estado; há programação para nadar com os peixes.

» Shark Valley – Em Everglades, vá de bicicleta ou faça o tour de tram que segue a estrada pavimentada de Shark Valley; ver pássaros e jacarés é praticamente garantido.

» Royal Palm Visitor Center – Ande pela trilha que passa por algumas das paisagens mais lindas do pântano.

» Everglades City – Vá aos centros de visitantes de Everglades City e de Flamingo para andar de caiaque e barco, com uma boa chance de ver golfinhos.

» National Key Deer Refuge – Em Big Pine Key, as crianças adoram ver minicervos, lindos como o Bambi.

» Florida Keys Wild Bird Rehabilitation Center – Em Key Largo, pássaros machucados são atendidos nesse parque onde venta bastante.

» Turtle Hospital – Em Marathon, as tartarugas são bem cuidadas por uma equipe de voluntários dedicados. Visitantes são bem-vindos (e apreciados).

» Crane Point Museum – Em Marathon, uma excelente forma de conhecer a ecologia das Keys.

Miscelânea

» Metromover – Veja a cidade de cima por meio desse trem elevado gratuito.

» Miami-Dade Public Library – Fantástica biblioteca de Miami.

» Vizcaya Museum & Gardens – Crianças mais velhas vão apreciar essa mansão de conto de fadas extravagante.

» Venetian Pool – Uma das mais lindas piscinas públicas do país.

» Coral Castle – As crianças podem não apreciar o *kitsch*, mas vão adorar essa construção muito estranha.

» Robert Is Here – O mercado de produtos locais favorito de Everglades possui um minizoológico e sucos frescos.

» Miccosukee Village – Em Tamiami Trail, Everglades, essa vila de indígenas promove shows culturais e luta de jacaré.

» Jacob's Aquatic Center – Pequeno parque aquático com muitas piscinas infantis.

» Robbie's Marina – Em Islamorada, uma estação de trabalho com minizoológico aquático.

LIVROS SOBRE A FLÓRIDA PARA CRIANÇAS

Para as crianças alfabetizadas ou que falem inglês, dicas de livros para entrar no clima da Flórida.

» *O pio da coruja* (2002) de Carl Hiaasen: os típicos personagens cômicos de Hiaasen, as rápidas mudanças na história e a mensagem ambientalista para crianças mais velhas. Se gostar, pode ler também *Flush* (2005) e *Scat* (2009).

» *Winn-Dixie, meu melhor amigo* (2005) de Kate DiCamillo: a história linda e emocionante de uma garota de dez anos se ajustando a sua nova vida na Flórida.

» *The yearling* (1938) de Marjorie Kinnan Rawlings: clássico da literatura, ganhador do prêmio Pulitzer sobre um garoto que adota um cervo órfão nos bosques da Flórida.

» *The treasure of Amelia Island* (2008) de MC Finotti: ficção histórica que recria a Flórida espanhola pelo ponto de vista de uma menina de onze anos.

» *Bad latitude* (2008) de David Ebright: aventura de piratas para pré-adolescentes, com um toque de realismo histórico.

» Mallory Square – Muito animada, é frequentada por multidões toda noite quando o sol se põe.

Museus

» Miami Children's Museum – Enorme e com muitas atividades interativas.

» HistoryMiami – Crianças estudiosas vão adorar as ótimas exposições.

» Miami Museum of Science & Planetarium – Um pouco velho e antiquado, mas ainda divertido e voltado para crianças.

» Gold Coast Railroad Museum – Quem gosta de trens vai enlouquecer.

» Florida Keys Eco-Discovery Center – Em Key West, fantástico, divertido, mostra toda a ecologia das Keys.

Planejamento

Se você é pai, já sabe que a sorte favorece quem está preparado. Mas nas multidões loucas da Flórida, com os pontos turísticos lotados na alta temporada, planejar pode fazer toda a diferença. Antes de ir, organize sua viagem como um general: faça reservas em todos os lugares que pretende visitar. Depois, chegue, relaxe e faça o que tiver vontade.

O que levar

Se esquecer algo, não passe sufoco. Venha com seus filhos e só se preocupe com os itens superessenciais na bagagem. Na Flórida, é possível encontrar de tudo, de fraldas a roupas, de protetor solar a pranchas.

Dito isso, aqui estão alguns itens a considerar.

☐Para dormir, um berço desmontável para bebês e/ou colchões infláveis para crianças mais velhas podem ajudar bastante, especialmente se você estiver viajando de carro ou hospedado em *motels* mais baratos, sem serviços.

☐Capas e guarda-chuvas; *vai* chover em algum momento.

☐Chinelos para a praia e parques aquáticos.

☐Protetor solar (uma necessidade diária) e repelente.

☐Prepare um kit de primeiros socorros simples; quando um corte inesperado ou uma febre atacar, não é o momento de procurar uma farmácia.

Acomodações

A maioria dos hotéis da Flórida está pronta para ajudar as famílias: têm berços (geralmente desmontáveis), camas de rodinhas (alguns cobram um extra), frigobar e micro-ondas; oferecem quartos e suítes contíguas. Lembre-se de pedir tudo isso quando fizer uma reserva. Grandes hotéis e resorts podem rivalizar com apartamentos em termos de serviços: incluindo cozinhas parciais ou completas, lavanderias, piscinas e churrasqueiras, além de várias atividades. Os locais neste guia com serviços específicos para famílias estão marcadas por um ícone de família (👪).

Hotéis-butique de alto padrão em Miami Beach e B&Bs voltados para adultos em Keys podem desencorajar hóspedes com crianças pequenas, mas não podem discriminá-las ou bani-las. Se você não tem certeza, pergunte, e eles vão dizer qual é a idade mínima que preferem. Em geral, acreditamos que os melhores bairros em Miami para ficar com as crianças são South Beach (sim, pode ser uma festa louca, mas lá estão simplesmente os melhores hotéis da cidade), North Beach, Coconut Grove e Coral Gables. Em qualquer desses lugares, você não terá problemas ao levar crianças, com exceção dos hotéis mais caros de South Beach, que geralmente querem atrair as multidões de celebridades festeiras, e não famílias. Keys, Marathon, Islamorada e Key Largo possuem bons *motels* familiares econômicos e B&Bs.

REGRAS DA ESTRADA

As leis da Flórida exigem que crianças com menos de três anos devem estar em cadeirinhas e as com menos de cinco num assento de elevação (a menos que tenham mais de 36kg e mais de 1,44m, o que permite que os cintos de segurança possam ser bem posicionados). Empresas de aluguel de carro devem fornecer, pela lei, cadeirinhas, mas *só se você reservar com antecedência*; elas normalmente cobram entre $10 a $15 extras. Você também pode alugar em empresas de equipamentos infantis.

NOITES PARA O CASAL

Viajar com crianças não necessariamente significa fazer *tudo* em família. Quer uma noite romântica na cidade? Várias empresas oferecem babás qualificadas para cuidar das crianças nos hotéis; alguns dispõem de seus próprios serviços de *baby-sitter*. As taxas variam de acordo com o número de crianças e normalmente exigem um mínimo de quatro horas (mais uma taxa de $10 de transporte). Os preços por hora variam de $14 a $20. Lembre-se de que esses serviços em geral são oferecidos em Miami; em Keys é preciso perguntar no hotel sobre opções locais de babás; muitos resorts maiores contam com babás em suas equipes.

» **Kid's Nite Out** (www.kidsniteout.com)

» **Sittercity** (www.sittercity.com)

» **Sunshine Babysitting** (www.sunshinebabysitting.com) Em todo o estado.

Recomendações de viagem e equipamentos para bebês

Se você prefere viajar com pouca bagagem, vários serviços oferecem aluguel de equipamento para bebês (cadeirão, carrinho etc.), enquanto outros vendem suprimentos (fraldas, lenços, leite em pó, comida etc.), tudo entregue em seu hotel; reserve com uma ou duas semanas de antecedência. Estes e outros sites também fornecem orientações de viagem voltadas para famílias. Boa parte da informação está relacionada a Miami.

Baby's Away (www.babysawayrentals.com) Aluga equipamentos para bebês.

Traveling Baby Company (www.travelingbabyco.com) Aluga equipamentos para bebês.

Babies Travel Lite (www.babiestravellite.com) Vende e entrega suprimentos para bebês; também oferece orientações gerais e específicas da Flórida para viagens em família.

Jet Set Babies (www.jetsetbabies.com) Vende suprimentos para bebês e oferece orientações de viagem em geral.

Travel for Kids (www.travelforkids.com) Dicas úteis para planejamento de viagens pela Flórida em família.

Family Vacation Critics (www.familyvacationcritics.com) Pertence à Trip Advisor; hotéis, passeios e viagens resenhados por pais.

Go City Kids (http://gocitykids.parentsconnect.com) Site patrocinado pela Nickelodeon sobre planejamento de viagens em família.

panorama das regiões

Miami é o centro urbano dessa região, cheia de ótimos restaurantes, uma boa vida noturna e muitas compras – além de, é claro, algumas ótimas praias. No passado, os viajantes preferiam Miami Beach a Miami, mas hoje a cidade no continente pode ganhar das praias quando se fala em cultura (e sempre foi um pouco mais cosmopolita). Everglades é um pântano repleto de alguns dos melhores pontos para avistar a vida selvagem, rios e lagos que diminuem e aumentam de acordo com a Lua e as marés, e atrações perto das estradas. As ilhas de Florida Keys são famosas especialmente por suas atrações peculiares, boa comida, bares divertidos, tolerância e diversidade, como exemplifica Key West.

Miami

Comida ✓✓✓
Vida noturna ✓✓✓
Arquitetura ✓✓✓

Exploração gastronômica
Seja o cachorro-quente colombiano com molho de ameixa ou os pratos servidos em cafés *fusion* nipo-tailandeses, a carne assada de paladar duvidoso centro-americana ou as *osterias* italianas com trufas e massa, essa cidade adora de restaurantes étnicos baratos aos mais sofisticados quatro estrelas.

Baladas para todos
Com grande população latina, noites tropicais quentes, várias universidades e (em alguns casos) dinheiro para gastar, Miami não gosta de dormir cedo. Você pode se aglomerar com estudantes da Universidade de Miami em Coconut Grove, ou dançar indie pop e trip-hop nos clubes de Midtown e Overtown.

Cidade *art déco*
Em North Beach, o movimento Miami Modern é intensamente sentido nas sombras dos grandes prédios. Em South Beach, a decoração é quem manda. Tire algumas horas para caminhar pelo Art Deco Historic District, um dos mais importantes focos de preservação arquitetônica nos EUA.

p. 38

Everglades

Vida selvagem ✓✓✓
Esquisitices ✓✓✓
Camping ✓✓✓

Avistar jacarés

Contemplar a vida selvagem é ótimo durante o ano todo em Glades, mas se for na estação seca do inverno, verá uma paisagem estilo Jurassic Park com répteis pré-históricos mais uma grande variedade de pássaros.

Somente na Flórida

De um restaurante de frutos do mar barato em frente à menor agência de correios dos EUA, ao gigante Coral Castle localizado perto de um santuário que abriga tatus, lobos e tigres, o Everglades atrai os excêntricos do país.

Caiaque e camping

Há algo simplesmente mágico em navegar com um caiaque ou canoa sobre as águas refletindo o nascer do sol, seja no lento pântano ou nas correntezas fortes da baía da Flórida. A melhor maneira de passar suas manhãs.

p. 118

Florida Keys e Key West

Meio ambiente ✓✓
Artes ✓✓
Comida ✓✓

Mangues e *hammocks*

As Keys são uma anomalia ecológica nos EUA, uma série de ilhas de mangues que escondem *hammocks*, ou bosques dentro do pântano compostos por palmeiras, pinheiros e madeiras tropicais não encontradas em nenhum outro lugar do país (e em alguns casos, do mundo).

Autores e artistas

Graças à histórica política de tolerância à comunidade gay, as Keys (especialmente Key West) possuem uma forte colônia artística. Escritores, de Hemimgway a Frost, foram atraídos pela ilha e sua população criativa e também pelo meio pirata.

Peixe e molho de manga

O pessoal aqui é louco por pescaria e uma boa culinária proveniente dessa prática. Se o peixe que você comer não estiver fresco, algo está errado. Existe a cozinha continental também, acompanhada por guarnições tropicais, e a famosa torta de limão de Key.

p. 135

Todas as listas são recomendações dos nossos autores, e seus favoritos ocupam os primeiros lugares

Procure estes ícones:

nossa recomendação

opção verde e sustentável

GRÁTIS entrada franca

Veja no índice a lista completa de destinos apresentados por este guia.

Pé na estrada

Miami

Inclui »

Melhores lugares para comer

» Señora Martinez (p. 99)
» Osteria Del Teatro (p. 94)
» Tap Tap (p. 93)
» Michy's (p. 100)
» Steve's Pizza (p. 96)

Melhores lugares para dormir

» The Standard (p. 86)
» Shore Club (p. 87)
» Circa 39 (p. 90)
» Pelican Hotel (p. 84)
» Hotel St Augustine (p. 84)

Por que ir?

Miami representa muitas coisas, mas, para a maioria dos visitantes, significa principalmente glamour concentrado em forma urbana.

Eles estão certos. A definição arcaica de "glamour" é um tipo de feitiço que mistifica a vítima. Bom, Miami é conhecida como Cidade Mágica. E é mistificadora. Em sua beleza, certamente: o barulho dos saltos altos das modelos em Lincoln Rd, os marrecos de Biscany Bay em voo imponente, fluindo pelo céu amplo do sul da Flórida; o tom laranja-fogo do pôr do sol dominando o céu de Downtown.

Também há belezas menos convencionais: uma festa haitiana no gueto frequentada por estudantes de literatura da Universidade de Miami, um venezuelano cantando Metallica *en español* em um karaokê de Coral Gables, ou o cumprimento *shalom/ buenos días* trocado entre judeus ortodoxos e exilados cubanos.

Miami é muitas coisas. Toda glamorosa, em todo sentido da palavra. Você poderia passar um bom tempo divertindo-se até conseguir escapar de seu encanto.

Quando ir

Miami

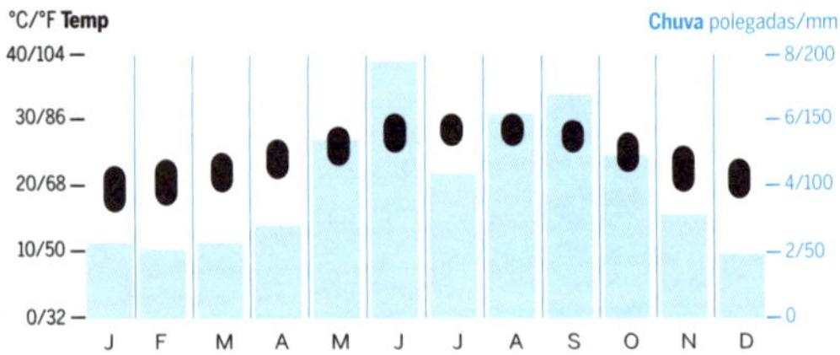

Jan-mar Quente e seco, com muitos turistas; gente fugindo do Nordeste dos EUA e europeus.

Abr-jun Não tão abafado quanto o verão, mais exuberante e verde do que o inverno.

Jul-out Os preços desabam. Quando não está quente como um forno, há tempestades: é a temporada de furacões.

História

Sempre foi o clima que atraiu as duas principais espécies de pessoas a Miami: empreendedores e turistas. Mas não foi o sol em si que fez com que as pessoas mudassem para cá – foi uma tempestade de neve. O grande congelamento da Flórida em 1895 acabou com a indústria de cítricos; na mesma época, a viúva Julia Tuttle comprou lotes de terra que se tornariam a Miami moderna, e Henry Flagler estava construindo sua estrada de ferro Florida East Coast. Tuttle propôs a divisão de suas terras com Flagler se ele estendesse a estrada até Miami, mas o homem não deu nenhuma atenção à proposta da viúva até o norte da Flórida congelar e Tuttle enviar uma mensagem cujo significado implícito era "Eu avisei": uma flor de laranjeira tirada de seu jardim em Miami.

O resto é uma história de crescimento, queda, sonhadores e oportunistas. Em geral, Miami cresceu em altos e baixo, seguindo grandes eventos mundiais e desastres naturais. Furacões (especialmente o mortal Grande Furacão de Miami de 1926) destruíram a cidade, mas ela continua se reerguendo e se superando. No final do século 19 e começo do 20, Miami ganhou a reputação de atrair designers e urbanistas independentes como George Merrick, que criou a artística vila mediterrânea de Coral Gables, e James Deering, designer da mansão Vizcaya, que parece saída de um conto de fadas.

Miami Beach cresceu no começo do século 20 quando empreendedores judeus reconheceram o potencial de uma Riviera norte-americana. Esses hoteleiros começaram a construir resorts que ganharam a marca de distintas fachadas *art déco* criadas por arquitetos ousados dispostos a se afastar da estética sóbria do Nordeste. As guerras mundiais trouxeram soldados que estavam posicionados em bases navais próximas, muitos gostaram do clima ensolarado e decidiram ficar. As revoluções latino-americanas e caribenhas conduziram imigrantes de outros lugares, principalmente de Cuba. Os imigrantes cubanos chegaram em duas ondas: primeiro, os anticastristas

MIAMI EM...

Dois dias

Miami é mais do que apenas South Beach, mas estamos partindo do princípio que você está hospedado lá e apenas começando sua viagem. Tome o café da manhã no **Puerto Sagua** (p. 93) e passeie pelo **Wolfsonian-FIU** (p. 42), para conhecer mais sobre o *art déco* que o cerca. Então, dê uma volta pela **Lincoln Road** (p. 43), veja os hotéis na Collins Ave ou as construções mais exuberantes de South Beach, como o **Delano Hotel** (p. 88), **Tides** (p. 88) e o **Shore Club** (p. 87).

Reserve um tempo para a praia e, quando a noite começar a cair, participe de uma visita guiada pelo excelente bairro *déco*, com o **Art Deco Welcome Center** (p. 115). Para um ótimo jantar, vá a **Osteria del Teatro** (p. 94) ou ao **Tap Tap** (p. 93). Quando estiver pronto para invadir a cidade (e para agitar), sugerimos uns coquetéis no **B Bar** (p. 104).

No dia seguinte, explore os excelentes bairros étnicos **Little Haiti** (p. 61) ou **Little Havana** (p. 67) antes de jantar no antenado **Design District** (p. 61). Termine sua viagem agitando em um dos melhores lugares de Midtown, como o **Bardot** (p. 107) ou o **Electric Pickle** (p. 106).

Quatro dias

Siga o roteiro de dois dias e visite a "Little" (Haiti ou Havana) que você ainda não conhece. Se puder, visite Coral Gables e não perca o **Biltmore Hotel** (p. 71), a **Venetian Pool** (p. 71) e faça compras na Miracle Mile. Se tudo isso não for chique o suficiente para você, veja o que acontece quando influências mediterrâneas, estilo barroco e muito dinheiro se juntam no **Vizcaya Museum & Gardens** (p. 68). Termine a visita a essas elegantes mansões jantando no **El Carajo** (p. 102), um dos melhores restaurantes de Miami, instalado (é sério) num posto de gasolina.

No quarto dia, vá para o centro e ande no gratuito **Metromover** (p. 117), fazendo paradas para ver o excelente **HistoryMiami** (p. 58) e o maravilhoso **Adrienne Arsht Center for the Performing Arts** (p. 55). Faça a última refeição no **Michy's** (p. 100) no emergente N Biscayne Blvd e, não se esqueça, antes de ir embora, de tomar uma cerveja e provar o peixe defumado nos sofás do **Jimbo's** (p. 66).

Destaques de Miami

1 Assista a um show no incrível **New World Center** (p. 43) em South Beach

2 Saia para tomar algo e faça a **caminhada noturna por galerias de arte** (p. 107) ao longo de Wynwood e do Design District

3 Fumaça de charuto, dominó e *guayaberas* (camisas de linho); diga *bienvenido* a Little Havana no **Máximo Gómez Park** (p. 67)

4 Faça um passeio gratuito pelo centro de Miami no tradicional **Metromover** (p. 117)

5 Peixe defumado, cerveja, La-Z-Boys e um pântano de mangues – ah, claro – vá ao **Jimbo's** (p. 66)

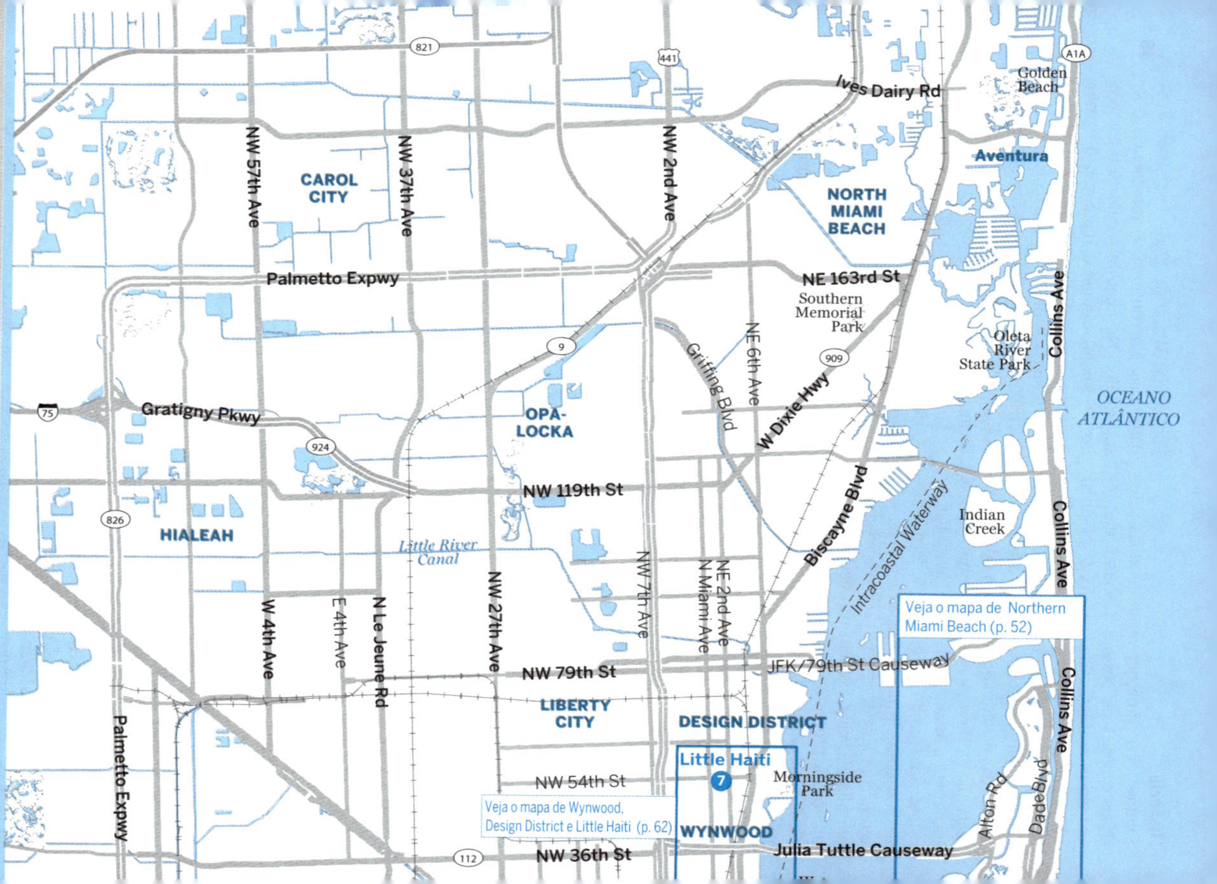

6 Dê um mergulho nas grutas artificiais e penhascos de corais da magnífica **Venetian Pool** (p. 71)

7 Dance ao som da batida caribenha e experimente frutos do mar e bode apimentados na festa mensal **Big Night in Little Haiti** (p. 63)

8 Relaxe longe das celebridades enquanto aprecia o lindo horizonte de Miami no **Crandon Park** (p. 65)

9 Explore o opulento **Vizcaya Museum & Gardens** (p. 68)

10 Observe os ricos e famosos passeando pela **Lincoln Road Mall** (p. 43)

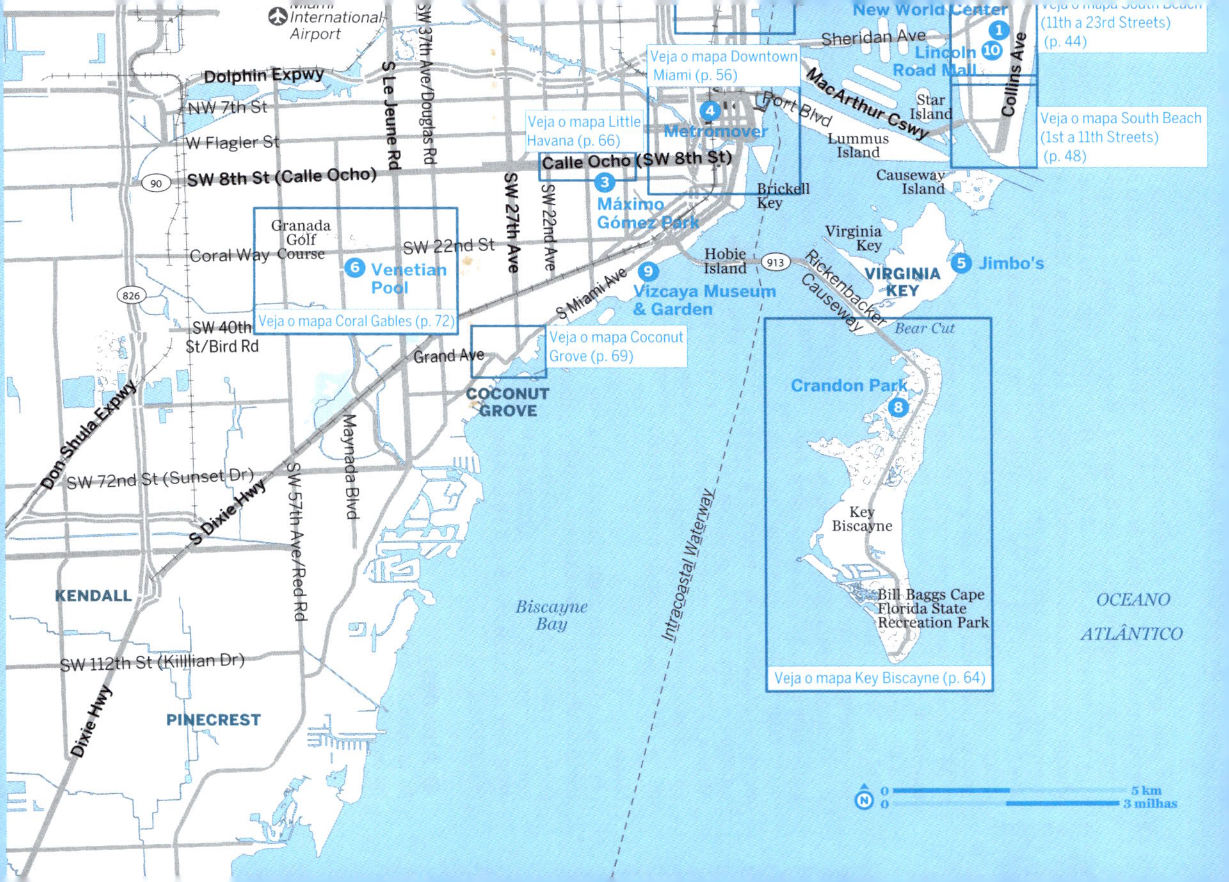

dos anos 1960; depois, os que procuravam uma vida melhor desde o final dos anos 1970, como os que chegaram em botes durante a crise econômica cubana na década de 1980. O glamour e o consumismo da década de 1980, mostrados em filmes como *Scarface* e *Miami Beach*, atraíram gente rica e bonita, modelos, designers, hoteleiros e socialites, que transformaram a bela South Beach no que é hoje.

As mudanças políticas na América Latina continuam a repercutir na cidade mais latina dos Estados Unidos – como dizia o ex-prefeito Manny Diaz: "Quando a Venezuela ou a Argentina espirram, Miami fica resfriada". O atual prefeito Tomas Regalado lida agora com a expansão da cidade para Kendall e Palmetto Bay – antes subúrbios, agora cidades – enquanto tenta melhorar a infraestrutura e a aparência do centro de Miami. Midtown – Wynwoood e cercanias – é um bom exemplo desse crescimento. O tempo dirá se outros bairros vão brilhar da mesma forma.

Mapas

McNally, AAA e Dolph's fazem ótimos mapas da região de Miami. Os melhores mapas gratuitos são do **Greater Miami Convention & Visitors Bureau** (mapa p. 56; ☎305-539-3000, 800-933-8448; www.miamiandbeaches.com; 701 Brickell Ave; ⏲8h30-17h seg-sex).

Atrações

As principais atrações de Miami não estão concentradas em um único bairro; há algo para ver em quase todo lugar.

A área visitada com mais frequência é South Beach, que oferece vida noturna agitada, lindas praias e hotéis *art déco*, mas é possível encontrar locais históricos e museus no centro, galerias de arte em Wynwood e no Design District, hotéis retrôs e lanchonetes em Mid-Beach (em Miami Beach), mais praias em Key Biscayne e atrações tranquilas em bairros como Coral Gables e Coconut Grove.

Água e poder aquisitivo – canais, baías e contas bancárias – são as fronteiras geográficas e sociais que dividem Miami. Claro, o corpo d'água que faz a divisão aqui é Biscayne Bay, separando a cidade de Miami da bem-vestida Miami Beach (junto com South Beach e suas plumas). Lembre-se de que Miami Beach não é a praia de Miami, mas uma cidade diferente.

SOUTH BEACH

Bairro mais conhecido da Grande Miami, South Beach engloba a região ao sul da 21st St na cidade de Miami Beach, apesar de os hoteleiros tentarem empurrar essa divisão até a 40th St e de ela aparecer em nos nossos mapas abaixo da 23rd St. Collins Ave, a via principal, é famosa por sua longa fila de hotéis *art déco*. Os cafés e restaurantes chiques de Ocean Dr ficam de frente para a costa atlântica, enquanto a Lincoln Road Mall, só para pedestres, é o paraíso das compras. Qualquer coisa ao sul da 5th St é chamada "SoFi".

Art Deco Historic District BAIRRO

O centro de South Beach é o Art Deco Historic District, da 18th St para o sul ao longo da Ocean Dr e da Collins Ave. É irônico que, numa cidade construída durante a especulação imobiliária, o principal motor da renovação urbana tenha sido a preservação de uma herança arquitetônica única. Todos os belos hotéis, com fachadas tropicais americanas, gritam "Miami". Eles gritaram tão alto quando foram preservados que deram uma marca à cidade e um novo sopro de vida a esse bairro. No passado, South Beach foi um gueto de andarilhos, drogados e aposentados. Depois tornou-se uma das maiores áreas dos EUA no National Register of Historic Places e atraiu modelos, fotógrafos, hoteleiros, *chefs* e... bem, hoje é a meca de passageiros de cruzeiros, fashionistas europeus, celebridades ocasionais e turistas do interior dos EUA.

Sua primeira parada deve ser o **Art Deco Welcome Center** (mapa p. 44; ☎305-531-3484; 1200 Ocean Dr; ⏲9h30-19h todo dia). Para ser honesto, é quase uma loja de suvenires comum, mas está localizada na antiga sede das patrulhas de praia, um dos melhores edifícios *déco* da região. É possível reservar excelentes visitas guiadas por $20 (além de audioguias e visitas personalizadas), e essa é a oportunidade mais em conta para conhecer a beleza e a história de South Beach. As visitas saem às 10h30 diariamente, exceto às quintas, quando saem às 18h30. Não é preciso reservar com antecedência; só aparecer e sorrir. Ligue antes para obter informações sobre visitas guiadas à Lincoln Rd (p. 43) e ao Collins Park, a área que engloba o norte de South Beach.

Wolfsonian-FIU MUSEU

(Mapa p. 48; www.wolfsonian.org; 1001 Washington Ave; adulto/estudante, idosos e crianças com menos de 12 anos $5/3,50; ⏲11-21h qui, 11-18h sex e sáb, 12-17h dom) Visite esse excelente museu de design logo no começo de sua viagem para ter uma ideia da estética fascinante de Miami Beach. Uma coisa é ver como a riqueza, o lazer e a busca da beleza se manifestam em Miami Beach, outra é entender as raízes e nuances dos movimentos artísticos locais. Ao registrar a evolução da vida cotidiana local, o Wolfsonian revela como essas tendências se manifestaram arquitetonicamente na aparência *déco* de SoBe, o que nos lembra da própria fachada do museu. Lembra-se do do prédio/templo do mal gótico futurista em *Caça-fantasmas*? Bom, esse imponente museu, com sua grandiosa "fonte congelada" e elevador com cabeça de leão, poderia servir como *set* de filmagens.

Lincoln Road Mall PASSEIO PÚBLICO

Chamar a Lincoln Rd de shopping a céu aberto, como muitos fazem, é como chamar o Big Ben de relógio: tecnicamente está correto, mas não faz jus à verdade. Sim, dá para comprar e muito bem. Mas esse calçadão entre a Alton Rd e a Washington Ave serve realmente para ver e ser visto; há momentos em que a Lincoln se parece com uma simples rua, em outros com uma passarela. Não ficaríamos surpresos se você ganhasse um torcicolo de tanto olhar de um lado para o outro, espiando as maravilhosas criaturas que elegeram "the road" como seu ambiente natural. Carl Fisher, o pai de Miami Beach, a visualizou como "uma Quinta Avenida do sul". Morris Lapidus, um dos fundadores do estilo neobarroco rococó de Miami Beach, projetou boa parte da rua comercial, incluindo diversas sacadas e estruturas de cascatas, barreiras de tráfico que parecem mármore com as quais algum gigante poderia brincar, além do maravilhoso **Colony Theatre** (p. 110) e do atualmente vazio **Lincoln Theatre** (541 Lincoln Rd). Há o excelente **mercado de produtores** (9-18h dom) e o **Antique & Collectible Market** (9-17h, todo 2º dom de out-mai; www.antiquecollectiblemarket.com), ambos ao longo da Lincoln.

1111 Lincoln Rd

(Mapa p. 44; www.1111lincolnroad.com) O West Side da Lincoln Rd está ancorado por um estacionamento impressionante, um pastiche geométrico de ângulos agudos, corredores sinuosos e cantos incongruentes que parecem uma fantasia lúcida sonhada por Pitágoras depois de uma longa noitada. Na verdade, o prédio foi projetado pelo escritório suíço Herzog & de Meuron, que descreve a estrutura como "só músculos sem roupa".

ArtCenter/South Florida

(Mapa p. 44; www.artcentersf.org; 924 Lincoln Rd) Fundado em 1984 por um pequeno, mas vanguardista grupo de artistas, esse complexo é o centro criativo de South Beach. Além dos ateliês dos 52 artistas (muitos dos quais estão abertos ao público), o ArtCenter oferece vários cursos e conferências. As residências estão reservadas a artistas que ainda não possuem grande projeção então é um bom lugar para antever novos talentos. As exposições rotativas mensais mantêm a programação renovada e vanguardista.

Miami Beach Community Church

(Mapa p. 44; www.mb-communitychurch.org; 1620 Drexel Ave) Num contraste renovador com as construções supermodernas que forçam o caminho do design *art déco* de South Beach, essa igreja está instalada numa antiga missão espanhola – humilde, modesta e elegante, numa área onde o exagero é a filosofia geral. Catorze janelas de vidro escondem o interior um tanto simples, enquanto o exterior lembra pedra coral em estilo revival espanhol.

New World Center CENTRO CULTURAL

(Mapa p. 44; ☎305-673-3330; www.nws.edu; 500 17th St) Miami tem uma propensão a lugares suntuosos para as artes cênicas, e o New World Center certamente compete com o Arsht Center (p. 55) como a sala de concertos mais impressionante da cidade. O New World Center, projetado por Frank Gehry, se ergue majestosamente em um gramado bem cuidado na Lincoln Rd, parecendo uma caixa de lenços de papel (observe a pedra "tremulante" que sai do exterior) do ano 3000 com uma fachada de vidro. O terreno forma um parque público de 10 mil m²; os espetáculos dentro do centro são projetados no exterior em uma tela de mais de 2 mil m² (como se você estivesse no cinema *drive-in* mais sofisticado do universo). No interior, as paredes em camadas brancas parecem algo entre orgânico e origami. O lugar é a sede da aclamada New World Symphony (p. 112); para entrar, geralmente é necessário ter ingresso para uma apresentação, mas se ligar antes, pode agendar uma visita guiada gratuita, algo que estava apenas começando na época da pesquisa.

VOCÊ TEM A PALAVRA

Conheceu um restaurante para recomendar a todos? Discorda das nossas recomendações? Ou simplesmente quer contar sua viagem mais recente?

Acesse lonelyplanet.com – lá você pode deixar uma resenha, uma pergunta, um comentário, fotos e dicas, além de conversar com outros viajantes.

South Beach (11th a 23rd Streets)

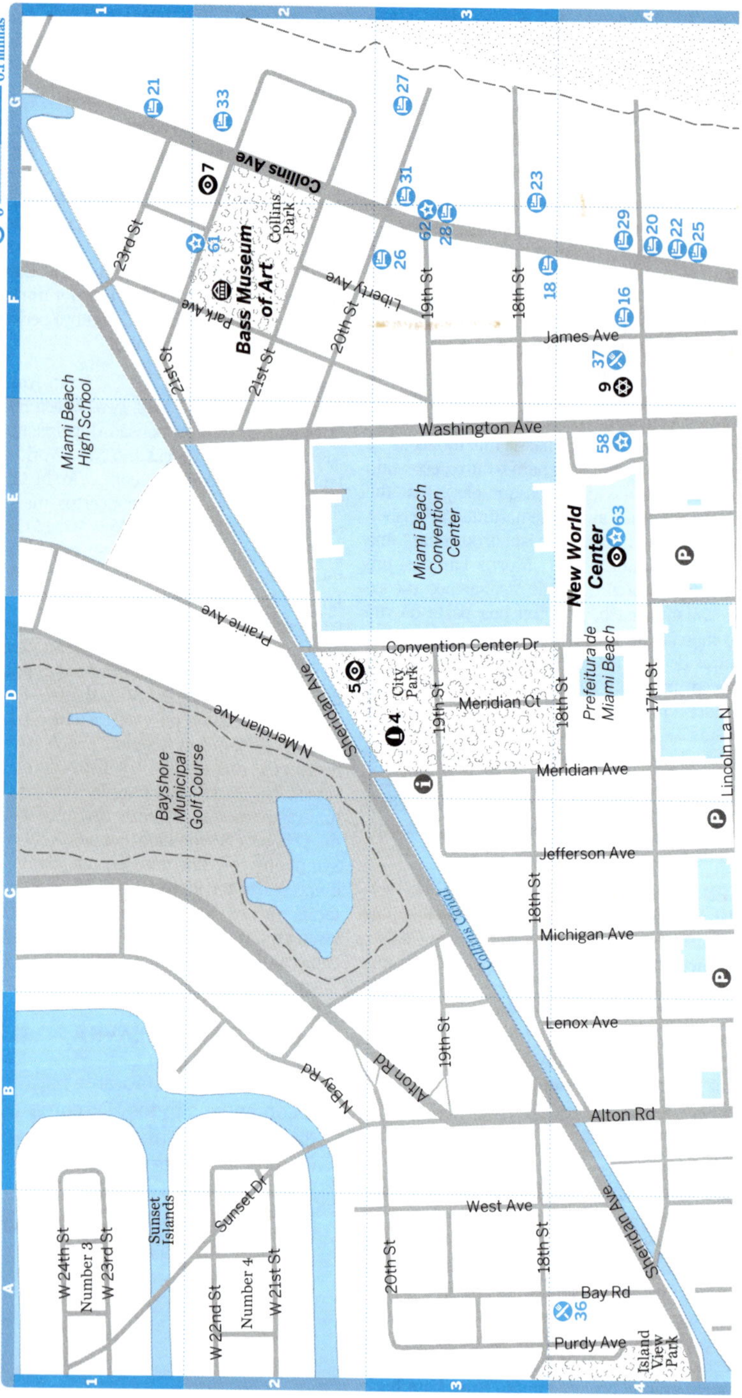

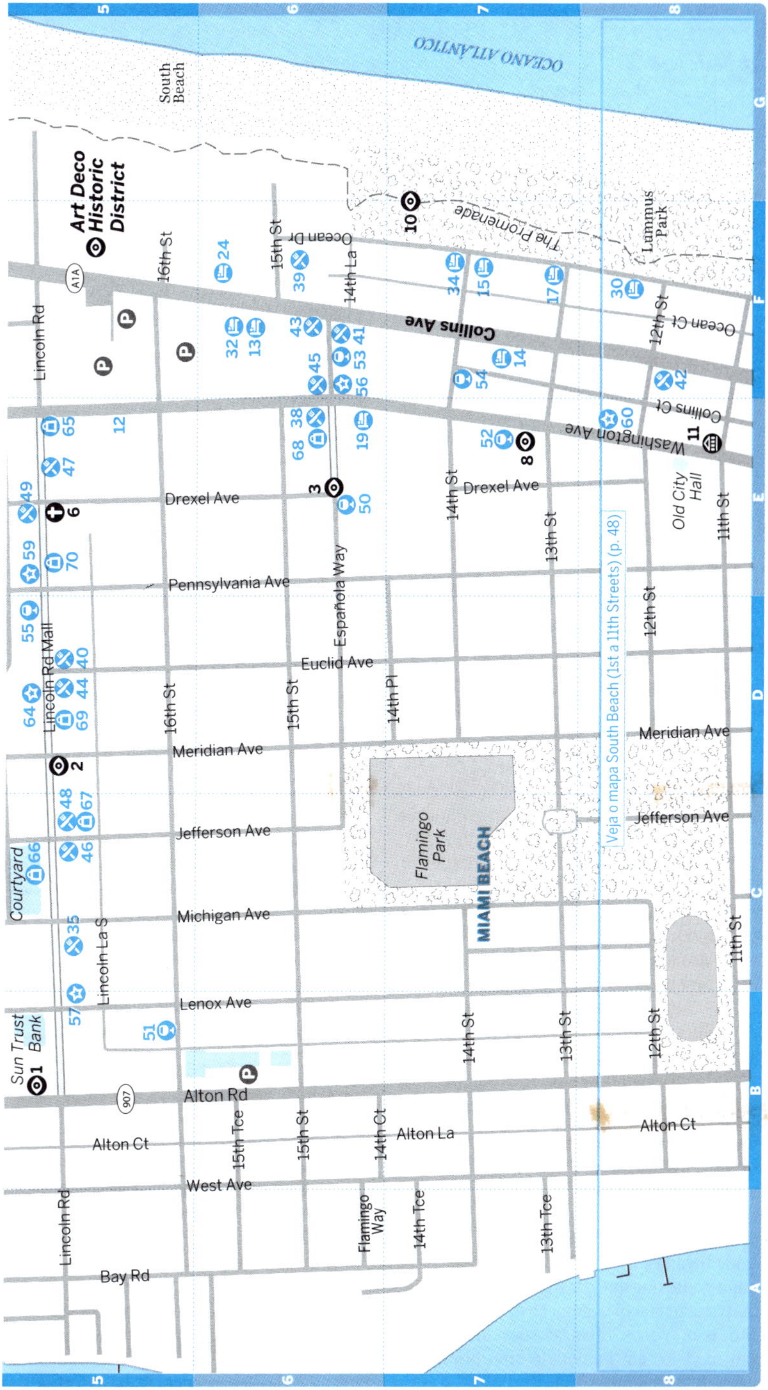
OCEANO ATLÂNTICO
South Beach
Art Deco Historic District
Lummus Park
The Promenade
Ocean Dr
Collins Ave
Ocean Ct
Collins Ct
Washington Ave
Old City Hall
Drexel Ave
Pennsylvania Ave
Euclid Ave
Meridian Ave
Jefferson Ave
Michigan Ave
Lenox Ave
Alton Rd
Alton Ct
Alton La
West Ave
Bay Rd
Lincoln Rd
Lincoln Rd Mall
Lincoln La S
Española Way
Flamingo Park
MIAMI BEACH
Flamingo Way
Courtyard
Sun Trust Bank
16th St
15th St
15th Tce
14th La
14th St
14th Pl
14th Ct
14th Tce
13th St
13th Tce
12th St
11th St
A1A
907
Veja o mapa South Beach (1st a 11th Streets) (p. 48)

South Beach (11th a 23rd Streets)

Destaques

	Art Deco Historic District	F5
	Bass Museum of Art	F2
	New World Center	E4

Atrações

1	1111 Lincoln Rd	B5
2	Art Center/South Florida	D5
3	Española Way Promenade	E6
4	Holocaust Memorial	D3
5	Miami Beach Botanical Garden	D2
6	Miami Beach Community Church	E5
7	Miami Beach Regional Library	G2
8	Correio	E7
9	Temple Emanu El	F4
10	The Promenade	F7
11	World Erotic Art Museum	E8

Atividades, cursos e visitas guiadas

12	Fritz's Skate Shop	E5
	Spa at the Setai	(veja 27)

Onde dormir

13	Aqua Hotel	F6
14	Beachcomber Hotel	F7
15	Betsy Hotel	F7
16	Cadet	F4
17	Cardozo Hotel	F7
18	Catalina Hotel	F3
	Cavalier Hotel	(veja 17)
19	Clay Hotel & Miami Beach International Hostel	E6
20	Delano Hotel	F4
21	Gansevoort South	G1
22	National Hotel	F4
23	Raleigh Hotel	G3
24	Royal Palm Hotel	F6
25	Sagamore	F4
26	Santa Barbara	F3
27	Setai	G3
28	Shore Club	F3
29	Surfcomber	F4
30	Tides	F8
31	Townhouse Hotel	G3
32	Tropics Hotel & Hostel	F6
33	W Hotel	G2
34	Winter Haven	F7

Onde comer

35	Balans	C5
36	Burger and Beer Joint	A4
37	Casa Tua	F4
38	Flamingo Restaurant	E6
39	Front Porch Cafe	F6

Ocean Drive — ESTRADA

(Mapa p. 48; vai da 1st à 11th St) O olho do furacão de South Beach. É só uma estrada, certo? Não, é agrande divisão de Miami; um desfile infindável de carros clássicos, jovens exalando testosterona, garotas vaidosas, artistas de rua, vendedores, lunáticos que gritam besteiras ininteligíveis, celebridades se fazendo de turistas, turistas querendo posar de celebridade, pessoas lindas, pessoas feias, muitas pessoas e o melhor trecho de *art déco* preservada da praia. Diga: "Miami". Qual imagem vem a sua cabeça? Provavelmente Ocean Drive.

South Pointe Park — PARQUE

(Mapa p. 48; 1 Washington Ave; nascer do sol-22h) A parte sul de Miami Beach se converteu em um parque adorável, repleto de grama bem cuidada para descansar; vista de um mar incrível; um restaurante; um quiosque que vende bebidas; trilhas de pedra agradáveis; e muita gente que quer desfrutar o ótimo clima e as paisagens sem a afetação de South Beach. Dito isso, vimos duas sessões fotográficas com modelos em menos de uma hora, nem tudo é relaxamento casual.

A1A — AVENIDA

"Beachfront Avenue!" A via elevada A1A, assim como a Rickenbacker Causeway em Key Biscayne, é uma das melhores pontes nos Estados Unidos, ligando Miami e Miami Beach sobre a turquesa Biscayne Bay. Dirigir num conversível (ou com as janelas abertas), com o sol se pondo, enormes navios de cruzeiros no mar, palmeiras ondulando à brisa do oceano e, digamos, "Your love" do Outfield no rádio, é basicamente a essência de Miami.

Bass Museum of Art — MUSEU

(Mapa p. 44; www.bassmuseum.org; 2121 Park Ave; adulto/estudante e aposentados \$8/6; 12-17h qua-dom) O melhor museu de arte em Miami Beach possui uma fachada futurista divertida, uma nítida interação de linhas e paredes brancas e claras – como uma igreja ortodoxa numa ilha grega espacial. Tudo projetado, a propósito, em 1930 por Rusell Pancoast (neto de John A. Collins, que deu o nome à Collins Ave). A coleção não é nada desprezível: a exposição permanente vai de obras sacras europeias do século 16 a pinturas do Norte da Europa e da Renascença. O Bass forma um

40 Gelateria Parmalat ... D5
41 Grillfish ... F6
42 Guru ... F8
43 Jerry's Famous Deli ... F6
Mr Chow ... (veja 33)
44 Nexxt Cafe ... D5
45 Osteria del Teatro ... F6
46 Pasha's ... C5
47 Paul ... E5
48 Van Dyke Cafe ... C5
49 Yuca ... E5

Onde beber

50 A La Folie ... E6
51 Abbey Brewery ... B5
B Bar ... (veja 15)
Bond Street Lounge ... (veja 31)
52 Jazid ... E7
53 Lost Weekend ... F6
54 Mac's Club Deuce Bar ... F7
Nespresso ... (veja 1)
Sagamore Bar ... (veja 25)
Segafredo L'Originale ... (veja 57)
55 Zeke's ... D5

Lazer

56 Cameo ... F6
57 Colony Theatre ... B5
58 Fillmore Miami Beach/Jackie Gleason Theater ... E4
Florida Room at the Delano ... (veja 20)
59 Lincoln Theatre ... E5
Louis Bar ... (veja 21)
60 Mansion ... E8
61 Miami City Ballet ... F2
62 Mynt ... F3
63 New World Symphony ... E4
64 Score ... D5
Skybar ... (veja 28)

Onde comprar

65 Alchemist ... E5
66 Books & Books ... C5
67 Consign of the Times ... C5
68 Española Way Art Center ... E6
69 Eyes on Lincoln ... D5
70 Ricky's NYC ... E5
Taschen ... (veja 21)

ponto do triângulo do **Collins Park Cultural Center**, que também inclui o edifício de três andares do **Miami City Ballet**, e a convidativa **Miami Beach Regional Library**, que é um ótimo lugar para wi-fi.

Española Way Promenade CALÇADÃO

(Mapa p. 44; entre 14th e 15th Sts) O Española Way é um "autêntico" calçadão espanhol... bem, no espírito de autenticidade com cara de parque temático da Flórida. Ah, tanto faz; é uma linda passagem terracota e rosada com arquitetura espanhola, perfeita para expor obras de arte (era uma colônia de artistas nos anos 1920 e hoje abriga os ateliês de vários artistas locais), olhar as vitrines, as pessoas e tomar um café. Uma feira de artesanato funciona aqui nas tardes de sábado.

Jewish Museum of Florida MUSEU

(Mapa p. 48; www.jewishmuseum.com; 301 Washington Ave; adulto/estudante e aposentados $6/5, sáb entrada franca; ⏲10-17h ter-dom, fecha feriados judaicos) Abrigado em uma sinagoga ortodoxa de 1936 que serviu à primeira congregação de Miami, esse pequeno museu mostra a grande contribuição dos judeus ao estado da Flórida, especialmente a essa região. Pode-se dizer que enquanto os cubanos fizeram Miami, os judeus fizeram Miami Beach, tanto física (no sentido empreendedor) quanto culturalmente (a atitude de tolerância "todos são bem-vindos"). Mas houve momentos em que os judeus foram barrados na Riviera americana que eles próprios haviam construído sobre a areia. O museu conta essa história e a de outros casos divertidos (como os das roupas para o Purim feitas de conchas). A obra-prima é *Mosaic: Jewish life in Florida,* um mosaico (imagine isso) de fotos e quinquilharias históricas. O mais engraçado é que o museu oculta o passado do gângster Meyer Lansky – arquiteto da máfia moderna, que se aposentou em Miami Beach e aparece aqui como um velhinho legal que sempre fazia doações à sua sinagoga.

Holocaust Memorial MEMORIAL

(Mapa p. 44; www.holocaustmmb.org; esq. Meridian Ave e Dade Blvd) Memoriais do Holocausto tendem a ser sombrios, mas esse, dedicado aos 6 milhões de judeus assassinados durante a *shoah*, é especialmente sinistro. O tema é a permanente tristeza, traição e perda. Imagens como a de uma estrela de davi ocultada pelo rótulo racista *Jude* (a palavra alemã para "judeu"); uma família emoldurada por uma esperançosa citação de Anne Frank é mostrada

South Beach (1st a 11th Streets)

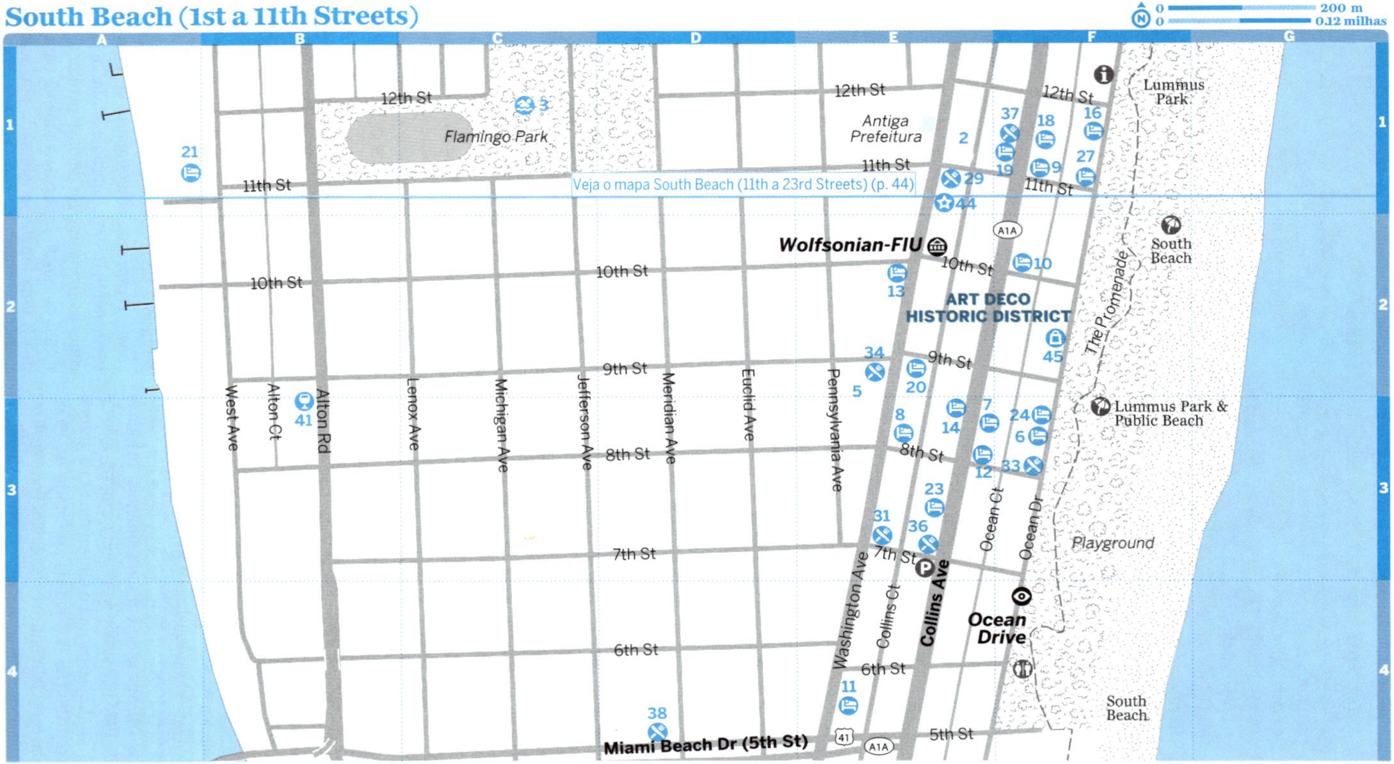

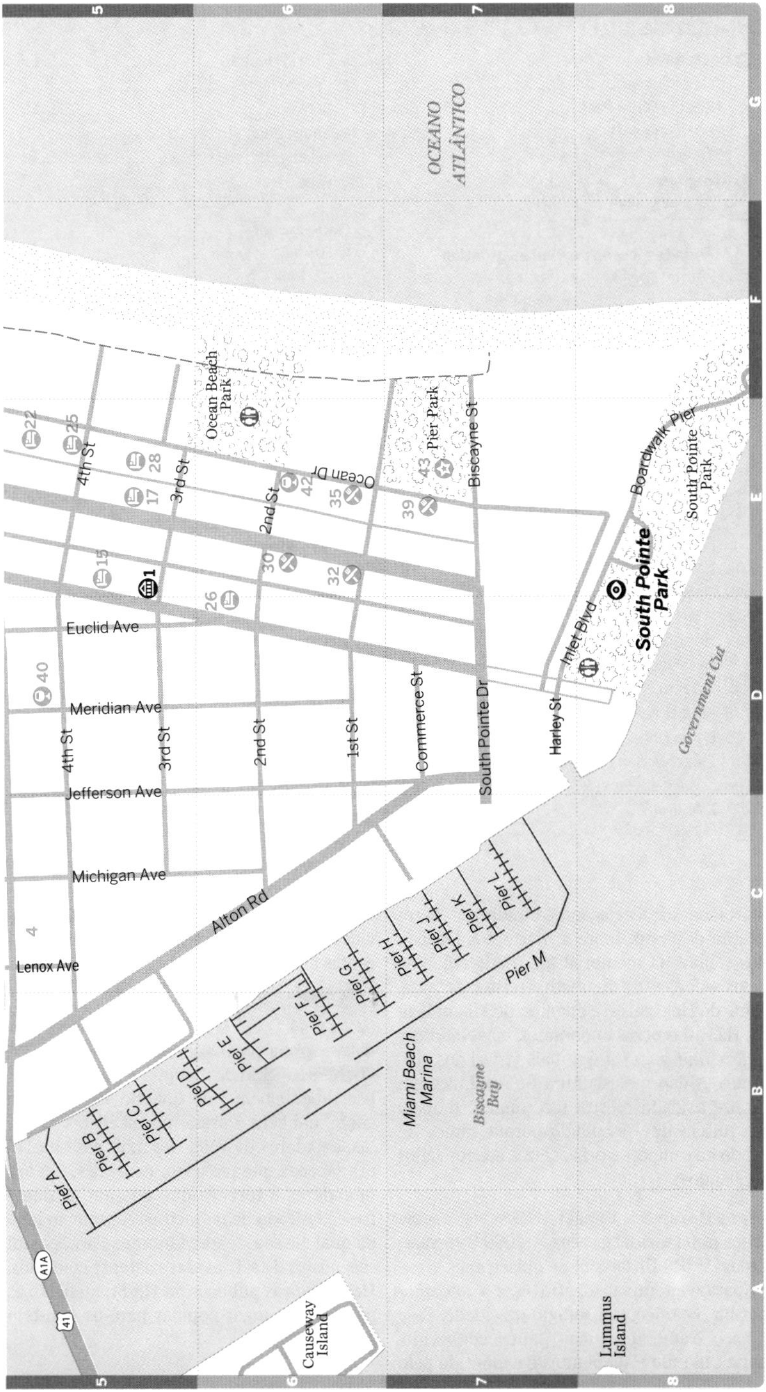
OCEANO ATLÂNTICO
Ocean Beach Park
Pier Park
South Pointe Park
Boardwalk Pier
Government Cut
Biscayne Bay
Miami Beach Marina
Causeway Island
Lummus Island
4th St
3rd St
2nd St
1st St
Commerce St
South Pointe Dr
Harley St
Inlet Blvd
Biscayne St
Ocean Dr
Euclid Ave
Meridian Ave
Jefferson Ave
Michigan Ave
Lenox Ave
Alton Rd
Pier A
Pier B
Pier C
Pier D
Pier E
Pier F
Pier G
Pier H
Pier J
Pier K
Pier L
Pier M
A1A
41

South Beach (1st a 11th Streets)

Destaques

Ocean Drive F4
South Pointe Park E8
Wolfsonian-FIU E2

Atrações

1 Jewish Museum of Florida E5

Atividades, cursos e visitas guiadas

2 Bikram Yoga Miami Beach E1
3 Flamingo Park Swimming Pool C1
4 Miami Food Tours C5
5 South Beach Divers E2

Onde dormir

6 Casa Grande Hotel F3
7 Chesterfield Hotel E3
8 Clinton Hotel E3
9 Dream South Beach F1
10 Essex House Hotel F2
11 Fashionhaus E4
12 Hotel E3
13 Hotel Astor E2
14 Hotel Shelley E3
15 Hotel St Augustine E5
16 Hotel Victor F1
17 Jazz on South Beach E5
18 Kent Hotel F1
19 Lords Hotel F1
20 Miami Beach International Travelers Hostel E2
21 Mondrian A1
22 Ocean Five Hotel E5
23 Ohana Hostel E3
24 Pelican Hotel F3
25 Sense E5
26 South Beach Hostel D6
27 Villa by Barton G F1
28 Wave Hotel E5

Onde comer

29 11th Street Diner E1
30 Big Pink E6
31 Grazie E3
32 Nemo E6
33 News Cafe F3
34 Pizza Rustica E2
35 Prime 112 .... E6
36 Puerto Sagua E3
37 Spiga F1
38 Tap Tap D4
39 Taverna Opa E7

Onde beber

40 Abraxas D5
Chesterfield Hotel Bar .... (veja 7)
41 Dewey's Tavern B3
Room .... (veja 32)
42 Ted's Hideaway E6

Lazer

43 Nikki Beach Miami E7
44 Twist E1

Onde comprar

45 U Rock Couture F2

morta na sequência, emoldurada por outra citação de Frank sobre a morte dos ideais e dos sonhos. O memorial foi criado em 1984 pelos esforços de Kenneth Treister, sobrevivente do Holocausto e escultor, de Miami Beach. Há várias peças imporantes, mas *Sculpture of love and anguish* é a mais visível aos visitantes. A enorme escultura de um braço em bronze oxidado mostra um número tatuado em Auschwitz – escolhido porque nunca foi usado no campo – e prisioneiros aterrorizados escalando-o.

Miami Beach Botanical Garden JARDIM

(Mapa p. 44; www.mbgarden.org; 2000 Convention Center Dr; ⌚9-17h ter-sáb) Se quiser mais espaço para contemplação, atravesse a rua até o jardim botânico, um refúgio na cidade. Esse espaço exuberante, mas pouco conhecido, abriga 18 mil m² de plantas e é mantido pelo Miami Beach Garden Conservancy. Sem dúvida, um oásis de palmeiras, hibiscos florescentes e lagos espelhados.

The Promenade PASSEIO

(Mapa p. 44; Ocean Ave) Esse calçadão estreito entre a praia e a Ocean Dr, se estende da 5th St até a 15th St. Local popular para fotos, especialmente bem cedo, quando não há muita gente, também é usado por skatistas, ciclistas, jogadores de vôlei (há uma rede na 11th St), pessoas que passeiam com cães, doidos, moradores e turistas que adoram o trajeto fresco ladeado de palmeiras. A praia ao lado da qual ele se estende, Lummus Park, possui seis postos de salva-vidas bastante coloridos. Há banheiros públicos na 11th St; atenção: as pias são um lugar popular para os sem-teto tomarem banho.

Agência do correio PRÉDIO HISTÓRICO

(Mapa p. 44; 1300 Washington Ave) Reserve um tempo para mandar um cartão-postal dessa agência do correio, joia *déco* de 1937, o primeiro projeto de renovação de South Beach a que os preservacionistas se dedicaram nos anos 1970. Esse prédio da época da Depressão, em estilo "clássico clean", foi construído no mandato do presidente Roosevelt e fundado pela iniciativa da Works Progress Administration (WPA), que apoiava artistas desempregados durante a Grande Depressão. No exterior, note a águia-calva e o torreão com balaustrada de ferro, e, dentro, um grande mural das guerras contra os seminoles da Flórida.

Temple Emanu El RELIGIOSO

(Mapa p. 44; Washington Ave na 17th St) Um templo *art déco*? Não exatamente, mas a cúpula lisa e o perfil polido, quase aerodinâmico, dessa sinagoga conservadora construída em 1938, se ajusta bem ao estilo predominante de SoBe. Cerimônias do Sabbath acontecem às sextas às 18h30 e aos sábados às 8h45.

World Erotic Art Museum MUSEU

(Mapa p. 44; WEAM; www.weam.com; 1205 Washington Ave; adulto/estudante/aposentados $15/13, 50/14, somente maiores de 18 anos; ⌚11-22h, até 0h sex e sáb) Em um bairro onde nenhum comportamento é muito chocante, o World Erotic Art Museum grita: "Ei! Temos um pênis dourado gigante!". Vamos parecer muito nerds se analisarmos os méritos históricos da coleção indecente de uma velha senhora (o museu foi fundado por Naomi Wilzig, de setenta anos, que transformou sua coleção erótica de 5 mil itens numa atração de South Beach em 2005), mas aqui vai. As exposições do WEAM são bem mais sérias do que seu material de marketing, que definitivamente tenta atrair todos os interessados em obscenidades. A coleção é realmente cheia de fascinantes obras eróticas de todas as épocas, de antigos ma-nuais de sexo a fotos de

VALE A VIAGEM

O CAMPTON

Se você está caminhando por Miami Beach, curtindo a combinação de gente bonita, hotéis e restaurantes, faça um pequeno desvio na 1451 Washington St para ver as velhas raízes de South Beach. O **Campton** é um pequeno condomínio de apartamentos residenciais (talvez o reconheça como o lugar onde o personagem de Jim Carrey vivia em *Ace Ventura: Um detetive diferente*) ocupado por idosos levando uma vida normal em um dos bairros mais singulares da Flórida. Os apartamentos tranquilos, com curvas acentuadas e pilares semicirculares, são joias do design *art déco*. South Beach costumava ser uma coleção de tesouros arquitetônicos ocupados por tranquilos aposentados, antes de ser tornar um playground internacional. O Campton é um condomínio residencial; então não tente entrar, mas sinta-se livre para admirar o exterior dos prédios.

OS VÁRIOS NOMES DO CORAL CASTLE

Numa rua cheia de edifícios opulentos, 1114 Ocean Drive, um castelo creme em estilo mediterrâneo construído com corais talhados e madeira exposta que poderia ser o cenário de *Piratas do Caribe*, se destaca. O palácio de três andares, construído nos anos 1930, foi baseado no Alcázar de Colón em Santo Domingo, onde o filho de Cristóvão Colombo viveu. Durante anos, foi conhecido como **Amsterdam Palace** – até que um dia, no começo dos anos 1980, foi visto por certo estilista chamado Gianni Versace. Ele comprou a propriedade, mudou o nome para **Versace Mansion** e imediatamente começou a brigar com preservacionistas locais depois de anunciar que iria derrubar um hotel vizinho para construir uma piscina. Depois de uma batalha, o estilista endinheirado ganhou – mas também fez um acordo que permitiria mudanças na lei, salvando mais de duzentos outros hotéis históricos no processo.

Nada disso importou em 1997, quando Andrew Cunagan assassinou Versace em frente a sua adorada mansão. Depois, durante vários anos, o local ficou conhecido como **Casa Casuarina** e funcionava como um clube exclusivo. Atualmente, é a sede do grande **Villa by Barton G Hotel** (p. 86). Ironicamente, a morte de um guru da moda europeu atraiu muitos, bem, gurus da moda europeus. Os turistas ainda visitam, armados com curiosidade mórbida e sedentos por fotos com celebridades de todos os tipos.

Northern Miami Beach

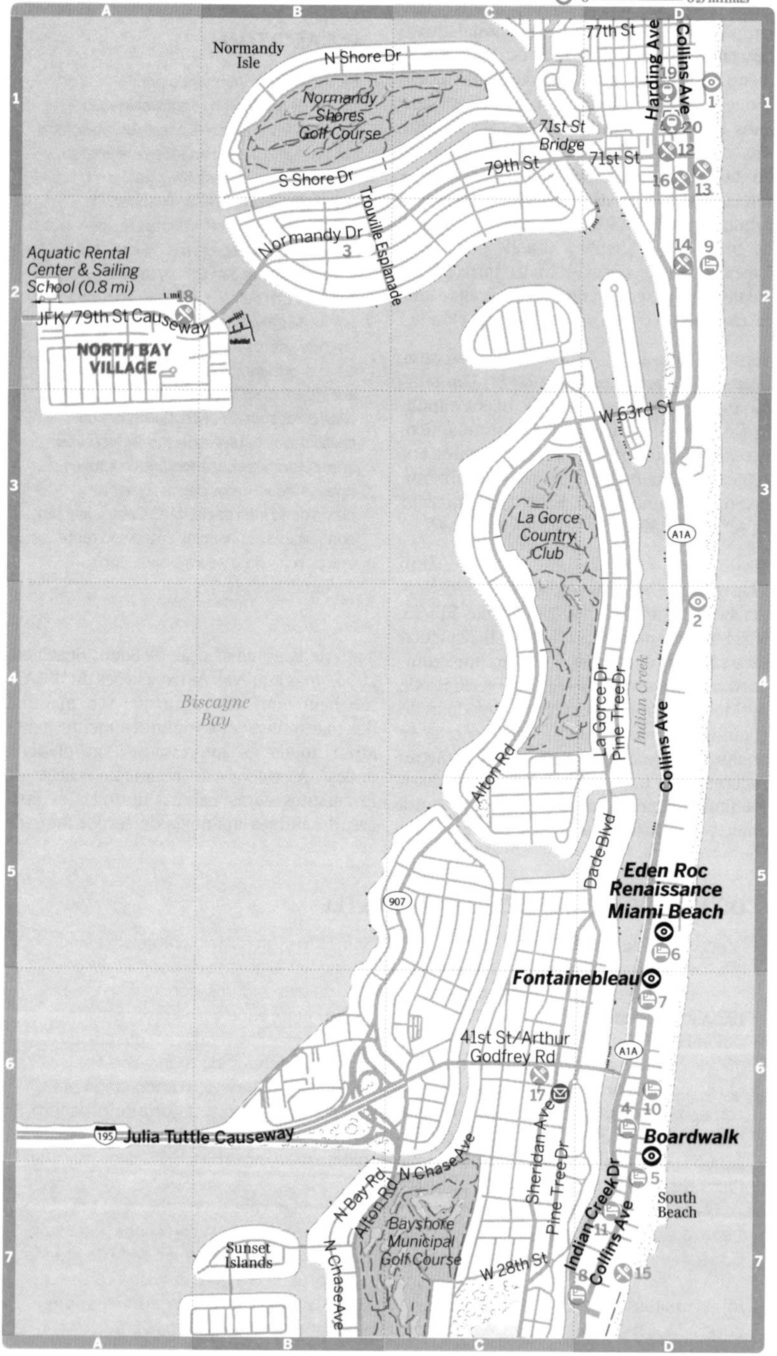

Northern Miami Beach

Destaques

Boardwalk D6
Eden Roc Renaissance Miami Beach D5
Fontainebleau D6

Atrações

1 Ocean Terrace D1
2 Banhos russos e turcos D4

Atividades, cursos e visitas guiadas

3 Normandy Isle Park & Pool B2

Onde dormir

4 Circa 39 .... D6
5 Claridge Hotel D7
6 Eden Roc Renaissance D5
7 Fontainebleau D6
8 Indian Creek Hotel D7
9 Mimosa D2
10 Palms South Beach D6
11 Red South Beach D7

Onde comer

12 Cafe Prima Pasta D1
13 El Rey del Chivito D1
14 Fifi's Place D2
15 Indomania D7
16 La Perrada de Edgar D1
17 Roaster's n Toasters C6
18 Shucker's A2

Onde beber

Cabana Beach Club .... (veja 6)
Circa 39 Bar .... (veja 4)
19 Lou's Beer Garden D1
20 On the Rocks D1

peepshows vitorianos, de brinquedos sexuais de todos os séculos a, sim, um grande falo dourado na saída.

NORTHERN MIAMI BEACH

Os mapas se referem à área acima de South Beach como Miami Beach, mas os moradores usam o apelido de Mid-Beach (ao redor da rua 40th) e North Beach (70th St e acima). Comunidades como Surfside, Bal Harbour, Sunny Isles e Aventura ficam mais ao norte e podem ser incluídas por afinidade. A via navegável Indian Creek separa hotéis luxuosos e condomínios de alto nível dos distritos residenciais no oeste. Lembre-se de que a cidade separada de North Miami Beach (ao contrário da *região* de Northern Miami Beach) não está, tecnicamente, na faixa de terra conhecida como Miami Beach – mas no continente. Confuso? A maioria dos residentes também é.

Fontainebleau PRÉDIO HISTÓRICO

(Mapa p. 52; www.fontainebleau.com; 4441 Collins Ave) Quando você segue ao norte pela Collins, os condomínios e apartamentos crescem em tamanho e beleza até começar uma área apelidada de Millionaire's Row. A mais fantástica joia nessa coroa brilhante é o hotel Fontainebleau. Talvez você se lembre do velho saguão na cena final de *Scarface*, onde Al Pacino cheira uma montanha de cocaína e mata um pequeno exército de colombianos. Esse ícone de 1954 é um projeto do grande arquiteto de Miami Beach, Morris Lapidus, e passou por muitas reformas; por causa disso está totalmente diferente de sua forma original, mas mantém aquele glamour inicial. No exterior, observe o espetacular mural *trompe l'oeil* na face sul, desenhado por Richard Haas e pintado em oito semanas por Edwin Abreu.

Eden Roc Renaissance Miami Beach PRÉDIO HISTÓRICO

(Mapa p. 52; www.edenrocmiami.com; 4525 Collins Ave) Esse foi o segundo hotel importante de Morris Lapidus e é um ótimo exemplo da arquitetura conhecida como MiMo (Miami Modern). O Rat Pack – Sammy Davis Jr., Dean Martin, Frank Sinatra e equipes – se encontrava no hotel nos anos 1960. Grandes reformas eclipsaram um pouco do estilo de Lapidus; a Ocean Tower, por exemplo, é uma adição posterior. Apesar disso, o edifício ainda é um ícone da arquitetura de Miami Beach e um exemplo da beleza da Millionaire's Row.

Boardwalk PRAIA

(Mapa p. 52; 21st St a 46th St) Qual é a moda praia desta estação? Casacos de gabardine poloneses do século 17, aparentemente. Há muitas pessoas bonitas com pouquíssima roupa no calçadão de Mid-Beach, mas também há judeus ortodoxos cuidando da própria vida no meio de gays correndo, turistas passeando e gente tomando sol. Nas redondezas, há muitos prédios residenciais ocupados por latinos e judeus de classe média, que passeiam com seus cachorros e brincam com seus filhos pela região, dando ao local um clima descontraído e verdadeiro que contrasta com o glamour eterno de South Beach.

O FULL MOON DRUM CIRCLE

Se for Lua cheia, dê uma olhada na praia entre as 79th e 85th streets – um enorme e ruidoso **círculo de tambores** acontece ali, o que vira uma festa. O batuque tende a começar entre 20h30 e 21h30 e pode durar até de manhã. Beber (e o consumo de outras substâncias) é tecnicamente ilegal na praia, e a polícia já acabou com a festa em outros momentos. Mesmo assim, tende a ser uma festa muito divertida que você não deve perder se estiver na região e quiser ver uma Lua incrível. Entre em www.miamidrums.com para mais informações.

Arthur Godfrey Road (41st Street) AVENIDA

(Mapa p. 52; 41st St) Não é um *shtetl*, mas a Arthur Godfrey Rd é uma via popular para a comunidade judaica de Miami Beach, e possivelmente o melhor lugar na Flórida para desfrutar um bom sanduíche *reuben* (e o único lugar fora de Tel Aviv que vende sushi *kosher*). Assim como os judeus formaram a cara de Miami Beach, a praia também deu um toque em seus judeus: é possível comer *lox y arroz con moros* (salmão com arroz e feijão), e apesar de os homens ortodoxos usarem seus *yarmulkes* e as mulheres, lenços na cabeça, todos possuem belos bronzeados e dirigem SUVs.

Normandy Isle e Ocean Terrace BAIRRO

(Mapa p. 52; 71st St a oeste da Collins Ave) Há alguns anos, a Normandy Isle foi apelidada de Little Argentina e ainda é um dos melhores lugares fora de Mendoza para olhar as pessoas enquanto toma um *cortado* (espresso argentino) antes de saborear uma massa tradicional com carne. Mas hoje os argentinos competem com seus vizinhos uruguaios, seus rivais brasileiros e até com muitos colombianos pelo primeiro lugar na mistura étnica da Normandy Isle. Não que exista alguma tensão; é um lugar tão próspero e agradável quanto o restante de Miami. Nas manhãs de sábado, a pequena vila verde abriga um adorável mercado de fazendeiros. Do outro lado da Collins Ave está o Ocean Tce, que evoca uma rua principal da velha Miami (observe a fachada colorida de azulejos de Walgreens) com cafés de frente para o mar, edifícios MiMo e um forte sabor argentino.

Haulover Beach Park PARQUE

(www.miamidade.gov/parks/parks/haulover_park.asp; 10800 Collins Ave; por carro $4; ⏲do nascer ao pôr do sol) Aonde estão indo todos aqueles homens bronzeados com correntes de ouro e sungas? Para a praia onde o uso de roupa é opcional nesse parque de 160 mil m² escondido pela vegetação dos prédios, autoestradas e olhos bisbilhoteiros. No entanto, há mais coisas a fazer aqui do que se mostrar; a maior parte dessa praia, uma das mais bonitas da área, é "normal", há até um parque para levar o cachorro e chuveiros "cones" coloridos. O parque fica na Collins Ave, cerca de 7km ao norte da 71st St.

Oleta River State Park PARQUE

(www.floridastateparks.org/oletariver; 3400 NE 163rd St; por pessoa $2, por carro $6; ⏲8h-pôr do sol) Os tequestas andavam de barco pelo estuário do rio Oleta desde o ano 500 a.C., então você está apenas seguindo uma longa tradição de navegar de canoa ou caiaque nesse parque. Com quase 4 milhões de m², é o maior parque urbano do estado e um dos melhores lugares em Miami para escapar da loucura da multidão. Vá de barco até a ilha de mangue, veja as águias voando ou simplesmente descanse na praia. O **Blue Moon Outdoor Center** (☎305-957-3040; www.bluemoonmiami.com), que fica no local, oferece caiaques simples ($18 por 1h e 30min, $25 por 3 horas), caiaques duplos ($25,50 por 1h e 30min, $40 por 3 horas) e aluguel de bicicletas ($18 por 1h e 30min, $25 por 3 horas). O parque fica na saída da 163rd St NE/FL-826 em Sunny Isles, cerca de 13km ao norte de North Miami Beach.

Arch Creek Park PARQUE

(www.miamidade.gov/parks/parks/arch_creek.asp; 1855 NE 135 St; ⏲9-17h qua-dom) Esse parque compacto e bonito, localizado perto do rio Oleta, engloba um aconchegante hábitat de espécies vegetais tropicais, ao redor de bela ponte de calcário natural. Os naturalistas podem levá-lo para um passeio ecológico indicado para crianças, que inclui um adorável jardim de borboletas. Os visitantes podem conhecer um pequeno mas completo museu de artefatos de indígenas americanos e pioneiros. Ligue com antecedência para agendar o passeio dos fantasmas (as crianças também vão gostar), que acontece às quartas e aos sábados. O parque fica na saída do North Biscayne Blvd, 13km ao norte do Design District.

DOWNTOWN MIAMI

Downtown Miami é o centro financeiro e bancário da cidade, mas também abriga novos prédios e hotéis de luxo na área conhecida como Brickell (ou "The Brick"), que inclui o elegante Brickell Key. O Miami River, sossegado e arenoso, divide Downtown entre norte e sul. Muitos dos sem-teto de Miami se reúnem aqui à noite (e às vezes de dia).

Adrienne Arsht Center for the Performing Arts CENTRO CULTURAL

(Mapa p. 56; www.arshtcenter.com; 1300 N Biscayne Blvd) O maior centro de artes cênicas na Flórida (e o segundo maior, em área, dos EUA) é o queridinho de Miami. Também é um grande componente na revitalização do espaço urbano de Downtown. Projetado por Cesar Pelli (criador das Petronas Towers em Kuala Lumpur), o centro tem dois pavilhões principais: o Ziff Ballet Opera House e o Knight Concert Hall, que tomam os dois lados do Biscayne Blvd. Os dois prédios estão conectados por uma passarela elegante e fina, e dentro dos teatros foi criada uma sensação do oceano e da terra esculpida pelo vento; os balcões arredondados se erguem em espirais que lembram uma concha aberta. Se tiver a chance, assista a um show (veja p. 110); o interior do Adrienne é o ponto alto de qualquer viagem a Miami.

Bayfront Park PARQUE

(Mapa p. 56; www.bayfrontparkmiami.com; 301 N Biscayne Blvd) Poucos parques norte-americanos ficam em frente a uma faixa de água turquesa tão linda (Biscayne Bay); os moradores de Miami têm essa sorte. Muitos funcionários dos escritórios da região tiram cochilos na pequena praia que possui cadeiras à disposição. O parque possui dois prédios notáveis: o **Klipsch Amphitheater**, com uma excelente vista da Biscayne Bay, é um bom lugar para shows, enquanto o teatro menor, com duzentos lugares (com o espaço na grama é possível acomodar mais de oitocentas), **Tina Hills Pavilion** abriga apresentações gratuitas na primavera. Ao norte é possível ver a **JFK Torch of Friendship** e uma fonte em homenagem às conquistas do congressista Claude Pepper. Há uma ampla variedade de atividades, incluindo aulas de ioga, de trapézio e, nos contaram, aulas de ioga no trapézio (é sério); veja a seção Atividades deste capítulo para mais detalhes (p. 80).

Esculturas

O notável artista e arquiteto paisagista Isamu Noguchi redesenhou muito do Bayfront Park nos anos 1980 e colocou três esculturas nas dependências do parque. No canto sudoeste fica o **Challenger Memorial**, um monumento projetado para os astronautas mortos na explosão da nave espacial em 1986, que lembra tanto a dupla hélice do DNA humano quanto a nave em si. A **Light Tower** é uma alusão um tanto abstrata a lanternas japonesas e ao luar de Miami, com 12m de altura. Nosso favorito é o **Mantra Slide**, uma espiral sinuosa de mármore que também funciona como um playground para as crianças.

American Airlines Arena CENTRO CULTURAL

(Mapa p. 56; www.aaarena.com; 601 N Biscayne Blvd) Bem ao norte do parque, lembrando uma nave espacial enorme que paira perpetuamente na ponta da Biscayne Bay, essa arena é o lar da equipe de basquete Miami Heat desde 2000. O Waterfront Theater, o maior da Flórida, fica no interior; durante todo o ano são realizados shows, musicais da Broadway e afins. Um avião gigante está pintado no alto da arena; é possível vê-lo (parece a sombra de um avião a distância) se sair da cidade de avião ou se for o Super-Homem.

BAZARES INTERNACIONAIS EM DOWNTOWN

Downtown Miami possui a reputação de ser perigosa. Achamos que isso é injusto; a área é complicada à noite, mas segura durante o dia, mesmo sendo um pouco feia. Parte dessa atmosfera complicada se deve às lojas de eletrônicos, moda e joalherias baratas que preenchem os shoppings e galerias meio abandonados. Essas lojas são quase todas de imigrantes, da África Ocidental, do Sudeste Asiático, da América do Sul e do Oriente Médio (será que cobrimos todas as direções?). Apesar de duvidarmos de que você precise de produtos de origem duvidosa, pode ser divertido olhar um desses mercados como o **777 International Mall** (145 E Flagler St). Essa pode ser a oportunidade mais próxima de visitar bazares confusos, barulhentos, suados e excitantes do mundo em desenvolvimento, onde as pessoas gritam com você para convencê-lo e pechinchar é sempre uma opção. Não é tão bonito quanto um shopping em Miami Beach ou no Design District, mas é uma parte fascinante da vida.

Downtown Miami

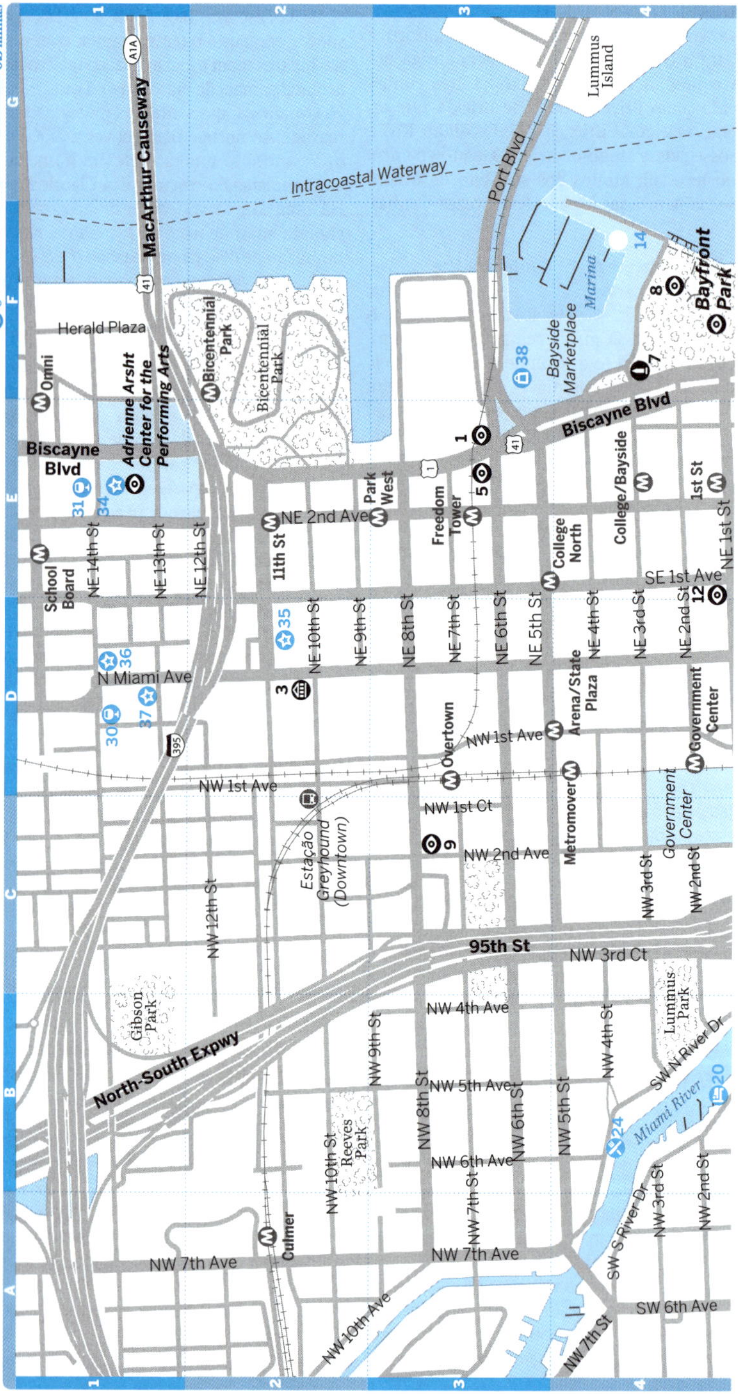

Biscayne Bay
Intracoastal Waterway
Brickell Key
Brickell Key Dr
Chopin Plaza
Bayfront Park
Biscayne Blvd
Biscayne Way
Brickell Ave Bridge
Brickell Park
Greater Miami & the Beaches Convention & Visitor's Bureau
Brickell Bay Dr
Brickell Ave
Miami River
Riverwalk
Knight Center
Third St
5th St
8th St
10th St Promenade
Financial District
Brickell
SE 2nd St
SE 3rd St
SW 4th St
SE 1st St
E Flagler St
SE 5th St
SE 6th St
S Miami Ave
SW 9th St
SW 10th St
SW 11th St
SW 12th St
SW 13th St (Coral Way)
SW 1st Ave
SW 1st Ct
SW 2nd Ave
SW 3rd Ave
SW 4th Ave
SW 5th Ave
SW 6th Ave
SW 7th St
SW 8th St (Calle Ocho)
Miami River Bridges
Metrorail
HistoryMiami
Miami-Dade Cultural Center
W Flagler St
Miami Ave
SW 2nd St
SW 1st St
José Martí Riverfront Park
NW 1st St
SW 3rd St
SW 4th St
SW 5th St
SW 6th St
SW 19th Rd
SW 20th Rd
SW 21st Rd
2
13
4
6
10
11
15
16
17
18
19
21
22
23
25
26
27
28
29
32
33
968
90
41
1
A
B
C
D
E
F
G
5
6
7
8

Downtown Miami

Destaques
Adrienne Arsht Center for the Performing Arts ... E1
Bayfront Park ... F4
HistoryMiami ... C5

Atrações
777 International Mall ... (veja 28)
1 American Airlines Arena ... E3
2 Challenger Memorial ... F5
3 Cisneros Fontanal Arts Foundation (CIFO) ... D2
4 Tribunal de Dade County ... D5
5 Freedom Tower ... E3
6 Gusman Center for the Performing Arts ... E5
7 JFK Torch of Friendship ... F4
8 Klipsch Amphitheater ... F4
9 Lyric Theatre ... C3
10 Miami Art Museum ... C5
11 Miami-Dade Public Library ... C5
12 Old US Post Office ... E4
13 Tina Hills Pavilion ... F5

Atividade, cursos e passeios
14 Ace Blue Waters Charters ... F4
15 Brickell Hot Yoga ... E8
Captain Jimmy's Fiesta Cruises . (veja 38)
Island Queen ... (veja 38)
Spa at Viceroy ... (veja 21)
16 Urban Tour Host ... E5

Onde dormir
17 Epic Hotel ... E6
18 Four Seasons Miami ... E8
19 Mandarin Oriental Miami ... F7
20 Miami River Inn ... B4
21 Viceroy Miami ... E6

Onde comer
Azul ... (veja 19)
22 Emily's Restaurante ... E5
23 Fresco California ... C8
24 Garcia's ... B4
25 Granny Feelgoods ... D5
26 La Cocotte ... C5
27 La Moon ... D7
28 Mini Healthy Deli ... D5
29 Soya e Pomodoro ... E5

Onde beber
30 Bar Black ... D1
31 DRB ... E1
Kyma ... (veja 17)
Level 25 ... (veja 32)
32 M Bar ... F7
33 Tobacco Road ... D6

Lazer
34 Adrienne Arsht Center for the Performing Arts ... E1
Gusman Center for the Performing Arts ... (veja 6)
35 Space ... D2
36 Vagabond ... D1
37 White Room ... D1

Onde comprar
38 Bayside Marketplace ... F3

HistoryMiami MUSEU
(Mapa p. 56; www.historymiami.org; 101 W Flagler St; adulto/crianças 6-12 anos/aposentados $8/5/7, entrada combinada com o MAM $10; ⌚10-17h ter--sex, 12-17h sáb e dom) South Florida – terra de escravos fugidos, guerrilha de indígenas americanos, gângsteres, ladrões de terras, piratas, turistas, traficantes e jacarés – possui uma história especial e é preciso um tipo específico de museu para capturar essa narrativa. Esse lugar, localizado no **Miami-Dade Cultural Center**, faz exatamente isso, tecendo as histórias das sucessivas ondas populacionais da área, dos indígenas americanos aos nicaraguenses. É interessante para as crianças e explica a história dos vários grupos demográficos de Miami de uma forma bem focada. Desça do Metromover na estação Government Center.

Brickell Avenue Bridge e Brickell Key ILHA
(Mapa p. 56; Brickell Ave) Cruzando o Miami River, a adorável Brickell Avenue Bridge entre SE 4th e SE 5th St foi ampliada e elevada há muitos anos, o que foi conveniente para os barcos rápidos dos traficantes perseguidos pela Agência Governamental Antidrogas no dia da grande reabertura da ponte! Veja a estátua de bronze com 5m de altura feita pelo escultor cubano Manuel Carbonell de um guerreiro tequesta e sua família, que está no alto da coluna Pillar of History. Caminhar pela ponte é a melhor forma de capturar a essência das esculturas, e você evitará um dos tráfegos mais confusos de Miami. Brickell Key parece mais um porco--espinho flutuante com torres de vidro do que uma ilha. Para viver a vida dos *glitterati* de Miami, venha para cá, finja que pertence ao

lugar e vá até um dos pontos de encontro deles, o Mandarin Oriental Hotel Miami, onde o hall e os salões reservados têm vistas deslumbrantes da Biscayne Bay.

Metromover TREM

(Mapa p. 56; www.miamidade.gov/transit/mover.asp) Esse monotrilho elevado elétrico não é grande o suficiente para servir ao forte trânsito da cidade e se tornou uma atração turística. Apesar de não ter muitas virtudes para o transporte de passageiros em massa, o Metromover é uma forma realmente ótima (e gratuita!) de conhecer o centro de Miami do alto (o que ajuda, por causa da natureza dos arranha-céus de Downtown). Por ser grátis, o Metromover tem a reputação de ser um ponto de encontro de sem-tetos, mas na época da pesquisa havia muita gente usando para ir trabalhar, hábito que a mídia afirmava estar aumentando por causa do preço do combustível.

Miami River RIO

(Mapa p. 56) Para ter um gostinho da Velha Flórida pobre que abrigava Humphrey Bogart em mangas de camisa e chapéu fedora, venha ao lento, abafado e ainda vistoso Miami River. Muitas partes das margens parecem abandonadas, e há muitos depósitos temporários dos quais só se pode imaginar o que é carregado e descarregado de pequenos rebocadores com destino impreciso. Pescadores chegam com sua produção diária, iates bonitos param em restaurantes, não conformistas descansam em suas casas-barcos, e com tudo isso parece que a qualquer momento vai começar alguma música de *Buena Vista Social Club*.

Gusman Center for the Performing Arts CENTRO CULTURAL

(Mapa p. 56; www.gusmancenter.org; 174 E Flagler St) O Arsht Center é lindo numa perspectiva moderna, mas o Olympia Theater no Gusman Center for the Performing Arts é de uma beleza clássica. Lembra-se de como as crianças em Hogwarts conseguem ver o céu através do telhado da sala de refeições? Bom, o Olympia recria todo o efeito sem Dumbledore, usando 246 estrelas brilhantes e nuvens sobre um teto azul profundo e sombras sensuais, congeladas como esculturas gregas clássicas e uma beleza que remete à casa de Ópera de Viena. O teatro foi inaugurado em 1925; hoje o hall abriga o Downtown Miami Welcome Center (p. 115), que distribui informações úteis para os visitantes e organiza visitas guiadas pelo distrito histórico; à noite ainda é possível ver apresentações teatrais e musicais (p. 110).

Miami Art Museum MUSEU

(Mapa p. 56; MAM; www.miamiartmuseum.org; 101 W Flagler St; adulto/criança com menos de 12 anos e estudantes/aposentados $8/grátis/4, 2º sáb do mês grátis, entrada combinada com o HistoryMiami $10; ⏲10-17h ter-sex, 12-17h sáb e dom) Localizado dentro do Miami-Dade Cultural Center, esse museu funciona em um espetacular prédio do arquiteto Philip Johnson. Sem uma coleção permanente, suas ótimas exposições sazonais se concentram na arte internacional do pós-Guerra. O MAM receberá uma nova localização de frente para o mar no Bicentennial Park em 2013; verifique o site para detalhes sobre o novo prédio. O museu abre tarde (das 12h às 21h) na terceira quinta-feira do mês.

Miami-Dade Public Library BIBLIOTECA

(Mapa p. 56; www.mdpls.org; 101 W Flagler St; ⏲9--18h seg-qua e sex, 9-21h qui, 13-17h dom) O principal edifício do sistema de bibliotecas de Miami-Dade é uma ótima escapada do caos de Downtown. Para saber mais sobre a Flórida (especialmente o sul), pesquise no imenso Florida Departament, ou peça para ver a Romer Collection, um arquivo com aproximadamente 17.500 fotos e desenhos que contam a história da cidade desde os primeiros anos até a década de 1950.

RESSUSCITANDO O LYRIC

Nomes consagrados como Duke Ellington e Ella Fitzgerald já tocaram no palco do **Lyric Theater** (mapa p. 56; 819 NW 2nd Ave), uma grande parada no "Chitlin' Circuit" – a trilha da música negra ao vivo na época da pré-integração dos EUA. Mas, com a passagem dos anos, o teatro (e o bairro no qual está localizado, Overtown) caiu em desuso. Então, o **Black Archives History & Research Center of South Florida** (p. 115) conseguiu 1,5 milhão de dólares para reformas e reparou tudo. A fênix reabriu suas portas em 1999 para o público, mas na ocasião da pesquisa o teatro estava fechado por acusações de fraude e má gerência financeira contra os empreiteiros responsáveis pela renovação do prédio. Esperamos que essa situação já tenha sido esclarecida quando você estiver lendo isso, e o Lyric volte a apresentar shows que combinam com o glamour de seu apogeu.

NÃO PERCA

LITTLE HAITI

Se você nunca foi a Porto Príncipe, então Little Haiti (La Petite Haïti), um dos bairros mais evocativos em Miami, é o mais próximo de lá que você pode chegar. Jovens de regatas ouvem rap francófono, enquanto mulheres com pescoço grosso usando xales coloridos conversam em frente a *botanicas* – que, por falar nisso, não vendem plantas. Uma *botanica* aqui é uma loja *vodu*. O bairro é um dos mais pobres em Miami, e não é aconselhável andar por aqui sozinho à noite, mas durante o dia ou em visitas ao Little Haiti Cultural Center (p. 63), você estará seguro.

Botanicas são talvez o que há de mais "estrangeiro" no Little Haiti. As vitrines prometem ajudar em questões de amor, trabalho e às vezes até "serviços de imigração", mas, acredite, não existem conselheiros matrimoniais nem oficiais de imigração aqui. Quando entrar, provavelmente vão olhar de modo estranho, mas seja cortês, curioso e respeitoso e será bem recebido. Antes de dar uma olhada, esqueça os estereótipos com agulhas e bonecas. Como muitas religiões tradicionais, o *vodu* reconhece forças sobrenaturais em objetos diários e poderes que são ao mesmo tempo diferentes e partes de uma deidade única. Assim, você verá santuários de Jesus perto de altares de divindades tradicionais de *vodu*. Perceba as grandes estátuas do que parecem ser pessoas comuns; na verdade, representam *loa* (pronuncia-se lua), espíritos intermediários que formam um panteão sob Deus na hierarquia religiosa *vodu*. Jogue uma moeda na tigela de oferendas antes de ir embora, especialmente para Papa Legba, espírito das encruzilhadas e, palpite nosso, dos viajantes. Duas boas *botanicas* são **Vierge Miracle & St Phillipe** (mapa p. 62; 5910 NE 2nd Ave) e **3x3 Santa Barbara Botanica** (mapa p. 62; 5700 NE 2nd Ave).
Para uma experiência mais intelectual da cultura haitiana, examine as estantes da **Libreri Mapou** (mapa p. 62; www.librerimapou.com; 5919 NE 2nd Ave), com milhares de títulos (incluindo jornais) em inglês, francês e *creole*, bem como artesanato e música.

Freedom Tower PRÉDIO HISTÓRICO

(Mapa p. 56; 600 Biscayne Blvd) Projetado pelo escritório de arquitetura nova-iorquino Shultz & Weaver em 1925, essa torre é uma das duas que sobreviveram ao projeto original cujo modelo foi a Giralda da Catedral de Sevilha (a segunda é o Biltmore Hotel em Coral Gables). A "Ellis Island do sul" serviu como centro de imigração para quase meio milhão de refugiados cubanos nos anos 1960. Localizada no National Register of Historic Places em 1979, também foi a sede do *Miami Daily News* durante 32 anos.

Old US Post Office PRÉDIO HISTÓRICO

(Mapa p. 56; 100 NE 1st Ave; 9-17h seg-sex) Construído em 1912, essa agência de correio e tribunal foi o primeiro edifício federal em Miami. O prédio, que possui um telhado com pequena inclinação, portas elaboradas e caminhos de entrada em pedra, foi comprado em 1937 para funcionar como o primeiro estabelecimento de poupança do país (engraçado, considerando que esses investimentos ajudaram a construir Miami nos anos 1980). Observe o mural feito por Denman Fink nos anos 1940, *Law Guides Florida Progress*, no principal tribunal localizado no segundo andar.

Cisneros Fontanal Arts Foundation MUSEU

(Mapa p. 56; CIFO; 305-455-3380; www.cifo.org; 1018 N Miami Ave; 10-16h qui-dom) A fundação de artes é um dos melhores pontos em Miami para acompanhar o trabalho de artistas contemporâneos latino-americanos e possui um showroom impressionante para começar. Até o exterior mistura a crueza pós-industrial com um ambiente natural, destacados pelo extensivo uso de ladrilho Bisazza para criar um estilo tropical abrangente. Similar ao Arsht Center, o CIFO foi construído na parte mais degradada de Downtown com a intenção de revitalizar a área com novos espaços de artes. Os horários de funcionamento só valem durante as exposições, apesar de visitas informais poderem ser agendadas se você ligar com antecedência.

Dade County Courthouse PRÉDIO HISTÓRICO

(Mapa p. 56; 73 W Flagler St) Se você for julgado nesse tribunal, pelo menos ganhará um passeio grátis por um dos mais majestosos nos EUA. Quando o primeiro tribunal de Miami ficou sobrecarregado, os procedimentos legais foram transferidos para esse ícone neoclássico, construído entre 1925 e 1929 com 4 milhões de dólares. É um prédio muito... apropriado: se estruturas fossem pessoas, o tribunal definitivamente seria um juiz. Curiosidade: no passado, os nove andares do topo eram usados como uma prisão "segura", da qual mais de setenta prisioneiros escaparam.

WYNWOOD, DESIGN DISTRICT E LITTLE HAITI

Agora os conhecidos como "Midtown", Wynwood e o Design District são os bairros artísticos oficiais de Miami, além de pontos focais da nova arte, gastronomia e vida noturna na Grande Miami. Essa área ainda engloba alguns dos bairros mais pobres da cidade, e se você chegar aqui pelas ruas em vez da autoestrada, vai ver os lugares mais perigosos que já caracterizaram toda a região. A área comercial de Midtown é o centro de gravidade natural da área. Wynwood é o melhor lugar para conhecer galerias de arte comprometidas, e as lojinhas elegantes no Design District estão repletas de coisas lindas. Entre as cadeiras de design italiano, gabinetes da era Romanov e candelabros estilo Dale Chihuly, o Design District tende a ser caro (estamos falando de milhares de dólares por um único item), mas é possível encontrar algumas barganhas, se você procurar.

Ao contrário de Wynwood, o Design District é bastante compacto e ótimo para caminhar. Não deixe de visitar Little Haiti, que fica ao norte do Design District. Entre os dois está o frondoso e adorável bairro de Buena Vista, onde restaurantes, bares, *points* gays e a valorização imobiliária estão se espalhando rapidamente.

Rubell Family Art Collection MUSEU

(Mapa p. 62; www.rfc.museum; 95 NW 29th St, Wynwood; adulto/estudante e menores de 18 anos $10/5; ⏲10-18h qua-sáb dez-ago) A família Rubell – especificamente, o sobrinho e a sobrinha do falecido Steve, mais conhecido como sócio de Ian Schrager do Studio 54 – opera alguns hotéis de luxo em Miami Beach, mas eles também acumularam uma impressionante coleção de arte contemporânea dos últimos trinta anos. A qualidade mais admirável dessa coleção é seu compromisso de não só mostrar uma ou duas obras de seus artistas; o objetivo do museu é mostrar toda a carreira de um colaborador.

Little Haiti Cultural Center GALERIA

(Mapa p. 62; www.miamigov.com/lhculturalcenter; 212 NE 59th Tce; ⏲9-17h, mais noites durante eventos) Miami tem a maior comunidade de Ayisyens

ARTE EM WYNWOOD

Wynwood respira arte, e novos espaços parecem abrir semanalmente. O lugar onde vivem os "Wypsters" (*hipsters* de Wynwood, os que curtem, trabalham e fornecem conteúdo para as galerias do bairro) muda todo mês com espaços "de guerrilha", novos murais, grafites, cafés, restaurantes e ateliês se espalhando por todo Midtown. Em geral, as galerias de arte podem ser encontradas na região que vai de NW 20th e NW 37th ao sul e ao norte, e N Miami Ave e NW 3rd Ave para o leste e o oeste. É difícil recomendar um grupo específico delas por causa da diversidade do que está em exposição, mas as seguintes são as nossas favoritas.

» **Artopia** (Mapa p. 62; ☎305-374-8882; 1753 NE 2nd Ave) Prova que a extensão de Wynwood que mencionamos acima pode ser flexível – a Artopia está fisicamente em Overtown, mas culturalmente é parte do circuito de galerias. Já abrigou o ateliê do falecido Purvis Young, renomado artista autodidata, que cresceu perto dali. Seus trabalhos de arte *folk* e obras similares costumam ser expostos, assim como outras de artistas em ascensão. Ligue para saber o horário.

» **PanAmerican Art Projects** (Mapa p. 62; ☎305-573-2400; www.panamericanart.com; 2450 NW 2nd Ave; ⏲9h30-17h30 ter-sex, 12h-17h30 sáb) Apesar do nome, a PanAmerican também expõe trabalhos de artistas europeus e chineses. Mas grande parte das obras é de bons artistas representando a América Latina, o Caribe e os EUA.

» **Art Modern Gallery** (Mapa p. 62; www.artmoderngallery.com; 175 NW 23rd St; ⏲12h-16h30 seg-sáb) Os curadores focam, como era de se esperar, em arte moderna, contemporânea e pop produzida por talentos locais e internacionais.

» **Curator's Voice Art Projects** (Mapa p. 62; www.curatorsvoiceartprojects.com; 2509 NW 2nd Ave; ⏲9h30-17h30 seg-sex, a partir das 12h sáb) Outro espaço grande e elegante de exposições que se orgulha de mostrar alguns dos trabalhos mais vanguardistas em Wynwood.

Há literalmente dezenas de outras galerias para conhecer; uma ótima forma de visitá-las e tomar um drinque é ir às famosas **Wynwood Art Walks** (veja p. 107). Verifique sites como www.beachedmiami.com e www.miamiartguide.com para mais informações.

Wynwood, Design District & Little Haiti

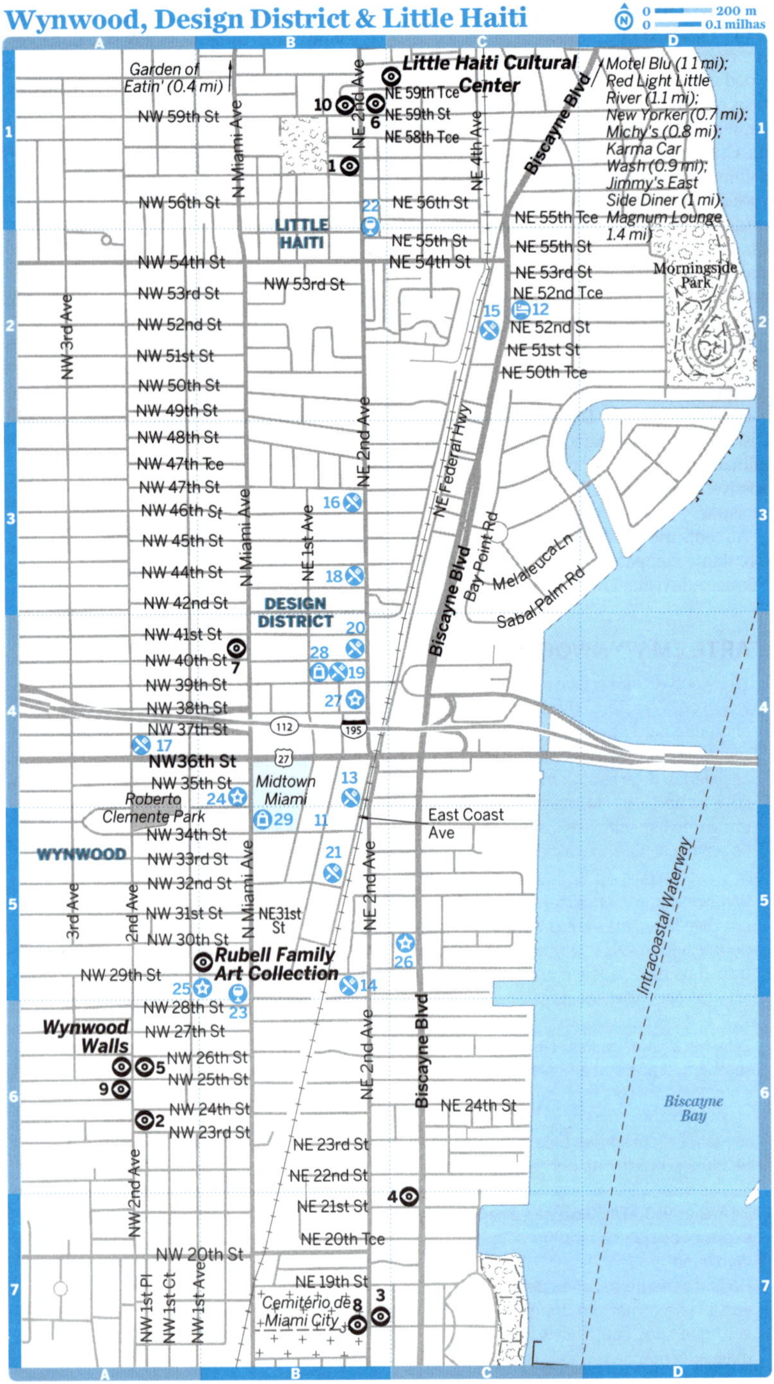

Wynwood, Design District e Little Haiti

Destaques

Little Haiti Cultural Center B1
Rubell Family Art Collection B5
Wynwood Walls A6

Atrações

1 3x3 Santa Barbara Botanica B1
2 Art Modern Gallery A6
3 Artopia C7
4 Bacardi Building C7
5 Curator's Voice Art Projects A6
6 Libreri Mapou B1
7 Living Room B4
8 Miami City Cemetery B7
9 PanAmerican Art Projects A6
10 Vierge Miracle e St Phillipe B1

Atividades, cursos e visitas guiadas

11 Green Monkey Yoga B5

Onde dormir

12 Motel Bianco C2

Onde comer

13 Cheese Course B4
14 Enriqueta's B5
15 Honey Tree C2
16 Lemoni Café B3
Lester's .... (veja 11)
17 Lost & Found Saloon A4
18 Mandolin B3
19 Michael's Genuine Food & Drink B4
20 Señora Martinez B4
21 Sustain B5

Onde beber

22 Churchill's B1
23 Electric Pickle B5

Lazer

24 Bardot B4
25 Cinema O B5
26 Light Box Theatre/ Miami Light Project C5
27 The Stage B4

Onde comprar

28 Genius Jones B4
29 Miami Mid-Century B5
Sweat Records .... (veja 22)

(haitianos) do mundo fora do Haiti e é o lugar para aprender sobre sua história. O centro cultural reúne um acervo sobre o colorido design e as influências da ilha e abriga uma pequena, mas vibrante, galeria de arte, centro de artesanato e espaço de atividades – aulas de dança, produções de teatro e eventos similares acontecem o ano todo. O melhor momento para visitar é na **Big Night in Little Haiti** (www.bignightlittlehaiti.com), uma festa de rua que acontece na terceira sexta-feira de cada mês das 18h às 22h. A comemoração conta com música, deliciosa comida caribenha e cerveja, e é uma das formas mais seguras e fáceis de acessar a cultura do Haiti fora da ilha.

Wynwood Walls ARTE PÚBLICA

(Mapa p. 62; www.thewynwoodwalls.com; NW 2nd Ave entre 25th e 26th St; ⏲12-20h qua-sáb) Não propriamente uma galeria, Wynwood Walls é uma coleção de murais e pinturas em um jardim aberto no centro de Wynwood. Os temas tendem a mudar de acordo com os grandes eventos, como Art Basel (uma das maiores exposições anuais de arte nos EUA); quando visitamos, o centro tinha um fantástico retrato de Aung San Suu Kyi feito por Shepard Fairey.

Miami City Cemetery CEMITÉRIO

(Mapa p. 62; 1800 NE 2nd Ave; ⏲7h-15h30 seg-sex, 8h-16h30 sáb e dom) Esse cemitério silencioso, local do descanso final de alguns dos cidadãos mais importantes de Miami-Dade, é uma narrativa da história da Cidade Mágica feita de ossos, pó e pedra. A dicotomia do passado e da modernidade ganha uma linda representação visual na forma de estruturas de imponentes que sombreiam a última morada dos grandes falecidos da cidade. Mais de 9 mil túmulos estão divididos em seções de brancos, negros e judeus. Enterrados aqui estão prefeitos, veteranos de guerra (incluindo em torno de noventa soldados confederados) e a madrinha do sul da Flórida, Julia Tuttle, que comprou os primeiros bosques de laranjas que atraíram colonos para a área.

Living Room ARTE PÚBLICA

(Mapa p. 62; esq. NW 40th St e N Miami Ave) Para lembrar que você está entrando no Design District há uma enorme instalação de arte representando, isso mesmo, uma sala de estar – exatamente o tipo de coisa que se espera que você compre aqui. Na verdade, essa Living Room, do casal argentino Roberto Behar e Rosario Marquardt, é uma "intervenção urbana" e uma crítica à descaracterização do espaço público, mas achamos que serve como uma ótima metáfora de todo o Design District: um interior contemporâneo instalado no meio da decadência urbana.

Key Biscayne

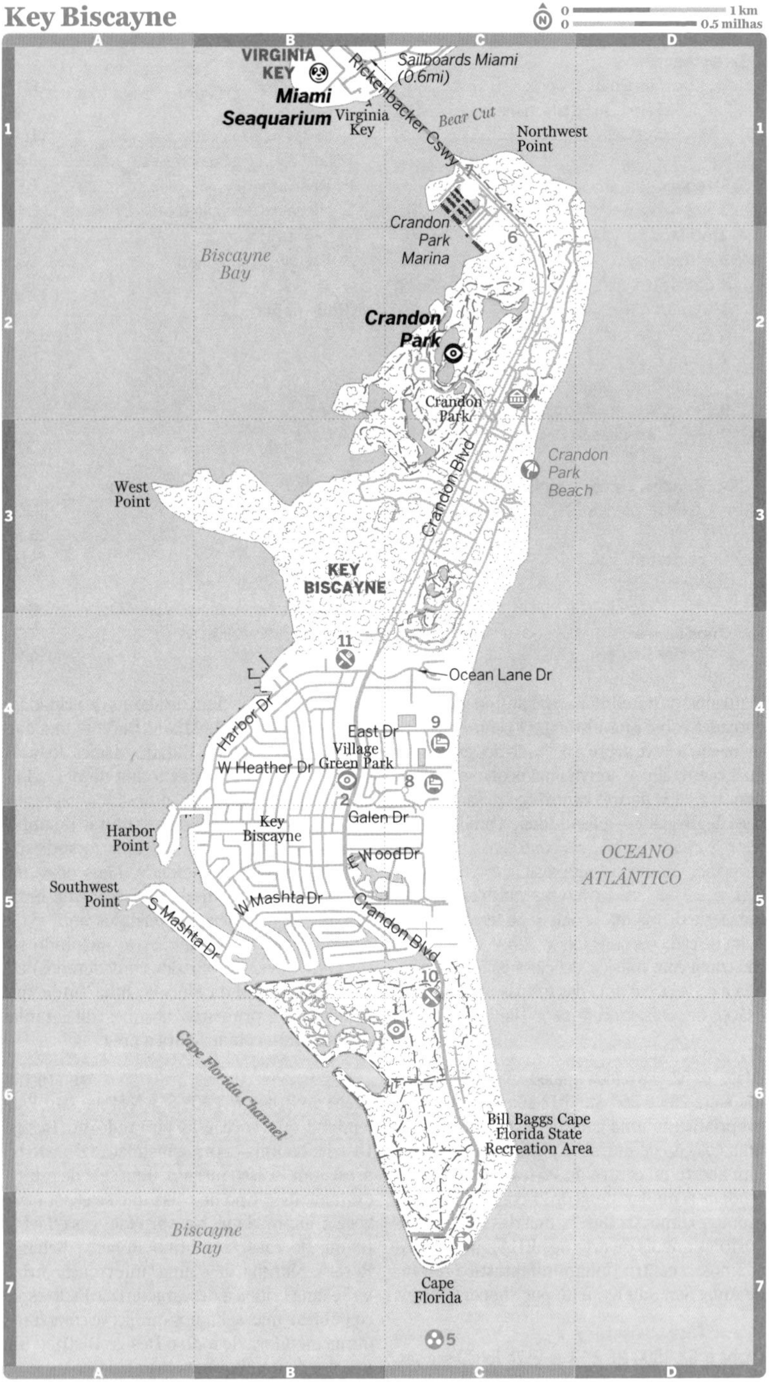

Bacardi Building ARQUITETURA

(Mapa p. 62; 2100 Biscayne Blvd; entrada franca; ⏲9h-15h30 ou 16h seg-sex) Você não precisa tomar nada para apreciar a incrível sede da maior empresa de bebidas destiladas do mundo, a Bacardi. A principal atração é uma torre lindamente decorada que remete a um mosaico de balneário tropical bem exagerado. Havia uma pequena galeria de arte e museu no interior dedicados aos famosos Bacardis anti-Castro (pense no que significa "Cuba Libre" da próxima vez que pedir uma), mas estavam fechados por tempo indeterminado na época da pesquisa.

KEY BISCAYNE

O lindo passeio de carro ao longo da Rickenbacker Causeway leva primeiro à pequena Virginia Key, depois a Key Biscayne, uma ilha de apenas 11km de extensão com vistas inigualáveis do horizonte de Miami. Quando dirigir pela Causeway, repare nas pequenas praias públicas, áreas de piquenique e pontos para pesca instalados em suas margens. A estrada vira em Crandon Blvd, a única estrada principal de verdade de Keys, que vai até o Cape Florida Lighthouse na ponta mais ao sul da ilha.

Miami Seaquarium AQUÁRIO

(Mapa p. 64; www.miamiseaquarium.com; 4400 Rickenbacker Causeway; adulto/criança $39/30, estacionamento $8; ⏲9h30-18h) Esse parque de 152 mil m² é destaque em matéria de preservação, proteção e educação sobre criaturas aquáticas e foi um dos primeiros lugares do país a se dedicar à vida marinha. Há dezenas de shows e exposições, incluindo um recife tropical; o Shark Channel, com apresentações dos monitores alimentando os animais; e o Discovery Bay, um mangue natural que serve como refúgio para reabilitar tartarugas marinhas resgatadas. Dê uma olhada nos golfinhos-de-laterais-brancas-do-pacífico ou no peixe-boi das Antilhas recebendo tratamento de saúde; alguns são soltos. Shows frequentes mostram lindos animais, incluindo baleias-assassinas enormes, alguns lindos golfinhos e leões-marinhos. O Dolphin Harbor, recentemente aberto, é um lugar divertido para assistir a mamíferos marinhos brincando e se mostrando; também permite nadar com cetáceos pelo programas Encounter (adulto/crianças de 5 a 9 anos $139/99), Odyssey ($199) e, somente para os que amam golfinhos, Trainer for a day ($495). Lembre-se de que as crianças com menos de cinco anos não podem participar do Encounter, pessoas com menos de 1,57m não podem participar do Odyssey, e crianças com menos de três não podem entrar na área de observação. Leia os prós e contras de nadar com golfinhos (veja p. 146) antes de contratar esses programas. A última entrada é às 16h30.

Key Biscayne

Destaques

Atrações

Atividades, cursos e visitas guiadas

Onde dormir

Onde comer

Crandon Park PARQUE

(Mapa p. 64; www.miamidade.gov/parks/parks/cran don_beach.asp; 6747 Crandon Blvd; por carro $5; ⏲do nascer ao pôr do sol) Esse parque com 4.856km² é o orgulho de Crandon Park Beach, uma gloriosa, mas lotada, praia que se estende por quase 5km. A maior parte do parque consiste em uma densa floresta costeira e mangues pantanosos. Lindas cabanas no lado sul do parque podem ser alugadas por $37,45 a diária. A praia de 3km é limpa, não fica cheia de turistas, tem mar azul-turquesa e é considerada uma das melhores nos EUA.

Marjory Stoneman Douglas Biscayne Nature Center

(Mapa p. 64; www.biscaynenaturecenter.org; Crandon Park, 6767 Crandon Blvd; entrada franca; ⏲10-16h) Marjory Stoneman Douglas foi uma defensora ambiental apaixonada (veja p. 126) e deu nome a esse centro voltado para crianças. A estrutura é uma apresentação perfeita do ecossistema subtropical dos EUA continental: o sul da Flórida. Há caminhadas nos

JIMBO'S

São as coisas simples que fazem a vida valer a pena, e às vezes essa simplicidade é ainda mais elegante se confrontada com a complexidade da vida. Resumindo: venha ao **Jimbo's** (mapa p. 64; www.jimbosplace.com; Duck Lake Rd; do nascer ao pôr do sol) em Virginia Key. Em uma cidade de desenvolvimento livre, esse bar... não, barraca de camarão... não, bar de peixe defumado... não, campo de trailers 24 horas... bom, seja lá o que for. Uma série de barracas abandonadas e um velho campo de bocha foram, durante décadas, sua própria versão de tudo que já foi o melhor da Flórida. Claro, até aqui o clima é um pouco artificial; todos esses bares velhos de peixe foram o cenário para o filme de horror dos anos 1980 *Island claws*. Outros filmes feitos aqui, entre eles *Ace Ventura: Um detetive diferente*, *True lies* e a obra-prima *Porky's 2*. Mas hoje as barracas são apenas parte das atrações do Jimbo. Da última vez em que estivemos aqui, fomos nadar nas docas e apareceu um peixe-boi. Um peixe-boi! Para encontrar o Jimbo's, vá até o fim da Arthur Lamb Jr Rd.

fins de semanas e explicações sobre a natureza que permitem às crianças percorrerem um trecho de água usando redes para pegar cavalos-marinhos, esponjas e outros exemplares da vida marinha (soltos depois de uma curta lição); veja o site para uma apresentação completa das muitas atividades oferecidas, a maioria no valor de $12 por pessoa.

Bill Baggs Cape Florida State Park PARQUE
(Mapa p. 64; www.floridastateparks.org/capeflorida; 1200 S Crandon Blvd; carro $8, pedestres $2; 8h-pôr do sol) Se não pretende ir a Florida Keys, visite esse parque para uma amostra de seu ecossistema único. O espaço de 2 mil km² é um emaranhado de fauna tropical e mangues escuros – procure as raízes "snorkel" que fornecem ar às árvores semissubmersas – todo interconectado por trilhas de areia e caminhos de madeira, cercados por quilômetros de oceano limpo. Um quiosque aluga caiaques, bicicletas, skates, cadeiras de praia e guarda-sóis.

Cape Florida Lighthouse

Na ponta mais ao sul da área de recreação do estado, o farol de tijolos de 1845 é a estrutura mais antiga na Flórida (substituiu outro farol que foi bastante danificado em 1836 durante a Segunda Guerra Seminole). Visitas guiadas gratuitas acontecem às 10h e às 13h de segunda a quinta.

GRÁTIS **Biscayne Community Center & Village Green Park** PARQUE
(Mapa p. 64; 305-365-8900; www.keybiscayne.fl.gov/pr; Village Green Way, saída do Crandon Blvd; Centro Comunitário 6-22h seg-sex, 8-20h sáb e dom;) Um parque imperdível para crianças: há uma piscina, exercícios na selva, uma sala de atividades com um conjunto de brinquedos compatível com as fantasias de qualquer criança, um baobá africano com mais de um século de idade e muitos pássaros tropicais. O melhor de tudo? É gratuito.

Little Havana

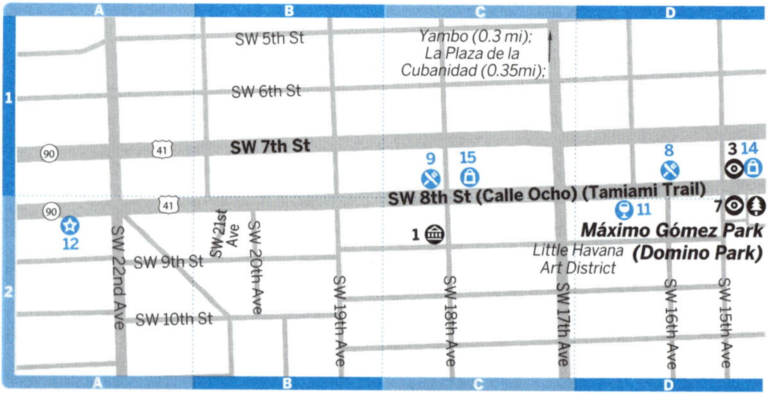

Stiltsville PRÉDIOS HISTÓRICOS

(Mapa p. 64; www.stiltsville.org) Essa coleção de sete casas sobre palafitas em Biscayne Bay existe desde o começo dos anos 1930. É possível visualizá-las, a distância, da margem sul do parque Bill Baggs ou fazer um **passeio de barco** (☎305-379-5119; www.islandqueencruises.com/stiltsville.htm; passeios $49) com o ilustre historiador dr. Paul George. Em 2003, foi criada a organização sem fins lucrativos Stiltsville Trust pelo National Park Service para reabilitar as casas e transformá-las em algo ainda indefinido; propostas incluem um centro de visitantes, colônia de artistas residentes ou centro comunitário. As ideias parecem não ter prosperado, mas, se quiser mais informações, visite o site www.stiltsvilletrust.org.

LITTLE HAVANA

A principal rua de Little Havana, calle Ocho (SW 8th St), é o centro do bairro. De muitas maneiras, esse é o território de todo imigrante nos EUA – repleto de restaurantes, lojas de conveniência e quiosques de cartões telefônicos. É preciso dizer que o ar cubano de Little Havana é um pouco exagerado para agradar os turistas, e muitos dos imigrantes latinos são, na verdade, da América Central. Dito isso, trata-se de um lugar cuja alma tem raízes fora dos EUA. Atente para a Calçada da Fama Cubana, uma série de estrelas na calçada que segue pela 8th St com os nomes de celebridades cubanas.

Máximo Gómez Park PARQUE

(Mapa p. 66; SW 8th St na SW 15th Ave; ⏲9-18h) O lugar de Little Havana que mais lembra a Velha Cuba é o Máximo Gómez Park ou "Parque Dominó", onde a algazarra dos idosos falando palavrões enquanto jogam xadrez é harmonizada pelo barulho das peças de dominó. A combinação de sons, do aroma dos charutos e um brilhante mural com o nascer do sol feito para o Encontro das Américas de 1993 fazem do Máximo Gómez um dos locais mais sensoriais em Miami.

Cuban Memorials MONUMENTOS

(Mapa p. 66) Os dois quarteirões da SW 13th Ave, ao sul da calle Ocho, abrigam uma série de monumentos para heróis cubanos e cubanos americanos, incluindo aqueles que morreram na Guerra Cubana da Independência e em conflitos anti-Castro. Os memoriais incluem a **Eternal Torch in Honor of the 2.506th Brigade** para os exilados que morreram durante a Invasão da Baía dos Porcos; um enorme **relevo em metal do mapa de Cuba**, dedicado aos "ideais do povo que nunca vai esquecer a promessa de libertar a Pátria"; um **memorial de José Martí**; e a **estátua de uma Madonna**, que supostamente é iluminada por um raio de luz sagrado toda tarde. No centro do bulevar está uma enorme ceiba, reverenciada

Little Havana

Destaques
- Cuban Memorials E2
- Máximo Gómez Park (Domino Park) D2

Atrações
1. Bay of Pigs Museum & Library C2
2. Cuba Brass Relief E2
3. Cuba Ocho D1
4. Eternal Torch in Honor of the 2506th Brigade E2
5. José Martí Memorial E2
6. Madonna Statue E2
7. Tower Theater D2

Onde comer
8. El Cristo D1
9. El Rey de Las Fritas C1
10. Los Pinareños Frutería E2

Onde beber
11. Casa Panza Bar D2

Lazer
12. Hoy Como Ayer A2

Onde comprar
13. El Crédito Cigars F2
14. Little-Havana-To-Go D1
15. M&N Variedades C1
16. Pepe y Berta E1

por seguidores da Santeria. A árvore é uma lembrança não oficial dos *marielitos* mais pobres (aqueles que fugiram de Cuba no Êxodo de Mariel em 1980) e as sucessivas ondas de cubanos desesperados por trabalho, muitos dos quais eram *santeros* (praticantes da Santeria) que vieram para Miami a partir dos anos 1980. Logo na entrada estão uma fonte e um monumento, coletivamente intitulado **La Plaza de la Cubanidad** (mapa p. 66; esquina W Flagler St e NW 17th Ave), que é um tributo tanto às províncias cubanas quanto às pessoas que se afogaram em 1994 quando tentavam sair de Cuba no navio *13 de Marzo*, que foi afundado pelas forças de Castro pouco antes de atingir a costa.

Cuba Ocho GALERIA

(Mapa p. 66; www.cubaocho.com; 1465 SW 8th St; ⏲9-18h) Joia do Art District de Little Havana, Cuba Ocho funciona como um centro comunitário, galeria de arte e posto de pesquisa para tudo relacionado a Cuba. O interior lembra um bar de charutos de Havana, apesar de as paredes serem repletas de obras de arte que fazem referência tanto ao passado clássico de arte cubana quanto a seu futuro vanguardista. São frequentes música ao vivo, filmes, teatro, leituras e outros eventos toda semana. O centro abre durante a noite para esses eventos; mais informações no site.

VIERNES CULTURALES (SEXTAS CULTURAIS)

O Little Havana Arts District pode não ser Wynwood, mas constitui uma pequena faixa ativa de galerias e estúdios (concentrados na 8th St entre SW 15th Ave e SW 17th Ave) que abriga a melhor arte latino-americana em Miami. Em vez de entrar em cada galeria, dar uma olhada e sentir a pressão para comprar, visite na última sexta-feira de cada mês durante as **Viernes Culturales** (www.viernesculturales.org). Nada de caminhadas com taças de vinho, as Sextas Culturais em Little Havana são como pequenas temporadas de carnaval, com música, idosos em *guayaberas* (camisas cubanas) cantando para as estrelas e muita ginga, com tudo o que você tem direito, até mesmo o brie. É preciso muito tempo para apreciar a arte local, pois todas as galerias de Little Havana abrem suas portas.

GRÁTIS **Bay of Pigs Museum & Library** BIBLIOTECA

(Mapa p. 66; 1821 SW 9th St; ⏲10-17h seg-sex) Esse pequeno museu é mais do que um memorial para a 2.506th Brigade, também conhecida como a equipe da fracassada Invasão da Baía dos Porcos. Não importa o que você acha de Fidel Castro, visite o lugar para conhecer um lado dessa polêmica história. Provavelmente vai conversar com sobreviventes da Baía dos Porcos, que gostam de ficar por aqui cercados por fotos de camaradas que nunca conseguiram voltar aos EUA.

Tower Theater PRÉDIO HISTÓRICO

(Mapa p. 66; www.mdc.edu/culture/tower.htm; 1508 SW 8th St) Esse teatro de 1926, que passou por várias reformas, possui uma fachada *déco* e um interior recentemente renovado, graças ao apoio do Miami-Dade Community College. Em seu auge, foi o centro da vida social de Little Havana, e, por causa dos filmes que mostrava, serviu como uma ponte entre a sociedade imigrante e a cultura pop norte-americana. Hoje, o espaço frequentemente exibe filmes independentes e de língua espanhola (às vezes, os dois) e abriga exposições variadas de arte no hall de entrada.

COCONUT GROVE

O Coconut Grove, que atrai uma mistura de velhos hippies, classe média que passeia em shoppings e universitários, desdobra-se pela S Bayshore Dr quando esta se encontra com a praia. A US Hwy 1 (S Dixie Hwy) é o limite norte do Grove.

Vizcaya Museum & Gardens PRÉDIO HISTÓRICO

(www.miamidade.gov/vizcaya; 3251 S Miami Ave; adultos/crianças $12/5; ⏲museu 9h30-16h30 qua-seg) Se Miami é considerada a Cidade Mágica, essa *villa* italiana, o equivalente arquitetônico a um ovo Fabergé, é a residência de conto de fadas. Em 1916, o industrial James Deering começou uma longa e documentada tradição na cidade: ganhar toneladas de dinheiro e construir casas tão grandiosas que chegam a ser ridículas. Ele empregou mil pessoas (na época 10% da população local) durante quatro anos para cumprir o desejo de ter um lugar que parecesse existir havia séculos. Estava tão obcecado por criar uma atmosfera de riqueza antiga que encheu a casa com móveis, tapetes, pinturas e objetos de arte dos séculos 15 ao 19; mandou fazer um monograma para si próprio; e até ordenou que fossem pintados quadros de ancestrais falsos. O terreno de 120 mil m² está repleto de jardins esplêndidos e coretos florentinos, e tanto a casa quanto os jardins são usados para exposições itinerantes de arte contemporânea. Fica entre Downtown e Coconut Grove, mais ou menos onde a SW 32nd Rd se junta à Dixie Hwy e à S Miami Ave.

Barnacle Historic State Park PARQUE
(Mapa p. 69; www.floridastateparks.org/thebarnacle; 3485 Main Hwy; entrada $2, visitas guiadas $3; ⌚parque 9-16h sex-seg, visitas guiadas 10h, 11h30, 13h, 14h30 sex-seg) No centro da vila está a residência de 1891 do pioneiro Ralph Monroe, com 20 mil m², o primeiro que migrou para o calor. A casa está aberta para visitas guiadas, organizadas por pesso-

Coconut Grove

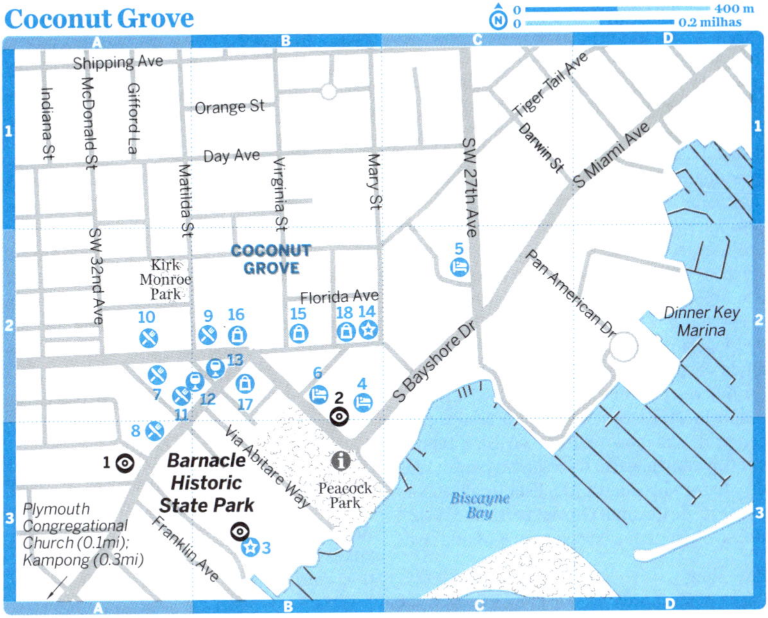

Coconut Grove

Destaques
Barnacle Historic State Park.......... B3

Atrações
AC Fine Art.......................... (veja 14)
1 Coconut Grove Playhouse A3
2 Eva Munroe's Grave B2
3 Yoga by the Sea B3

Onde dormir
4 Mutiny Hotel.............................. B2
5 Ritz-Carlton Coconut Grove C2
6 Sonesta Hotel e Suites Coconut Grove B2

Onde comer
7 George's in the Grove A2
8 Green Street Cafe A3
9 Jaguar B2
10 Last Carrot A2
11 Lulu A2

Onde beber
12 Barracuda.................................. B2
Taurus .... (veja 1)
13 Tavern in the Grove B2

Lazer
14 Miami Improv B2

Onde comprar
15 Bookstore in the Grove B2
Celestial Treasures .... (veja 17)
16 CocoWalk................................... B2
17 Metta Boutique........................... B2
18 Streets of Mayfair B2

as que a conhecem bem e são entusiastas do parque – que, por falar nisso, é ótimo para caminhadas. Em Barnacle, são organizados frequentes (e adoráveis) concertos na lua cheia, de jazz a música clássica. Descendo um pouco pela Main Hwy, do outro lado da rua, há um pequeno templo budista à sombra de grandes figueiras, que dão uma sensação real de Sudeste Asiático (apesar de ser um templo budista tibetano, então talvez não).

Miami Museum of Science & Planetarium MUSEU

(www.miamisci.org; 3280 S Miami Ave; adulto/criança, estudantes e aposentados $15/11; ⌚10-18h) O Miami Museum of Science é uma instituição dedicada, apesar de pequena, com exibições que abrangem de fenômenos climáticos a insetos estranhos, recifes de coral e lâminas com micróbios. O planetário abriga lições sobre o espaço e sessões de telescópios, assim como os tradicionais shows de laser psicodélico ao som de Beatles e Pink Floyd. Apesar disso, na época da pesquisa o velho Museu de Ciência parecia um pouco velho demais. A ajuda chegou em uma doação de 35 milhões de dólares dos filantropos locais Patricia e Philip Frost. Esses fundos serão usados para construir um novo edifício no Bicentennial em Downtown, perto da (esperada) nova sede do Miami Museum of Art. Está localizado ao nordeste de Coconut Grover, perto de SW 32nd Rd, se estiver em Dixie Hwy ou S Miami Ave.

Kampong LOCAL HISTÓRICO, JARDINS

(Mapa p. 69; ☎305-442-7169; 4013 Douglas Rd; www.ntbg.org/gardens/kampong.php; ⌚visitas só com reserva 10-14h seg-sex) Se você fala malaio ou indonésio, então, sim, esse Kampong é a palavra bahasa para vila. David Fairchild, Indiana Jones do mundo botânico e fundador de Fairchild Tropical Gardens (p. 74), criou o nome, sem dúvida, depois de uma longa jornada por Java. Era onde o aventureiro descansava entre as viagens em busca de lindas plantas economicamente viáveis. Hoje listado no National Register of Historic Places, o local serve como sala de aula para o National Tropical Botanical Garden. Visitas autoguiadas gratuitas (com duração de pelo menos uma hora) estão disponíveis sob reserva, assim como as visitas guiadas de duas horas que custam $20. Está localizado a sudoeste de Coconut Grove; se estiver seguindo a grade, Douglas Rd também é a SW 37th Ave.

Arts Precinct GALERIA

Coconut Grove, como muitos dos bairros de Miami, tem trabalhado para promover suas galerias de arte. Você pode caminhar por elas, concentradas perto de **CocoWalk** e dos shoppings das **ruas de Mayfair** (com poucas exceções), na primeira noite de sábado (a partir das 19h) todo mês; o Coconut Grove Art Walk é sem dúvida o mais familiar dos muitos passeios artísticos de Miami.

AC Fine Art GALERIA

(www.acfineartsite.com; 2911 Grand Ave; ⌚10-18h) Uma das nossas galerias favoritas, a AC Fine Art se especializa em edições limitadas e originais (!) de mestres como Dalí, Picasso, Lautrec, Warhol, Basquiat e Lichtenstein.

Plymouth Congregational Church IGREJA

(Mapa p. 69; www.plymouthmiami.com; 3400 Devon Rd; ⌚8h30-16h30 seg-sex) Essa igreja de 1917 é incrível, desde sua alvenaria sólida até uma porta talhada manualmente vinda de um monastério nos Pireneus, que parece que vai ser chutada por Antonio Banderas carregando um estojo de violão cheio de explosivos num braço e Salma Hayek no outro. Arquitetonicamente, é uma das mais bonitas igrejas ao estilo das missões espanholas em uma cidade que possui muitos exemplos do gênero.

Ermita de la Caridad MONUMENTO

(☎305-854-2404; www.ermitadelacaridad.org; 3609 S Miami Ave) A diocese católica comprou algumas das terras da Villa Vizcaya dos herdeiros de Deering e construiu um santuário para os paroquianos refugiados de Cuba. Simbolizando um farol, fica de frente para a ilha, exatamente a 467km ao sul. Há um mural que mostra a história cubana. Depois de visitar

O TÚMULO DE EVA MUNROE

Localizada em uma pequena área com portões perto da **Coconut Grove Library** (mapa p. 69; 2875 McFarlane Rd) está a humilde lápide da sra. Eva Amelia Hewitt Munroe, que nasceu em Nova Jersey em 1856 e morreu em Miami em 1882. Seu túmulo é o mais antigo demarcado no condado de Miami-Dade (um triste adendo: colonos afro-americanos morreram antes de Eva, mas suas mortes nunca foram oficialmente registradas). O marido de Eva, Ralph, entrou em profunda depressão, a qual tentou aliviar construindo o **Barnacle** (p. 69), agora uma das casas mais antigas na área.

REVITALIZANDO O COCONUT GROVE PLAYHOUSE

O teatro mais antigo de Miami é o Coconut Grove Playhouse, que fica na 3500 Main Hwy no centro do Grove (mapa p. 69). No passado, foi uma maravilha de edifício, com uma marquise elegante e muitas celebridades associadas a uma grande credibilidade artística; *Esperando Godot*, de Samuel Beckett, estreou nos EUA nesse teatro em 1956 (foi aparentemente um desastre). Infelizmente, o teatro foi fechado durante a temporada de 50º aniversário por causa de grandes dívidas e permanece como uma triste casca vazia na Main Hwy. Agora a diretoria do teatro, junto com o Departamento de Cultura de Miami-Dade, está tentando reativar o local; na época da pesquisa, apoio ao projeto estava sendo estudado por diversas ONGs.

Vizcaya ou o museu de ciência, você pode fazer um piquenique nesse santuário silencioso perto da água.

CORAL GABLES

A adorável cidade de Coral Gables, cheia de prédios em estilo mediterrâneo, está limitada ao norte pela calle Ocho, Sunset Dr ao sul, Ponce de León Blvd a leste e Red Rd a oeste. O principal campus da Universidade de Miami está localizado ao sul do enorme Coral Gables Biltmore Golf Course, e a principal via para pedestres é a Miracle Mile – paraíso dos consumistas.

Biltmore Hotel PRÉDIO HISTÓRICO

(Mapa p. 72; www.biltmorehotel.com; 1200 Anastasia Ave) No mais suntuoso bairro de uma das cidades mais luxuosas do mundo, o Biltmore esnoba. É um dos maiores hotéis da Era do Jazz Americano, e se fosse um personagem de um romance seria, sem dúvida, Jay Gatsby. Al Capone tinha um bar ilegal nesse lugar, e a Capone Suite ainda é assombrada pelo espírito de Fats Walsh, que foi assassinado ali (para mais detalhes de fantasmas, junte-se à contação de histórias no hall de entrada, toda quinta, às 19h). Na época, gôndolas importadas transportavam os convidados célebres como Judy Garland e os Vanderbilts pelo local porque, claro, havia um sistema de canais particulares no fundo. Isso agora desapareceu, mas a maior piscina de hotel dos EUA continental, que lembra o jardim de um sultão de *As mil e uma noites*, ainda existe. O *lobby* é de tirar o fôlego: grande, lindo, apesar de não ser brega (por incrível que pareça), é como um castelo árabe misturado com uma *villa* dos tempos dos Médici.

Lowe Art Museum MUSEU

(www.lowemuseum.org; 1301 Stanford Dr; adulto/estudante $10/5; ⏲10-16h ter-sáb, a partir de 12h dom) Seu interesse pelo Lowe, localizado no campus da Universidade de Miami, depende do seu gosto por arte. Se você se interessa por obras modernas e contemporâneas, é bom. Se prefere arte e arqueologia de culturas da Ásia, África e do Sul do Pacífico, é ótimo. E se você gosta de arte pré-colombiana e mesoamericana, é simplesmente fantástico; os artefatos estão organizados em uma uma linha narrativa fácil de compreender. Isso sem falar da adorável coleção permanente de arte barroca e renascentista, escultura ocidental dos séculos 18 e 20, e pinturas de Gauguin, Picasso e Monet – são todas lindas. Para chegar aqui, procure a entrada para a Universidade de Miami em Stanford Dr saindo de Dixie Hwy.

Venetian Pool LUGAR HISTÓRICO

(Mapa p. 72; www.coralgablesvenetianpool.com; 2701 De Soto Blvd; adulto/criança $11/7,35; ⏲10h-16h30; 👪) Imagine que é 1923, toneladas de pedras foram escavadas para um dos mais lindos bairros em Miami, mas agora um corte feio encontra-se no meio da vila. O que fazer? Que tal encher o buraco irregular com água, decorar tudo com mosaicos e azulejos e fazer com que fique parecendo o recanto aquático de um imperador romano? Resultado: uma das poucas piscinas que constam no National Register of Historic Places, uma maravilha de cavernas de rocha coral, cascatas, uma ilha circundada por palmeiras e ancoradouros ao estilo veneziano. Nade um pouco e siga os passos (ou nadadeiras) de estrelas como Esther Williams e Johnny "Tarzan" Weissmuller. O horário de abertura varia dependendo da estação; então verifique no site para saber os detalhes.

Merrick House PRÉDIO HISTÓRICO

(Mapa p. 72; ☎305-460-5361; 907 Coral Way; adulto/criança/aposentado $5/1/3; ⏲visitas guiadas 13h, 14h e 15h dom e qua) É divertido imaginar que essa propriedade simples, com seus pequenos toques mediterrâneos, seria o centro do espalhafatoso Gables. Quando o pai de George Merrick comprou essas terras, sem

Coral Gables

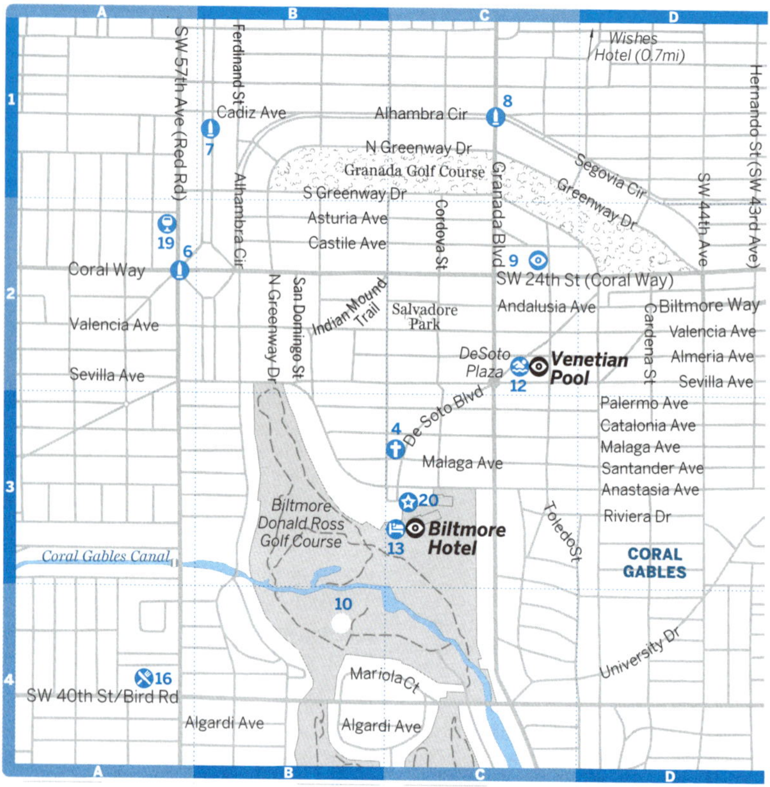

vê-las, por $1.100, era tudo lama, pedras e *guavas*. A propriedade agora é usada para reuniões e recepções, e é possível visitar tanto a casa quanto o lindo jardim orgânico. A modesta residência está como em 1925, cheia de fotos familiares, móveis e objetos de arte.

Entrances & Watertower PONTO DE REFERÊNCIA

(Mapa p. 72) O idealizador de Coral Gables, George Merrick, planejou uma série de elaborados portões de entrada para a cidade, mas a explosão imobiliária impossibilitou a conclusão dos projetos. Entre os portões completos que vale a pena ver, lembrando os pavilhões de entrada das grandes propriedades andaluzas, estão o **Country Club Prado**; o **Douglas Entrance**; o **Granada Entrance** (esq. Alhambra Circle e Granada Blvd); o **Alhambra Entrance** (esq. Alhambra Circle e Douglas Rd) e o **Coral Way Entrance** (esq. Red Rd e Coral Way). O **Alhambra Watertower** (Alhambra Circle), onde a Greenway Ct e a Ferdinand St se encontram com Alhambra Circle, lembra um farol mouro.

Coral Gables City Hall PRÉDIO HISTÓRICO

(Mapa p. 72; 405 Biltmore Way) Esse grande edifício abrigou chatíssimas reuniões burocráticas da cidade desde que abriu em 1928. É impressionante de todos os ângulos; certamente condizendo com sua importância como edifício governamental. Dê uma olhada na pintura no teto da torre, as *Quatro estações* de Denman Fink, assim como sua pintura sem título que mostra o mundo submarino no patamar do segundo andar. Há um pequeno mercado de produtores no local das 8h às 13h, de janeiro a março.

Coral Gables Congregational Church IGREJA

(Mapa p. 72; www.coralgablescongregational.org; 3010 De Soto Blvd) O pai de George Merrick era ministro da New England Congregational, então talvez isso tenha sido levado em

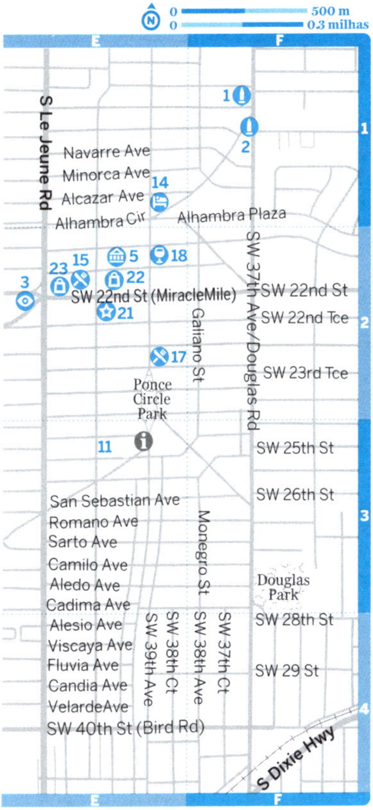

Coral Gables

Destaques

Biltmore Hotel C3
Venetian Pool C2

Atrações

1 Alhambra Entrance Monuments F1
2 Alhambra Watertower F1
3 Coral Gables City Hall E2
4 Coral Gables Congregational Church C3
5 Coral Gables Museum E2
6 Coral Way Entrance Monuments A2
7 Country Club Prado Entrance Monuments B1
8 Granada Entrance Monuments C1
9 Merrick House C2

Atividades, cursos e visitas guiadas

10 Biltmore Donald Ross Golf Course B4
11 Prana Yoga Center E3
12 Venetian Pool C2

Onde dormir

13 Biltmore Hotel C3
14 Hotel Place St Michel E1

Onde comer

15 Caffe Abbracci E2
La Palme d'Or .... (veja 13)
16 Matsuri A4
17 Pascal's on Ponce E2
Seasons 52 .... (veja 23)

Onde beber

18 Bar E2
19 Seven Seas A2

Lazer

Actors Playhouse .... (veja 21)
Coral Gables Art Cinema .... (veja 22)
20 Gablestage C3
21 Miracle Theater E2

Onde comprar

22 Books & Books E2
Boy Meets Girl .... (veja 23)
23 Hip.e E2
Olian .... (veja 23)

conta quando ele doou as terras para a primeira igreja da cidade. Essa réplica de uma igreja na Costa Rica foi construída em 1924; suas paredes amarelas e o telhado vermelho são tão distante da Nova Inglaterra quanto... bem, Miami. O interior foi agraciado com um lindo santuário, e o terreno é cercado por palmeiras.

Coral Gables Museum — MUSEU

(Mapa p. 72; www.coralgablesmuseum.org; 285 Aragon Ave) Esse museu, dedicado à arte e à arquitetura locais, é uma boa fonte de conhecimento da fundação e do crescimento de Coral Gables, a “Cidade Linda” . A coleção inclui artefatos históricos e objetos de sucessivas gerações nesse pequeno, apertado e excêntrico bairro. O prédio principal é o velho posto policial e de bombeiros de Gables, uma adorável mistura de revival mediterrâneo e do estilo moderno pós-Depressão de Miami Beach.

GRANDE MIAMI – NORTE

Museum of Contemporary Art — MUSEU

(MoCA; www.mocanomi.org; 770 NE 125th St; adulto/estudante e aposentado $5/3; 11-17h ter e qui-sáb, 13-21h qua, 12-17h dom) Localizado no norte de Miami, bairro que está crescendo rapidamente e ímã imobiliário para *hipsters* cansados de South Beach, o Museum of Contemporary Arts é, há tempos, uma das razões para explorar essa região da cidade. Suas galerias mostram excelentes exposições itinerantes de arte contemporânea de artistas locais, nacionais e internacionais. Abre até tarde na última sexta-feira do mês (das 19h às 22h) para apresentações de jazz.

Ancient Spanish Monastery IGREJA
(☎305-945-1461;www.spanishmonastery.com; 16711 W Dixie Hwy; ⏲10-16h seg-sáb, 11-16h dom) A Episcopal Church of St Bernard de Clairvaux é um incrível prédio gótico e românico. Construído em 1141 em Segóvia, Espanha, foi convertido em celeiro setecentos anos depois e foi comprado pelo magnata de jornais William Randolph Hearst. Ele o desmontou e enviou de barco aos EUA em mais de 10 mil caixotes, com a intenção de reconstruí-lo em sua enorme propriedade na Califórnia. Mas a construção nunca foi aprovada pelo governo, e as pedras ficaram guardadas nas caixas até 1954, quando um grupo de empreendedores de Miami comprou o monastério desmantelado de Hearst e o reconstruiu. Agora é um local adorável, popular (em especial para casamentos, então ligue antes de ir) e, supostamente, o edifício mais antigo do hemisfério ocidental. Missas são realizadas às 8h, 10h30 e às 12h nos domingos, e um culto de cura é realizado às quartas-feiras às 10h. É fácil chegar através do North Biscayne Blvd; está a cerca de 16km ao norte do Design District.

Hialeah Park PARQUE
(www.hialeahparkracing.com; 2200 E 4th Ave; ⏲9-17h seg-sex) Hialeah é mais Havana do que Little Havana (mais de 90% da população fala espanhol como primeira língua), e o símbolo e centro dessa comunidade cubana de classe trabalhadora é o grande, mas ameaçado, ex-hipódromo. Seabiscuit e Seattle Slew já correram ali, mas em 2001 essa joia esteve ameaçada de ser pavimentada. Uma campanha conseguiu preservar o parque; em 2008, a música "Save Hialeah Park", de Los Primeros, uma *boy band* latina de Haileah, se tornou um hit local. Graças à votação de uma controversa lei de apostas e jogos, o parque foi salvo da destruição. Hoje, um passeio pela propriedade é recomendado, mesmo que seja só para olhar as grandes escadarias e o saguão em tom pastel, e imaginar o barulho das corridas. Veja o chapéu de equitação, as botas e selas entalhados na janela sob o prédio da administração e a muito fotografada fonte central. É possível chegar aqui indo para o oeste na NW 79th St, ao norte de Little Haiti.

GRANDE MIAMI – SUL

Fairchild Tropical Garden JARDINS
(www.fairchildgarden.org; 10901 Old Cutler Rd; adulto/criança/aposentado $25/12/18; ⏲9h30-16h30) Se você precisa fugir da loucura de Miami, talvez o melhor seja um dia entre o verde no jardim botânico mais tropical do país. Um bosque cheio de borboletas, biosferas de selva e uma visão tranquila dos hábitats do pântano e de Keys, além de mostras frequentes de artistas como Roy Lichtenstein, tudo bastante impressionante. Além de caminhadas autoguiadas fáceis de seguir, um passeio de tram de 40 minutos gratuito por todo o parque sai a cada hora das 10h às 15h. Localizado a 8km ao sul de Coral Gables; Old Cutler Rd é acessível via SW 57th Ave.

ILHAS HIBISCUS, PALM E STAR

No fim da A1A, no centro de Biscayne Bay (e com uma exclusividade elegante), a **Hibiscus Island**, a **Palm Island** e a **Star Island** são pequenas Primrose Hills flutuantes. Não há muitos famosos vivendo aqui – só ricos –, apesar de Star Island ser o lar de Gloria Estefan e, por pouco tempo, Al Capone ter vivido (e morrido) em Palm Island. Nos anos 1970 e 1980, uma mansão em Star Island foi a sede da Ethiopian Zion Coptic Church (EZCC; www.ethiopianziocopticchurch.org), uma seita rastafári que foi condenada por traficar grandes quantidades de maconha para os EUA. Esse incidente criou um circo na mídia que focou tanto nas acusações quanto nas disputas dos rastas brancos cabeludos e barbudos com seus vizinhos aristocráticos em Star Island, que reclamavam da fumaça de *cannabis* que saía constantemente da sede da EZCC.

Hoje as entradas para as ilhas estão guardadas por seguranças, mas as estradas são públicas; então, se você pedir com educação e não parecer desleixada demais, poderá entrar. Star Island é um pouco mais do que uma estrada elíptica ladeada por palmeiras reais, figueiras esculpidas e belos portões que guardam casas que não se pode ver.

Charles Deering Estate MONUMENTO
(www.deeringestate.org; 16701 SW 72nd Ave; adulto/criança menor de 14 anos $12/7; ⏲10-17h) A propriedade Deering é considerada uma "pequena Vizcaya", o que faz sentido por ter sido construída por Charles, irmão de James Deering (famoso por Vizcaya). O terreno de 600 mil m² está coberto de plantas tropicais, um poço de ossos com fósseis animais de mais de 50 mil anos e os vestígios pré-históricos de indígenas americanos que viveram aqui há 2 mil anos. A entrada inclui uma visita ao terreno, e a propriedade sempre organiza noites de jazz ao ar livre. As entradas são vendidas apenas até as 16h.

Metrozoo ZOOLÓGICO
(www.miamimetrozoo.com; 12400 SW 152nd St; adulto/criança $16/12; ⏲9h30-17h30) O clima tropical de Miami torna um passeio pelo Metrozoo quase um dia na selva. Procure elefantes asiáticos e africanos, tigres-de-bengala raros rondando um evocativo templo hindu, hipopótamos pigmeus, condores andinos, um bando de hienas, lindos coalas, macacos colobos, rinocerontes negros e um casal de dragões-de-komodo da Indonésia. Mantenha os olhos abertos para as informações dos funcionários em frente a algumas jaulas. Para uma visita rápida (e porque o zoológico é muito grande), use o Safari Monorail; ele parte a cada 20 minutos. Há muitos passeios a pé disponíveis, e as crianças vão adorar alimentar as girafas Samburu ($2). As entradas são vendidas até as 16h.

Jungle Island ZOOLÓGICO
(www.jungleisland.com; 1111 Parrot Jungle Trail, saindo da MacArthur Causeway, Watson Island; adulto/criança/aposentado $33/25/31; ⏲10-17h, até 18h sáb e dom) O Jungle Island, repleto de pássaros tropicais, jacarés, orangotangos, chimpanzés, lêmures, um liger (uma mistura de leão e tigre) e uma Arca de Noé de tantos outros animais, é muito divertido. É um desses lugares onde as crianças (com razão) imploram para ir; então prepare-se para as penas brilhantes e o cheiro de cocô de passarinho nessa selva artificial e contagiante. De frente para o mar, com uma paisagem exuberante e usando um mínimo de pesticidas, é bastante impressionante, graças em parte aos flamingos, araras e papagaios, voando em aviários ao ar livre. A colônia de pinguins é especialmente linda.

Monkey Jungle ZOOLÓGICO
(www.monkeyjungle.com; 14805 SW 216th St; adulto/criança/aposentado $30/24/28; ⏲9h30-17h) Os folhetos do Monkey Jungle possuem um slogan: "Onde os humanos ficam em jaulas e os macacos correm livres". E, na verdade, você vai passar por uma trilha fechada, com os primatas correndo livres, gritando e brincando ao seu redor. É muito divertido, só um pouco mal-cheiroso, especialmente em dias quentes (bom, na maioria dos dias). Em 1933, o estudioso do comportamento animal Joseph du Mond soltou seis macacos aqui. Hoje, seus descendentes convivem com orangotangos, chimpanzés e gorilas. O grande show do dia acontece na hora da alimentação, quando eles pulam na piscina atrás de frutas e outras delícias. Há também um aviário com lindos papagaios resgatados. As entradas são vendidas até as 16h.

Pinecrest Gardens PARQUE
(www.pinecrest-fl.gov/gardens; 11000 SW 57th Ave; adulto/criança $3/2; ⏲9-17h outono e inverno, até 18h primavera e verão) Quando a Parrot Jungle (agora Jungle Island) se mudou para a cidade grande, a vila de Pinecrest, que é a comunidade que abrigava a antiga localização da Jungle, comprou a adorável propriedade para mantê-la como parque municipal. Agora é um oásis silencioso com alguns dos melhores jardins tropicais deste lado do golfo do México; os biomas incluem bosques de ciprestes, tropicais, de bananeiras, seringueiras e uma maravilhosa figueira no centro do parque. Há sessões de filmes ao ar livre e shows de jazz. Essa joia está totalmente fora da rota turística.

Fruit & Spice Park PARQUE
(www.fruitandspicepark.org; 24801 SW 187th Ave; adulto/criança $8/2; ⏲9-17h) Localizado na ponta de Everglades, esse parque público tropical de 140 mil m² produz deliciosas frutas tropicais que só se aprende a apreciar quando está com "problemas intestinais", se é que você entende. O parque está dividido em "continentes" (África, Ásia etc.), e a entrada inclui uma visita; não dá para colher frutas, mas é possível comer as que caírem no chão. Se você vier até aqui, considere um passeio de um dia no Everglades National Park (p. 119).

Gold Coast Railroad Museum MUSEU
(www.gcrm.org; 12450 SW 152nd St; adulto/criança 3-11 anos $6/4; ⏲10-16h seg-sex, a partir de 11h sáb e dom) Voltado primeiramente para aficionados por trens, esse museu foi montado em 1950 pela Miami Railroad Historical Society. Mostra mais de trinta locomotivas, incluindo o carro presidencial Ferdinand Magellan, onde o presidente Harry Truman famosamente ostentou um jornal com a equivocada manchete "Dewey Derrota Truman". Nos fins de semana, o museu oferece passeios de 20

minutos em velhos vagões ($6), cabines standards ($12) e, para as crianças, um trenzinho pequeno ($2,50). É melhor agendar um passeio com antecedência Está localizado a cerca de 21km ao sudoeste de Coral Gables, perto do Zoológico de Miami.

Miami Children's Museum MUSEU DA CRIANÇA
(www.miamichildrensmuseum.org; 980 MacArthur Causeway, Watson Island; entrada $15; ⏲10-18h) Esse lugar, localizado entre South Beach e o centro de Miami, não é exatamente um museu. Parece mais uma supercasa de diversões, com áreas para as crianças praticarem todo tipo de atividade adulta – trabalhar em bancos e lanchonetes, pet shop, apresentar notícias como durante um telejornal em um estúdio e atuar como policial ou bombeiro. Não diga que não avisamos: em dias de chuva, a bagunça rola solta.

Matheson Hammock Park PARQUE
(www.miamidade.gov/parks/parks/matheson_beach.asp; 9610 Old Cutler Rd; por carro $5; ⏲do nascer ao pôr do sol) Esse parque do condado com 400 mil m² é o mais velho da cidade e um dos mais pitorescos. Oferece piscinas cobertas para as crianças nadarem, muitos texugos famintos, densos pântanos e (o que é raro) alguns crocodilos.

Wings Over Miami MUSEU
(www.wingsovermiami.com; Kendall-Tamiami Executive Airport, 14710 SW 128th St; adulto/criança abaixo de 12 anos/aposentado $10/6/7; ⏲10-17h qua-sáb, a partir de 12h dom) Quem gosta de avião vai se deleitar nesse museu do Aeroporto Kendall-Tamiami que conta a história da aviação. Os pontos altos incluem uma coleção de aviões a hélice, jatos J47, um bombardeiro soviético de Smolensk e a parte dianteira de um B-29 chamado *Fertile Myrtle*, o mesmo tipo de aeronave usada para jogar bombas atômicas sobre Hiroshima e Nagasaki. Uma mostra impressionante sobre os Tuskegee Airmen mostra vídeos dos pilotos afro-americanos contando suas histórias. Bombardeiros históricos e outras aeronaves chegam para visitas ocasionais; então nunca se sabe exatamente o que está em exibição.

Atividades

Bicicleta

Miami-Dade County Parks & Recreation Department CICLISMO
(☎305-755-7800;www.miamidade.gov/parksmasterplan/bike_trails_map.asp) Organiza frequentes passeios ecociclistas por parques e calçadões à beira-mar e oferece uma lista de ciclovias em seu site. Para passeios menos cansativos, tente as avenidas secundárias de South Beach ou as ruas sombreadas de Coral Gables e Coconut Grove. Algumas boas trilhas:

Old Cutler Bike Path Começa no final da Sunset Dr em Coral Gables e passa por Coconut Grove até o Matheson Hammock Park e o Fairchild Tropical **Rickenbacker Causeway** Essa rota leva pela ponte até Key Biscayne para exercício combinado com uma vista incrível.

Oleta River State Park (3400 NE 163rd St) Possui um caminho de terra bem desafiador com colinas para aventuras *off-road*.

Boliche

Bowlmor Lanes BOLICHE
(www.bowlmor.com/miami; 11401 NW 12th St; ⏲16-1h seg-qui, 12-3h sex, 11-3h sáb, 11-1h dom) Localizado no Dolphin Mall, esse é um bom exemplo do que acontece quando o talento de Miami para pompa e glamour (eles colocam no site fotos de Lindsay Lohan jogando boliche) se encontra com humildes dez pinos.

Lucky Strike BOLICHE
(www.bowluckystrike.com; 1691 Michigan Ave; ⏲11h30-1h seg-qui, até as 2h sex, 11-2h sáb, 11-1h dom) Saindo da Lincoln Rd, essa é a resposta de Miami Beach ao boliche de qualidade, ao som de house e hip-hop, com coquetéis deliciosos e gente bonita.

Day spas

Como você pode ter adivinhado, Miami oferece muitos lugares para ser mimado. Alguns dos spas mais luxuosos na cidade estão em hotéis cinco estrelas, onde você pode pagar entre $300 a $400 por uma massagem e/ou acupressão e $200 por uma bandagem. Spas notáveis:

Spa at Viceroy SPA
(Mapa p. 56; ☎305-503-0369; www.viceroyhotelsandresorts.com; 485 Brickell Ave) Projetado por Philippe Starck com uma academia enorme, sala de aeróbica e (uau!) uma biblioteca flutuante.

Spa Internazionale SPA
(☎800-537-3708; www.fisherislandclub.com; no hotel da Fisher Island) O spa mais exclusivo da cidade, com uma grande quantidade de tratamentos corporais, massagens e ioga. Não perca se estiver hospedado na Fisher Island.

Spa at the Setai SPA
(Mapa p. 44; ☎305-520-6900; www.setai.com/thespa; 101 20th St) Refúgio tranquilo com estilo de Bali, em um dos hotéis mais lindos de South Beach.

Mergulho e snorkel

Vá até Keys ou ao **Biscayne National Park** (p. 132), no canto sudeste do condado de Dade. Agências em Miami:

DELEITE TURCO

Só porque você aprecia uma boa esfoliação nas costas não significa que precisa ir até um spa deslumbrante onde tocam constantemente uma música suave e repetitiva. Certo? Por que não ir ao lugar "quente" favorito entre quem deseja uma experiência de spa sem o glamour, o **Russian & Turkish Baths** (mapa p. 52; ☎305-867-8316; www.russianandturkishbaths.com; 5445 Collins Ave; ⏲12-0h)? Entre nesse pequeno labirinto de *banyas* (saunas) e encontre uma grande quantidade de serviços de spa. Você pode "apanhar" com uma vassoura feita de folhas de carvalho (por $40) chamada *venik* em uma terma fumegante (é na verdade muito relaxante... bom, interessante pelo menos). Há exfoliação com sal do mar Morto de lama ($50), além do café, que serve deliciosos *borscht*, *blintzes*, pão preto com peixe defumado e, é claro, cerveja. As pessoas são interessantes também: hipsters, judeus mais velhos, modelos, europeus e gente da Rússia e das ex-colônias soviéticas, alguns que se parecem, bem, empresários legítimos e... vamos parar por aqui.

Divers Paradise MERGULHO
(Mapa p. 64; ☎305-361-3483; www.keydivers.com; 4000 Crandon Blvd; mergulho $60) Em Key Biscayne, uma das empresas mais confiáveis da área.

South Beach Divers MERGULHO
(Mapa p. 48; ☎305-531-6110; www.southbeachdivers.com; 850 Washington Ave, South Beach; mergulho $100) Organiza excursões regulares a Key Largo e aos arredores de Miami; também oferece cursos de três dias.

Pesca

Lugares para lançar a linha:

South Pointe Park (Mapa p. 48)

Rickenbacker Causeway (Mapa p. 64)

Key Biscayne Beach (Mapa p. 64)

Alugar barcos para pescar é comum, mas caro; costuma-se pagar pelo menos $1.000 por um dia de pescaria esportiva:

Yacht Charters Miami (☎305-490-0049; www.yachtchartersinmiami.com)

Ace Blue Waters Charters (Mapa p. 56; ☎305-373-5016; www.fishingmiami.net; Bayside Marketplace, 401 Biscayne Blvd, Downtown Miami)

Kelley Fleet (☎305-945-3801; www.miamibeachfishing.com; Haulover Beach Park, 10800 Collins Ave, Bal Harbour).

Golfe

Nos resorts mais chiques, o preço varia entre $150 e $350, dependendo da temporada e da hora do dia (é mais caro no inverno e quando ainda está claro).

Biltmore Donald Ross Golf Course GOLFE
(Mapa p. 72; ☎305-460-5364; www.biltmorehotel.com/golf; 1210 Anastasia Ave, Coral Gables) Projetado pelo golfista que deu o nome ao campo. Fica no imaculado Biltmore Hotel.

Doral Golf Course GOLFE
(☎305-592-2000; www.doralresort.com; 4400 NW 87th Ave) Muito bem avaliado, o que justifica a dificuldade para entrar e também o fato de ser onde acontece o PGA Ford Championship.

Crandon Golf Course GOLFE
(Mapa p. 64; ☎305-361-9129; 6700 Crandon Blvd, Key Biscayne; durante o dia dez-abr $140, fim da tarde mai-nov $30) Dá para ver a baía da parte mais alta em Key Biscayne.

Haulover Golf Course GOLFE
(Mapa p. 52; ☎305-940-6719; 10800 Collins Ave, Bal Harbour; $21-43) Um campo de nove buracos e três pares, ótimo para iniciantes.

Patinação

Muita gente transformou os calçadões em pistas de corrida de obstáculos para qualquer um louco o suficiente para amarrar um patins nos pés. Deixe as pistas lotadas para os mais experientes e tente as calçadas da

CRÍQUETE – É UM LANCE

Críquete em South Florida? Ah, sim. Mesmo? Há uma grande comunidade de indianos e jamaicanos no sul da Flórida, mais uma grande população de expatriados britânicos. Assim, o críquete é muito popular nessa região. A **South Florida Cricket Alliance** (☎954-805-2922; www.southfloridacricket.com) é um dos maiores clubes de críquete dos EUA, e o **Cricket Council of the USA** (www.cricketcouncilusa.com) está em Boca Raton e é o primeiro clube de críquete do país aberto em 2008 em Lauderhill (onde a população é 25% da Índia Ocidental), ao norte de Fort Laurderdale. Entre em contato com algum deles se quiser assistir a um treino ou participar de um time.

INÍCIO ART DECO WELCOME CENTER
FIM EDISON HOTEL
DISTÂNCIA 2KM
DURAÇÃO DE 2 A 3 HORAS

Art Déco em Miami Beach
Passeio a pé

Começa no 1 **Art Deco Welcome Center**, na esquina da Ocean Dr com a 10th St (chamada de Barbara Capitman Way em homenagem à fundadora da Miami Design Preservation League). Entre para ver uma exposição permanente sobre estilo *art déco*, depois continue para norte pela Ocean Dr; entre a 12th St e a 14th St, você verá três exemplos de hotéis *déco*: o 2 **Leslie**, que parece uma caixa com sobrancelhas (suportes para fazer sombra) acopladas nas laterais do edifício; o 3 **Carlyle**, que apareceu no filme *A gaiola das loucas* e tem um estilo modernista; e o gracioso 4 **Cardozo Hotel**, construído por Henry Hohauser, pertence a Gloria Estefan e apresenta cantos arredondados. Na 14th St, dê uma olhada no ensolarado 5 **Winter Haven Hotel** para ver seu fabuloso piso de *terrazzo*, feito de pedras com argamassa que são polidas quando secas. Vire à esquerda e continue pela 14th St até a Washington Ave e pelo 6 **US Post Office**, na 13th St. É um bloco curvilíneo branco *déco* no estilo "clássico-clean". Entre para admirar o mural, a cúpula e as mesas de mármore. Pare para comer no 7 **11th Street Diner**, um reluzente bonde importado em 1992 de Wilkes--Barre, Pensilvânia. Sente-se na janelinha e dê uma olhada para a avenida na esquina da 10th St e para o reformado e incrível 8 **Hotel Astor**, projetado em 1936 por T. Hunter Henderson. Depois de comer, caminhe meio quarteirão para o leste até o imponente 9 **Wolfsonian-FIU**, um excelente museu de design, onde antes ficava a Washington Storage Company. Lá, os ricos migrantes do Norte, nos anos 1930, guardaram seus pertences valiosos antes de voltar para sua terra natal. Continue caminhando pela Washington Ave e vire à esquerda na 7th St depois continue para o norte pela Collins Ave até o 10 **Hotel**, cujo interior e o terraço foram criados por Todd Oldham. L. Murray Dixon projetou o hotel como o Tiffany Hotel, com um orgulhoso pináculo *déco*, em 1939. Vire à direita na 9th St e caminhe dois quarteirões até a Ocean Dr, onde você pode ver belezas *déco* por todo lado, como o 11 **Edison Hotel** de 1935, outra linda criação da lenda do estilo Henry Hohauser.

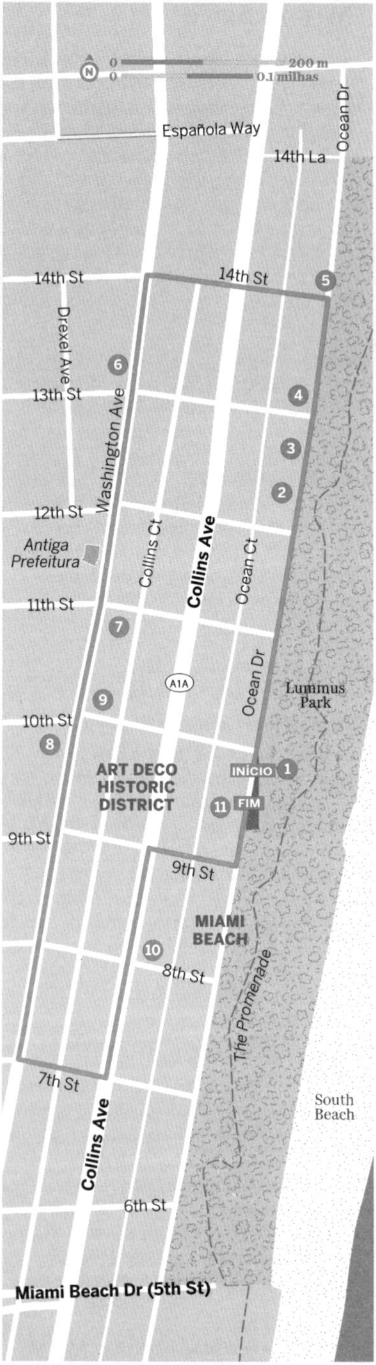

Ocean Ave ou Lincoln Rd, antes, é claro, que as pessoas fazendo compras tomem conta.

Alugue seus patins no **Fritz's Skate Shop** (mapa p. 44; ☎305-532-1954; www.fritzsmiamibeach.com; 1620 Washington Ave; ⏲10-22h), que também oferece aulas grátis aos domingos às 10h30 – o único horário em que ainda se encontra espaço nas ruas.

Caiaque e windsurfe

Andar de caiaque pelos mangues, um dos ecossistemas mais legais da Terra, é algo mágico: com raízes beirando a água e a brisa do oceano esfriando as laterais. Tente estes lugares:

Haulover Beach Park (10800 Collins Ave)

Bill Baggs Cape Florida State Park (Mapa p. 64; www.floridastateparks.org/capeflorida; 1200 S Crandon Blvd)

Oleta River State Park (3400 NE 163rd St)

Você pode alugar equipamento nos seguintes lugares:

Blue Moon Miami ESPORTES AQUÁTICOS
(☎305-957-3040; www.bluemoonmiami.com) Oferece caiaques simples ($18 por 1h e 30min, $25 por 3 horas), caiaques duplos ($25,50 por 1h e 30min, $40 por 3 horas) e aluguel de bicicletas ($18 por 1h e 30min, $25 por 3 horas).

Sailboards Miami ESPORTES AQUÁTICOS
(☎305-361-7245; www.windsurfingmiami.com; 1 Rickenbacker Causeway; por hora simples/duplo $15/20) Também aluga caiaques. Você pode pagar $90 por dez horas de passeio. É também um bom ponto para alugar (e aprender como funcionam) equipamentos de windsurfe (aulas por $35, equipamento $30 por hora).

Aquatic Rental Center and Sailing School ESPORTES AQUÁTICOS
(Mapa p. 52; ☎305-751-7514, noites 305-279-7424; 1275 NE 79th St; passeios de barco por 2h/3h/4h/dia $85/125/150/225) Se você for um verdadeiro marinheiro, pode alugar barcos nesse lugar. Se não for, eles podem ensinar como operar um (cursos de navegação $400, $500 para duas pessoas).

Rodeio

Rodeio no sul da Flórida? É só se afastar um pouco de Miami. Dê uma olhada nos sites abaixo ou ligue antes para saber os horários específicos. Se a ideia de animais e esporas na mesma arena o enoja, o melhor é evitar os rodeios.

Bergeron Rodeo Grounds RODEIO
(☎954-680-3555; www.davie-fl.gov/gen/daviefl_spclprjcts/bergeronrodeo; 4271 Davie Rd, Fort Lauderdale) Em Davie, a uns 32km ao norte do centro de Miami.

Homestead Rodeo RODEIO
(☎305-247-3515; www.facebook.com/pages/Homestead-Rodeo/277924761912; 1034 NE 8th St, Homestead) Em Homestead, uma hora ao sul de Downtown.

Corrida

Correr é uma atividade bastante popular, e a praia é muito boa para isso, já que é plana, ampla e quente (e aparentemente com corredores bem atraentes). Um boa fonte de informações sobre corridas, eventos especiais e outros locais é o **Miami Runners Club** (☎305-255-1500; www.miamirunnersclub.com).

Alguns bons lugares para correr incluem a pista do **Flamingo Park** localizada ao leste de Alton Rd entre a 11th e a 12th St, para corredores experientes; o **calçadão** em South Beach pelo seu estilo; o **calçadão** em Mid-Beach para ver pessoas bonitas e belas paisagens; e o **South Bayshore Drive** em Coconut Grove pela sombra de suas figueiras.

Surfe

Miami não é um bom lugar para surfar. As Bahamas bloqueiam as ondas, fazendo com que a água seja muito calma; muita gente vai falar que o melhor é ir cerca de 160km ao

> **UMA ESCOLA DE CIRCO NO SUL DA FLÓRIDA**
>
> Pode admitir: você sempre quis voar em um trapézio, subir em um carro de palhaço, domar um leão. Bom, não podemos ajudá-lo muito com essas duas últimas atividades, mas se quiser aprender algumas acrobacias, contorcionismo e ganhar flexibilidade digna de um circense, venha para a **South Florida Circus Arts School** (SFCAS ☎954-540-1344; www.sfcas.com; 15161 NE 21st Ave) em North Miami, na saída do North Biscayne Blvd, a cerca de 13km ao norte do Design District. A SFCAS afirma ser a única instituição desse gênero a oferecer formação em vários níveis de habilidades circenses. É divertido e bastante diferente; as aulas incluem aptidões aéreas, no trapézio, e a extremamente popular ioga voadora (experimente), com preços que vão de $15 a $75 por uma hora de aula. Vejo vocês no picadeiro...

norte até Jupiter ou Palm Beach para pegar ondas decentes (não grandes, só uma ondulação suficiente para subir na prancha). Além do mais, os surfistas de Miami possuem reputação pior do que a dos motoristas quando se trata de comportamento agressivo e territorial. Se quiser surfar aqui, o melhor é ao norte de **South Pointe Park** (mapa p. 48), onde se pode conseguir ondas de 60cm a 1,5m e um fundo de areia. Infelizmente, é mais comum que sejam de 60cm do que de 1,5m, ou seja, pode ser um pouco fraco (então *longboards* são melhores), e nos fins de semana fica lotado de gente nadando e surfando. As condições são melhores mais ao norte, perto de **Haulover Beach Park** (10800 Collins Ave, Bal Harbour) ou qualquer lugar ao norte da 70th St, como em **Sunny Isles Beach** (Sunny Isles Causeway). Para alugar equipamento, conheça a **Island Water Sports** (☎305-944-0104; www.iwsmiami.com; 16231 Biscayne Blvd); para aulas, a **SoBe Surf** (☎786-216-7703; www.sobesurf.com), ou instrutores particulares podem ser encontrados na praia, e www.dadecosurg.com para informações gerais.

Natação

Todas as seguintes piscinas possuem raias para nadar, mas ligue para a Venetian antes, já que os horários mudam com frequência.

Venetian Pool (p. 71)

Flamingo Park Swimming Pool (Mapa p. 48; ☎305-673-7750; 999 11th St, South Beach; adulto/criança $10/6; ⏲raias 6h45-9h e 19-21h)

Normandy Isle Park & Pool (Mapa p. 52; ☎305-673-7750; 7030 Trouville Esplanade; adulto/criança $10/6; ⏲raias 6h45-9h e 19-21h)

Ioga

A praia não é definitivamente o único lugar para saudar o sol em Miami. Todos os seguintes estúdios oferecem muitas aulas; traga seu próprio tapetinho.

Green Monkey Yoga (Mapa p. 62; ☎305-669-5959; www.greenmonkey.net; 3301 NE 1st Ave, Miami; aulas a partir de $20) Em Midtown, mas também possui filiais em South Beach e South Miami.

Brickell Hot Yoga (Mapa p. 56; ☎305-856-1387; www.brickellyoga.com; 301 SW 17th Rd, Brickell; pacotes para 1/5/10 aulas $19/85/160) Em Downtown.

Prana Yoga Center (Mapa p. 72; ☎305-567-9812; www.pranayogamiami.com; 247 Malaga Ave, Coral Gables; pacotes para 1/2/5 aulas $18/34/50) Em Coral Gables.

Bikram Yoga Miami Beach (Mapa p. 48; ☎305-448-3332; www.bikramyogamiami.com; 235 11th St, Miami Beach; por dia/semana $25/50) South Beach.

Há um simpático curso de "ioga perto do mar" oferecido no **Barnacle Historic State**

MIAMI PARA CRIANÇAS

Gente, é a Flórida; suas crianças serão bem tratadas. Muitas das atrações estão ligadas a animais, começando pelo **Miami Seaquarium** (p. 65), que possui uma grande coleção de crocodilos, golfinhos e leões-marinhos, além de uma orca, e a maioria faz apresentações. Em seguida vem o **Metrozoo** (p. 75), um zoológico de 2.994m^2 com boa parte de hábitat natural (obrigado, clima tropical). Se os seus pequenos gostam de shows ao ar livre com animais e cheiro de cocô de bicho em toda variedade, Miami não vai desapontar. O **Monkey Jungle** (p. 75) é como um hábitat para espécies ameaçadas e é tudo que você poderia esperar: primatas gritando, caminhos cobertos e no *grand finale* um show de símios mergulhando numa piscina atrás de frutas. O **Jungle Island** (p. 75), por outro lado, entretém com brilhantes shows com pássaros. Ao lado está o novo **Miami Children's Museum** (p. 76), uma área de lazer onde as crianças podem se aventurar nos papéis de âncora de telejornal, banqueiro e caixa de supermercado, entre outros. Coral Gables possui a piscina em forma de lagoa da **Venetian Pool** (p. 71). Para uma experiência mais educativa, deixe as crianças explorarem o **Marjorie Stoneman Douglas Environmental Center** (p. 65) em Key Biscayne. Coconut Grove é provavelmente a região mais amigável para crianças em Miami, com shoppings, restaurantes de comida leve (de todos os níveis) e eventos realizados em lugares como o **Barnacle Historic State Park** (p. 69).

Babás

Para as horas de diversão adulta, verifique em seu hotel se há babás disponíveis, muitos têm – qualquer resort maior que vale o que cobra costuma fornecer esses serviços. Ou ligue para a local **Nanny Poppinz** (☎305-607-1170; www.nannypoppinz.com). Para mais informações, conselhos e histórias, leia *Travel with children* da Lonely Planet.

Park (p. 69; ⏲aulas 18h-19h15 seg e qua; por aula $13) em Coconut Grove. Se não quiser abrir a carteira, tente as aulas gratuitas de ioga no **Bayfront Park** (p. 55; ⏲aulas 18h-19h15 seg e qua, 9h-10h15 sáb), realizadas ao ar livre no Tina Hills Pavilion, no lado sul do parque, três vezes por semana.

Visitas guiadas

Art Deco Welcome Center CAMINHADA
(Mapa p. 48; ☎305-531-3484; 1001 Ocean Dr, South Beach; visita guiada para adulto/criança/aposentado $20/grátis/15; ⏲visitas 10h30 sex-quar, 18h30 qui) Conta as histórias por trás dos edifícios *art déco* em South Beach, com um guia da Miami Design Preservation League ou um audioguia bem apresentado e mapa de caminhadas autoguiadas (prefira os guias). As visitas duram 90 minutos.

Dr. Paul George CAMINHADA
(☎305-375-1621; www.historymiami.org/tours/walking-tours; visitas guiadas $25-42) Para grandes perspectivas históricas, ligue para o dr. George, um historiador do History-Miami (p. 58). Ele organiza várias visitas populares – incluindo as que focam em Stiltsville, crimes de Miami, Little Havana e Coral Gables ao pôr do sol – entre setembro e final de junho; os horários variam. O dr. George também oferece visitas guiadas privadas sob reserva.

Miami Food Tours CAMINHADA
(Mapa p. 56; ☎800-838-3006; www.miamifoodtours.com; 429 Lennox Ave; adulto/criança $45/30; ⏲visitas guiadas 11-14h seg-sáb) A visita percorre cinco dos melhores restaurantes de South Beach. Ei, não se preocupe: é uma caminhada, você vai queimar as calorias, certo?

Urban Tour Host CAMINHADA
(Mapa p. 56; ☎305-416-6868; www.miamiculturaltours.com; 25 SE 2nd Ave, ste 1048; visitas guiadas a partir de $20) Possui um vasto programa de passeios personalizados que fornecem interação total com todos os bairros de Miami. Um passeio luxuoso pela cidade inclui Coral Gables, South Beach, centro de Miami e Coconut Grove.

Captain Jimmy's Fiesta Cruises BARCO
(Mapa p. 56; ☎305-371-3033; www.fiestacruises.com; 401 Biscayne Blvd; adulto/criança a partir de $17/10) Um passeio divertido e fantástico coordenado por uma pequena operadora familiar. Experimente a loucura de alimentar tarpões (basicamente peixes muito grandes) por $20.

Eco-adventure Bike Tours BICICLETA
(☎305-365-3018; www.miamidade.gov/ecoadventures; a partir de $28) O sistema de parques do condado de Dade possui excelentes passeios de bicicleta pelas áreas pacíficas de Miami e Miami Beach, incluindo as praias, em Key Biscayne até Everglades.

Island Queen BARCO
(Mapa p. 56; ☎305-379-5119; www.islandqueencruises.com; 401 Biscayne Blvd; adulto/criança a partir de $26/18) Passeios de barco pelo Millionaire's Row, pelo Miami River e Stiltsville, entre outros locais.

HMC Helicopters HELICÓPTERO
(☎305-233-8788; www.hmchelicopters.com; Watson Island; voos $89-250) Organiza passeios de helicópteros pelos arranha-céus do centro e sobre as águas da Biscayne Bay e Government Cut.

Miami Nice Tours ÔNIBUS
(☎305-949-9180; www.miaminicetours.com; 17030 Collins Ave; $25-99) Possui uma grande variedade de excursões de ônibus com guias até Everglades, Keys e Fort Lauderdale, assim como passeios por Miami.

Festas e eventos

Há sempre algo especial acontecendo o ano todo em Miami, com seus eventos muito recomendados voltados a nichos – de DJs sérios (Winter Music Conference) a gourmets obcecados (Miami Spice Restaurant Month). Colocamos os endereços nos eventos que ocorrem em locais fixos.

Janeiro

O começo do ano também é o auge da temporada turística na região. Espere um bom clima, multidões de visitantes, preços mais altos do que o normal e uma boa quantidade de eventos especiais. No Ano-Novo há fogos de artifício e festas em South Beach e na baía em frente ao centro de Miami.

Orange Bowl FUTEBOL AMERICANO
(www.orangebowl.org; Sun Life Stadium, 2269 Dan Marino Blvd, Miami Gardens) Hordas de fãs de futebol americano vão até Miami para o Super Bowl do futebol universitário.

Art Deco Weekend CULTURAL
(www.artdecoweekend.com; Ocean Dr entre 1st St e 23rd St) A feira de fim de semana em meados de janeiro possui visitas guiadas, concertos, exibição de carros clássicos, mesas na calçada, artes e antiguidades.

A CAPITAL DO MUNDO LATINO EM MIAMI

A capital do mundo latino em Miami tecnicamente pode ser parte dos EUA; mas também é chamada de "capital das Américas" e "centro do Novo Mundo". É importante quando se trata de fazer propaganda da cidade para o resto do mundo e especialmente dentro do próprio país, onde os latinos agora são o maior grupo minoritário. A mistura pan-latina de Miami faz com que seja mais etnicamente diversa do que qualquer cidade latino-americana. Na virada do século 21, os subúrbios do oeste, Hialeah e Hialeah Gardens, eram o segundo e o primeiro colocados, respectivamente, na lista das áreas norte-americanas onde o espanhol é falado como primeira língua (mais de 90% da população).

Como isso aconteceu? Muitos dos latinos de Miami chegaram nessa cidade geograficamente conveniente como refugiados políticos – cubanos fugindo de Castro desde o começo dos anos 1960, venezuelanos fugindo de Hugo Chávez (ou de seus predecessores), brasileiros e argentinos fugindo dos problemas econômicos, mexicanos e guatemaltecos procurando trabalho. E os gringos, bastante fascinados com os sabores latino-americanos, podem agora visitar Miami para experimentar a cozinha pan-latina sem deixar o país.

Isso tudo levou ao crescimento dos negócios latino-americanos em Miami, que serviu como alavanca à economia local. Miami é a base norte-americana de muitas empresas latinas, incluindo a companhia de aviação Lan Chile, a Televisa, um conglomerado mexicano de TV; e Embraer, fabricante de aviões brasileira. Miami também é a sede da Telemundo, uma das maiores emissoras de TV em espanhol nos EUA, assim como a MTV Networks Latin American e o braço latino da Universal Music Group. Miami é a cidade onde acontece o anual Billboard Latin Music Conference & Awards.

Os cubanos exercem uma forte influência na política local e internacional em Miami. Grupos de exilados conservadores geralmente são caracterizados como extremos, muitos se recusam a visitar Cuba enquanto Castro permanecer no poder. Uma nova geração, no entanto – em geral chamados de "YUCAs" (Young Urban Cuban Americans) –, está mais aberta a ver os dois lados da questão cubana.

Apesar de muitas das sutilezas locais não serem notadas pelos visitantes, uma coisa é óbvia: a influência latina, que você pode experimentar se procurar um pouco ou até mesmo se esperar se deparar com ela — que está por toda parte. Se vai jantar fora, ouvir música ao vivo, escutar conversas em espanhol, visitar Little Havana ou Little Buenos Aires, ou simplesmente tomar um *mojito* gelado na beira da piscina do hotel, a energia latino-americana é palpável, bonita e está em toda parte.

Miami Jewish Film Festival FILME
(www.miamijewishfilmfestival.com; 4200 Biscayne Blvd) Uma grande chance para um *kvetch* cinematográfico com uma das maiores comunidades judaicas dos EUA.

Fevereiro

A última chance para os nortistas querendo escapar do duro inverno, fevereiro tem festivais de arte e festas de rua, assim como dias mais quentes e noites mais frias.

Coconut Grove Arts Festival CULTURAL
(www.coconutgroveartsfest.com; Biscayne Blvd entre NE 1st St e 5th St, Coconut Grove) Um dos festivais de arte mais prestigiados do país, essa feira no final de fevereiro reúne mais de trezentos artistas.

Original Miami Beach Antiques Show ANTIGUIDADES
(www.originalmiamibeachantiqueshow.com; Miami Beach Convention Center) Um dos maiores eventos desse tipo nos EUA, com mais de oitocentos negociantes de mais de vinte países.

South Beach Wine & Food Festival COMIDA
(www.sobefest.com) Um festival de boa comida e bebida para promover a imagem culinária do sul da Flórida. Inclui brunches, jantares e churrascos frequentados por estrelas.

Março

Chega a primavera trazendo clima mais quente, golfe e tênis categoria internacional, festivais ao ar livre e o Dia de St. Patrick. Inclui alguns universitários comportando-se mal na praia no tradicional Spring Break.

Miami International Film Festival FILME
(www.miamifilmfestival.com) O festival, patrocinado pelo Miami-Dade College, dura duas semanas e exibe documentários e filmes de todo o mundo.

South Beach Comedy Festival COMÉDIA
(www.southbeachcomedyfestival.com) Alguns dos melhores talentos de comédia no mundo fazem *stand-up* por toda a cidade.

Miami Fashion Week MODA
(www.miamifashionweek.com; Miami Beach Convention Center) Há tantas modelos quanto peixes no oceano nessa semana em que os estilistas descem até a cidade e as passarelas estão por toda parte.

Winter Music Conference MÚSICA
(www.wmcon.com) Promotores, DJs, produtores e festeiros vêm de toda parte do globo para ouvir novos artistas, conhecer as novidades tecnológicas e curtir a noite toda.

Abril

Bem-vindo à baixa temporada, trazendo dias mais calmos, preços menores, temperaturas mais amenas e alguns bons eventos.

Billboard Latin Music Awards MÚSICA
(www.billboardevents.com) Esse prêmio de prestígio acontece no final de abril e arrasta executivos da indústria, estrelas da música e muitos fãs de música latina.

Miami Gay & Lesbian Film Festival FILME
(www.mglff.com) Entre o fim de abril e o começo de maio, esse evento anual exibe curtas, longa-metragens e documentários em vários cinemas de South Beach.

Maio e junho

Em maio e junho o calor aumenta, há menos visitantes e muitos eventos culturais.

Sweatstock MÚSICA
(www.sweatrecordsmiami.com) A Sweat Records organiza um festival anual de música voltado para os moradores, com bandas tocando indie rock, punk e eletrônica.

Goombay Festival CULTURAL
(Grand Ave, Coconut Grove) Um festival enorme, realizado na primeira semana de junho, que celebra a cultura das Bahamas.

Miami Museum Month CULTURAL
(www.miamimuseummonth.com) Uma excelente chance de ver e passear por alguns dos melhores museus na cidade, entre happy hours, exposições especiais e conferências.

Julho e agosto

Os dias mais quentes e úmidos acontecem nesses meses, quando os moradores viajam de férias ou passam seus dias derretendo na praia.

Independence Day Celebration FERIADO
(Bayfront Park, centro de Miami) O dia 4 de julho é marcado por um excelente show de fogos de artifício, laser e música ao vivo que arrasta mais de 100 mil pessoas para o fresco Bayfront Park.

Miami Spice Restaurant Month COMIDA
(www.ilovemiamispice.com) Os melhores restaurantes de Miami oferecem almoços e jantares com preço fixo, na tentativa de atrair fregueses durante a onda de calor.

Setembro e outubro

Os dias e as noites ainda são quentes, e o começo das aulas traz de volta os universitários.

International Ballet Festival DANÇA
(www.internationalballetfestival.org) Alguns dos mais importantes talentos do balé mundial se apresentam por toda a cidade.

The Great Grove Bed Race CORRIDA
(www.thegreatgrovebedrace.com) Com festas do pijama nos pubs e a corrida de pessoas carregando camas por Coconut Grove, essa é uma das celebrações mais estranhas de Miami.

Novembro

Começa a estação turística no final do mês, trazendo mais multidões e dias um pouco mais frios.

Miami Book Fair International CULTURAL
(www.miamibookfair.com; 401 NE 2nd Ave) Ocorre de meados ao fim de novembro e está entre as mais importantes e visitadas feiras de livros dos EUA. Centenas de escritores conhecidos nacionalmente se juntam a editores e milhares de visitantes.

White Party MÚSICA
(www.whiteparty.net) Se você é gay e não está aqui, há algum problema. Essa loucura que dura uma semana arrasta mais de 15 mil gays e lésbicas para uma festa interminável em clubes por toda a cidade.

Dezembro

A temporada turística está no auge, com os nortistas reservando quartos para aproveitar o sol e passar o final do ano na região.

Art Miami ARTE
(www.art-miami.com) Acontecendo em janeiro e dezembro, essa feira enorme mostra trabalhos modernos e contemporâneos de mais de cem galerias e artistas internacionais.

Art Basel Miami Beach ARTE
(www.artbaselmiamibeach.com) Um dos mais importantes festivais internacionais de arte do mundo, com obras de mais de 150 galerias e uma boa quantidade de festas.

King Mango Strut PARADA
(www.kingmangostrut.org; Main Ave e Grand Ave, Coconut Grove) Essa bizarra parada em Coconut Grove ocorre a cada ano logo

depois do Natal desde 1982 e tem um fundo político. Começou como uma paródia de eventos atuais e da extinta Orange Bowl Parade.

Onde dormir

É nessa categoria, mais do que qualquer outra, que toda a fama de Miami, e especialmente de South Beach, se justifica. O que coloca South Beach em lugar especial, e que define a região como um destino de viagem, é o Deco District, com seus hotéis, uma das maiores concentrações de hotéis-butique do país. E o glamour de Beach só cresce a cada novo hotel elogiado por viajantes, o que traz os designers, o pessoal da moda, as modelos, os turistas, o *chefs* e... bem, você já entendeu.

Os hotéis de South Beach estão entre os mais caros da Flórida. Além disso, se você optar por estacionar no hotel, espere pagar entre $25 e $40 por dia pelo privilégio. Pode ser mais fácil estacionar nos grandes estacionamentos públicos espalhados por toda South Beach.

SOUTH BEACH (ENTRE 1ST E 11TH STREETS)

Pelican Hotel HOTEL-BUTIQUE $$$

(Mapa p. 48; ☎305-6733373; www.pelicanhotel.com; 826 Ocean Dr; q $225-345, ste a partir de $1.500;) Quando os donos da Diesel, marca italiana de jeans, compraram o Pelican em 1999, começaram a fuçar nas vendas de garagem atrás dos objetos certos para criar uma atmosfera louca: trinta quartos temáticos e cheios de bossa. Do chique caubói-hipster da "High Corral, ok Chaparral" até as listras de tigre do selvagem e elétrico "Me Tarzan, you vain", todos os quartos são completamente diferentes (mas todos com piso de madeira reciclada), divertidos e até vêm com "uma trilha sonora sugerida".

Hotel St Augustine HOTEL-BUTIQUE $$

(Mapa p. 48; ☎305-532-0570; www.hotelstaugustine.com; 347 Washington Ave; q $180-280; P) Madeira clara e e decoração *clean* se combinam para criar um dos hotéis mais elegantes e modernos de SoFi. O esquema de cores mistura bege, caramelo, branco e creme, o que parece dar profundidade aos ambientes. O serviço familiar e agradável é a cereja no bolo, apesar de as luzes indiretas e os boxes de vidro – que se transformam em saunas ao apertar um botão – também serem bastante atrativos.

Sense South Beach HOTEL-BUTIQUE $$$

(Mapa p. 48; ☎305-538-5529; www.sensesobe.com; 400 Ocean Dr; q $240-280; P) A decoração do Sense proporciona um clima sofisticado e casual – paredes brancas desaparecendo atrás da paisagem azulada de South Beach, painéis de madeira dispostos em torno de adoráveis ângulos retos receptivos, em vez de imponentes, e quartos que contrastam branco e cinza-escuro em uma duocromaticidade descolada. Arte pop nas paredes e móveis esguios dão um toque minimalista e chique, um ar meio de MacBook. Os funcionários são bem atenciosos e amigáveis, o que torna tudo bem acolhedor.

Lords Hotel HOTEL-BUTIQUE $$

(Mapa p. 48; ☎877-448-4754; www.lordsouthbeach.com; 1120 Collins Ave; q $120-240, ste $330-540; P) O centro da cena gay de South Beach é esse hotel cor de creme, com quartos decorados em amarelo-limão e branco com grafismos e arte pop. Um enorme urso polar o recepciona na entrada, enquanto no fundo os garotos se reúnem ao redor da piscina e se preparam para as festas. Apesar de estar muito na moda, isso não interfere no clima do ambiente, nada de atitude esnobe; você vai se sentir bem aqui, a menos que se sente da forma errada nas estranhas cadeiras no bar.

Hotel Victor HOTEL-BUTIQUE $$$

(Mapa p. 48; ☎305-428-1234; www.hotelvictorsouthbeach.com; 1144 Ocean Dr; q $370-820; P) O Victor ganha – na disputa de "melhor design", quero dizer. E na competição de "aquário cheio de águas-vivas". E na de "nossa, esse quarto é uma loucura". Projetado por L. Murray Dixon em 1938, o Victor foi reformado e reinaugurado em 2005 com muitos elogios; hoje, Shaquille O'Neal é famoso por dar festas na cobertura de 6 mil dólares por noite.

Kent Hotel HOTEL-BUTIQUE $$

(Mapa p. 48; ☎305-604-5068; www.thekenthotel.com; 1131 Collins Ave; q $79-220; P) Jovens festeiros provavelmente vão adorar o hall de entrada, cheio de móveis geométricos em fúcsia e laranja, mais blocos acrílicos brilhantes que servem para dar boas-vindas divertidas. A especial Suíte Lucite (acrílico transparente) é quase inteiramente construída com esse material, dando a sensação de um playground de gelo. Refugie-se no jardim ao lado com mesas estilo indonésio, bambu e redes. Um dos melhores negócios da praia.

Hotel Astor HOTEL-BUTIQUE $$

(Mapa p. 48; ☎305-531-8081; www.hotelastor.com; 956 Washington Ave; q $140-290; P) O hall do Astor tem uma mistura interessante de estilos: piso bem clássico, sofás claros e confortáveis, movéis em madeira escura, um painel original de 1936 e outros toquês retrô, como um ventilador industrial de coluna. Os quartos em tons terrosos são muito aconchegantes, e a pequena piscina é coberta à noite para dar espaço aos frequentadores que dançam no lounge do pátio traseiro.

Fashionhaus HOTEL-BUTIQUE **$$**
(Mapa p. 48; ☎305-673-2550; www.fashionhaushotel.com; 534 Washington Ave; q $130-250; P ❄ 📶 🏊) O Fashionhaus não soa apenas como um teatro de vanguarda de Berlim; ele realmente se parece com um, com seus móveis geométricos, 48 quartos individualizados cheios de obras de arte originais – de expressionistas abstratos a fotografias desbotadas – e sua mistura de conforto, tecnologia e design. Popular entre europeus, fashionistas, artistas (e artistas fashionistas europeus), além daqueles que simplesmente querem imitar esse estilo de vida.

Hotel HOTEL-BUTIQUE **$$$**
(Mapa p. 48; ☎305-531-2222; www.thehotelofsouthbeach.com; 801 Collins Ave; q $260-425; P ❄ 📶 🏊) Lugar estiloso – e como não seria, tendo sido Todd Oldham quem projetou os quartos lindos e ousados? A paleta temática de "areia, mar e céu" acrescenta um toque delicado aos móveis, assim como às maçanetas com mosaicos e às pias de aço inoxidável. O hotel possui umas das melhores piscinas no telhado em South Beach, ofuscada somente por um adorável pináculo *déco* (que se chama "Tiffany", porque esse era o nome do hotel antes que a rede de joalherias ameaçasse com um processo).

Chesterfield Hotel HOTEL-BUTIQUE **$$**
(Mapa p. 48; ☎305-531-5831; www.thechesterfieldhotel.com; 855 Collins Ave; q $140-220, ste $280-520; P ❄ 📶) Uma pegada hip-hop misturada com padrão zebrado nas cortinas e almofadas no pequeno hall de entrada, o que transforma o lugar num dos melhores para um happy hour em Collins quando ao pôr do sol. Deixe uma gorjeta para a gigantesca estátua africana enquanto aprecia seu *mojito*. Os quartos mesclam móveis de madeira escura, camas brancas e cores vagamente tropicais espalhadas por toda parte.

Clinton Hotel HOTEL-BUTIQUE **$$**
(Mapa p. 48; ☎305-938-4040; www.clintonsouthbeach.com; 825 Washington Ave; q $140-396; P ❄ 📶 🏊) A Washington Avenue é a mais silenciosa das três vias principais em SoBe, mas o Clinton não se importa com isso. Não se pode dizer que a decoração não chama a atenção: consegue ser deslumbrante com seus banquinhos de belbute azul e ventiladores de teto de metal ultracontemporâneos. As pequenas varandas nos quartos zen são perfeitas para o café da manhã ou para um coquetel à tarde.

Essex House Hotel HOTEL-BUTIQUE **$$**
(Mapa p. 48; ☎305-534-2700, 800-553-7739; www.essexhotel.com; 1001 Collins Ave; q $154-204, ste $354-404; ❄ 📶 🏊) Quando você olha para o hall de entrada, um dos interiores mais bem preservados no Deco District, está na verdade contemplando os dias de glória da época dos gângsteres. Além disso, o Essex possui funcionários prestativos, quartos com móveis claros, além de uma varanda lateral decorada com móveis de vime, lugar especialmente agradável para olhar as pessoas na rua.

Hotel Shelley HOTEL-BUTIQUE **$$**
(Mapa p. 48; ☎305-531-3341; www.hotelshelley.com; 844 Collins Ave; q $120-260; ❄ 📶) Cortinas delicadas, lounge animado e um esquema de cores violeta e azul se combinam com lâmpadas em forma de globos, parecendo teias de aranha de vidro. Os quartos são tão estilosos quanto os disponíveis nos hotéis de South Beach (veja www.southbeachgroup.com).

Dream South Beach HOTEL-BUTIQUE **$$$**
(Mapa p. 48; ☎305-673-4747; www.dreamsouthbeach.com; 1111 Collins Ave; q $190-240, ste $300-570; P ❄ 📶) Como descrever o Dream? De fora, parece um cubo de gelo com linhas brancas, mas, ao entrar, você chega a um ambiente com referências que vão de palácios indianos aos hotéis de gelo famosos da Europa, com muito néon azul elétrico – a forma final lembra um palácio ártico brilhante onírico. O bar na cobertura é um lugar perfeito para relaxar e fingir que é um magnata do cinema, antes de voltar a seu quarto e fingir que é um marajá futurista.

Miami International Travelers Hostel HOSTEL **$**
(Mapa p. 48; ☎305-534-0268; www.hostelmiamibeach.com; 236 9th St; dc a partir de $25, q a partir de $29; ❄ @ 📶) Os quartos são baratos e velhos, mas a segurança é boa, os funcionários são amigáveis, e a entrada bem animada (à noite, parece um clube). Dos cem quartos metade é privativo; os outros são dormitórios com quatro camas, todos limpos e até vagamente *déco*. A rigor, para conseguir um quarto, você vai precisar de uma identificação universitária, um cartão da Hostelling International e um passaporte com o carimbo de entrada recente ou uma passagem de saída, mas essas regras só são válidas quando ele está cheio. Ótimo para socializar.

South Beach Hostel HOSTEL $

(Mapa p. 48; ☎305-534-6669; www.thesouthbeachhostel.com; 235 Washington Ave; dc a partir de $23, q a partir de $60;) Num canto calmo de SoFi (a área ao sul da 5th St, South Beach), esse hostel possui uma área comum e quartos espartanos. Pode não ser muito chique, mas a equipe é amigável, e o bar (aberto até as 5h) parece estar sempre lotado. A propriedade está dividida entre dormitórios com seis camas e quartos privativos; com relação aos últimos, é melhor optar por hotéis de preço médio, pois provavelmente são muito mais bonitos e têm o mesmo preço.

The Villa by Barton G RESORT $$$

(Mapa p. 48; ☎305-576-8003; www.thevillabybartong.com; 1116 Ocean Dr; q a partir de $900;) A antiga Mansão Versace agora é um dos resorts mais chiques de South Beach com a assinatura do empresário do ramo e *restaurateur* Barton G. Completo, conta com uma piscina feita de mosaicos tirados da Roma Antiga, banheiros de mármore, roupa de cama ultramacia e quartos que lembram a ala de hóspedes da mansão de alguma oligarquia sul-americana.

Mondrian RESORT $$$

(Mapa p. 48; ☎305-514-1500; www.mondrian-miami.com; 1100 West Ave; q $250-500, ste $550-750;) O Morgan Hotel Group contratou a estrela do design holandês Marcel Wanders (cujo nome é usado em todo lugar) para basicamente elevar o Mondrian a uma nota 11. A inspiração é *Alice no País das Maravilhas* (se tivesse sido escrito por Crockett de *Miami Vice*) – colunas talhadas como gigantescas pernas de mesa, candelabros, azulejos importados de Delft com cenas de praia em vez de moinhos de vento e paredes mágicas com rostos de celebridades que se transformam (talvez porque a metamorfose das celebridades é o que alimenta o glamour de South Beach?). Ah, tem uma ilha particular (naturalmente).

Casa Grande Hotel HOTEL-BUTIQUE $$$

(Mapa p. 48; ☎866-420-2272; www.casagrandesuitehotel.com; 834 Ocean Dr; q $315-575;) Cores de outono e um toque cítrico brilhante começam o show no hall, mas o principal é a elegância do branco-neve dos 35 quartos muito chiques, o sonho ultramoderno do designer escandinavo. Mas precisamos dizer: a grande Virgem Maria de mármore no quarto que visitamos estava bem deslocada. No entanto, gostamos das flores no travesseiro – boa ideia, gente.

Wave Hotel HOTEL-BUTIQUE $$

(Mapa p. 48; ☎305-673-0401, 800-501-0401; www.wavehotel.com; 350 Ocean Dr; q $100-250;) Móveis curvelíneos luxuosos azul-escuro dão ao hall uma sensação de maré em movimento. Há um ar de corrida espacial (como um retrô chique da era Sputnik dos anos 1950) nos quartos; você vai adorar as lâmpadas, que parecem capacetes de histórias em quadrinhos como *Buck Rogers*. Reserve com antecedência para conseguir um quarto por um preço razoável.

Ocean Five Hotel HOTEL-BUTIQUE $$

(Mapa p. 48; ☎305-532-7093; www.oceanfive.com; 436 Ocean Dr; q/ste a partir de $130/200;) Esse hotel-butique é todo decorado em tons alaranjados; a fachada é *déco*; os quartos, aconchegantes e silenciosos com um estilo *navy vintage*, e um toque de Velho Oeste. Pense em murais de sereias em paredes de estuque claras. Não há varandas, mas o restaurante ao lado é um lugar ótimo para beber ou saborear uma boa refeição italiana antes de passear pela Ocean Dr.

Ohana Hostel HOSTEL $

(Mapa p. 48; ☎305-534-2650; 750 Collins Ave; dc a partir de $33;) Os quartos são bem limpos, uma clientela internacional se diverte no lounge, e tudo é basicamente correto nesse bom exemplar do mundo das viagens com baixo orçamento.

Jazz on South Beach HOSTEL $

(Mapa p. 48; ☎305-672-2137; www.jazzhostels.com/jazzsouthbeach; 321 Collins Ave;) Uma ótima adição à cena de mochileiros de SoBe que está crescendo. A boa vibração atrai muitos hipsters e baladeiros.

SOUTH BEACH (ENTRE 11TH E 23RD STREETS)

The Standard HOTEL-BUTIQUE $$$

(☎305-673-1717; www.stadardhotels.com/miami; 40 Island Ave; q $170-280, ste a partir de $480;) Procure a placa com o logo de cabeça para baixo do "Standard" no velho prédio do Lido em Belle Island (entre South Beach e o centro de Miami) e encontre o Standard – que não é nada padrão. Esse excelente hotel-butique mistura o charme *hipster* com a sensualidade de South Beach, e o resultado é um glamoroso *motel* dos anos 1950. Piso de madeira orgânica, camas brancas altas e cortinas delicadas, que abrem para um jardim de delícias terrenas, incluindo um *hammam* (banho turco). Os hóspedes costumam ser jovens, mas com um jeito mais maduro, e estão sempre reunidos para paquerar e conversar. Barcos levam ao Sagamore a cada 30 minutos, assim você não ficará isolado da cena – a menos que queira, e, pela graça do lugar, entendemos totalmente seus motivos. Apareça nas tardes de domingo para a experiência mais legal da cidade: uma mistura de bingo-bar-churrasco.

Shore Club HOTEL-BUTIQUE **$$$**

(Mapa p. 44; ☎305-695-3100; www.shoreclub.com; 1901 Collins Ave; q $270-470, ste a partir de $1.400; P❄@≋) Imagine um quadro zen; o que é lindo não é o que está lá, mas o que não foi representado. Se você pudesse transformar esse tipo de arte num quarto de hotel, poderia se parecer ao despojado, mas sereno, Shore Club. Sim, sim: possui lençóis egípcios de quatrocentos fios, piso de arenito mexicano etc.; muitos hotéis em SoBe afirmam ter os mesmos luxos. O que torna o Shore Club diferente de qualquer outro é o modo de organizar esses elementos de maneira despretensiosa e orgânica, em uma estética incrível.

Cardozo Hotel HOTEL-BUTIQUE **$$$**

(Mapa p. 44; ☎305-535-6500, 800-782-6500; www.cardozohotel.com; 1300 Ocean Dr; q $220-290, ste $320-460; P❄) O Cardozo e seu vizinho, o Carlyle, foram os primeiros hotéis *déco* salvos pela Liga de Preservação do Design de Miami, e, no caso do Cardozo, achamos que eles salvaram primeiro o melhor. A cantora Gloria Estefan, a dona, cujos vídeos são transmitidos em minitevês tela plana no hall, certamente concorda. É a combinação da sensualidade comum contemporânea (paredes brancas, piso de madeira, lençóis de qualidade) e ornamentos engraçados: detalhes com estampa de leopardo, móveis feito à mão e um sentido geral de que, sim, você é descolado se ficar aqui, mas não é preciso se exibir. Ah – lembra-se da cena do "gel de cabelo" em *Quem vai ficar com Mary?* Foi filmada no hotel.

Sagamore HOTEL-BUTIQUE **$$$**

(Mapa p. 44; ☎305-535-8088; www.sagamorehotel.com; 1671 Collins Ave; q $260-320, ste $400-680; P❄@≋) Em 2007, Spencer Tunick colocou seiscentas pessoas para posar nuas em fotos bastante estruturadas no Sagamore. A instalação de arte nudista é ousada, mas também esperada nesse hotel e galeria cuja proposta é apagar a divisão entre decoração de interiores, arte e estética convencional de hotéis. Quase todo espaço do interior, do hall aos quartos, funcionam como uma galeria de arte graças a um curador talentoso e a uma impressionante quantidade de artistas contribuindo.

Cadet HOTEL-BUTIQUE **$$**

(Mapa p. 44; ☎305-672-6688; www.cadethotel.com; 1701 James Ave; q $170-280, ste $340-530; P❄) O Cadet ganha nosso prêmio de enfeites mais criativos nos quartos. De lanternas de papel penduradas no teto a tapetes peludos; de garras encapsulando espelhos enormes a móveis asiáticos clássicos e, como sempre, uma grande fachada *art déco*, esse lugar possui a estética correta. Confira a varanda sombreada no fundo, tirada de uma idealização de uma antiga *plantation*.

Betsy Hotel HOTEL-BUTIQUE **$$$**

(Mapa p. 44; ☎305-531-6100; www.thebetsyhotel.com; 1440 Ocean Dr; q a partir de $330; P❄≋) Os 63 quartos do Betsy apresentam um tipo de mistura de *plantation* caribenha e uma moderna loja da Ikea; o esquema de cores tropicais e pastel vai se apagando até o branco monocromático típico de South Beach, que cria uma vibração elegante e convidativa. O exterior sugere muito do mesmo espírito, mas, uma vez que o hotel quer atrair a elite, áreas como o hall e a piscina parecem mais exclusivas e esnobes. As janelas em estilo veneziano dos quartos são um ótimo toque, assim como o piso de nogueira e os espelhos no banheiro com TVs de LCD.

Townhouse Hotel HOTEL-BUTIQUE **$$**

(Mapa p. 44; ☎305-534-3800; www.townhousehotel.com; 150 20th St na Collins Ave; q $145-195, ste a partir de $350; ❄≋) Você pode achar que o Townhouse foi projetado pelo cara que criou o iPod, mas não foi. Jonathan Morr e India Mahdavi criaram o lindo hall branco, os quartos que parecem iglus com toques aleatórios em vermelho e o lounge arejado na cobertura. Quem precisa de balas nos travesseiros quando o Townhouse fornece bolas de praia?

Setai HOTEL-BUTIQUE **$$$**

(Mapa p. 44; ☎305-520-6000; www.setai.com; 101 20th St; ste $900-6.000; P❄≋) Há uma *linga* no hall – nada é mais luxuoso do que um falo hindu. É tudo parte da estética do hotel mais caro de Miami, onde a temática bem acertada mistura arquitetura de um templo do Sudeste asiático, móveis chineses, luxo contemporâneo e um conceito de qualquer parte da Ásia. Cada andar possui uma equipe de mordomos atendendo 24 horas, e os quartos são decorados com madeira de teca, lençóis de linho e enfeites chineses e cambojanos. Nota: o estúdio é pequeno para o preço. O serviço é incrível e funcional, e o Setai, apesar de estar muito na moda, é bastante familiar.

W Hotel
RESORT $$$

(Mapa p. 44; ☎305-938-3000; www.starwoodhotels.com; 2201 Collins Ave; q $460-510, ste $660-1.100; P❄📶🏊) Há uma incrível variedade de quartos disponíveis na filial de South Beach da famosa rede W, que traz toda a mistura de luxo, moda e exagero da marca W para Miami Beach. Os "estúdios espetaculares" equilibram longos painéis de vidro com barras de mármore *cippolino*; a suíte Oasis recebe tanta iluminação natural que é possível pensar que o Sol está nascendo dentro do quarto; a Penthouse pode também ser o cenário de um vídeo da MTV (e devido à quantidade de celebridades que se hospedam aqui, isso pode não estar muito errado). Os atendentes dos bares, restaurantes, clubes e piscina nesse complexo estão entre os melhores de toda a praia.

Delano Hotel
HOTEL-BUTIQUE $$$

(Mapa p. 44; ☎305-672-2000; www.delano-hotel.com; 1685 Collins Ave; q $380-540, ste $885-1.400; P❄📶🏊) O Delano abriu nos anos 1990 e imediatamente começou a dominar South Beach. Se há um momento em que o hóspede se sente o mais sexy do pedaço em South Beach é quando entra no hall do Delano, que possui todos os excessos de um cenário muito caro. "Espelhos mágicos" nos corredores mostram a informação do tempo, das marés e citações inspiradoras. A área da piscina lembra o jardim do palácio de uma princesa da Disney e inclui um tabuleiro gigante de xadrez; há cortinas que vão do teto até o chão nos quartos de frente para o mar nos dois andares; e as tendas de beduíno são equipadas com TVs de tela plana. Os quartos são tão brancos e claros que até ofuscam; linhas longas e suaves, superfícies espelhadas e sexies, comodidades modernas e luxuosas.

Gansevoort South
RESORT $$$

(Mapa p. 44; ☎866-932-6694; www.gansevoortmiamibeach.com; 2377 Collins Ave; q $300-500, ste a partir de $550; P❄📶🏊) O Gansevoort está empurrando agressivamente para o alto os padrões de glamour em South Beach, o que é algo impressionante tendo vizinhos como W, Delano e Shore Club. Mesmo assim, o Gansevoort ostenta um hall onde um pequeno tubarão nada dentro de um aquário fúcsia, uma das melhores piscinas na cobertura de Miami, e quartos que transbordam luxo, mas são surpreendentemente simples (apesar de elegantes).

Aqua Hotel
HOTEL-BUTIQUE $$

(Mapa p. 44; ☎305-538-4361; www.aquamiami.com; 1530 Collins Ave; q $150-180, ste a partir de $200; P❄📶🏊) Um balcão feito de pranchas de surf dá o tom desse antigo *motel* – o clássico modelo familiar onde os quartos estão organizados ao redor de uma piscina. Esse estilo *vintage* quase não sobrevive ao brilho dos holofotes aquáticos e ao lounge ao ar livre, popular sobretudo entre a clientela gay. A elegância dos quartos é compensada por móveis exóticos, como uma suntuosa cadeira feita de couro de vaca malhada.

Tides
HOTEL-BUTIQUE $$$

(Mapa p. 44; ☎305-604-5070, 800-439-4095; www.tidessouthbeach.com; 1220 Ocean Dr; q $320-625, ste $1.000-4.000; P❄📶🏊) Os cinquenta quartos de frente para o mar são frescos, com um estilo combinando o *vintage*, orgânico oceânico e o indie. A roupa de cama branca tem toques bege, canela e creme. Os quartos possuem telescópios para olhar os planetas (ou as estrelas de Hollywood), e o hall, cheio de enfeites náuticos, parece o palácio moderno de algum deus do mar. Não é possível errar o lugar; é um dos maiores edifícios de frente para Ocean Dr.

Clay Hotel & Miami Beach International Hostel
HOSTEL $

(Mapa p. 44; ☎305-534-2988, 800-379-2529; www.clayhotel.com; 1438 Washington Ave; dc $25-29, q $60-120; ❄@📶) Quantos hostels HI estão localizados em uma vila em estilo espanhol com cem anos? O Clay possui quartos limpos e confortáveis, dormitórios divididos por gênero com quatro a oito camas, e quartos privativos honestos, muitos dos quais localizados em um labirinto formado pelos prédios adjacentes. Os funcionários parecem sobrecarregados de trabalho, mas são amigáveis e dispostos a ajudar. Esse é outro lugar em Miami onde Al Capone tirou uma soneca.

Cavalier Hotel
HOTEL-BUTIQUE $$

(Mapa p. 44; ☎305-531-3555, 800-688-7678; www.cavaliermiami.com; 1320 Ocean Dr; q $129-155, ste $229; P❄📶) O exterior é um raro exemplo na Ocean Dr de inspiração maia/inca que agraciaram algumas fachadas *déco* (procure detalhes mesoamericanos como o padrão de degraus na lateral do prédio). O interior? O Cavalier sacrifica o ultramoderno pela acolhedora casualidade da Velha Flórida. Adoramos os toques em tons terrosos nos quartos, como tecidos batique marrom e bege.

AS MELHORES PISCINAS DE HOTÉIS EM MIAMI

Miami possui algumas das piscinas de hotéis mais bonitas do mundo, e elas são mais voltadas a ver e ser visto do que à natação. A maioria delas também conta com bar, lounge ou até casa noturna. Alguns hotéis possuem política restrita a hóspedes quando se trata de aproveitar a piscina, mas se você comprar uma bebida no bar ao lado, não terá problemas.

- » **Delano Hotel** (p. 88)
- » **Shore Club** (p. 87)
- » **Gansevoort South** (p. 88)
- » **Epic Hotel** (p. 91)
- » **Biltmore Hotel** (p. 71)
- » **Raleigh Hotel** (p. 89)
- » **Fontainebleau** (p. 90)

Beachcomber Hotel HOTEL **$$**

(Mapa p. 44; ☎305-531-3755, 888-305-4683; www.beachcombermiami.com; 1340 Collins Ave; q $89--189; ❄@) O verde domina esse hotel de decoração clássica: a fachada em cor de banana-verde, o hall verde-menta, o piso do terraço manchado de verde, sofás verde-mar e um bar verde brilhante, tudo sob ventiladores de teto de alumínio. Os quartos, apesar de não tão sedutores quanto a entrada, são básicos, confortáveis e limpos.

Winter Haven Hotel HOTEL-BUTIQUE **$$**

(Mapa p. 44; ☎305-531-5571; www.winterhavenhotelsobe.com; 1400 Ocean Dr; q $149-259; P❄) Al Capone costumava ficar aqui; talvez ele gostasse das lâmpadas no hall, com suas linhas de ficção científica retrô e proporções góticas, e os espelhos orientais em posições estranhas (o que não tem nada a ver com *art déco*). Pessoas jovens e relaxadas se reúnem no Haven, que está no extremo badalado da Ocean Dr. Os quartos, com toques de madeira escura e colchas branco gelo, são um pouco mais agradáveis do que a média de South Beach.

Surfcomber HOTEL **$$$**

(Mapa p. 44; ☎305-532-7715; www.surfcomber.com; 1717 Collins Ave; q $310-560; P❄) Simplesmente uma das melhores estruturas *déco* clássicas em Miami, o Surfcomber é atualmente controlado pela Doubletree. Bom, mais poder para eles; a rede renovou essa propriedade deixando-a impecável. Note as linhas que sugerem movimento no exterior e "sobrancelhas" semicirculares que fornecem sombra nas janelas. Também não deixe de admirar o hall – a sensação de espaço aeronáutico sugere uma atmosfera de um lounge de um avião dos anos 1930, mas não, é apenas o caminho para seu quarto. O estacionamento custa $39 por dia.

Royal Palm Hotel HOTEL **$$$**

(Mapa p. 44; ☎305-604-5700; www.royalpalmmiamibeach.com; 1545 Collins Ave; q $169-369, ste $299-689; P❄) Se até os carrinhos de refeições aqui têm um toque *déco* arredondado, que dirá a escada e o mezanino, que são os melhores exemplos de construções com inspiração de navio de cruzeiro em South Beach. Note as janelas arredondadas, os corrimões e o clima geral de cenário oceânico; quase dá para ouvir as ondas batendo ao lado do prédio. Há um excesso de arte pop de Romero Britto no hall (e até um restaurante temático desse pintor); os quartos estão cheios de ângulos retos e móveis modernos.

National Hotel HOTEL **$$**

(Mapa p. 44; ☎305-532-2311; www.nationalhotel.com; 1677 Collins Ave; q $240-420, ste a partir de $450; P❄) O National é um ícone da decoração tradicional, com teto que parece uma torre de sino e uma fachada fina, mas substancial. No interior, você vai encontrar quartos com paredes brancas decorados de maneira mais conservadora, ao contrário da estética mais moderna – um desvio à norma de South Beach. O lobby e as paredes são ultrajes do design geométrico, e na área externa a piscina ampla de bordas infinitas é convidativa para hóspedes e visitantes. As suítes cabanas tentam parecer luxuosas, oferecendo acesso livre à piscina, terraços privativos e jardins tropicais internos.

Raleigh Hotel HOTEL-BUTIQUE **$$$**

(Mapa p. 44; ☎305-534-6300, 800-848-1775; www.raleighhotel.com; 1775 Collins Ave; q $360--470, ste $560-740; P❄) Enquanto todo mundo fazia tudo moderno, o Raleigh tentou restaurar sua glória pré-guerra. E conseguiu. O célebre hoteleiro André Balazs conseguiu capturar o ambiente de clube masculino que misturava tabaco e madeira escura, com uma elegância antiga, e, ao mesmo tempo, incursionou por elementos modernos de design e comodidades. Dê um mergulho na incrível piscina; a atriz de Hollywood Esther Williams costumava fazer isso.

Catalina Hotel HOTEL-BUTIQUE **$$**

(Mapa p. 44; ☎305-672-4554; www.catalinahotel.

com; 1732 Collins Ave; q $160-250; P❄📶🏊) O Catalina é um adorável exemplo do estilo *déco* mediano. Não muito chique, como os super-resorts na Collins, mas também não tão detonado como algumas das propriedades mais baratas da áreas, ele é a grande opção intermediária que, mesmo assim, pode ser luxuoso se for preciso. A piscina no fundo, escondida atrás da fachada branca do prédio principal e sombreada por várias árvores tropicais, é especialmente atrativa.

Tropics Hotel & Hostel HOTEL **$**

(Mapa p. 44; ☎305-531-0361; www.tropicshotel.com; 1550 Collins Ave; dc $27, q a partir de $59; ❄🏊) O surpreendentemente bonito Tropics (que parece um pouco cafona do lado de fora) possui uma grande piscina e um pátio que parece sempre cheio de viajantes conversando. Os dormitórios de quatro camas são limpos e possuem banheiros anexos; quartos privativos são básicos e funcionais.

Santa Barbara HOSTEL **$**

(Mapa p. 44; ☎305-538-4411; www.miami-santa-barbara.hostel.com; 230 20th St; dc a partir de $22, q a partir de $55; ❄@📶) Esse hostel está localizado num antigo edifício *déco*. Os quartos são limpos e bem cuidados, apesar de os dormitórios de oito camas serem um pouco cheios. Os quartos são voltados para um grande pátio que se torna uma área social para os hóspedes, fazendo com que esse lugar tenha um clima parecido com o da série *Melrose Place*, só que com o "elenco" de mochileiros.

NORTHERN MIAMI BEACH

Circa 39 HOTEL-BUTIQUE **$**

(Mapa p. 52; ☎305-538-3900; www.circa39.com; 3900 Collins Ave; q $90-150; ❄@🏊) Se você adora o estilo South Beach, mas detesta a atitude South Beach, o Circa é para você. O hall, com suas tábuas multicoloridas, móveis da moda e enfeites excêntricos, é um dos mais divertidos de Miami. Os corredores são pouco iluminados pelas sensuais lâmpadas vermelhas, e os quartos em azul e branco são chiques o suficiente para os hipsters (apesar de que no Circa os esnobes não têm vez). Seja uma família, um gay ou somente alguém que gosta de diversão descompromissada, esse hotel aceita todos. As tarifas quando se reserva pelo site são fenomenais – você pode encontrar promoções por menos de $80.

Indian Creek Hotel HOTEL-BUTIQUE

(Mapa p. 52; ☎305-531-2727; www.indiancreekhotel.com; 2727 Indian Creek Dr; q a partir de $90; ❄📶🏊) Pegue a chave do seu quarto – presa num chaveiro de jacaré de plástico – e caminhe pelo velho hall, enfeitado com suvenires, até seu quarto confortável e agradável. Ou caminhe até a piscina surpreendentemente moderna, onde pessoas felizes e sexy estão prontas para se divertir. Some a isso os funcionários amigáveis e a proximidade do calçadão, e você tem um clássico hotel-butique.

Red South Beach HOTEL-BUTIQUE **$$**

(Mapa p. 52; ☎800-528-0823; www.redsouthbeach.com; 3010 Collins Ave; q $130-200; ❄📶🏊) O vermelho domina a decoração, das almofadas nas cadeiras do hall até as luzes dançando ao redor da piscina de mármore, passando pela cabeceira da cama vermelho carmesim e as paredes, tudo isso o envolve em uma atmosfera sexy nos pequenos e lindos quartos. O Red vale o que custa, e as tardes no complexo piscina-bar são um ótimo para momento para relaxar e conhecer outros hóspedes.

Fontainebleau RESORT **$$$**

(Mapa p. 52; ☎800-548-8886; www.fontainebleau.com; 4441 Collins Ave; q $369-461, ste $551-861; P❄📶🏊) O Fontainbleau com 1.200 quartos abriu em 1954, quando se tornou um ponto de celebridades. Numerosas reformas acrescentaram cabanas ao lado do mar, sete quadras de tênis, um salão de dança, um shopping center e uma fabulosa piscina. Os quartos possuem um clima moderno e são surpreendentemente claros e alegres – esperávamos mais tentativas de ser chique, mas a disposição ensolarada desses quartos é uma surpresa bem-vinda.

Eden Roc Renaissance RESORT **$$$**

(Mapa p. 52; ☎305-531-0000, 800-327-8337; www.edenrocmiami.com; 4525 Collins Ave; q a partir $310, ste a partir de $430; P❄📶🏊🐾) O imenso hall interno do Roc é inspirado nos dias de glória do Rat Pack em Miami Beach, e os quartos no New Ocean Tower têm uma vista adorável da Intracoastal Waterway. Todos contam com decoração moderna e comodidades que vão de MP3 Players a HDTV, móveis ergonômicos e camareira, entre outros.

Daddy O Hotel HOTEL-BUTIQUE **$$**

(☎305-868-4141; www.daddyohotel.com; 9660 E Bay Harbor Dr; q $150-260; P❄📶🏊) O Daddy O é uma opção alegre e chique que parece, de fora, um enorme B&B projetado para funcionários da MTV e da Apple. Esse estilo continua no hall e nos quartos: linhas elegantes e minimalistas compensadas por cores brilhantes e animadas, mais uma boa lista de comodidades: TV tela plana, guarda-roupa personalizado, wi-fi grátis e outros confortos triviais. Está localizado a cerca de 5km ao norte de North Miami Beach.

Claridge Hotel HOTEL **$$**
(Mapa p. 52; ☎305-604-8485, 888-422-9111; www.claridgefl.com; 3500 Collins Ave; q $120-215; ❄@≋) Esse palácio mediterrâneo de 1928 parece uma vila toscana (americanizada), com um pátio de pedras que inclui uma bela piscina cercada de palmas, paredes com afrescos e piso de pedra. Os quartos tranquilos, à moda antiga, são decorados em lindos tons terrosos, e a equipe está sempre pronta a agradar.

Mimosa HOTEL-BUTIQUE **$$**
(Mapa p. 52; ☎305-867-5000; www.themimosa.com; 6525 Collins Ave; q a partir de $210; ❄📶≋) O Mimosa é decorado com móveis considerados modernos da metade do século 20, contrabalançados por enfeites *déco*, como espelhos em formato de pórtico, mescla de cores escuras e claras e um hall laranja e creme. A piscina é pequena, mas tem vista para uma faixa do oceano Atlântico.

Palms South Beach HOTEL **$$$**
(Mapa p. 52; ☎305-534-0505; www.thepalmshotel.com; 3025 Collins Ave; q $140-289, ste $320-550; P❄@≋) O hall do Palms consegue ser imponente e confortável ao mesmo tempo; o ambiente com pé-direito alto, refrigerado por ventiladores gigantes de vime, cria um clima exagerado de vila colonial com centro de convenções. No andar de cima, os quartos são perfeitos, uma mistura de tons pastel e móveis confortáveis, apesar de bastante comuns.

DOWNTOWN MIAMI

Miami River Inn B&B **$$**
(Mapa p. 56; ☎305-325-0045, 800-468-3589; www.miamiriverinn.com; 119 SW South River Dr; q $99-300; P❄≋) B&Bs familiares e bonitinhos com móveis antigos, jardim e clima aconchegante são raros em Miami. O River Inn, listado no National Register of Historic Places, abraça essa tendência com quartos charmosos com cara de Nova Inglaterra, serviço amigável e uma das melhores bibliotecas sobre Miami da cidade. Num lugar onde todo hotel tende a ser um experimento em design gráfico, essa aquarela relaxante nos convida descansar na varanda dos fundos.

Epic HOTEL **$$$**
(Mapa p. 56; ☎305-424-5226; www.epichotel.com; 270 Biscayne Blvd; q $250-510; P❄📶≋) Realmente épico! Esse hotel enorme da rede Kimpton é uma das opções mais atrativas no centro e é descolado o suficiente para combinar com qualquer lugar de Miami Beach. Notáveis são a piscina ao ar livre e o deque para tomar sol, com vista para uma parte de Brickell e os condomínios ao redor. Os quartos possuem móveis chiques de designers, e alguns, uma linda vista da grande Miami-Dade. O spa e o bar dão a esse lugar um pouco da energia juvenil que falta em outros hotéis corporativos do centro.

Mandarin Oriental Miami HOTEL **$$$**
(Mapa p. 56; ☎305-913-8288, 866-888-6780; www.mandarinoriental.com/miami; 500 Brickell Key Dr; q $480-750, ste a partir de $900; P❄📶≋) O Mandarin brilha em Brickell Key, algo que é na verdade um pouco ruim – você está um pouco isolado da cidade aqui. Não que isso importe; há um mundo luxuoso dentro desse complexo exclusivo, de restaurantes pomposos a uma praia particular e a vista do horizonte de Miami desde o ponto mais extremo da Biscayne Bay. Os quartos são bons, dentro do estilo rede de luxo, mas nada os diferencia muito de outros hotéis nessa faixa de preço.

Four Seasons Miami HOTEL **$$$**
(Mapa p. 56; ☎305-358-3535, 305-381-3381; www.fourseasons.com/miami; 1435 Brickell Ave; q $350-580, ste $750-1500; P❄📶≋) As áreas comuns em mármore servem também como galerias de arte, um enorme spa atende ao público corporativo, e há uma incrível vista de Biscayne Bay em alguns quartos – que poderia estar numa cena de *Miami Vice*. O bar do terraço do sétimo andar, Bahia, é puro *mojito* e ostentação latina, especialmente às quintas e sextas das 18h às 20h, quando a bebida é grátis para as mulheres.

KEY BISCAYNE

Silver Sands Beach Resort RESORT **$$**
(Mapa p. 64; ☎305-361-5441; www.silversandsbeachresort.com; 301 Ocean Dr; q $169-189, chalés $279-349; P❄≋) Silver Sands: você não é lindo com seu estuque tropical? Como esse pequeno resort independente bem a cara da Velha Flórida sobreviveu no meio da competição corporativa é algo que não conseguimos entender, mas é definitivamente um ponto agradável e caseiro para quem procura atenção exclusiva e intimista – sem falar no pátio ensolarado, na área do jardim e na piscina ao ar livre.

MIMO NO BIBO

Essa pequena frase significa "Miami Moderna no Biscayne Boulevard" e se refere ao estilo arquitetônico dos prédios ao norte do Biscayne Blvd depois da 55th Street. Especificamente, há alguns ótimos *motels* ao longo da estrada com adoráveis néons dos anos 1950 para atrair os visitantes. Essa área foi negligenciada por muito tempo, e alguns desses lugares são feios (quando perguntamos a uma proprietária por que ela anunciava quartos por apenas $25, ela sorriu e disse: "Por hora"). Mas o norte de BiBo também é uma das áreas que mais estão se aburguesando, e os donos de hotéis espertos estão melhorando suas propriedades e procurando atrair *hipsters*, artistas e gays para a área. Já existe boa culinária por aqui (veja p. 100). Agora, as acomodações estão melhorando também. Todos estes hotéis fornecem o conforto de South Beach por metade do preço.

» **New Yorker** (fora do mapa p. 62; ☎305-759-5823; www.hotelnewyorkermiami.com; 6500 Biscayne Blvd; q $75-130; P❄📶) Esse hotel existe desde os anos 1950 e mostra isso – de uma forma positiva. Se você pudesse transformar um Cadillac clássico em um hotel muito descolado com interior moderno, aí está um resumo da New Yorker. A equipe é amigável, e os quartos – decorados com arte pop, designs geométricos e cores sólidas – deixariam Andy Warhol orgulhoso.

» **Motel Blu** (fora do mapa p. 62; ☎877-784-6835; www.motelblumiami.com; 7700 Biscayne Blvd; q $52-150; P❄📶🏊) Situado ao norte do Little River de Miami, o Blu pode não parecer bonito visto de fora, mas dentro você vai encontrar quartos recentemente reformados, com várias comodidades modernas. Os quartos são confortáveis e possuem uma relaxante tonalidade lima-limão.

» **Motel Bianco** (Mapa p. 62; ☎305-751-8696; www.motelbianco.com; 5255 Biscayne Blvd; q $80-110; P❄📶) O Bianco possui vários quartos em laranja e branco em torno de um lindo pátio onde é servido o café e os hóspedes podem se conhecer. O design contemporâneo domina os quartos espaçosos inclusive no mobiliário.

Ritz-Carlton Key Biscayne RESORT **$$$**
(Mapa p. 64; ☎305-365-4500; www.ritzcarlton.com; 455 Grand Bay Dr; q a partir de $330, ste $1.200-3.000; P❄📶🏊👪) Muitas filiais do Ritz-Carlton parecem um pouco padronizadas, mas a de Key Biscayne é bastante original. Há um hall magnífico, sustentado por quatro colunas gigantes como se fosse um cenário de Cecil B. DeMille – poxa, o hotel inteiro parece um cenário de DeMille. Fontes brilhando, a vista da baía e a grandiosidade do mármore falam menos de uma rede de hotéis e mais do glamour do início do século 20. Quartos e comodidades excelentes, como era de se prever.

COCONUT GROVE

Mutiny Hotel HOTEL **$$$**
(Mapa p. 69; ☎305-441-2100, 866-417-0640; www.providenceresorts.com/mutiny-hotel; 2951 S Bayshore Dr; ste $190-390; P❄📶🏊) Esse pequeno e luxuoso hotel de frente para a baía, com 120 suítes com um ou dois dormitórios e varandas, além de uma equipe compreensiva, possui camas de alto nível, móveis bonitos, ótimas comodidades e uma pequena piscina aquecida. Apesar de ser uma rua movimentada, você não vai ouvir o trânsito quando estiver lá dentro. O hotel possui belas vistas do mar.

Ritz-Carlton Coconut Grove RESORT **$$$**
(Mapa p. 69; ☎305-644-4680; www.ritzcarlton.com; 3300 SW 27th Ave; q e ste $270-399; P❄📶🏊👪🐾) Outra filial da rede Ritz-Carlton em Miami, esse fica de frente para a baía, possui quartos impecáveis e oferece pessoal para várias necessidades, de compras a navegar na web, passeio e banho de cães. O enorme spa é estupendo.

Sonesta Hotel & Suites Coconut Grove HOTEL **$$**
(Mapa p. 69; ☎305-529-2828; www.sonesta.com/coco nutgrove; 2889 McFarlane Rd; q $140-400, ste $210-660; P❄📶🏊👪) A filial de Coco Grove dessa rede luxuosa de hotéis tem quartos quase totalmente brancos com toques coloridos (estilo South Beach). As comodidades, de TV tela plana a miniquitinetes, acrescentam uma camada de luxo a esse lugar chique. Vá até o alto do prédio para aproveitar uma maravilhosa piscina com deque ao ar livre.

Grove Isle Club & Resort RESORT **$$$**
(☎305-858-8300, 800-884-7683; www.groveisle.

com; 4 Grove Isle Dr; q $250-529, ste $389-879; P❄📶🏊🐾) Um desses refúgios paradisíacos e extremamente exclusivos, a Grove Island fica na costa de Coconut Grove. Esse impressionante hotel-butique possui uma elegância colonial, exuberantes jardins tropicais, pista de corrida, piscina, vistas do pôr do sol sobre Biscayne Bay, comodidades abundantes e o toque de classe de poder ficar no seu próprio templo flutuante exclusivo.

CORAL GABLES

Biltmore Hotel HOTEL **$$$**

(Mapa p. 72; ☎305-913-3158, 800-727-1926; www.biltmorehotel.com; 1200 Anastasia Ave; q $240-400, ste a partir de $1.200; P❄📶🏊👪🐾) Apesar de os quartos standard do Biltmore serem pequenos, uma estada ali é uma chance de dormir em um dos lugares mais luxuosos dos EUA. O terreno é tão palaciano que demoraria uma semana para explorar tudo que o Biltmore tem a oferecer – recomendamos ler um livro no opulento hall estilo romano/árabe, tomar sol sob as enormes colunas e dar um mergulho na maior piscina de hotel dos EUA.

Hotel St Michel HOTEL **$$**

(Mapa p. 72; ☎305-444-1666; www.hotelstmichel.com; 162 Alcazar Ave; q $125-220; P❄📶👪) O Michel é mais metrópole do que Miami, e isso é um elogio de nossa parte. As instalações antigas de madeira, o estilo refinado e sala de jantar formal não atrapalham o serviço amigável. O adorável restaurante e o bar descolado são tão elegantes quanto o hotel em que estão instalados.

Wishes MOTEL **$**

(Mapa p. 72; ☎305-566-9871; 4700 SW 8th St; q a partir de $60; P❄📶) O Wishes é um lindo *motel* localizado em uma região cheia de alojamentos baratos; apesar de os vizinhos não serem os melhores, o Wishes em si é excelente. Os quartos são surpreendentemente grandes e confortáveis, limpos apesar de um pouco escuros, com TV e boa ducha. O melhor é que eles possuem ofertas muito baratas.

GRANDE MIAMI

Inn at the Fisher Island Club RESORT **$$$**

(☎305-535-6080, 800-537-3708; www.fisherislandclub.com; q $600-2.250; ❄📶🏊) Se você não é Jeb Bush (filho do ex-presidente que vive na ilha), a única forma de ver a Fisher Island é ficar nesse luxuoso resort. Seja nos quartos "simples" ou em chalés da era Vanderbilt, seu dinheiro será bem gasto: um dos melhores spas do país fica no resort, assim como oito restaurantes (o que parece um exagero, pelo tamanho da ilha), e há comodidades suficientes para agradar um faraó.

Onde comer

Miami abriga muitos imigrantes e adora mostrar sua riqueza. Assim, você pode conseguir uma boa oferta de refeições étnicas baratas e cozinha de alta qualidade. Há também muitas porcarias, especialmente em Miami Beach, onde as pessoas podem cobrar um preço elevado de turistas sem nenhum benefício. Os melhores lugares novos para jantar estão em Wynwood, Midtown e na área do Design District, uma tendência iniciada pela famosa Michelle Bernstein; Coral Gables também é um ponto quente gastronômico. Lembre-se de que os novos hotéis geralmente tentam fazer marketing com novos restaurantes e chefs célebres.

SOUTH BEACH (ENTRE 1ST E 11TH STREETS)

Tap Tap HAITIANA **$$**

(Mapa p. 48; ☎305-672-2898; www.taptaprestaurant.com; 819 5th St; pratos $9-20; ⏲12-23h seg-qui, até 0h sex e sáb) No Haiti, *tap-taps* são picapes de cores brilhantes transformadas em táxis, e seu esquema de cores tropicais psicodélicas inspira a decoração desse excelente restaurante haitiano. Nada de South Beach Lounge estilo Manhattan – aqui você come sob murais brilhantes de Papa Legba, guardião dos mortos, emergindo de um cemitério de Porto Príncipe. Os pratos são felizes casamentos entre África Ocidental, França e Caribe: sopa de abóbora apimentada, peixe com molho de limão com scotch, bode ao curry e marisco de Turks and Caicos na grelha com carvão. Não deixe de experimentar o *mayi moulen*, prato típico de fubá coberto com um gostoso molho de feijão – delicioso! Se você precisar de um pouco de coragem líquida, experimente o rum Barbancourt, disponível em vários graus etílicos (todos fortes).

Grazie ITALIANA **$$$**

(Mapa p. 48; ☎305-673-1312; www.grazieitaliancuisine.com; 702 Washington Ave; pratos $19-34; ⏲12-15h seg-sex, 18-0h diariamente) Obrigado mesmo; o Grazie é um restaurante de comida do Norte da Itália excelente e tradicional. Lá você não encontra os funcionários com boa aparência e falta de noção, nem experimentações insensatas no cardápio. No lugar, há serviço atento, estável e pratos deliciosos, além de preços extremamente honestos pela qualidade da comida e a natureza luxuosa do lugar. O risoto porcini é simples na construção, mas profundamente complexo na execução – um dos melhores pratos italianos da praia.

Puerto Sagua CUBANA **$**

(Mapa p. 48; ☎305-673-1115; 700 Collins Ave; principais $6-17; ⏲7h30-2h) Há uma colônia de trabalhadores cubanos mais antigos e operários da construção escondida entre o exibicionismo de South Beach e evidentemente eles comem aqui (perto de uma loja da Benetton). O Puerto Sagua desafia o estilo norte-americano com esse lembrete: os cubanos talvez tenham os melhores restaurantes baratos. Porções de favoritos como o *picadillo* (carne apimentada com arroz, feijão e banana-da-terra) são absurdamente grandes. O café cubano não é para os covardes – é coisa forte.

11th Street Diner LANCHONETE **$**

(Mapa p. 48; www.eleventhstreetdiner.com; 1065 Washington Ave; principais $8-15; ⏲24 horas) Você visitou os edifícios *art déco* mais conhecidos. Agora coma em um: uma lanchonete em um antigo vagão de trem vindo de Wilkes-Barre, Pensilvânia. Se esteve bebendo a noite toda, divida um omelete com três ovos com outros bêbados às 6h – se existe uma lanchonete na qual você pode repetir o quadro *Nighthawks*, de Edward Hopper, é aqui.

Pizza Rustica PIZZARIA **$**

(Mapa p. 48; www.pizza-rustica.com; 863 Washington Ave; pedaços $3-5; ⏲11-3h dom-qui, 11-6h sex e sáb) A pizzaria favorita de South Beach possui vários endereços para satisfazer a demanda por pedaços crocantes estilo romano e uma grande variedade de coberturas exóticas. Um pedaço é uma refeição e desce muito bem quando você precisa de algo para acompanhar a cerveja.

Taverna Opa GREGA **$$**

(Mapa p. 48; ☎305-673-6730; www.tavernaopares taurant.com; 36 Ocean Dr; pratos $11-29; ⏲16-0h, até a 1h nos fins de semana) Nesse restaurante voltado para turistas, os *meze* são honestos, e o clima lembra o de uma festa de faculdade. Sério, quem podia imaginar que feta, cordeiro e despedidas de solteiros combinavam? No final da noite, dançar na mesa é quase obrigatório, e essa pode ser a única experiência de jantar grego em que você pode terminar ficando com alguém sem compromisso.

Spiga ITALIANA **$$**

(Mapa p. 48; ☎305-534-0079; www.spigarestau rant.com; Impala Hotel, 1228 Collins Ave; principais $15-26; ⏲18-0h) Esse refúgio romântico é um lugar perfeito para namorar à luz de velas, antes de partirem para pratos italianos tradicionais, como cordeiro ao azeite de oliva e alecrim ou moluscos com linguine.

Big Pink LANCHONETE **$**

(Mapa p. 48; ☎305-532-4700; 157 Collins Ave; principais $11-23; ⏲8-12h dom-qua, até 2h qui, até 5h fins de semana) O Big Pink se dedica a uma cozinha caseira norte-americana com uma pitada de originalidade e devaneio. Ficamos mais impressionados com as ofertas de almoço do que com as opções de jantar; no primeiro, carne de porco divide a mesa com um *reuben* bem-feito, um clássico sanduíche de pastrami. À tarde, o melhor é o atum selado e o contrafilé. A decoração interna está entre um clube dos anos 1950 e uma casa noturna atual de South Beach; as mesas são coletivas.

Nemo FUSION **$$$**

(Mapa p. 48; ☎305-532-4550; www.nemorestau rant.com; 100 Collins Ave; principais $29-44; ⏲12-15h e 18h30-0h seg-sáb, 11-15h e 18h30-0h dom) Bar simples e agradável, cujo diferencial é a elegância asiática combinada à exuberância latino-americana dos pratos. O peixe com molho chimichurri e o atum com algas grelhadas são joias saídas dessa mina de ouro fusion.

Prime 112 CHURRASCARIA **$$$**

(Mapa p. 48; ☎305-532-8112; www.prime112.com; 112 Ocean Dr; pratos $29-68; ⏲12-15h seg-sáb, 17h30-0h dom-ter, até 1h nos fins de semana) Às vezes, você precisa de uma carne bem maturada, suculenta, com a quantidade certa de gordura, servida em um lugar onde as paredes transpiram testosterona, com um bar que sirva Manhattans e as *hostess* sejam modelos. Reúna tudo isso no mais antigo hotel de Miami Beach – o bonito 1915 Browns Hotel – e aí está o Prime 112. Ele realmente atrai celebridades; dizem que em 2008 Enrique Iglesias, Anna Kournikova, Alonzo Mourning, LL Cool J, Mike Piazza e o rei da Jordânia comeram ali... na mesma noite. Por isso, não venha de bermuda e chinelo. A carne, não por acaso, é muito boa, apesar de o serviço às vezes deixar a desejar – alguns garçons são ótimos, mas outros se comportam com uma pretensão desmerecida (ei, nosso dinheiro é tão bom quanto o de LL Cool J).

News Cafe AMERICANA **$**

(Mapa p. 48; www.newscafe.com; 800 Ocean Dr; pratos $7-17; ⏲24 horas) O News Café é um ponto na Ocean Dr que atrai milhares de turistas. Achamos a comida pouco inspiradora, mas olhar as pessoas é bom; então sente-se, coma algo acima da média, mas não muito especial, e desfrute o estudo antropológico que é South Beach em patins, dançando salsa ou somente caminhando.

SOUTH BEACH (ENTRE 11TH E 23RD STREETS)

Osteria del Teatro ITALIANA $$

(Mapa p. 44; 305-538-7850; www.osteriadelteatromiami.com; 1443 Washington Ave; principais $16-31; 18-23h seg-qui, até 1h nos fins de semana) Há poucas coisas pelas quais vale a pena praguejar, entre elas os pratos especiais da Osteria, um dos melhores e mais antigos restaurantes italianos na Grande Miami. Quando chegar, deixe que os simpáticos garçons o levem até a mesa, o mimem e depois façam os pedidos por você. Eles nunca erram.

Burger & Beer Joint HAMBÚRGUERES $

(Mapa p. 44; 305-531-1200; www.bnbjoint.com; 450 Lincoln Rd; pratos $5,50-9; 11h30-0h;) Hambúrgueres gourmet. Microcervejaria. Claramente, o pessoal da B&B fez sua pesquisa de marketing. Porque como fica quem não ama as duas coisas? Ah, sim, vegetarianos, vocês têm seu lugar também; o "Dear Prudence" uma mistura de champignon, pimenta vermelha, pesto de nozes e abobrinha frita vai manter os herbívoros felizes. Ah, também tem peru e hambúrguer recheado com molho de carne servido *entre tortas de peru*, hambúrguer de atum, sanduíche de carne wagyu com *foie gras*... já dá para ter uma ideia. Ficou claro que também é uma microcervejaria?

Jerry's Famous Deli *DELICATÉSSEN* $$

(Mapa p. 44; 305-532-8030; www jerrysfamousdeli.com; 1450 Collins Ave; principais $9-17; 24 horas) Importante: o Jerry's faz entregas. Por quê? Porque quando você devorar o pastrame no pão de centeio, os sanduíches de peru e outros lanches nessa *delicatéssen* judaica enorme (que está no antigo clube Warsaw), vai querer mais, 24 horas por dia.

Casa Tua ITALIANA $$$

(Mapa p. 44; 305-673-1010; www.casatualifestyle.com/restaurant; 1700 James Ave; principais $23-58; 11h30-15h seg-sex, 18h30-23h diariamente) O Casa Tua é muito descolado para ter uma placa na porta. Você vai saber que está no lugar certo pela multidão querendo entrar, as limusines ao redor e o que você pode ver da linda fachada (boa parte escondida por trás de uma alta sebe). Se conseguir uma mesa na magnífica vila, estilo mediterrâneo de 1925, desfrute um delicioso *prosciutto*, um linguado, um risoto com lagosta ou vitela.

Grillfish FRUTOS DO MAR $$

(Mapa p. 44; 305-538-9908; www.grillfish.com; 1444 Collins Ave; pratos $13-28; 11h30-23h, até 0h30 nos fins de semana) Às vezes o nome diz tudo. Nesse restaurante simples, mas elegante, grelham os peixes de maneira incrível, e tudo é charmoso com suas louças lindamente discordantes e bancos que parecem de igreja. Eles servem frutos do mar, saborosos engenhosamente preparados sem frescura.

Mr Chow CHINESA $$$

(Mapa p. 44; 305-695-1695; www.mrchow.com; 2201 Collins Ave; principais $30-45; 18-0h) Localizado no W Hotel, o Mr. Chow leva o sabor da comida sino-americana a um outro patamar. O lugar é quase intimidante de tão descolado, com candelabros modernos pendurados e um enorme bar tirado de *Sex and the City*, mas o serviço é amigável, e a comida, deliciosa: frango empanado servido com pimenta fatiada; tofu apimentado; lula salteada com aspargo.

Van Dyke Cafe FUSION $$

(Mapa p. 44; 305-534-3600; www.thevandykecafe.com; 846 Lincoln Rd; principais $10,50-26; 8-2h) Um dos pontos mais turísticos de Lincoln Rd, o Van Dyke é uma instituição parecida ao News Cafe, servindo comida adequada em um ponto perfeito para olhar as pessoas. Está geralmente lotado e ocupa quase metade da calçada. O serviço é amigável e eficiente, e você tem a chance de ver modelos de graça junto com seus lanches ou berinjela à parmegiana. Há uma excelente noite de jazz no andar de cima.

Guru INDIANA $$

(Mapa p. 44; 305-534-3996; www.gurufood.com; 232 12th St; principais $15-23; 12h-23h30) Um interior sexy à meia-luz, com decoração em vermelho-sangue e madeira escura, é o cenário desse restaurante indiano, no qual ingredientes locais como lagosta nadam no molho korma. O peixe ao curry é uma delícia, mas o serviço geralmente é apressado, e a cozinha pode ser irregular. Experimente vir na hora do almoço para o *thali* especial, uma loucura onde você prepara sua comida e custa só $9.

Balans FUSION $$

(Mapa p. 44; 305-534-9191; www.balans.co.uk; 1022 Lincoln Rd; principais $13-36; 8-0h) Kensington, Chiswick... South Beach? Vale a pena conhecer esse *fusion* favorito comandado por um britânico. Onde mais a vitela *saltimbocca* e o cordeiro *jalfrezi* compartilham o cardápio? Depois de experimentar a lagosta,

MONTANDO UM SANDUÍCHE CUBANO

O tradicional sanduíche cubano, também conhecido como um *sanduíche mixto*, não é uma criação descuidada. É uma técnica deixada para os especialistas – mas aqui há algumas dicas de como eles fazem isso. O pão correto é crucial – deveria ser o pão branco cubano: fresco, macio e fácil de prensar. Dentro (dos dois lados) deve ter manteiga e camadas (na seguinte ordem) de picles, fatias de carne de porco cubana assada, presunto (preferivelmente curado) e queijo suíço. Depois tudo isso é prensado numa *plancha* quente até que o queijo derreta. Huuuum.

você vai concordar que os estereótipos sobre a cozinha inglesa precisam ser reconsiderados.

Nexxt Cafe FUSION $$

(Mapa p. 44; ☎305-532-6643; 700 Lincoln Rd; pratos $7-23; ⏰11h30-23h seg-qui, até 0h fins de semana, 11-23h dom) Há muitos cafés na região da Lincoln Rd ótimos para olhar as pessoas em um dos trechos mais descolados de Miami Beach. Muitos desses pontos são de qualidade questionável. O Nexxt é o melhor da região, com um enorme cardápio que vai do chili com peru e hambúrgueres gourmet às saladas de baixa caloria. Falando nisso, o cardápio é simplesmente enorme, e apesar de nada ser realmente excelente, tudo é muito bom.

Yuca LATINA $$$

(Mapa p. 44; ☎305-532-9822; www.yuca.com; 501 Lincoln Rd; pratos $22-42; ⏰12h-23h30) Esse foi um dos primeiros pontos Nuevo Latino na moda em Miami e ainda é forte, apesar de os moradores dizerem que perdeu o charme nos últimos anos. A Yuca *rellena* (um chili médio cheio de champignon *picadillo*) e a costela macia ainda fazem salivar.

Gelateria Parmalat SORVETE $

(Mapa p. 44; 670 Lincoln Rd; principais $3,85-8; ⏰9-0h dom-qui, até 1h30 sex e sáb) Está quente. Você andou o dia todo. Precisa de sorvete, imediatamente. Que tal os sabores tamarindo e maracujá caseiro? Esse é um excelente ponto para ondas cremosas de delícias geladas no legítimo estilo europeu, e, baseado na quantidade de clientes, é o sorvete favorito de South Beach.

Pasha's MEDITERRÂNEA $

(Mapa p. 44; ☎305-673-3919; www.pashas.com; 900 Lincoln Rd; principais $4-12; ⏰8-0h, até 1h fins de semana) O Pasha's é muito bom com autopromoção, a julgar por esse lugar, um empório *fast-food* saudável com dois ambientes, cujo nome aparece por toda parte. Não importa; a comida no Pasha's é ótima. Experimente o delicioso *labneh* (iogurte espesso), um prato de homus e frango grelhado servido com arroz. O Pasha's se expandiu como uma rede e agora possui filiais por toda Miami.

Flamingo Restaurant NICARAGUENSE $

(Mapa p. 44; ☎305-673-4302; 1454 Washington Ave; principais $2,50-7; ⏰7-21h seg-sáb) Esse pequeno café nicaraguense atende os trabalhadores que fazem South Beach funcionar. Você provavelmente será o único turista comendo no local. Os clientes devoram a canja, o frango apimentado e o café da manhã barato preparado por um casal meticuloso.

Paul PADARIA $

(Mapa p. 44; 450 Lincoln Rd; pratos $5,50-9; ⏰8h30-20h; 🖉) Paul se autodefine como uma "Maison de Qualité", que em outras palavras significa que você consegue um bom pão, crocante por fora e macio por dentro, do tipo que se encontra nas *boulangeries* parisienses. Sanduíches gourmet e doces light fazem desse lugar uma boa parada na Lincoln Rd para almoçar.

Front Porch Cafe AMERICANA $$

(Mapa p. 44; www.frontporchoceandrive.com; 1458 Ocean Dr; pratos $10-18; ⏰7-23h) Refúgio azul e branco do agito beira-mar, o Porch serve excelentes saladas, sanduíches e pratos afins desde 1990 (séculos pelos padrões de South Beach). O brunch de fim de semana é lotado e com razão; os grandes omeletes são deliciosos, assim como as panquecas suculentas e o café forte.

NORTHERN MIAMI BEACH

👍 **Steve's Pizza** PIZZA $

(☎305-233-4561; www.stevespizzas.net; 18063 Dixie Hwy; pizzas a partir de $10; ⏰10h30-23h, até 0h nos fins de semana, 11-23h dom) Tantas redes de pizzarias competem pela atenção dos turistas em South Beach, mas pergunte a um morador de Miami Beach de onde é a melhor pizza e ele vai falar que é do Steve's – crocante, fina e caseira, feita com bons ingredientes. Novas filiais do Steve's estão abrindo em outras partes de Miami, todas em áreas não turísticas, o que preserva a sensação de autenticidade.

Indomania INDONÉSIA $$

(Mapa p. 52; ☎305-535-6332; www.indomaniarestaurant.com; 131 26th St; principais $17-28; ⏲18h-22h30 ter-dom) Há muita cozinha asiática adaptada em Miami; o Indomania domina esse mercado com um preparo autêntico (e excelente) da culinária do maior país do Sudeste Asiático. Os pratos refletem a diversidade da Indonésia, de frango no curry de coco a peixe grelhado na folha de bananeira, além do forte *rijsttafel*, um tipo de bufê de pequenos pratos, como tapas, que refletem a peculiaridade culinária de regiões indonésias. O Indomania é delicioso, único e decididamente está fora da rota turística, além de ter um serviço entusiasmado.

Roasters' n Toasters *DELICATÉSSEN* $

(Mapa p. 52; www.roastersntoasters.com; 525 Arthur Godfrey Rd; principais $8-16; ⏲6h30-15h30) Miami Beach tem uma das maiores populações judaicas nos EUA, então as pessoas esperam muito de suas *delicatéssens*. Por causa das filas e dos sorrisos satisfeitos dos clientes, a Roasters' n Toasters consegue cumprir com os padrões exigentes de seu alvo demográfico graças à carne suculenta, ao pão fresco, aos bagels crocantes e aos *latkes* quentes. *Sliders* (minissanduíches) são servidos em pão *challah* judaico, uma inovação charmosa e deliciosa.

Cafe Prima Pasta ARGENTINA $$

(Mapa p. 52; ☎305-867-0106; www.primapasta.com; 414 71st St; principais $13-24; ⏲17-0h seg-sáb, até as 16h dom) Não temos certeza do que é melhor nesse restaurante argentino-italiano: recomendamos massa, que merece cada um dos elogios que ganha (experimente o nhoque). A atmosfera que captura o charme digno de Buenos Aires. Na verdade, isso não é um concurso: você é o ganhador, desde que coma aqui.

Fifi's Place FRUTOS DO MAR $$

(Mapa p. 52; ☎305-865-5665; www.fifisseafood.com; 6934 Collins Ave; principais $13-30; ⏲12-0h) Frutos do mar latinos são o foco – o Fifi's serve uma deliciosa *paella* de frutos do mar, prato que mistura os personagens do desenho *A pequena sereia* com arroz espanhol, e uma igualmente boa *parillada* de frutos do mar, que usa os mesmos ingredientes grelhados na manteiga de alho. Incrível.

Shuckers AMERICANA $

(Mapa p. 52; ☎305-866-1570; www.shuckersbarandgrill.com; 1819 79th St Causeway; principais $8-19; ⏲11h-último cliente) Com uma ótima vista para as águas da 79th Causeway, o Shuckers deve ser um dos restaurantes mais bem localizados da região. É um bar e uma churrascaria, então há várias comidas de pub: hambúrgueres, peixe frito e afins. Mas o frequentamos por um motivo: as asas de frango. Acompanhadas de diversos molhos de dar água na boca, são fritas e depois grelhadas, e o resultado só pode ser descrito como um pequeno pedaço do paraíso envolto em osso. Poderíamos sentar lá e devorar um bando de aves, se não tivéssemos força de vontade. A cozinha fecha por volta das 21h.

El Rey del Chivito URUGUAIA $

(Mapa p. 52; ☎305-864-5566; www.elreydelchivito.com; 6987 Collins Ave; principais até $15; ⏲11-0h) Coração, conheça o "Rei dos Chivitos" e seu prato principal: um sanduíche de carne, presunto, queijo, ovo frito e maionese (pode ter alface, pimentão e tomate também, mas os outros ingredientes só riem para eles). Agora corra, coração, corra! Isso é só o básico, e, a propósito, vem com fritas. Nunca ouvimos falar de restaurantes uruguaios nos EUA e agora sabemos por quê: qualquer um que poderia espalhar a notícia morreu de ataque cardíaco há muito tempo. El Rey também serve pizza uruguaia; experimente com *faina*, longas tiras de pão misturado com queijo e pimentão.

La Perrada de Edgar CACHORRO-QUENTE $

(Mapa p. 52; 6976 Collins Ave; cachorro-quente a partir de $5; ⏲10-2h) No passado, a mais famosa exportação colombiana para Miami era a cocaína. Mas é sério, o que eles colocam em seus excêntricos cachorros-quentes foi criado por algum Dr. Evil do mundo das salsichas? Não acredita? Experimente um *especial*, com ameixas, abacaxi e creme. Que tal camarões e tiras de batata? Aparentemente, esses são cachorros-quentes normais na Colômbia. A limonada caseira também é deliciosa.

DOWNTOWN MIAMI

Emily's Restaurante LATINO-AMERICANA $

(Mapa p. 56; ☎305-375-0013; 204 NE 1st St; principais $4-8; ⏲7h-16h30) Com alguns dólares você compra dois ovos, torrada e café; com $5 você tem um dos melhores bufês da cidade. Há especiais diários de cozinha colombiana, cubana e espanhola: canja, rabada e *lengua en salsa* (língua marinada).

La Moon COLOMBIANA $

(Mapa p. 56; www.lamoonrestaurantmiami.com; 144 SW 8th St; pratos $6-15) Nada – e não estamos dizendo isso positivamente – absorve a cerveja como um cachorro-quente com ovos e tiras de batata. Ou barriga de porco frita e pudim. Es-

SIGA PELA ESTRADA

A loucura dos carros de comida entrou em Miami abruptamente. Se não está familiarizado com a tendência, as cozinhas móveis viajam pela cidade, parando em pontos selecionados, onde servem refeições prontas com qualidade de restaurante por preços baixos – como fast-food, mas saudável. Os carros tendem a favorecer os destinos principais, porém há formas de segui-los, e o Twitter é o meio mais popular. Há agora mais de 25 carros de comida em Miami, e muitos se reúnem em **Tobacco Road** (626 S Miami Ave) aos domingos das 13h às 17h. Aqui estão alguns dos fornecedores favoritos de cozinha móvel; incluímos o Twitter para você poder seguir sua localização on-line:

» **Purple People Eatery** (@purpleppleatery; www.purpleppleatery.com; principais $4-8) *Mahimahi* batido, macarrão com queijo (mac 'n' cheese) com ervas e hambúrguer gourmet de bisão.

» **Cheese Me** (@cheesememobile; www.cheeseme.com; principais $4-12) Queijo quente gourmet, fritas finas, costela refogada e pão artesanal.

» **Miso Hungry** (@misohungryFT; www.misohungrymobile.com; principais $3-8) Várias opções asiáticas-fusion de curry a hambúrguer de carne de porco com maionese e coentro, até tofu vegetariano com molho de soja.

» **Slow Food Truck** (@SlowFoodTruck; www.slowfoodtruck.com; principais $4-8) Comida local sazonal – o cardápio rotativo garante variedade e opções deliciosas.

sas delícias são a comida e a bebida preferidas dos festeiros de Miami, e o melhor lugar para essa mistura estranha é ali, muito perto de bares como Tobacco Road. Para realmente se encaixar, peça um *refajo*: cerveja colombiana (Aguila) com refrigerante colombiano (preferivelmente o vermelho).

Soya e Pomodoro ITALIANA $

(Mapa p. 56; ☎305-381-9511; www.soyaepomodoromiami.com; 120 NE 1st St; principais $9-16; ⏲11h30-16h seg-sex, 19h-23h30 qui-sáb) S&P é um apelido que parece corporativo, mas o Soya e Pomodoro não tem nada disso. O lugar parece um retiro boêmio para artistas e cineastas italianos, que podem jantar uma deliciosa massa fresca sob pôsteres antigos, acessórios brilhantes, quadros com arco-íris e penduricalhos na parede. Pense o que aconteceria se hippies fossem largados no cenário de *Casablanca*. Leituras, shows de jazz e outros eventos artísticos acontecem em noites selecionadas.

Fresco California MEDITERRÂNEA $

(Mapa p. 56; ☎305-858-0608; 1744 SW 3rd Ave; principais $9-15; ⏲11h30-15h30 seg-sex, 17h-22h30 seg-qui, até as 23h sex, 11-23h sáb) O Fresco serve todas as releituras que a Costa Oeste oferece de pratos mediterrâneos. Relaxe à luz de velas no jardim dos fundos, que parece uma varanda italiana no verão quando o clima está bom (quer dizer, quase sempre). Salada de pera e nozes com sanduíches de cogumelo são deliciosos, e o ravióli com recheio de abóbora é paradisíaco. Os preços são razoáveis, mas você acabará tentado a tomar vinho, experimentar vários pratos e passar uma noitada aqui.

Azul FUSION $$$

(Mapa p. 56; ☎305-913-8358; Mandarin Oriental Miami, 500 Brickell Key Dr; principais $30-72; ⏲19-23h seg-sáb) Janelas com cascatas, formas metálicas vazadas e fachadas de cobre curvo complementam uma das mais lindas construções da cidade. A decoração escandinava se harmoniza com um cardápio que reúne o Mediterrâneo com a Ásia; experimente as ostras enroladas em carpaccio de carne e *hamachi*.

La Cocotte CARIBENHA $

(Mapa p. 56; ☎305-377-6515; www.lacocottemiami.com; 150 W Flagler St, Suite 175; principais até $10; ⏲7h30-15h seg-sex) Comida do Caribe francês? Sim, por favor! Esse lugar inovador era o que faltava para apimentar Downtown, que era fraco na hora do almoço. As bananas-da-terra *creole* servidas com salada de repolho (muito!) apimentada acompanhadas de carne de porco ou camarão, ou o guisado de frango com cenoura, cebola e alecrim, tudo com sabor que faz jus à aparência. Com certeza você sairá com a barriga um pouco maior.

Garcia's FRUTOS DO MAR $

(Mapa p. 56; ☎305-375-0765; 398 NW River Dr; principais $8-18; ⏲11h-21h30) Filas de executivos cubanos almoçam no Garcia's, onde você se sentirá mais em meio a traficantes de frutos do mar do que no distrito financeiro. Espere serviço desigual (ponto fraco), peixe fresco (ponto forte) e uma vista agradável do rio Miami.

Mini Healthy Deli DELICATÉSSEN $

(Mapa p. 56; 305-523-2244; Station Mall, 48 E Flagler St; principais $6-10; 11-15h;) Esse excelente café, instalado em um mini-shopping meio vazio, é onde o *chef* Carlos Bedoya trabalha sozinho e monta pratos especiais incrivelmente frescos e deliciosos, como tilápia grelhada, salada fresca, arroz e feijão. Só há duas pequenas mesas, mas vale a pena esperar – ou comer de pé.

Granny Feelgoods COMIDA SAUDÁVEL $

(Mapa p. 56; 305-377-9600; 25 W Flagler St; principais $9-15; 7-16h seg-sex;) Se você precisa equilibrar seu carma (ou só experimentar uma refeição vegetariana), tente essa mercearia de bairro com cozinha saudável. Localizada perto do tribunal, a Granny deve ter a maior concentração de advogados por broto de feijão dos EUA. Experimente pratos vegetarianos simples, como sanduíche de tofu e lasanha de espinafre. Os carnívoros têm vez também – há hambúrguer de peru.

WYNWOOD, DESIGN DISTRICT E LITTLE HAITI

Señora Martinez AMERICANA $$$

(Mapa p. 62; 305-424-9079; www.sramartinez.com; 3252 NE 1st Ave; principais $13-30; 12-15h ter-sex, 18-23h ter-qui, até 0h sex e sáb, até 22h dom;) Na época da pesquisa, o Señora Martinez era o restaurante da moda em Miami, expandindo as barreiras da experimentação e boa cozinha. O cardápio é eclético, sem influência regional exagerada, além talvez da de Miami, que por si só é uma mistura étnica. Risoto na tinta de lula com molho chimichurri; mocotó assado com cebola; pato no vinho do Porto. O cardápio de coquetéis é tão delicioso quanto o de pratos; as opções reúnem ingredientes como tequila espresso, fernet e mel, ou rum, pimenta-da-jamaica, sidra e xarope de bordo. Coma, beba, assuma seu excesso e depois caia na noite.

Sustain AMERICANA $$$

(Mapa p. 62; 305-424-9079; www.sustainmiami.com; 3252 NE 1st Ave; principais $13-30; 11h30-15h, 17h-22h30;) O Sustain é um dos principais – e com melhores preços – fornecedores de comida orgânica produzida na área de Miami. O salão é adorável, combinando paredes brancas lisas com painéis de madeira e cantos metálicos arredondados. A comida é fantástica; experimente o sanduíche de peixe que derrete na boca ou o frango frito nadando em creme de couve e feijões torrados. O cardápio muda conforme a estação. Vegetarianos e vegans sempre são a prioridade, apesar de os carnívoros também encontrarem muitas opções.

Michael's Genuine Food & Drink AMERICANA $$$

(Mapa p. 62; 305-573-5550; www.michaelsgenuine.com; Atlas Plaza, 130 NE 40th St; principais $16-36; 11h30-15h seg-sex, 17h30-23h seg-qui, até a 0h sex e sáb, 11h-14h30 e 17h30-22h dom;) O "genuíno" no nome do restaurante de Michael Schwartz se refere ao uso que ele faz de ingredientes cultivados localmente e doses saudáveis de inovação, moderada por seu respeito aos clássicos. Assim, a paleta de porco em molho de salsinha e queijo é deliciosa, como se sua avó tivesse se transformado numa *chef* da Cordon-Bleu. O ambiente em vermelho e marrom é agradável e acolhedor em vez de esnobe e intimidante, e isso vale para o atendimento também.

Cheese Course QUEIJO $

(Mapa p. 62; 786-220-6681; www.thecheesecourse.com; 3451 NE 1st Ave; principais até $16; 10h30-21h dom-qua, até 22h qui, 10h30-23h sex e sáb;) Adoramos a proposta desse lugar – escolha alguns queijos com a ajuda da equipe e monte um prato com pão fresco, nozes caramelizadas, pepinos em conserva ou qualquer outro acompanhamento que quiser. Há também ótimos sanduíches, geleias, mas pelo valor nada vence um almoço perfeito com produtos lácteos fermentados.

Mandolin GREGA $$

(Mapa p. 62; 305-576-6066; www.mandolinmiami.com; 4312 NE 2nd Ave; pratos $12-26; 12-23h seg-sáb;) O Mandolin não serve somente boa comida grega – apesar de estar presente na forma de peixe fresco grelhado no limão e no óleo de oliva, tomate e sanduíches de chouriço turco, ou um *meze* light como berinjela defumada e iogurte cremoso. O que o Mandolin também oferece é uma excelente atmosfera grega. É tudo azul e branco do Egeu, cores que ganham vida sob o forte sol de Miami, principalmente se você se sentar no jardim dos fundos, à sombra das mesmas árvores que cobrem o vizinho bairro de Buena Vista.

Lemoni Café CAFÉ $

(Mapa p. 62; 305-571-5080; www.mylemonicafe.com; 4600 NE 2nd Ave; principais até $10; 11h-22h30;) O Lemoni é tão brilhante quanto o nome sugere, um pequeno restaurante agradável e bonito que serve sanduíches, wraps e saladas fartas. O sanduíche de salame com

NORTH BISCAYNE BOULEVARD

Como North Biscayne Blvd continua a se sofisticar, restaurantes cada vez melhores estão abrindo no bairro. A seguir, alguns dos nossos achados.

Michy's (☎305-759-2001; 6927 Biscayne Blvd; pratos $28-43; ⏲18h-22h30, 17h30-23h sex e sáb, ter-sex, 17h30-22h dom; 🖉) Decoração pop azul e branca. Ingredientes orgânicos produzidos localmente. Um bar estiloso e fantástico, onde Alice beberia antes de pintar o País das Maravilhas de vermelho. Bem-vindo ao filho culinário de Michelle "Michy" Bernstein – uma das maiores estrelas culinárias de Miami. A ênfase está na boa comida e na diversão. O conceito de "meio prato" permite que você diminua a porção do prato escolhido e complete com outros acompanhamentos, como *foie gras* com bolo de milho, torta de frango com cogumelos selvagens, gaspacho de amêndoas brancas e croquetes de queijo azul.

Red Light Little River (☎305-757-7773; 7700 Biscayne Blvd; principais $14-28; ⏲ter-qui 18--23h, até 0h sex e sáb) A comida de Nova Orleans mistura-se com os ingredientes da Flórida nessa lanchonete despojada com preços excelentes instalada sobre o Little River. O resultado é uma cozinha simples e rica; laranjas azedas com vieira e lentilha; sanduíches de camarão grelhado com queijo; e carne ao alecrim e *demi-glace* de gorgonzola.

Karma Car Wash (☎305-759-1392; www.karmacarwash.com; 7010 Biscayne Blvd; sanduíches e porções $4,50-8; ⏲8-20h) Esse lava-rápido ecológico também serve café com leite de soja, salgadinhos orgânicos e boas cervejas artesanais. A ideia poderia ter sido precoce na execução, mas é divertida – mais do que a média dos lava-rápidos, pelo menos. Claro, motoristas de carros híbridos possuem um desconto de 25%, e o bar vira *lounge* às 20h, com DJs discotecando enquanto você se pergunta: "Devo passar cera?".

Honey Tree (Mapa p. 62; ☎305-756-1696; 5138 Biscayne Blvd; principais até $10; ⏲8-20h seg-qui, até 19h sex, 9-18h sáb; 🖉) O Honey Tree é uma loja de comida natural que também serve excelentes sucos, vitaminas e o que muitos consideram o melhor lanche vegan de Miami. O que está em oferta varia diariamente, mas pode ter certeza de que vai ser barato (o preço é pelo peso) e delicioso. O almoço é geralmente servido do 12h às 14h, porém leve em conta que a comida costuma acabar antes por causa da alta demanda.

Jimmy's East Side Diner (☎305-754-3692; 7201 Biscayne Blvd; pratos $5-13; ⏲6h30-16h) Venha para o Jimmy's, um clássico restaurante barato (que também é *gay-friendly* – note a bandeira do arco-íris na entrada), para um grande café da manhã com omelete, rabanada ou panquecas, e sanduíche de peru ou hambúrguer no final do dia.

folhas verdes e azeite de oliva é uma surpresa, e provavelmente roubaríamos um banco para conseguir outro pedaço da torta de limão. Localizado no lindo bairro de Buena Vista, é um lugar perfeito para almoçar ou jantar ao ar livre na calçada.

Enriqueta's LATINA $

(Mapa p. 62; ☎305-573-4681; 186 NE 29th St; principais $5-8; ⏲6h30-15h45 seg-sex, até 14h sáb) No passado, os porto-riquenhos, não os artistas de instalações, dominavam Wynwood. Sinta o gostinho dessa época no sempre cheio Enriqueta's, onde o ambiente de lanchonete latina é tão forte quanto as xícaras fumegantes de *cortadito* (café em estilo cubano) servidas no balcão. Compense as esquisitices da galeria com um sanduíche de carne e batata.

Lost & Found Saloon MEXICANA $

(Mapa p. 62; ☎305-576-1008; www.thelostandfoundsaloon-miami.com; 185 NW 36th St; principais $10--17; ⏲11-3h; 🖉) O serviço é tão amigável quanto os omeletes e burritos são ótimos (ou seja, muito) nesse pequeno ponto de Wynwood, o tipo de bar onde há cerveja artesanal no barril e uma carta de vinhos enorme. Venha à noite, quando ele se transforma em um bar moderninho.

Garden of Eatin' VEGAN $

(Mapa p. 62; ☎305-754-8050; 136 NW 62nd St; principais até $10; ⏲11-21h seg-sáb; 🖉) O Garden of Eatin' é dirigido por um haitiano rastafári que serve *i-tal* (tipo de comida *kosher* rastafári – invariavelmente vegetariano e, nesse caso, vegan) para os clientes. O cardápio muda muito e pode incluir qualquer coisa, de peixe de soja e folhas verdes a arroz integral no molho de ervilha. O Garden é uma atração em si e está localizado em uma parte menos segura de Little Haiti; então é melhor ligar antes para ver se está aberto. Só aceita dinheiro. Uma roda de tambores acontece nas noites de segunda.

Lester's CAFÉ $

(Mapa p. 62; ☎305-456-1784; www.lestersmiami.com; 2519 NE 2nd Ave; pratos menos de $5; ⏲9--22h ter-qui, 9-0h sex e sáb) O Lester é, sem dúvida, o primeiro de muitos futuros cafés em Wynwood: interior amplo como um estúdio, *pop art* (por alguma razão focada em bigodes), prateleiras com livros de design gráfico e, é claro, wi-fi, cafés e lanches.

KEY BISCAYNE

Boater's Grill FRUTOS DO MAR $$

(Mapa p. 64; ☎305-361-0080; 1200 S Crandon Blvd; principais $14-34; ⏲9-21h) Localizado em Crandon Park, esse restaurante de frente para o mar (na verdade, há água embaixo e ao redor) oferece muitas delícias marítimas do sul da Flórida: caranguejos, *mahimahi* e *paella* de lagosta.

Rusty Pelican FRUTOS DO MAR $$

(☎305-361-3818; 3201 Rickenbacker Causeway; principais $18-30; ⏲9h-pôr do sol) Mais do que a comida em si, é a vista panorâmica – uma das melhores em Miami – que dá o clima romântico a esse restaurante arejado e tropical. Mas se você vier para uma bebida no final da tarde, o ar fresco poderá certamente seduzi-lo a ficar para experimentar o cardápio, que é bom o suficiente considerando o cenário e a falta de opções.

Oasis CUBANA $

(Mapa p. 64; 19 Harbor Dr; principais $5-12; ⏲8--20h) Esse excelente café cubano tem clientes que vão de trabalhadores humildes aos famosos da cidade, e as barreiras socioeconômicas vão desaparecendo com rapidez quando as pessoas bebem a forte bebida cubana. Entre o café superforte e as *masas de puerco* – pedaços marinados de porco que ficam perfeitos com molho apimentado – alcançamos um pedacinho do céu.

LITTLE HAVANA

Hy Vong Vietnamese Restaurant VIETNAMITA $

(☎305-446-3674; www.hyvong.com; 3458 SW 8th; principais $7-22; ⏲18-23h qua-dom, fecha meados--fim ago) Em um bairro cheio de exilados de um regime comunista, faz sentido encontrar um restaurante vietnamita. E é preciso dizer que, apesar de toda a excelente comida latina ao redor, ainda é preciso esperar horas por uma mesa. A excelente comida vietnamita (com leves toques locais, como manga marinada ao estilo da Flórida) combina qualidade produzida com temperos do Sudeste asiático e uma propensão a ricos sabores herdados do passado colonial francês. Esteja preparado para esperar muito por sua recompensa culinária. Veja no site sobre as aulas de culinária no Hy Vong. O restaurante está na 8th St, a cerca de 3km do coração da calle Ocho.

Islas Canarias CUBANA $

(☎305-649-0440; 285 NW 27th Ave; pratos $8--19; ⏲7-23h) O Islas pode não parecer grande coisa dentro de um centro de compras, mas é uma das melhores opções de comida cubana em Miami. O *ropa vieja* (carne em tiras) é delicioso e há ótimos toques espanhóis no cardápio (o pai do dono é das Ilhas Canárias, por isso o nome do restaurante). Não deixe de experimentar as batatas caseiras.

El Cristo CUBANA $

(Mapa p. 66; ☎305-643-9992; 1543 SW 8th St; principais $6-18; ⏲7-23h) Um ponto de encontro popular entre os moradores, o El Cristo é bem simples e possui opções de todo o mundo hispânico. Muitas pessoas dizem que é o melhor da calle Ocho. O cardápio possui especiais diá-rios, mas o melhor é o peixe – experimente o frito na versão local de fish & chips, ou leve para viagem as excelentes empanadas e *croquetas* de peixe. A área externa é uma varanda excelente para apreciar a 8th St.

Versailles CUBANA $

(☎305-444-0240; 3555 SW 8th St; pratos $5-20; ⏲8-2h) O Versailles é uma instituição, e muitos cubanos mais jovens vão dizer que é uma instituição superestimada. Nós discordamos – a comida pode não ser a melhor cubana em Miami, mas é realmente muito boa (o bife grelhado é delicioso). E, além disso, cubanos mais velhos e a elite política latina de Miami ainda adoram o lugar; então você tem a chance de se sentar ao lado dos cidadãos mais famosos de Miami. Está localizado a cerca de 3km a oeste da calle Ocho.

Yambo LATINO-AMERICANA $

(Fora do mapa p. 66; 1643 SW 1st St; principais até $10; ⏲24 horas) Se você estiver meio bêbado no meio da noite e conseguir encontrar um táxi ou um amigo disposto a dirigir até Little Havana, peça para irem ao Yambo. Nunca estivemos lá durante o dia, apesar de o restaurante ser realmente um lugar bonito para almoçar ou tomar café. À noite, o Yambo vende milhares de bandejas e caixinhas para viagem com pedaços suculentos de carne assada, pilhas de arroz e feijão com banana doce frita.

Se você vai exagerar na cerveja, essa é uma grande esponja.

Los Pinareños Frutería BARRACA DE FRUTAS $

(Mapa p. 66; 1334 SW 8th St; salgados e bebidas $2-4; ⏲7-19h, até 14h dom) Nada é mais refrescante numa tarde quente de Miami quanto um grande copo gelado de *smoothie* nessa popular barraca de sucos e comida vegetariana – peça o caldo de cana se quiser algo especialmente doce e revigorante. Os produtos estão sempre frescos e saborosos.

El Rey de Las Fritas HAMBÚRGUER $

(Mapa p. 66; www.reydelasfritas.com; 1821 SW 8th St; lanches $2-3; ⏲8h-22h30 seg-sáb) Se você nunca comeu uma *frita* (hambúrguer estilo cubano), faça as pazes com o McDonald's e venha até o El Rey com os advogados, construtores, operários e todos os segmentos da sociedade latina de Miami. Essa *fritas* é grande, deliciosa e servida sob uma montanha de batatas. Mais, os *batidos* (milkshakes latino-americanos) definitivamente atraem todo mundo.

COCONUT GROVE

Xixon ESPANHOLA $$

(☎305-854-9350; 2101 SW 22nd St; tapas $8-15; ⏲11-22h seg-qui, até 23h sex e sáb, fecha dom) É preciso muito para se destacar entre as várias ofertas de tapas de Miami. Ter a decoração de um açougue/padaria do país Basco é um bom começo. O pão tem casca crocante e miolo macio, explosões delicadas de *bacalao* (bacalhau) e a melhor enguia no alho que já comemos, detalhes que asseguram o status do Xixon como um dos melhores bares de tapas. O *bocadillo* (sanduíche), com presunto Serrano e o salgado queijo Manchego, é ótimo para piqueniques. Fica alguns quilômetros ao norte da área central de Coconut Grove

Lulu AMERICANA $$

(Mapa p. 69; ☎305-447-5858; 3105 Commodore Plaza; principais $9-25; ⏲11h30-1h seg e ter, até 2h qua, até 3h qui e sex, 9-3h sáb, 9-0h dom; 🖉) O Lulu é exemplar no uso de ingredientes locais e orgânicos para oferecer versões gourmet de *comfort food* em um lindo cenário ao ar livre. Bom, há um espaço interior que também é adorável, mas os bancos do lado de fora, à sombra dos galhos das muitas árvores de Coconut Grove, é onde preferimos ficar. A massa com trufa e queijo é rica e muito satisfatória, e o hambúrguer Lulu é de matar.

Green Street Cafe AMERICANA $$

(Mapa p. 69; ☎305-567-0662; 3468 Main Hwy; principais $10-23; ⏲7h30-1h) Pontos com área externa não são muito mais populares (e muitos dizem que não são mais deliciosos) do que o Green Street, onde os jovens e lindos de Grove se encontram no pôr do sol. Há uma excelente combinação de hambúrguer com queijo de cabra, salada de salmão, shows ocasionais e uma resistência indie geral à sofisticação de Grove, o que o torna uma experiência gastronômica idiossincrática.

Jaguar LATINA $$

(Mapa p. 69; ☎305-444-0216; www.jaguarspot.com; 3067 Grand Ave; principais $17-32; ⏲11h30-23h seg-qui, até 23h30 sex e sáb, 11-23h dom) O cardápio transita pelo mundo latino, mas, na verdade, todo mundo vem pelo "bar de colher" de ceviche. A ideia: escolha seis tipos de ceviche (frutos do mar crus e marinados), de peixe-espada com coentro a corvina em suco de limão, e crie sua própria versão, no maior estilo "Faça você mesmo". É novidade e é divertido, e as opções de ceviche por $2 são deliciosas. Outras opções incluem diferentes pratos de carne grelhada e peixe – adoráveis pela simplicidade, mas sem a complexidade saborosa do ceviche.

George's in the Grove FRANCESA $$

(Mapa p. 69; ☎305-444-7878; 3145 Commodore Plaza; pratos $13-29; ⏲10-23h seg-sex, a partir das 8h sáb e dom) O George's tem um cardápio bastante sofisticado que vai do francês e italiano ao latino. O ambiente é decorado com esmero, a ponto de parecer um sótão acolhedor muito badalado em Coconut Grove. Os pratos são ricos na melhor tradição culinária rural francesa; os complementos incluem carne, *confit* de pato e robalo grelhado.

Last Carrot VEGETARIANA $

(Mapa p. 69; ☎305-445-0805; 3133 Grand Ave; principais $6; ⏲10h-18h30 seg-sex, até 16h sáb, fecha dom; 🖉) Gente de todos os tipos, inclusive executivos, vêm pelo suco fresco, os deliciosos wraps (opções vegetarianas são ótimas, mas o de atum é divino) e pela velha vizinhança de Grove. A resistência do Carrot perto do gigantesco CocoWalk é uma prova da qualidade de sua comida saudável servida em um cenário que faz bem à alma.

CORAL GABLES

👍 **El Carajo** ESPANHOLA $$

(☎305-856-2424; www.elcarajointernationaltapasandwines.com; 2465 SW 17th Ave; *tapas* $3,50-15; ⏲11h30-22h seg-qui, até 0h sex e sáb, 13-20h dom) Passe o Penzoil, por favor. Sabemos que é legal abrir restaurantes em lugares modestos, mas o posto da Citgo na SW 17th Ave? Sério? Sério. Depois de passar pelo lugar para trocar o óleo, você chega a uma bodega e deve tentar não parecer muito perturbado. E agora a comida, que é absolutamente incrível: chouriço na sidra, defumado e suculento; fritas satisfazem o estômago, e *sardinas* e *boquerones*... uau. Essas sardinhas e anchovas cozidas com um pouco de sal e azeite de oliva são incrivelmente deliciosas. É tentador manter o El Carajo em segredo, mas não falar bem dele seria mentir, e não vamos mentir: se há um restaurante que você não deveria perder em Miami, é esse.

La Palme d'Or FRANCESA **$$$**

(Mapa p. 72; ☎305-913-3201; www.biltmorehotel.com/dining/palme.php; Biltmore Hotel, 1200 Anastasia Ave; menus fixos $39-89; ⏲18h30-22h30 ter-qui, até 23h sex e sáb) Um dos restaurantes franceses mais aclamados nos EUA, o Palme, de Phillipe Ruiz, é o equivalente gastronômico da opulência da Era do Jazz. Com sua classe à moda antiga e a atenção norte-americana no serviço, sem nenhuma pretensão ao moderno, o Palme captura com um golpe a elegância e toda a exclusividade que uma dúzia de restaurantes de South Beach nunca conseguiu ter. O cardápio muda a cada estação, mas permanece magnífico em um dos melhores pontos de Miami.

Matsuri JAPONESA **$**

(Mapa p. 72; ☎305-663-1615; 5759 Bird Rd; pratos $7-20; ⏲11h30-14h30 ter-sex, 17h30-22h30 ter-sáb) Repare nos clientes: o Matsuri, instalado em um shopping center, está sempre cheio de japoneses. Eles não querem cenário; querem o sabor da casa, apesar de muitos serem na verdade japoneses sul-americanos que pedem *unagi* (enguia) em espanhol. *Toro* (atum gorduroso) apimentado e cavala grelhada com cebolinha e flor de sal e um oceano de peixe cru são todos *oishi* (deliciosos). O excelente almoço de $8 faz com que o resto do dia seja desapontador comparativamente.

Seasons 52 FUSION **$$**

(Mapa p. 72; ☎305-442-8552; 321 Miracle Mile; principais $14-32; ⏲11h30-23h, até a 0h sex e sáb, até 22h dom) Adoramos o conceito e os pratos do Seasons 52. O conceito? Um cardápio que muda parcialmente toda semana, dependendo do que está disponível na temporada (agora o nome faz sentido). Os pratos? Pão sírio quentinho coberto de queijo derretido e carne; camarão sobre uma massa leve e chili que combina elegância e simplicidade.

Pascal's on Ponce FRANCESA **$$$**

(Mapa p. 72; ☎305-444-2024; www.pascalmiami.com; 2611 Ponce de León Blvd; principais $34-40; ⏲11h30-14h30 seg-sex, 18-22h seg-qui, até 23h sex e sáb) Eis uma competição justa: vieira com costela bovina, *crème brûlée* e outros clássicos da boa culinária francesa marcam a elegância em um dos restaurantes favoritos entre os gourmets de Coral Gables que apreciam os padrões consagrados pelo tempo. O cardápio e a atmosfera quase não mudam, e francamente achamos que isso é ótimo: em time que está ganhando...

Caffe Abbracci ITALIANA **$$**

(Mapa p. 72; ☎305-441-0700; www.caffeabbracci.com; 318 Aragon Ave; principais $17-37; ⏲11h30--15h30 seg-sex, 18-0h diariamente) É fácil ter momentos perfeitos em Coral Gables. Uma fórmula simples: você, a pessoa amada, uma tarde quente em Miami, uma massa deliciosa e uma taça de vinho tinto em uma mesa na calçada do Abbracci – um dos melhores restaurantes italianos em Gables.

GREATET MIAMI

Lots of Lox *DELICATÉSSEN* **$**

(www.originallotsoflox.com; 14995 S Dixie Hwy; principais $4-13; ⏲8h-14h30) Em uma cidade com poucas opções de *delicatéssens*, especialmente no meio de Miami Beach, quem pensaria que um dos melhores fígados fatiados no pão de centeio poderia ser encontrado nesse lugar simples no final de Palmetto Bay? É agitado, amigável, e o excelente lanche de carne faz com que os donos sorriam para seus concorrentes de Arthur Godfrey Rd, seguros de seu domínio no ranking das melhores *delicatéssens* da Grande Miami.

Graziano's CHURRASCARIA **$$**

(☎305-225-0008; www.parrilla.com; 9227 SW 40th St; principais $14-34; ⏲11-23h) As pessoas adoram discutir sobre quem faz a melhor carne sul-americana em Miami, mas, entre a população argentina, o consenso parece apontar essa *parrilla* bem tradicional, localizada em um trecho com vários postos de gasolina em Bird Rd. Tudo vem de Buenos Aires: a madeira na grelha, os clientes argentinos e, principalmente, os pedaços de *lomo*, as molejas e a morcela, adorados pelos *porteñõs*, que são difíceis de encontrar em estabelecimentos mais voltados aos norte-americanos.

UM CAFÉ EM SOUTH BEACH'

O Starbucks possui uma forte presença na cena de cafés de Miami (não contamos os cafés cubanos de balcão, pois neles não dá para sentar e ler um livro ou trabalhar no laptop, apesar de que, se você falar espanhol, são bons lugares para ouvir a fofoca local). Dito isto, seguem algumas opções além do Starbucks em Miami Beach.

» **A La Folie** (Mapa p. 44; www.alafoliecafe.com; 516 Española Way; principais $5-15; ⏲11-20h; ✎) Um café *très* francês onde os garçons possuem um sotaque ótimo. Porque, sim, gostaríamos de um "zi moká".

» **Segafredo L'Originale** (Mapa p. 44; 1040 Lincoln Rd; principais $5-15; ⏲10h30-1h; ✎) Bastante popular entre europeus e sul-americanos, esse café chique sempre parece lotado de pessoas lindas. Foi o primeiro estabelecimento da Lincoln Rd a abrir as portas para a rua.

» **Nespresso** (Mapa p. 44; 1111 Lincoln Rd; principais $5-15; ⏲10h30-23h; ✎) Esse estabelecimento futurista, todo feito de espirais e formas geométricas, possui um café excelente (apesar de caro).

Onde beber

Muitas pessoas pensam que a noite de Miami tem a ver com ser superatraente, super-rico e superesnobe. Renegue essa noção, que só des-creve uma pequena parcela da cena em South Beach. Miami tem uma enorme variedade de bares, de botecos a casas noturnas e lounges bonitos e informais. Não que seja impossível ver celebridades se você quiser...

A dedicada noite gay em Miami consiste principalmente em algumas casas noturnas de South Beach e uma série de bares nos arredores de North Biscayne Blvd.

SOUTH BEACH

Abraxas BAR

(Mapa p. 48; 407 Meridian Ave) O Abraxas é aberto, não tão lotado, localizado em um prédio *déco* clássico, serve cervejas fantásticas do mundo inteiro e possui clientela e funcionários amigáveis, do tipo que rapidamente faz amizade com um estranho e o mantém entretido e de copo cheio até a hora de fechar. Fica em uma área residencial; leve seus companheiros de viagem e eles vão perguntar como você achou o lugar.

Room BAR

(Mapa p. 48; www.theotheroom.com; 100 Collins Ave) O Room é uma joia: um bar-butique de cervejas pouco iluminado onde você pode beber as melhores cervejas de Miami e dar uma espiada nas pessoas mais lindas de South Beach. É muito chique, mas a atitude é despojada e o clima é sexy. Cuidado, o lugar lota e pode ser complicado conseguir uma mesa.

Abbey Brewery BAR

(Mapa p. 44; www.abbeybrewinginc.com; 1115 16th St) O único pub e cervejaria de South Beach fica no lado não turístico de South Beach (perto de Alton Rd). É convidativo e cheio de gente ouvindo Grateful Dead e tomando excelentes cervejas artesanais: experimente a stout da Father Theo ou a Immaculate IPA.

Jazid LOUNGE

(Mapa p. 44; www.jazid.net; 1342 Washington Ave) No andar de baixo, está a galera à procura de um lugarzinho à luz de velas para ouvir jazz ao vivo e bandas de funk; em cima, os DJs mandando ver no soul, funk e hip-hop para o público descolado e multicultural. Sendo despojado sem tentar ser, esse lugar permaneceu popular enquanto os concorrentes ao redor fecharam.

Zeke's BAR

(Mapa p. 44; 625 Lincoln Rd) O Zeke's é um grande bar especializado em cervejas e uma das poucas opções noturnas na Lincoln Rd em que o foco dos clientes está mais em se divertir do que em parecer o mais bonito. A seleção de cervejas é ótima – eles têm a Lao, do Laos! Um achado nos EUA, assim como muitas outras cervejas que o bar oferece.

Ted's Hideaway BAR DE ESPORTES

(Mapa p. 48; 124 2nd St) Em algum lugar da Flórida existe um fabuloso clube gay, que claramente trocou de lugar com o Ted's, um lounge sem brincadeiras, com mesas de bilhar e TVs mostrando esportes instalado no meio da elegância de SoFi.

B Bar BAR
(Mapa p. 44; Betsy Hotel, 1440 Ocean Ave) Esse pequeno bar no porão, localizado embaixo do Hotel Betsy, possui duas características principais. Uma é a galera bonita ao estilo conhecido de SoBe que você espera encontrar nessa região. A outra é um teto baixo e com reflexo, construído com material solto que fica pendurado como uma gelatina e ondula como uma pedra na lagoa quando você o toca. É uma coisa muito legal de ver, especialmente quando todo tipo de gente bonita e bêbada tenta (literalmente) levantar o teto.

Lost Weekend BAR
(Mapa p. 44; 218 Española Way) O Weekend é um lugar sujo, abafado e desencanado, cheio de mesas de bilhar, móveis baratos e – isso mesmo – fliperamas (até Big Buck Hunter!). Deus o abençoe. Popular entre garçons locais, cozinheiros e barman.

Sagamore Bar BAR
(Mapa p. 44; www.sagamorehotel.com; 1671 Collins Ave) Se você precisar de um clima mais refinado do que a loucura no Delano (p. 88), entre nesse hall branco, sente-se em frente aos projetos de arte expostos e tome um drinque.

Mac's Club Deuce Bar BAR
(Mapa p. 44; 222 14th St) O bar mais antigo em Miami Beach (inaugurado em 1926), o Deuce é um verdadeiro bar de bairro numa zona livre de *hype*. É bastante simples, o que, dependendo da sua percepção, pode ser positivo. Você vai ver todo mundo, de damas transgênero a operários da construção – alguns paquerando, outros falando grosso, todos se divertindo.

Chesterfield Hotel Bar BAR
(Mapa p. 48; Chesterfield Hotel, 855 Collins Ave) Fique de olho nos frequentadores do Collins e verá que o visual hip-hop e a estampa de zebra são os preferidos. Dá para pensar que esse é um lugar para começar a noite, mas o cenário é tão estiloso que as pessoas costumam ficar bebendo martínis até a hora de dormir.

Dewey's Tavern BAR
(Mapa p. 48; 852 Alton Rd) O Dewey's é um lugarzinho *art déco* (sério; o exterior é uma pequena joia do estilo) e é tão despretensioso quanto os maiores buracos podem ser. Venha para encher a cara e ameaçar o bando de gente que procura serenidade na tranquila Alton Rd (é brincadeira – comporte-se!).

Bond Street Lounge LOUNGE
(Mapa p. 44; www.townhousehotel.com/bond.asp; Townhouse Hotel, 150 20th St) As pessoas que frequentam esse bar de hotel branco e vermelho gostam de seus litchitinis (martínis de lichia) acompanhando o sushi. Jogue-se num sofá branco ou em uma otomana, faça seu pedido e admire a multidão.

NORTHERN MIAMI BEACH

Circa 39 Bar LOUNGE
(Mapa p. 52; 3900 Collins Ave) Instalado no fundo do hall de entrada do Circa 39, o bar, que é o sonho dos designers, tem um ambiente agradável e acolhedor. Definitivamente vale a pena tomar um cosmopolitan, antes de passear pela rua e admirar o mar à noite.

Cabana Beach Club BAR
(Mapa p. 52; 4525 Collins Ave) A varanda no fundo do bar em Eden Roc é um lugar surpreendentemente agradável para uma bebida. Não quer dizer que o pessoal não seja lindo – eles são –, mas o clima é mais "relaxe e aproveite a vista para o mar" (ou a vista da piscina através da janela embaixo da água) do que "atue como se estivesse num resort cinco estrelas".

Boteco BAR
(www.botecomiami.com; 916 NE 79th St) Se você sente saudades de São Paulo, venha ao Boteco nas noites de sexta para ver a maior reunião de expatriados brasileiros em Miami. Os cariocas e seus conterrâneos vão para lá ouvir samba e bossa nova e conversar tomando as melhores caipirinhas da cidade.

Lou's Beer Garden PUB
(Mapa p. 52; www.lousbeergarden.com; 7337 Harding Ave) Estamos surpresos por ter demorado tanto para abrir uma cervejaria com área externa (Biergarten) em Miami. O clima é perfeito, certo? Mesmo assim, esse é o primeiro a abrir na Cidade Mágica que alguém se lembre. Sente-se nas longas mesas sob as árvores tropicais, peça uma tábua de queijos ou um hambúrguer de kobe e tome pints de ales artesanais belgas. O que pode ser melhor do que isso?

On the Rocks BAR DE ESPORTES
(Mapa p. 52; ☎305-531-0000; 217 71st St) No meio de Miami Beach, esse pode ser o único bar cubano para apreciadores de mergulho e esportes que já visitamos nos EUA.

DOWNTOWN MIAMI

Bar Black LOUNGE
(Mapa p. 56; 28 NW 14th St) O Bar Black é um dos

pontos de Miami que mais está na moda – o tipo de lugar que atrai artistas com óculos de aro grosso que frequentam exposições rotativas de arte. Ainda estamos em Miami, então as pessoas são lindas e há um adorável jardim no fundo. Não cobram entrada, e as bebidas são bem baratas.

Tobacco Road
BAR

(Mapa p. 56; www.tobacco-road.com; 626 S Miami Ave) O bar mais antigo de Miami existe desde os anos 1920, quando era ilegal por causa da Lei Seca. Hoje é um pouco turístico demais, mas permanece em alta por algumas razões: madeira antiga, bom jogo de luzes, permitido fumar e barman simpáticos que o tratam como um amigo. Continua um ótimo lugar para pedir uma bebida – chope gelado – e ouvir música ao vivo – bons shows de blues, jazz e rock. A equipe vai lembrá-lo de que eles possuem a primeira licença para vender bebidas destiladas em uma cidade que adora *mojitos*. Os cinéfilos podem reconhecê-lo como o lugar onde Kurt Russell bebia em *Temporada sangrenta*.

D.R.B.
BAR

(Mapa p. 56; www.drbmiami.com; 255 NE 14th St) A abreviatura quer dizer República Democrática da Cerveja, a bebida que oferecem aqui: uma boa variedade de cervejas artesanais e importadas difíceis de encontrar, servidas em uma pequena área interna ou do lado de fora, em sofás confortáveis com vista para o Adrienne Arsht Center.

Kyma
LOUNGE

(Mapa p. 56; Epic Hotel, 270 Biscayne Blvd Way) Dê a volta no bar redondo no Epic Hotel, depois passe pela multidão de europeus até um terraço que se destaca sobre o lento rio Miami. Volte para baixo do teto de 9m de altura para beber, dançar ao som de house e divertir-se nesse elegante cenário de *Miami Vice*.

Level 25
BAR

(Mapa p. 56; Conrad Miami, 1395 Brickell Ave) Quando Neo paga uma bebida a Morpheus, eles provavelmente se encontram nesse ponto do Conrad Miami (adivinha qual o andar), onde predominam as linhas brancas, os sofás pretos baixos, *pinstriping* e vistas incríveis de Biscayne Bay.

M Bar
BAR

(Mapa p. 56; Mandarin Oriental Miami, 500 Brickell Key Dr) Esse bar de alta classe pode ser pequeno, mas seu cardápio de martínis – mais de 250 tipos – não é. A vista também não é ruim.

WYNWOOD, DESIGN DISTRICT E LITTLE HAITI

Electric Pickle
BAR

(Mapa p. 62; www.electricpicklemiami.com; 2826 N Miami Ave) Miami pode jogar sua mágica sobre qualquer um, até sobre os artistas e *hipsters* (os *wypsters*) angustiados de Wynwood. Como a Cinderela auxiliada por uma fada madrinha (ou um DJ muito bom), eles se tornam glamorosos baladeiros nesse bar de dois andares. O Pickle é tão sexy e maravilhoso quanto Miami, mas com sua biblioteca da moda e clientela (semi) literata, também é possível ter uma conversa inteligente... apesar de poder ser um pouco desleixada e embriagada perto da meia-noite.

Churchill's
PUB

(Mapa p. 62; www.churchillspub.com; 5501 NE 2nd Ave, Little Haiti) O Churchill's é de um britânico, estilo East End, e fica num lugar que poderia ser Porto Príncipe. Há muita música ao vivo, principalmente punk, indie e mais punk – é cobrada uma entrada barata quando há show. Nada do insípido punk moderno: pense em um encontro do Ramones com o Sex Pistols. Enquanto todo mundo está chutando o ar, os haitianos esperam do lado de fora para estacionar o seu carro ou para entrar e desfrutar o show e uma cerveja com você. Ingleses, esse é o lugar para assistir a seus esportes favoritos.

Magnum Lounge
GLS

(709 NE 79th St) Esse piano lounge gay é... espere um segundo. Vamos repassar essas três palavras: "Piano lounge gay". Precisamos falar algo mais? Bom: o Magnum está no limite do aburguesamento, então é legal "descobrir" esse ponto. O interior é todo escuro, pintado de vermelho, mas não a ponto de ser impossível ver algo, e a clientela é uma linda mistura: gays, lésbicas, casais hetero ou gente apenas procurando algo diferente – e, por falar nisso, as bebidas são normais, os preços são razoáveis, e o piano é muito bom.

LITTLE HAVANA

Casa Panza Bar
TAVERNA

(Mapa p. 66; 1620 SW 8th St) Não é possível ser mais brega do que essa "autêntica" taverna espanhola onde os shows, os dançarinos de flamenco, os guitarristas espanhóis e a participação do público alcançam novos patamares de diversão regada a sangria. Deixe seu cinismo de lado, entre e desfrute.

PASSEIOS ARTÍSTICOS: A NOVA BALADA?

São os hipsters ficando loucos! Ou colocando de outra forma: é vinho de graça! E artistas, galerias abertas até tarde, gente bonita como em um clube, a atmosfera embriagada de um pub e – o melhor de tudo – nenhuma dificuldade em entrar. As gratuitas Caminhadas Artísticas por Wynwood e Design District são uma das melhores experiências noturnas em Miami. E não estamos (só) sendo pães-duros. A experiência de ir de galeria em galeria ("Esta peça é *maravilhosa*. Aceito, sim, mais uma taça."), examinando os quadros ("Não, não acho que há um banheiro atrás do artista performático") e procurando as nuanças dos estilos estéticos ("Terminou o vinho? Vamos dar o fora") é tão inovadora quanto... bom, a melhor arte contemporânea. Só tenha cuidado, pois muitas galerias em Wynwood são um pouco mais distantes (é mais fácil caminhar pelo Design District). Os passeios artísticos acontecem no segundo sábado de cada mês, das 19h às 22h (algumas galerias esticam até as 23h); quando tudo termina, muita gente vai para o Electric Pickle (p. 106) ou Bardot (p. 107). Visite www.artcircuits.com para informações sobre as galerias participantes.

COCONUT GROVE

Tudo aqui fecha às 3h.

Taurus BAR

(Mapa p. 69; 3540 Main Hwy) O bar mais antigo em Coconut Grove é uma mistura de painéis de madeira, cadeiras de couro, umas cem variedades de cerveja e um clima amigável – entre os bares de bairro em Miami, esse é o melhor.

Tavern in the Grove BAR

(Mapa p. 69; 3416 Main Hwy) Dizer que esse lugar abafado é popular entre estudantes da Universidade de Miami é como dizer que chove às vezes na Inglaterra. Nos dias de semana, é mais frequentado pelo pessoal da região.

Barracuda BAR

(Mapa p. 69; 3035 Fuller St) Esse é outro lugar no Grove para encontrar milhares de bonés de beisebol virados para trás e estudantes de minissaia.

CORAL GABLES

Seven Seas BAR

(Mapa p. 72; 2200 SW 57th Ave) O Seven Seas é um genuíno bar de bairro de Miami, decorado como um parque temático náutico e cheio de estudantes da Universidade de Miami, trabalhadores cubanos, gays, héteros, lésbicas e muita gente dos arredores. Os melhores dias para ir são as terças, quintas e os sábados para o melhor karaokê em Miami – há muita música em espanhol, o que acrescenta um sabor latino.

The Bar BAR

(Mapa p. 72; 172 Giralda Ave) O nome diz tudo, certo? Provavelmente o melhor boteco no Gables, The Bar é só o que diz o nome (o que é incomum nesse bairro extravagante). Se estiver passando por lá na sexta, vá para o happy hour (das 17h às 20h), quando os jovens profissionais de Gables soltam suas gravatas e se preparam para a noite.

Titanic BAR

(☎305-668-1742; www.titanicbrewery.com; 5813 Ponce de León Blvd) De dia é um bar e grill típico norte-americano, mas, à noite, o Titanic se transforma num boteco popular na Universidade de Miami. As quintas são as melhores noites. Localizado na entrada da universidade perto da Dixie Hwy e Red Rd (SW 57th Ave).

☆ Lazer

Os méritos artísticos de Miami são óbvios, mesmo a distância. Poderia existir uma base criativa melhor? Há o talento natural do Sul, pessoas gastando dinheiro e dando atenção às galerias do Nordeste e imigrantes de todas as Américas. Essas culturas diferentes comunicam seus valores se expressando artisticamente. *Creole*, espanhol e inglês, afinal, são línguas insuficientes comparadas com a dança, a música e o teatro.

A vida noturna GLS costumava ficar somente em South Beach, mas hoje a cena está bastante integrada na Miami heterossexual. Alguns clubes ainda podem ser encontrados em South Beach, e os bares gays mais casuais estão em Midcity, North Biscayne Blvd e Northern Miami Beach.

Casas noturnas

Em geral paga-se para entrar em todas as casas noturnas listadas, exceto que esteja indicado de outra forma. Em South Beach, as entradas vão de \$20 a \$25 (às vezes mais!); em outras partes da cidade se pagar entre \$5 e \$10.

Bardot CASA NOTURNA
(Mapa p. 62; ☎305-576-5570; 3456 N Miami Ave) Se não aguenta filas e muita gente, recomendamos que visite o Bardot, em Wynwood, num dia de semana. Isso pode ser dito de qualquer clube em Miami, mas vale a pena ver o interior desse clube antes de deixar a cidade. Ele é cheio de pôsteres franceses vintage, e os móveis parecem ter sido tirados de um clube particular que serve milionários de dia e se torna o cenário de excessos decadentes à noite. Há muitas mulheres lindas, e reforçamos: a maioria é local; então apesar de o lugar ser glamoroso, as pessoas são muito mais amigáveis e descontraídas do que algumas posturas ridículas que se poderia ver em South Beach (apesar de também haver muita presunção). A entrada parece ser em N Miami Ave, mas é na verdade num estacionamento atrás do prédio (indicado em nosso mapa).

Vagabond CASA NOTURNA
(Mapa p. 56; ☎305-379-0508; www.thevagabondmiami.com; 30 NE 14th St) Se os clubes de South Beach são comparados a Manhattan e Hollywood, então a cena do Vagabond é o Brooklyn ou Silver Lake – essa nada mais é do que a forma de um escritor de viagens falar: se está cansado dos clubes top, plásticos e medíocres com nomes grandes de Miami Beach, vá para o Vagabond, um clube legal numa parte mais pesada de Overtown. As pessoas ainda são legais, porém mais divertidas, definitivamente mais locais, e a música, mais experimental. Os móveis de linhas curvas têm estampas de animais e são ótimos para ficar à toa, o que é possível, já que o Vagabond não é muito iluminado. A noite de sexta, patrocinada pela loja de discos indie Sweat, é fantástica.

La Covacha MÚSICA AO VIVO
(☎305-594-3717; www.lacovacha.com; 10730 NW 25th St, Doral) Dirija até a metade do caminho de Everglades (brincadeira, mas só um pouco) e vai encontrar o Covacha, onde a cena de vanguarda latina se esconde em Miami. Na verdade, não está escondida; todos os jovens latinos conhecem o Covacha e adoram, e nós também. É um ponto excelente para ver novas bandas, DJs em começo de carreira (quase todos locais), muita gente e poucos turistas. O Covacha está em Doral, a uns 22km a oeste do centro de Miami.

The Stage MÚSICA AO VIVO
(Mapa p. 62; ☎305-576-9577; www.thestagemiami.com; 170 NE 38th St) O Stage é muitas coisas: galeria de arte vanguardista, palco de música e bazar de artesanato, bar ocasionalmente e às vezes todas essas coisas ao mesmo tempo. Veja o site para saber quais shows vão acontecer e tente ir a alguma festa – é um lado mais boêmio e criativo de Miami do que o esperado (na nossa última visita uma banda de folk-bluegrass-punk de um só homem tocou para uma plateia rockabilly chique). Nos domingos à tarde, o Stage tem shows ideais para a família, com atrações para todas as idades, começando às 14h.

Skybar CASA NOTURNA
(Mapa p. 44; ☎305-695-3900; Shore Club, 1901 Collins Ave) O Skybar é um desses pontos em SoBe que é tão cheio de gente bonita que você se pergunta se entrou num sonho – e não é apenas a clientela que é linda, o cenário também – um jardim marroquino do hotel Shore Club. Refresque-se ao ar livre nesse jardim dos prazeres de um sultão sob lanternas enormes de ferro, olhe o público selecionado se divertindo ao redor da piscina ou tente (e fracasse, se for um crítico de turismo que não está na lista) entrar na Red Room, só para VIPs.

White Room CASA NOTURNA
(Mapa p. 56; ☎305-995-5050; www.whiteroomshows.com; 1306 N Miami Ave) É como descobrir um segredo quando se encontra o White Room, em Overtown. Lá, encontra-se artistas, hipsters e modernos, todos lindos, bebendo, dançando e conversando, assim como os filmes estranhos transmitidos nos projetores ao ar livre, perto da área externa com tendas aconchegantes à luz de velas e pequenos sofás ao redor do palco principal.

Twist GAY
(Mapa p. 48; ☎305-538-9478; www.twistsobe.com; 1057 Washington Ave) Sempre na moda e bem em frente a uma delegacia, esse clube gay de dois andares leva a diversão a sério e oferece um pouco para todos: seis bares diferentes; go-go dancers; shows de drags; áreas para relaxar e uma pequena pista.

Nikki Beach Miami CASA NOTURNA
(Mapa p. 48; ☎305-538-1111; www.nikkibeach.com; 1 Ocean Dr) A diversão começa do lado de fora, caminhando entre as impecáveis cabanas de praia no Nikki, que parece um luau incrivelmente exclusivo. Aos domingos, a partir das 16h, rola a festa mais divertida da cidade, quando as pessoas vão chegando e revivendo o que fizeram na noite anterior.

PARA ENTRAR NAS CASAS NOTURNAS

Se vai sair em Miami, pergunte-se o que deseja fazer: Quero dançar? Ouvir boa música? Transar? Ver celebridades? Se respondeu sim às duas primeiras perguntas, o centro de Miami e Wynwood podem ser mais do seu agrado. Se respondeu sim às duas últimas, fique em South Beach.

Também faça outra pergunta: o que tenho a oferecer? Se é um bom visual, dinheiro ou conexões com promotores, o mundo é seu. Se não tem nada disso, ainda pode se divertir, mas esteja preparado para ataques ao ego. Veja a melhor conversa que ouvimos no curso desta pesquisa:

Cara A: [Olhando para uma modelo] "Como você chega numa garota como esta?"

Cara B: "Numa Mercedes".

É assim que funciona: os clubes de South Beach jogam com o apelo da celebridade. Mais clientes famosos é igual a mais clientes "normais". No final, um estranho equilíbrio funciona onde clientes normais suficientes fazem com que as pessoas pensem que há pessoas famosas, mesmo quando não há. Mas esses clientes normais não podem parecer muito comuns, então os donos dos clubes e os titãs da cena cultural (leões de chácara) colocam em prática uma entrada seletiva, colocando em ação a famigerada cordinha vermelha. Como você passa por ela?

» **Seja educado** Não seja tímido, mas também não aja como se fosse a Jennifer Lopez. E faça o que fizer, nunca grite com o porteiro – nem toque nele ou o agarre pela roupa – para chamar sua atenção.

» **Entre na lista de convidados** Peça ao *concierge* do seu hotel para ajudá-lo ou simplesmente ligue para o clube e deixe seu nome; em geral é simples assim.

» **Pareça confiante e indiferente** Não olhe para o porteiro. Olhe para outro lado – mas não deixe de ser simpático ao fazer isso.

» **Seja agressivo. Se não funcionar, seja rico** Se houver uma multidão querendo entrar, parar no fim dela e esperar que ela desapareça é tão eficiente quanto ser tímido quando quer se sentar no metrô de Nova York. Abra caminho até a frente. Ou providencie uma garrafa (de alguma bebida cara), o que normalmente garante sua passagem até lá.

» **Vá com a roupa correta** Para as mulheres, mostrar um pouco de pele de maneira sofisticada é eficiente, apesar de que a definição de "sofisticada" depende de quem usa. Já vimos mulheres chiques usando tops quase inexistentes que, ainda assim, estavam mais "refinadas" do que outras usando minissaia. Homens, não usem camisetas e jeans, a menos que seja um desses caras que conseguem ser chiques assim. Se for o caso, temos muita inveja de você. Seja um pouco mais ousado do que uma camisa abotoada e calças largas, se quiser aparecer.

» **Chegue cedo** Quer ser *cool* ou quer entrar? Das 22h30 até as 23h é o auge da tolerância do leão de chácara, mas não dá para zanzar entre os clubes com essa estratégia.

» **Se é homem, leve uma mulher** Um homem sozinho não vale muito (a menos que esteja num clube gay, claro); valorize seu passe com uma linda mulher – ou duas ou três. Apesar de termos listado as festas mais na moda à época da organização deste guia, pedimos que pesquisem quando chegarem: conversem com amigos e com os *concierges* dos hotéis e peguem a revista local de artes, *Miami New Times*, ou outra revista mensal gratuita como a *Miami Living Magazine* ou a *Ego Miami Magazine*.

Florida Room at the Delano CASA NOTURNA
(Mapa p. 44; ☎305-672-2000; 1685 Collins Ave) Os pôsteres do Snoop Dogg alinhados na entrada do Florida Room dão uma ideia da atmosfera do local. Esse é um dos clubes mais exclusivos – além disso, há um popular lounge piano-samba para gente da cena local que evita as armadilhas para turistas das megabaladas na praia. Apareça antes das 23h ou entre na lista para tentar entrar (ou seja Lenny Kravitz – que participou do projeto do clube).

Louis CASA NOTURNA
(Mapa p. 44; ☎305-531-4600; www.louismiami.com; 2325 Collins Ave) O clube de Gansevoort South é escuro, lotado, caro e barulhento, a música é mais ou menos, e o serviço de 17% é automaticamente acrescentado à sua conta, assim

os barmen possuem pouco incentivo para ser agradáveis. Fica no já mencionado Gansevoort e isso o torna o tipo de lugar onde é possível esbarrar com uma celebridade. É Miami Beach; você vai para beber com modelos e superestrelas, certo?

Cameo CASA NOTURNA
(Mapa p. 44; ☎305-532-2667; www.cameomiami.com; 1445 Washington Ave) Esse enorme clube turístico, em que o som vai de Gwen Stefani a Paul Oakenfold, é o lugar em que acontecem as festas mais excitantes – se por festas excitantes você imagina música alta, uma multidão apertada e muito suor. A noite gay de domingo (o nome específico da festa muda com frequência) é uma das melhores da cidade.

Hoy Como Ayer MÚSICA AO VIVO
(Mapa p. 66; ☎305-541-2631; 2212 SW 8th St; entrada $8-25) Esse clube cubano – com música autêntica, painéis de madeira e uma pequena pista de dança – é acentuado pela fumaça dos legítimos charutos importados de Havana. Toda noite há *son* (uma dança parecida com a salsa originada em Cuba), *boleros* (uma dança espanhola) e batidas cubanas modernas.

Mansion CASA NOTURNA
(Mapa p. 44; ☎305-532-1525; www.mansionmiami.com; 1235 Washington Ave) Toda noite as filas se estendem ao redor do quarteirão, enquanto os plebeus imploram, bajulam e se mostram numa vã tentativa de passar a maldita cordinha vermelha. Dentro? Bom, não é à toa que o lugar é chamado de "Mansão". Espere um clube grandioso, muita atitude, espera na fila por horas e a chance de ver jovens celebridades fazendo algo que sairá nos tabloides.

Mynt CASA NOTURNA
(Mapa p. 44; ☎305-532-0727; www.myntlounge.com; 1921 Collins Ave) Junte-se às estrelas baladeiras – Justin Timberlake, Vin Diesel, Britney Spears etc. – entrando na área VIP. Ou faça amigos na cordinha vermelha até poder pedir uma bebida e tente não derramá-la, o que é duro nesse ambiente abafado que reúne modelos, Moët e mojitos.

Score GAY
(Mapa p. 44; ☎305-535-1111; www.scorebar.net; 727 Lincoln Rd) Garotos musculosos com bigodes, exibindo suas barrigas tanquinho no palco, e uma multidão de homens que decidiram que camisa não é para eles: precisamos falar qual a orientação da base de frequentadores da Score? Ainda é o melhor bar gay na praia, e a inauguração do Crème Lounge, mais maduro, no andar de cima vai aumentar, sem dúvida, o toque de classe desse eterno favorito.

Space CASA NOTURNA
(Mapa p. 56; ☎305-375-0001; www.clubspace.com; 34 NE 11th St) Esse galpão com vários ambientes é o principal megaclube de Miami. Com quase 3 mil m², não falta espaço para dançar, e a licença para vender bebida a noite toda redefine o conceito de "*after-hour*". Os DJs normalmente tocam um som diferente em cada ambiente – hip-hop, latino, heavy trance –, enquanto o famoso *lounge* no telhado é o lugar para estar no nascer do sol.

Artes

Adrienne Arsht Center for the Performing Arts TEATRO
(Mapa p. 56; ☎305-949-6722, 786-468-2000; www.arshtcenter.org; 1300 Biscayne Blvd) Esse espaço magnífico atrai visitantes esporádicos e cativos. Hoje, o Arsht é onde os principais artistas em Miami se apresentam; é visita obrigatória em qualquer viagem a Miami. Desça do Metromover na parada Omni.

Colony Theatre TEATRO
(Mapa p. 44; ☎305-674-1040; www.colonytheatremiamibeach.com; 1040 Lincoln Rd, South Beach) O Colony é uma joia absoluta da *art déco*, com uma marquise clássica e ameias estilo inca, e parece o tipo de lugar onde gângsteres iriam para assistir *Hamlet*. Construído em 1935, costumava ser o principal cinema ao norte de South Beach antes de ser abandonado no meio do século 20. Foi reformado e reinaugurado em 1976 e agora possui 465 lugares e ótima acústica. Esse tesouro serve agora como um local ótimo para artes cênicas – de comédia e musicais a dramas, produções off-Broadway e balé – assim como exibições de filmes e pequenos festivais de cinema.

Gusman Center for the Performing Arts TEATRO
(Mapa p. 56; ☎305-374-2444; www.gusmancenter.org; 174 E Flagler St) Esse cinema dos anos 1920 elegantemente reformado serve a uma grande variedade de artes cênicas, incluindo festivais de cinema, sinfônicas, balés e shows. A acústica é excelente.

Fillmore Miami Beach/Jackie Gleason Theater TEATRO
(Mapa p. 44; ☎305-673-7300; www.fillmoremb.com/index; 1700 Washington Ave, South Beach) Construído em 1951, o primeiro local de exibição em South Beach de espetáculos da Broadway, orquestras e outras grandes produções musicais, possui 2.700 lugares e excelente acústi-

ca. Jackie Gleason escolheu o teatro como lar de seu programa de TV dos anos 1960, mas atualmente encontra-se uma agenda eclética de shows – Elvis Costello ou Albita em uma noite, a Filarmônica holandesa ou um musical de primeira em outra.

Light Box Theatre/Miami Light Project TEATRO
(Mapa p. 62; ☎305-576-4350; www.miamilightproject.com; 3000 Biscayne Blvd) O Miami Light Project é uma fundação cultural sem fins lucrativos que apresenta shows inovadores de trupes de teatro e artistas performáticos de todo o mundo. Os shows são realizados em toda a cidade, mas o projeto tem como sede o Light Box Theatre.

TEATRO

Entre em www.southfloridatheatre.com para uma lista completa dos teatros no sul da Flórida.

Actors Playhouse TEATRO
(Mapa p. 72; ☎305-444-9293; www.actorsplayhouse.org; Miracle Theater, 280 Miracle Mile, Coral Gables; ingressos $20-50) Localizado dentro do Miracle Theater, edifício *déco* de 1948, esse local com três salas apresenta musicais e comédias, teatro infantil e produções mais vanguardistas no pequeno espaço voltado a performances mais experimentais. Das produções recentes, destacam-se *Footloose* e *O mágico de Oz*, para os pequenos.

Gablestage TEATRO
(Mapa p. 72; ☎305-446-1116; www.gablestage.org; 1200 Anastasia Ave, Coral Gables; ingressos $15-40) Fundado como o Florida Shakespeare Theatre em 1979 e agora localizado na propriedade do Biltmore Hotel, essa companhia ainda apresenta peças de Shakespeare, mas encena principalmente textos contemporâneos e clássicos; entre as produções recentes: Frozen, Bug e The retreat from Moscow.

Jerry Herman Ring Theatre TEATRO
(☎305-284-3355; www.miami.edu/ring; University of Miami, 1321 Miller Dr; ingressos $8-15) Essa trupe da Universidade de Miami apresenta musicais, dramas e comédias, com produções recentes incluindo *Falsettos* e *Baby*. Entre os atores famosos que já passaram por ele estão Sylvester Stallone, Steven Bauer, Saundra Santiago e Ray Liotta.

Miami Improv COMÉDIA
(Mapa p. 69; ☎305-441-8200; www.miamiimprov.com; 3390 Mary St, Coconut Grove; ingressos $10-70) Parte de uma rede nacional, esse clube de três andares tem a programação comum do circuito, além do mensal *Miami Comics*, shows de humor com microfone aberto para qualquer um se apresentar, e das *Urban Nights*, que apresentam estrelas do *Showtime* do canal de TV Comedy Central, Def Comedy Jam da HBO e Comic View.

OS PEQUENOS CINEMAS DE MIAMI

Miami possui muitos cinemas de arte, com filmes inéditos, independentes e estrangeiros. Abaixo estão alguns dos nossos favoritos:

» **Bill Cosford Cinema** (www.cosfordcinema.com; Memorial Classroom Bldg, University of Miami, University Dr) No campus da Universidade de Miami, esse cinema de arte reformado foi aberto em memória ao crítico de cinema do *Miami Herald*.

» **Coral Gables Art Cinema** (www.gablescinema.com; 260 Aragon Ave, Coral Gables) Filmes independentes e estrangeiros num cinema com 144 lugares.

» **Tower Theater** (mapa p. 66; www.mdc.edu/culture/tower; 1508 SW 8th St) Numa joia de prédio *déco*, é mantido pela Miami Dade College.

» **O Cinema** (mapa p. 62; www.o-cinema.org; 90 NW 29th St) Filmes independentes em Wynwood.

DANÇA

Miami City Ballet DANÇA
(Mapa p. 44; ☎305-929-7000; www.miamicityballet.org; 2200 Liberty Ave, South Beach) Formada em 1985, essa trupe é guiada pelo diretor artístico Edward Villella, que estudou com o grande George Balanchine no Balé de Nova York. Então não é surpresa que o trabalho de Balanchine domine o repertório, com apresentações que acontecem num adorável edifício de três andares desenhado pelo famoso escritório local de arquitetura, Arquitectonica. A fachada permite que os transeuntes assistam aos dançarinos ensaiando através de grandes janelas, o que faz com que você se sinta numa cena de *Fama*, exceto que o clima é melhor e as pessoas não começam a dançar do nada.

Ifé-Ilé Afro-Cuban Dance DANÇA
(☎305-476-0832; www.ife-ile.org) Ifé-Ilé é uma

organização sem fins lucrativos que promove a difusão cultural por meio da dança e trabalha com vários estilos – afro-cubano tradicional, mambo, rumba, conga, chancleta, son, salsa e rituais. Ligue para obter mais informações.

Miami Hispanic Ballet DANÇA

(☎305-549-7711; www.miamihispanicballet.org; 900 SW 1st St) Dirigido pelo cubano Pedro Pablo Peña, esse grupo apresenta basicamente balés clássicos no adorável Manuel Artime Theater, o "maior teatro pequeno" da cidade. Está localizado na SW 1st St entre Downtown e Little Havana.

CLÁSSICO

Miami Chamber Symphony ORQUESTRA

(☎305-858-3500, 305-284-6477; Gusman Concert Hall & University of Miami, 1314 Miller Dr; ingressos $15-30; ⏲apresentações nov-mai) Suas séries anuais apresentam solistas renomados do mundo todo em concertos realizados no Gusman Concert Hall da Universidade de Miami (não confundir com o Downtown Gusman Center for the Performing Arts).

New World Symphony ORQUESTRA

(NWS; ☎305-673-3330; www.nws.edu; 500 17th St) Localizado no New World Center (p. 43) – uma explosão inventiva de linhas cubistas e curvas geométricas, branco contra o céu azul de Miami – a aclamada New World Symphony atua de outubro a maio (ingressos $20 a $70). A NWS serve como um programa preparatório de três ou quatro anos para músicos talentosos que já se formaram em prestigiosas escolas de música.

Esportes

Miami Heat BASQUETE

(☎786-777-1000; www.nba.com/heat; ingressos $22-375; ⏲temporada nov-abr) Na época da pesquisa, o Heat era (perdoe-nos) uma das melhores equipes na NBA. O time joga na American Airlines Arena (p. 55).

Miami Dolphins FUTEBOL

(☎305-943-8000; www.miamidolphins.com; Sun Life Stadium, 2269 Dan Marino Blvd, Miami Gardens; ingressos $35-8.500; ⏲temporada ago-dez) Os fãs do "Dol" são loucos pelo seu time, apesar de ele ter chegado à final pela última vez em 1985. Os jogos são incrivelmente populares, mas os Dolphins sempre alimentam as esperanças dos fãs, porém nunca cumprem. O Sun Life Stadium está em Miami Gardens, a uns 24km ao norte de Downtown.

University of Miami Hurricanes FUTEBOL

(☎800-462-2637; www.hurricanesports.com; ingressos $22-60; ⏲temporada ago-dez) Os Hurricanes já foram os titãs incontestáveis do futebol americano universitário, mas passaram por um lento declínio em 2004. Eles se recuperaram um pouco na época da pesquisa, e assistir a um jogo cercado por fãs do UM é muito divertido.

University of Miami Hurricanes BASQUETE

(☎800-462-2637; www.hurricanesports.com; ingressos $20; ⏲temporada nov-abr) Assista ao adorado Hurricanes fazendo cestas no BankUnited Center na Universidade de Miami.

Onde comprar

Há duas áreas de compras principais em South Beach – o Lincoln Road Mall, um calçadão com grande mistura de lojas independentes e de redes; e o lado sul da Collins Ave, abaixo da 9th St. Lá há redes mais modernas como A/X, Ralph Lauren e Barney's Co-op. Indo ao norte dessa região, podem ser encontrados shopping centers extremamente populares: o **Aventura Mall** (www.shopaventuramall.com; 19501 Biscayne Blvd, Aventura), com grandes lojas incluindo JC Penney e Bloomingdale's e a **Bal Harbour Shops** (www.balharbourshops.com; 9700 Collins Ave, Bal Harbor), uma opção clássica incluindo Prada, Gucci, Chanel e Saks Fifth Avenue. O Bal Harbour está localizado a uns 5km ao norte de North Miami Beach; O Aventura está a uns 15km ao norte de North Miami Beach.

Mais para o continente há algumas poucas opções; o mais moderno é o Design District, no qual há muita arte e artigos para casa, além de roupas e acessórios. O **Bayside Marketplace**, turístico e cheio de filiais (mapa p. 56; www.baysidemarketplace.com; 401 Biscayne Blvd), às margens de Downtown Miami, é um bom lugar. Encontre mais ruas de compras em Coconut Grove, no sempre popular **CocoWalk** (mapa p. 69; 3015 Grand Ave) e em **Streets of Mayfair** (mapa p. 69; www.mayfairinthegrove.net; 2911 Grand Ave); Coral Gables por outro lado tem o **Village of Merrick Park** (www.villageofmerrickpark.com; 358 San Lorenzo Ave), localizado a 1,5km da Miracle Mile de Coral Gables, perto da interseção da S. Le Jeune Rd com a Dixie Hwy, ancorado pelas lojas de departamento chiques como Neiman Marcus e Nordstrom.

Arte, móveis e design

Miami Mid Century ANTIGUIDADES

(Mapa p. 62; ☎305-572-0558; 3404 N Miami Ave; ⏲10-19h) Miami Mid Century possui uma variedade divertida de antiguidades e enfeites retrô – grandes óculos de sol, velhas pilhas de revistas, abajures geométricos descolados – algo que falta nas lojas mais esnobes do Design District.

Española Way Art Center
ARTE

(Mapa p. 44; ☎305-673-0946; 405 Española Way) Possui três andares de estúdios, além de trabalhos originais excelentes e gravuras à venda, todos de artistas locais. As horas variam em cada estúdio.

Roupas e acessórios

Consign of the Times
VINTAGE

(Mapa p. 44; ☎305-535-0811; www.consignofthetimes.com; 1635 Jefferson Ave; ⏲11-21h) Linda butique vintage que vende marcas como Gucci (sapatos de couro!), Diane von Furstenberg (sandálias de couro!) e Versace (top prateado!).

C Madeleine's
VINTAGE

(☎305-945-7770; 13702 Biscayne Blvd; ⏲11-18h seg-sáb, 12-17h dom) A rainha indiscutível da Miami vintage, C Madeleine's é mais do que um brechó padrão. É um templo sério do estilo clássico, com a alta costura de Yves Saint Laurent e *tailleurs* Chanel. Lá, é possível adquirir peças eternas tão lindas agora como quando foram lançadas. Fica em North Biscayne Blvd a uns 12km ao norte do Design District.

Hip.e
ROUPAS

(Mapa p. 72; ☎305-445-3693; 359 Miracle Mile; ⏲11-19h seg-sáb) Um pouco mais *hip* do que hippie, as roupas e bijuterias vendidas ali conseguem misturar as estéticas indie e hip-hop de maneira admiravelmente usável. Pense em pulseiras de acrílico bem enfeitadas e tenha uma ideia do que fazem.

Alchemist
ROUPAS

(Mapa p. 44; ☎305-531-4653; www.shopalchemist.com; 438 Lincoln Rd; ⏲10-21h) Essa butique de alta qualidade evita os brilhos e o esnobismo, optando por uma uma atitude amigável, minimalismo e roupas simplesmente lindas – entre as marcas que se destacam estão Zara e Proenza Schouler. Possui outro local no 5º andar da 1111 Lincoln Rd.

Pepe Y Berta
ROUPAS

(Mapa p. 66; ☎305-266-1007, 305-857-3771; 1421 SW 8th St; ⏲10h-18h30, 9-19h sáb) A mais linda coleção de *guayaberas* em Miami pode ser encontrada nessa loja familiar, onde os donos amigáveis vão tirar suas medidas e costurar uma camisa de acordo com seus gostos.

Boy Meets Girl
INFANTIL

(Mapa p. 72; ☎305-445-9668; 355 Miracle Mile; ⏲10-19h seg-sex, 11-18h sáb) Roupas muito modernas e caras para os pequenos – se as crianças já estão na puberdade, procure em outro lugar, mas se não, eles sairão na última moda muito antes de entenderem.

Olian
MATERNIDADE

(Mapa p. 72; ☎305-446-2306; 356 Miracle Mile; ⏲10-19h seg-sex) A loja principal do império Olian e a primeira butique para grávidas de Miami, esse é o lugar no qual as futuras mamães podem se vestir para parecer tão glamorosas quanto qualquer modelo de South Beach.

Hiho Batik
ROUPAS

(Mapa p. 52; ☎305-892-7733; www.hihobatik.com; 2174 NE 123rd St; ⏲11-18h seg-sáb) Hiho é uma pequena loja onde é possível desenhar seu próprio *batik* (trabalho de arte em cera e tingido; ali eles normalmente usam para estampar camisetas) e conta com uma equipe amigável de artesãos. Está localizada a uns 11km ao norte do Design District.

U Rock Couture
ROUPAS

(Mapa p. 44; ☎305-538-7625; 928 Ocean Dr; ⏲10-1h, até 2h sáb)A U Rock é a perfeita loja de roupas de Miami Beach. Barulhenta, exibida e direta, pense nos seguintes elementos: muito strass, roupas apertadas, vestidos reveladores, bronzeado intenso, sotaques europeus e o elenco de *Jersey Shore*. De alguma forma, isso tudo é estranhamente apelativo... como a própria Lincoln Rd.

Presentes

Books and Books
LIVROS

(Mapa p. 72; ☎305-442-4408; 265 Aragon Ave St; ⏲10-23h, até a 0h sex e sáb) A melhor livraria independente no sul da Flórida tem um acervo gigante de literatura. Realiza eventos com frequência e é um lugar fantástico para passar algumas horas. Possui filiais em Lincoln Rd (☎305-532-3222; 927 Lincoln Rd) e em Bar Harbour.

Metta Boutique
PRESENTES

(Mapa p. 69; ☎305-648-0250; 3435 Main Hwy; ⏲9-17h) Uma loja bonita que exemplifica a evolução pela qual o Grove passou, de um ponto de encontro de hippies a um lugar um pouco mais comercial, que vende de tudo – roupas, agendas, acessórios, presentes e badulaques –, sempre primando pela proposta ecológica: verdes/orgânicos/sustentáveis/comércio justo.

Celestial Treasures
PRESENTES

(Mapa p. 69; ☎305-461-2341; 3444 Main Hwy; ⏲12-20h, até 22h sex e sáb) Voltada para necessidades espirituais e metafísicas, esse lugar vende roupas, livros, cartões e outros itens para os interessados em zen, cabala, wicca, ioga, budismo e hinduísmo. Também possui parapsicólogos de plantão.

Bookstore in the Grove LIVROS
(Mapa p. 69; ☎305-483-2855; 3399 Virginia St; ⏲7-22h, a partir das 8h sáb e dom) Nessa livraria independente de Coconut Grove, encontre todo tipo de literatura e visite o ótimo café (experimente as empanadas).

Taschen LIVROS
(Mapa p. 44; ☎305-538-6185; 1111 Lincoln Rd; ⏲11-21h seg-qui, até 22h sex e sáb, 12-21h dom) Muito legal, com uma boa coleção de livros de arte, fotografia, design e livros de mesa para deixar sua casa descolada e com um ar mais inteligente.

Ricky's NYC PRESENTES
(Mapa p. 44; ☎305-674-8511; 536 Lincoln Rd; ⏲10-0h, até 1h sáb) Essa loja de South Beach tem centenas de presentes cafonas (bonecos em caixinhas), parafernália de arte pop e, bem, uma coleção "adulta" de brinquedos sexuais, jogos, fantasias e outras coisas não mencionáveis.

El Crédito Cigars TABACO
(Mapa p. 66; ☎305-858-4162; 1106 SW 8th St; ⏲8-18h seg-sex, até 16h sáb) Numa das lojas mais populares de charutos em Miami, e uma das mais antigas na Flórida, você será tratado como um membro venerado do clube de cortadores de charutos.

Little-Havana-To-Go SUVENIRES
(Mapa p. 66; ☎305-857-9720; www.littlehavanatogo.com; 1442 SW 8th St) Essa é a loja oficial de Little Havana para suvenires e tem alguns dos itens mais legais, de camisetas do orgulho cubano a pôsteres, bandeiras, quadros, livros de fotos, charuteiras e roupas autênticas.

M&N Variedades BOTÂNICA
(Mapa p. 66; ☎305-649-3040; 1753 SW 8th St; ⏲9-20h) Essa loja de *Santería* oferece componentes para feitiços, velas mágicas, *consultas espirituais* e conserto de computadores.

Eyes on Lincoln ÓTICA
(Mapa p. 44; ☎305-532-0070; 708 Lincoln Rd; ⏲10-20h) A mais ousada e impressionante coleção de óculos de grau, de sol e acessórios óticos que encontramos no sul da Flórida.

Genius Jones BRINQUEDOS
(Mapa p. 62; ☎866-436-4875; 49 NE 39th St; ⏲12-20h ter-dom, até 22h sex e sáb) Brinquedos de última geração, bonecas e acessórios para bebês, crianças e também para os pais. Poltronas diferentes, cadeirinhas para carro da marca Primo Viaggio e carrinhos de bebê da Bugaboo – tudo para pais *geeks*.

Música

Sweat Records MÚSICA
(Mapa p. 62; ☎786-693-9309; 5505 NE 2nd Ave; ⏲12-22h ter-sáb, até 17h dom) A Sweat é quase o estereótipo de uma loja de disco independente – há arte e grafites na parede, possui grandes sofás roxos, vende brinquedos japoneses estranhos e há uns caras magros com óculos de aro grosso conversando sobre LPs e EPs que você nunca ouviu e, claro, tem café e petiscos *vegan*.

ℹ Informações

Perigos e aborrecimentos

Há algumas poucas áreas consideradas perigosas pelos locais: Liberty City, no noroeste de Miami; Overtown, da 14th St à 20th St; Little Haiti e partes da região do rio Miami. Nessas e em outras áreas consideradas "ruins", evite caminhar sozinho à noite, use o bom-senso e ande em grupo. Se tiver dúvida, o melhor é chamar um táxi e saber o endereço certo.

As áreas desertas abaixo da 5th St em South Beach são mais perigosas à noite, mas sua preocupação central deve ser os bêbados agressivos ou os ocasionais drogados nervosos, em vez de ladrões. No centro de Miami, tome cuidado perto da estação Greyhound e nos arredores de elevados, pontes e viadutos onde os sem-teto e alguns refugiados se abrigam.

Os perigos naturais incluem o sol forte (use protetor solar de fator alto), mosquitos (use repelente) e furacões (entre junho e novembro). Há uma **hotline de furacões** (☎305-229-4483), que informa sobre a aproximação de tempestades, os registros, avisos e o momento estimado de início – dados necessários para decidir quando ir embora.

Emergência

Ambulância (☎911)
Patrulha de praia (☎305-673-7714)
Hotline de furacões (☎305-468-5400)
Centro de informações sobre envenenamento (☎305-585-5250)
Hotline para denunciar estupros (☎305-585-7273)
Intervenção contra suicídios (☎305-358-4357)

Acesso à internet

A maioria dos hotéis e hostels (e, cada vez mais, os campings) oferecem acesso wi-fi. Acesso gratuito também está disponível em bibliotecas, Starbucks e McDonald's.

Mídia

Beach Channel (www.thebeachchannel.tv) Estação de TV 24 horas no canal 19, parecido com

um estranho infomercial sobre o que acontece em Miami Beach.
Diario Las Americas (www.diariolasamericas.com) Jornal em espanhol.
El Nuevo Herald (www.elnuevoherald.com) Versão diária em espanhol do *Herald.*
Miami Herald (www.miamiherald.com) Grande diário cobrindo notícias locais, nacionais e internacionais.
Miami New Times (www.miaminewtimes.com) Jornal semanal alternativo grátis.
Miami Sun Post (www.miamisunpost.com) Notícias e cobertura de estilo de vida.
Sun-Sentinel (www.sun-sentinel.com) Diário cobrindo o sul da Flórida.
WLRN (www.wlrn.org) Afiliada local da National Public Radio, 91.3 FM no dial.

Serviços médicos

Beach Dental Center (☎305-532-3300; 1680 Michigan Ave, South Beach) Para atendimento odontológico.
Coral Gables Hospital (☎305-445-8461; 3100 Douglas Rd, Coral Gables) Um hospital comunitário com muitos médicos bilíngues.
Eckerd Drugs (☎305-538-1571; 1421 Alton Rd, South Beach; ⏲24horas) Uma das muitas farmácias Eckerd 24 horas.
Miami Beach Community Health Center (☎305-538-8835; 710 Alton Rd, South Beach) Clínica com longas filas.
Mount Sinai Medical Center (☎305-674-2121; 4300 Alton Rd, Miami Beach) A melhor sala de emergência da região. Cuidado: às vezes é preciso pagar e as taxas são altas.
Visitor's Medical Line (☎305-674-2222; ⏲24 horas) Para referência de médicos.

Dinheiro

O Bank of America possui filiais por toda Miami e Miami Beach. Para trocar dinheiro, vá até a **Amex** (☎305-358-7350; www.amex.com; 100 N Biscayne Blvd, Downtown Miami; ⏲9-17h seg-sex).

Correio

As seguintes filiais têm horário estendido até a noite graças às máquinas de autoatendimento nos saguões:
Correio Mid-Beach (mapa p. 52; 445 W 40th St; ⏲8-17h seg-sex, 8h30-14h sáb); South Beach (mapa p. 44; 1300 Washington Ave; ⏲8-17h seg-sex, 8h30-14h sáb)

Informações turísticas

Art Deco Welcome Center (mapa p. 48; ☎305-672-2014; www.mdpl.org; 1001 Ocean Dr, South Beach; ⏲10h-19h30 seg-sáb, até 18h dom) Dirigido pela Miami Design Preservation League (MDPL); possui muitas informações sobre o bairro *art déco* e organiza excelentes passeios.
Black Archives History & Research Center of South Florida (☎305-636-2390; www.theblackarchives.org; 5400 NW 22nd Ave, ste 101, Liberty City) Informações sobre cultura negra.
Câmara de Comércio de Coconut Grove (mapa p. 69; ☎305-444-7270; www.coconutgrovechamber.com; 2820 McFarlane Rd, Coconut Grove; ⏲9-17h seg-sex)
Câmara de Comércio de Coral Gables (mapa p. 72; ☎305-446-1657; www.coralgableschamber.org; 224 Catalonia Ave, Coral Gables; ⏲9-17h seg-sex)
Downtown Miami Welcome Center (mapa p. 56; ☎786-472-5930; www.downtownmiami.com; 900 S Miami Ave; ⏲9-17h seg-sex) Fornece mapas, panfletos e informações de passeios na área do centro.
Greater Miami Convention & Visitors Bureau (mapa p. 56; ☎305-539-3000, 800-933-8448; www.miamiandbeaches.com; 701 Brickell Ave; ⏲8h30-17h seg-sex) Localizado num prédio alto intimidante.
Câmara de Comércio de Miami Beach (mapa p. 44; ☎305-672-1300; www.miamibeachguest.com; 1920 Meridian Ave, South Beach; ⏲9-17h seg-sex)

Sites

Art Circuits (www.artcircuits.com) As melhores informações sobre eventos de arte, inclui excelentes mapas de galerias em cada bairro.
Mango & Lime (www.mangoandlime.net) O melhor blog local sobre comida está sempre bem informado sobre eventos na Cidade Mágica.
Meatless Miami (www.meatlessmiami.com) Para vegetarianos que precisam de um guia de refeições.
Miami Beach 411 (www.miamibeach411.com) Um grande guia para os visitantes de Miami Beach, cobrindo tudo que é importante.
Miami Nights (www.miaminights.com) Para conseguir uma boa opinião sobre a sempre mutante cena noturna de Miami.
Beached Miami (www.beachedmiami.com) O melhor site de arte independente de Miami.
Miami Favs (www.miamifavs.tumblr.com) Uma grande lista do melhor de Miami.

ℹ Como chegar

Avião

Miami é servida por todas as grandes empresas através de dois aeroportos principais: Miami International Airport (MIA) e o Fort Lauderdale-Hollywood International Airport (FLL), meia hora ao norte do MIA. O **MIA** (mapa p. 40; ☎305-876-7000; www.miami-airport.com) é o terceiro aeroporto com maior movimento do país. A apenas 10km a oeste do centro de Miami, fica aberto 24 horas e tem o formato de ferradura. Há lugar para guardar as malas em dois saguões, entre B e C, e no G; os preços variam de acordo com o tamanho da bagagem.

O **Fort Lauderdale-Hollywood International Airport** (☎954-359-6100, 866-435-9355; www.broward.org/airport; 320 Terminal Dr), a uns 24km ao norte de Miami pela I-95, geralmente é uma alternativa mais barata ao MIA, em especial porque é servido por empresas populares mais econômicas incluindo a Southwest Airlines e a JetBlue.

Barco

Apesar de ser difícil pegar um barco a vapor para uma viagem transatlântica, é bem possível que chegue em Miami por um cruzeiro, já que o **Porto de Miami** (☎305-347-4800; www.miamidade.gov/portofmiami), que recebeu quase 4 milhões de passageiros em 2003, é conhecido como a "capital mundial dos cruzeiros". Chegando ao porto, você estará no centro de Miami; táxis e ônibus públicos para outros locais estão disponíveis em Biscayne Blvd. Veja a p. 167 para detalhes sobre o ferry Key West Express de Miami a Key West.

Ônibus

A Greyhound (☎800-231-2222; www.greyhound.com) é a maior empresa dentro e fora da cidade. Há quatro grandes terminais: **o terminal do aeroporto** (☎305-871-1810; 4111 NW 27th St); **o principal terminal do centro** (mapa p. 56; ☎305-374-6160; 1012 NW 1st Ave); **o terminal do norte de Miami** (mapa p. 52; ☎305-945-0801; 16560 NE 6th Ave); e o **terminal do sul de Miami** (☎305-296-9072; Cutler Ridge Mall, 20505 S Dixie Hwy). Há muitos ônibus diariamente que vão para a Costa Leste e cruzam o estado através da Costa do Golfo.

Trem

A principal estação de Miami do **Amtrak** (☎305-835-1222, 800-872-7245; www.amtrak.com; 8303 NW 37th Ave) conecta a cidade com o restante dos EUA e Canadá continental. O tempo de viagem entre Nova York e Miami é longo, entre 27 e 30 horas e custa entre $99 e $246 só ida. A estação Amtrak de Miami tem armários para guardar bagagem, que custam $2.

Como circular

Para/do

Miami International Airport

É muito fácil sair do aeroporto e ir para qualquer lugar de Miami, especialmente Mid-Beach. Se estiver dirigindo, siga do aeroporto pela Rte 112, depois vá para o leste na Julia Tuttle Causeway ou pela I-195 até chegar a South Beach. Outras opções incluem os ônibus gratuitos oferecidos pela maioria dos hotéis ou um táxi ($38 a tarifa do aeroporto a South Beach). Como alternativa, pegue o ônibus Airport Owl que só funciona à noite ou o **SuperShuttle** (☎305-871-8210; www.supershuttle.com), serviço de van que custa em torno de $26 até South Beach. Lembre-se de fazer reserva no dia anterior.

Fort Lauderdale Hollywood International Airport Use o dinheiro que economizou no voo para chegar a Miami depois de pousar; ou alugue um carro numa das muitas agências de Fort Lauderdale (veja p. 233) no aeroporto ou pegue o ônibus gratuito que sai dos terminais 1 e 3 até a **estação Tri-Rail** (☎800-874-7245; www.tri-rail.com; só ida $2-5,50); dá para viajar nesse trem até Miami. Os horários não são irregulares, no entanto, é possível optar pelo **GOShuttle** (☎954-561-8888; http://floridalimo.hudsonltd.net), que vai custar uns $40 até South Beach.

Bicicleta

Um programa de compartilhamento de bicicletas em Miami Beach facilita se deslocar entre as praias.

Miami pode ser muito plana, mas também tem bastante trânsito e trechos onde a velocidade permitida para os carros é mais alta; então verifique com cuidado se compensa usar bicicleta na sua rota.

A cidade de Miami Beach oferece o **DecoBike** (☎305-532-9494; www.decobike.com; 1-/3-dia acesso $14/30), um programa de aluguel de bicicletas. As estações estão localizadas em dezenas de pontos ao redor de Miami Beach (há um mapa no site e um link para um aplicativo de iPhone que avisa onde estão as estações mais próximas.

Lugares que alugam bicicletas:

BikeAndRoll (☎305-604-0001; www.bikeandroll.com; 401 Biscayne Blvd; ⊙10-18h; por h/dia a partir de $5/15) Também organiza passeios de bicicleta.

Mangrove Cycles (☎305-361-5555; 260 Crandon Blvd, Key Biscayne; ⊙10-18h ter-dom; por 2h/dia/semana a partir de $20/25/75)

Highgear Cycling (☎305-444-2175; www.highgearcycling.com; 3423 Main Hwy, Coconut Grove; ⊙10-19h seg-sex, até 18h sáb, 12-17h dom; por h/dia a partir de $12/35)

Ônibus

O sistema local de ônibus é chamado **Metrobus** (☎305-891-3131; www.miamidade.gov/transit/routes.asp; passagem $2). Um mapa das rotas fácil de ler está disponível on-line. Você pode passar mais tempo esperando por um ônibus do que viajando em um.

Em South Beach, uma excelente opção é o **South Beach Local Circulator** (☎305-891-3131; $0,25), um ônibus circular com acesso para deficientes que opera por toda Washington entre South Pointe Dr e 17th St e dá a volta pela Alton Rd no lado oeste da praia. Passa com intervalos de 10 e 15 minutos.

Carro e motocicleta

Se dirigir por Miami há algumas coisas que deve saber. Miami Beach está ligada ao continente por quatro pontes construídas sobre a Biscayne Bay. Elas são, do sul ao norte: a MacArthur (a extensão da US Hwy 41 e da Hwy A1A); Venetian (pedágio de $1,50); Julia Tuttle e John F. Kennedy.

A autoestrada norte-sul mais importante é a I-95, que termina na US Hwy 1 ao sul do centro de Miami. A US Hwy 1, que vai de Key West até o Maine no norte, segue a costa. É chamada de Dixie Hwy ao sul do centro de Miami e de Biscayne Blvd ao norte do centro. A Palmetto Expressway (Hwy 826) faz quase uma volta em torno da cidade e desvia abaixo da SW 40th St até a Don Shula Expressway (Hwy 874, uma estrada com pedágio). A Turnpike Extension da Flórida faz a volta mais a oeste ao redor da cidade. A Hwy A1A se transforma na Collins Ave em Miami Beach

Miami tem uma convenção chata de dar vários nomes às grandes estradas. Assim, por exemplo, a Bird Rd é tanto a SW 40th St quanto a Hwy 976. A Hwy 826 é a Palmetto Expressway. A US 1 é a Dixie Hwy – exceto em Downtown, quando se torna a Biscayne Blvd. A Hwy 836 é a Dolphin Expressway, enquanto, em Miami Beach, a 5th St se torna a A1A. A calle Ocho é a SW 8th St, assim como a Tamiami Trail, e a US 41 e a Hwy 959 é a Red Rd, exceto quando é a SW 57th St. De alguma forma, isso não é tão confuso quanto parece no papel – a maioria das placas indica todos os nomes que uma estrada pode ter, mas pode ser frustrante para quem está dirigindo pela primeira vez.

Além das pontes para Miami Beach, as principais estradas leste-oeste são a SW 8th St; a Hwy 112 (também chamada Airport Expressway); e a Hwy 836 (também chamada Dolphin Expressway), que corta pelo centro de Miami e se conecta com a I-395 e a MacArthur Causeway, e corre para o oeste até a Palmetto Expressway e a Turnpike Extension da Flórida.

Os motoristas de Miami são – como podemos falar delicadamente? – agressivos, ficam colados na traseira dos carros e cortariam as avós deles para conseguir mudar de faixa. Estamos, é claro, exagerando. Nem todos os motoristas de Miami se adequam à descrição acima, mas há maníacos suficientes para fazer com que dirigir nessa cidade seja um pesadelo.

ESTACIONAR Estacionar é bastante fácil. As placas estão bem visíveis e há muitos parquímetros (exceto talvez nas noites de fim de semana em South Beach). No centro, perto do **Bayside Marketplace**, estacionar é barato, mas um pouco confuso: encontre uma vaga nos estacionamentos e pare de frente (estacionar de ré não é permitido), compre um bilhete de uma máquina central e coloque-o no para-brisa.

Em South Beach, há estacionamentos com parquímetro na maioria das ruas (exceto Lincoln Rd e áreas residenciais). Os parquímetros funcionam das 9h até as 3h em algumas partes de South Beach. A maioria permite o pagamento por até três horas, apesar de alguns aceitarem até doze. A maioria dos parquímetros de Miami Beach inclui uma opção para cartão de crédito; as taxas de estacionamento variam, mas raramente custam mais de $1,50 por hora.

Há muitas **garagens municipais**, que são normalmente a opção mais fácil e barata – procure sinais com "P" azul gigante. Há várias localizadas ao longo da Collins Ave e da Washington Ave. Se estacionar ilegalmente ou se o parquímetro expirar, as multas de estacionamento custam em torno de $30, mas um reboque pode custar muito mais.

Táxi

Central Cabs (☎305-532-5555)
Dispatch Service (☎305-525-2455)
Flamingo Taxis (☎305-759-8100)
Metro (☎305-888-8888)
Sunshine (☎305-445-3333)
Yellow (☎305-400-0000)

Trem

O **Metromover** (www.miami dade.gov/transit), que é ao mesmo tempo ônibus, monotrilho e trem, ajuda muito a andar pelo centro de Miami. Oferece aos visitantes uma grande perspectiva da cidade e orientação gratuita da área.

O **Metrorail** (www.miamidade.gov/transit) é um sistema de trilho pesado de 34km que possui uma linha elevada indo de Hialeah através do centro de Miami e o sul de Kendall/Dadeland. Os trens passam com intervalos de 5 e 15 minutos das 6h até a 0h. A tarifa é de $2 ou $1 com uma baldeação no Metromover.

O regional **Tri-Rail** (☎800-874-7245; www.tri-rail.com), trens suburbanos de dois andares, liga os 115km entre Dade, Broward e Palm Beach. As tarifas são calculadas com base na zona; a menor distância de viagem custa $4,40 ida e volta, a maior paga-se na viagem entre o MIA e West Palm Beach ($11,55 ida e volta). A passagem não é vendida no trem; então compre antes de entrar. Todos os trens e estações são acessíveis para pessoas com necessidades especiais. Para uma lista de estações, entre no site da Tri-Rail.

Everglades

Inclui »

Melhores lugares para comer

» Robert is Here (p. 129)
» Joannie's Blue Crab Café (p. 126)
» JT's Island Grill & Gallery (p. 127)
» Rosita's (p. 130)
» Oyster House (p. 127)

Melhores lugares para ficar

» Everglades International Hostel (p. 129)
» Everglades City Motel (p. 127)
» Ivey House Bed & Breakfast (p. 127)
» Wilderness Camping (p. 132)
» Rod & Gun Club Lodge (p. 127)

Por que ir?

Os Everglades realmente tornam o sul da Flórida único, ainda mais do que Miami. Chamado de "River of Grass" por seus habitantes nativos americanos, não é só um pântano, um lago, um rio, uma pradaria ou uma savana –, é tudo isso junto numa série de horizontes suaves, grandes vistas, o pôr do sol que se estica por todo o campo de visão e uma volumosa população de répteis que lembram a era dos dinossauros.

Quando vir um carará abrindo suas asas antes de dar um voo rasante para caçar uma serpente, o lento movimento de uma garça-azul jurássica planando sobre seus domínios ou o sol aquecendo quilômetros do cladium (capim-serra) que cresce por trás de ciprestes esquálidos, terá uma ideia do que estamos falando. Num país onde a beleza natural é medida por sua capacidade de impressionar, os Everglades se destacam.

Quando ir

Everglades City

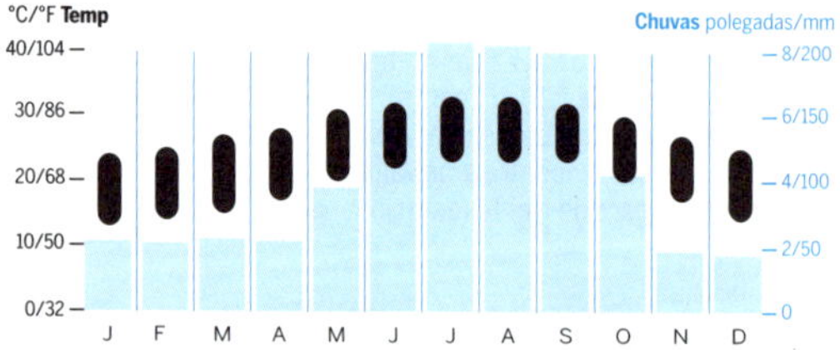

Dez-mar Temporada seca: muita vida selvagem para ver perto dos rios, mas andar de caiaque será difícil.

Abr-jun Apesar de ficar bastante quente, há uma boa mistura de água e vida selvagem.

Jul-nov Muito calor, insetos e (exceto outubro e novembro) possibilidade de furacões.

EVERGLADES NATIONAL PARK

Apesar de as águas cheias de grama – o ecossistema Everglades – se estenderem para fora do Parque Nacional de Everglades (o terceiro maior nos EUA continental), entrar no parque aumenta o teor da experiência de vê-las. Há três entradas principais e três áreas principais no parque: uma ao longo da parte sudeste perto de Homestead e Florida City (a seção Ernest Coe); outra no lado centro-norte no Tamiami Trail (seção Shark Valley); e a terceira na costa noroeste (seção Gulf Coast), passando Everglades City. As seções Shark Valley e Gulf Coast do parque vêm uma depois da outra em sucessão geográfica, mas a área Ernest Coe é totalmente separada. Em todas elas, a taxa de entrada é $10 por um veículo ou $5 se for ciclista, e as duas servem para sete dias consecutivos em qualquer entrada do parque.

Chega-se a elas por duas boas estradas que ligam a Miami. A primeira escolha é ir para o oeste, seguindo a Tamiami Trail, passar a reserva Miccosukee e o Shark Valley, no caminho para Everglades City, a costa do Golfo e as águas cristalinas de 10,000 Islands.

A outra opção é entrar em Ernest Coe e pegar a Hwy 9336 até Flamingo através da paisagem mais "Glades" no parque, com uma vista permanente das pradarias úmidas, do céu e um silêncio permanente.

🛈 Como chegar

O maior hábitat selvagem subtropical nos EUA continental é facilmente acessível a partir de Miami. Glades, que compreende os 128km mais ao sul da Flórida, está delimitado pelo oceano Atlântico a leste e pelo golfo do México a oeste. A Tamiami Trail (US HWY 41) vai de leste a oeste, paralela à Alligator Alley (I-75) mais ao norte (e menos interessante).

🛈 Como circular

É necessário um carro para entrar em Everglades, e, além disso, usar um bom par de botas de caminhada é essencial para explorar o interior. Ter uma canoa ou caiaque ajuda também; eles podem ser alugados dentro ou fora do parque, ou nas visitas guiadas de canoa e caiaque. Bicicletas são ótimas para as estradas retas do Everglades National Park, principalmente na área entre Ernest Coe e Flamingo Point, mas são inúteis fora da autoestrada. Além disso, os acostamentos no parque tendem a ser perigosamente pequenos.

Tamiami Trail

A calle Ocho, na Little Havana de Miami (p. 67), é o lado mais oriental da Tamiami Trail/ US 41, que vai de Everglades ao golfo do México. Então, vá para o oeste, jovem viajante, siga a US 41, alguns quilômetros e vários mundos diferentes da cidade onde o calor é mais forte. Essa viagem o leva para o lado mais ao norte do parque, passando por paisagens de floresta inundada, casas de jogos, passeios de buggy pelo pântano, carrinhos de comida ao lado da estrada e outras peculiaridades da Velha Flórida.

Passando Hialeah, Miami vai diminuindo até... *vrummm*... tudo se transformar em floresta, campos abertos e um grande canal (prova do desvio da US 41 do fluxo importante de Glades). O sinal mais evidente de que a cidade acabou e Glades começou é o decalque da bandeira confederada no **Pit BBQ** (p. 126). As estradas vazias passam pelo **Miccosukee Resort & Convention Center** (☎305-925-2555, 877-242-6464; www.miccosukee.com; 500 SW 177th Ave; q dez-mar/abr-nov $150/120; ❄📶). É um complexo cassino-hotel cheio de máquinas caça-níqueis e gente colocando moedas nelas – não exatamente um paraíso ecológico. Os quartos possuem um elaborado design nativo americano nos móveis, mas repetimos: não é preciso ficar se não estiver a fim de jogar.

Quando continuar para o oeste, verá campos, florestas de pinheiros e placas anunciando passeios pelo pântano. Passeios de aerobarco são uma forma tradicional de ver o Everglades (e há muitas histórias para contar depois de passear com um fã do Lynyrd Skynyrd tatuado e vestindo roupas camufladas), mas há outras formas de explorar o parque também.

SHARK VALLEY

⊙ Atrações e atividades

Shark Valley PARQUE
(☎305-221-8776; www.nps.gov/ever/planyourvisit/svdirections; carro/ciclista $10/5; ⏱8h30-18h) Shark Valley parece o nome do quartel-general do vilão em um filme do James Bond, mas é, na verdade, parte do Serviço Nacional de Parques com muitas placas informativas e guardas-florestais que conhecem a região. Shark Valley está localizado na seção de ciprestes e árvores ribeirinhas de Everglades, uma área mais tradicional de florestas do parque do que os campos de grama nos arredores do centro de visitantes de Ernest Coe. Uma trilha pavimentada de 24km leva a pequenos riachos, flores-

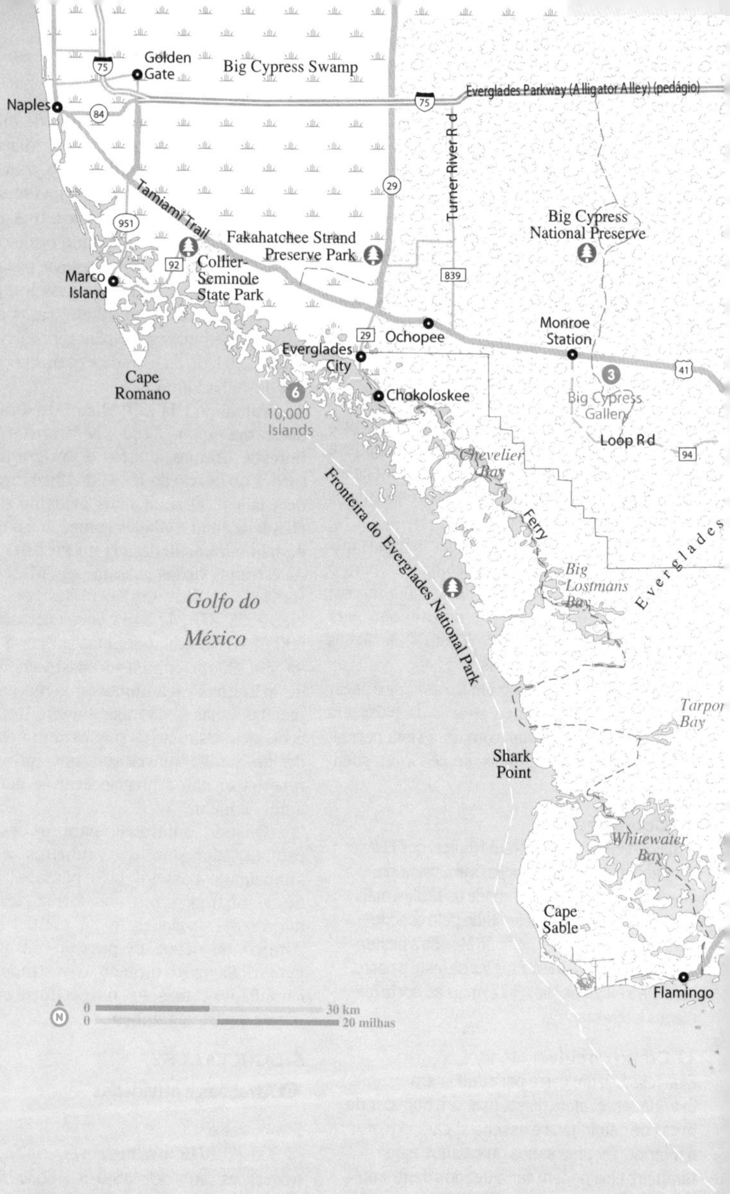

Everglades

1 Ver o pôr do sol na estrada que leva ao mirante **Pa-hay-okee** (p. 130) do teto do carro.

2 Andar de canoa ou caiaque na **Trilha de Remo de Hell's Bay** (p. 130), um pântano enredado de riachos vermelhos, rios de água escura e a cortina de vegetação pesada de um pântano preservado.

3 Contemplar algumas das melhores fotografias de pântanos, florestas, praias e do mar locais na **Big Cypress Gallery** (p. 124).

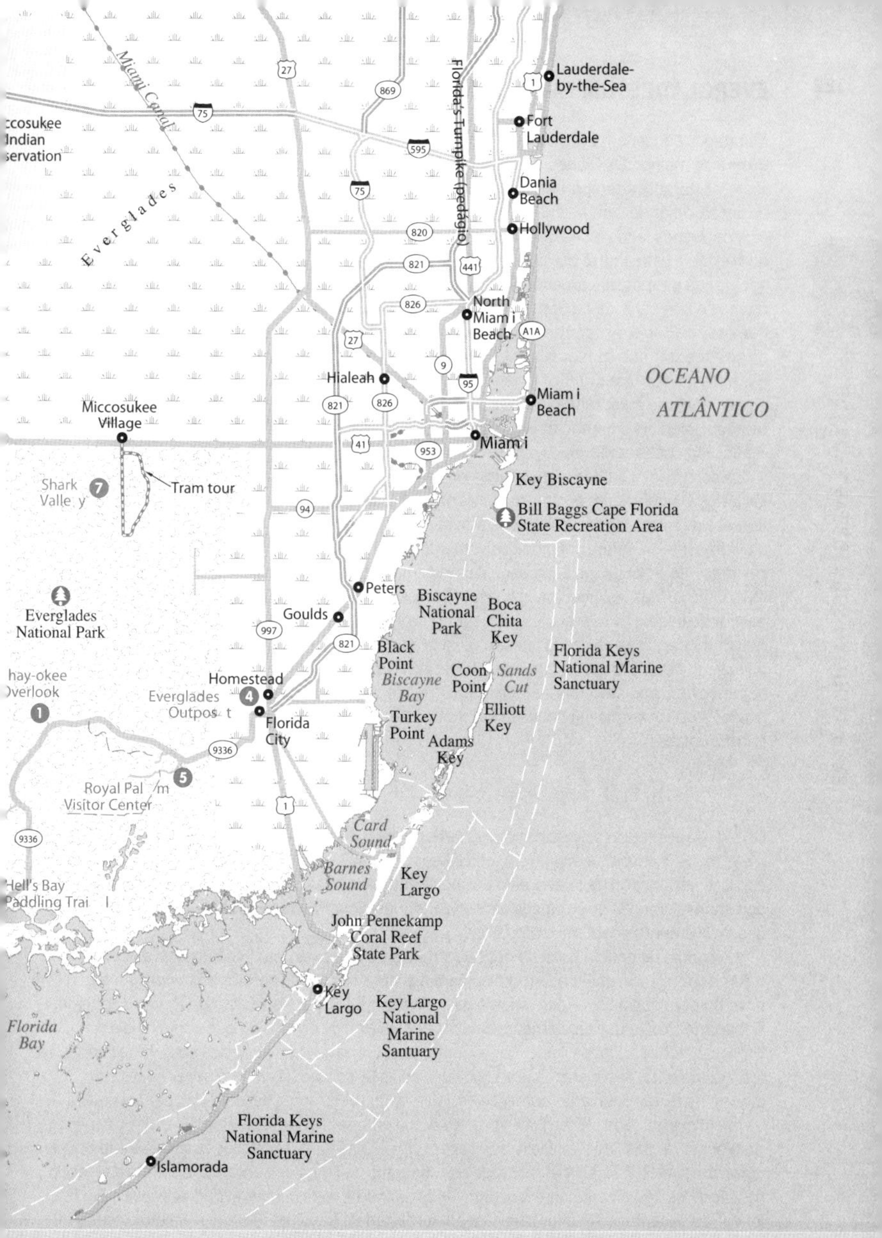

4 Apoiar as operações de resgate de animais que acontecem em **Everglades Outpost** (p. 129).

5 Observar jacarés à noite no **Royal Palm Visitor Center** (p. 130).

6 Andar de bicicleta, ou no excelente tram público, em **Shark Valley** (p. 119).

7 Andar de canoa ou caiaque através das ilhas dispersas de **10,000 Islands** (p. 128).

É tentador pensar em Everglades como um pântano, mas uma "pradaria" pode ser uma descrição melhor. Os Glades, afinal, são pastos que ficam inundados a maior parte do ano: visite-os durante a temporada seca (inverno) e será perdoado por achar que era um pântano.

Então, de onde vem a água? Olhe para o norte num mapa da Flórida, até o lago Okeechobee e os pequenos lagos e rios que se unem ao redor de Kissimmee. A Flórida termina no golfo do México e está abaixo do nível do mar, sendo que essa é a parte mais baixa do estado, geográfica e topograficamente. A água do centro da Flórida flui até a península através de riachos e rios, através de Glades, até a baía da Flórida. O ritmo glacial da inundação significa que essa paisagem aparentemente imóvel está, na verdade, em constante movimento. Não é de se espantar que os índios calusa chamavam a área de Pa-hay-okee (água com grama). A ambientalista Marjory Stoneman Douglas (1890-1998) chamava de "River of Grass"; em seu famoso livro homônimo, ela revelou que Gerard de Brahm, um cartógrafo dos tempos coloniais, chamou a região de River Glades, que se tornou Ever Glades nos mapas ingleses seguintes.

Então, o que acontece quando água rica em nutrientes desliza sobre uma plataforma de calcário? O equivalente ecológico a uma orgia. Começando em nível celular, o material orgânico floresce de forma surpreendente, se amontoando e formando redes de algas, nutrientes e o onipresente perifíton, definido basicamente como grupos de algas, bactérias e detritos. O perifíton não é bonito: na água parece uma camada de vômito, e a versão seca parece cocô de hipopótamo. Mas você deveria dar um beijo nisso quando o visse (bom, talvez não), porque, na grande cadeia de Everglades, essa gororoba é a base de um totem orgânico muito alto. A menor mudança na elevação altera o fluxo de água, o conteúdo dessa sopa nutritiva e a própria paisagem: nessas áreas de cipreste e *hammock* (não é uma cama para mochileiros; nesse caso, *hammock* é como se define na Flórida uma região de árvores com folhas largas, principalmente tropicais ou subtropicais) poucos centímetros de altitude criam um mundo de diferença entre biossistemas.

Lute pelas Grassy Waters

Os Everglades foram selvagens por milhares de anos. Até os nativos americanos evitavam a região; os "nativos" seminole e miccosukee na verdade se estabeleceram ali como exilados, escapando da guerra e do deslocamento de outras partes do país. Mas, depois do estabelecimento de europeus na Flórida, alguns pioneiros viram o potencial para o desenvolvimento econômico das Grassy Waters.

Criadores de gado e cana-de-açúcar, atraídos pelas águas ricas em nutrientes e adubo e o clima subtropical da Flórida (paraíso para a cultura da cana), pressionaram com sucesso o governo para que a terra fosse cedida para eles. Em 1905, o governador da Flórida, Napoleon Bonaparte Broward, pessoalmente cavou a primeira pá de um desvio que conectava o rio Caloosahatchee ao lago Okeechobee. Centenas de canais foram cortados através de Everglades até a costa para "recuperar" a terra, e o fluxo de água do lago foi restrito por uma série de diques. As terras cultivadas começaram a alimentar áreas antes desabitadas por humanos.

Infelizmente, todo o Everglades precisa do rio para sobreviver. E, além de ser um lugar lindo para observar pássaros, os Everglades agem como uma barreira para os furacões e são quase como um rim. Rim? Isso mesmo: todo esse pântano limpa os poluentes do aquífero da Flórida (que fornece água fresca para o estado). Mas quando a terra cultivável não desviava o fluxo do lençol, acrescentava água residual rica em fertilizantes. Resultado? Uma orgia biológica bem servida. Bactérias, e até plantas, florescendo num ritmo desenfreado, abalando o frágil equilíbrio de recursos vitais para a sobrevivência de Glades.

Nesse contexto, entra Marjory Stoneman Douglas. Ela recebe o crédito por defender quase sozinha a causa da conservação de Everglades; para saber mais sobre essa titã do movimento ambiental dos EUA, veja o quadro na p. 126.

Apesar dos esforços incansáveis de Douglas e outros ambientalistas, hoje o aquífero da Flórida corre sério risco de ser contaminado e secar. Em 2011, o nível de água em Okeechobee estava quase 7cm abaixo do nível normal. O número de pássaros fazendo ninhos diminuiu entre 90% e 95% desde os anos 1930. Atualmente, há 67 espécies de plantas e animais ameaçados no parque.

O desvio da água para longe de Glades e a poluição são os principais culpados por trás da degradação ambiental da região. Esse ecossistema delicado é vizinho de uma das áreas urbanas de maior crescimento nos EUA. O atual sistema de drenagem de água no sul da Flórida foi construído para tratar as necessidades de 2 milhões de pessoas; a população local chegou a 6 milhões em 2010. E como Miami não pode crescer ao norte ou ao sul por causa de Fort Lauderdale ou Homestead, pode se mover para o oeste, diretamente para Everglades. Nesse ponto, os cientistas estimam que o pântano já reduziu de 50% a 75% de seu tamanho original.

Os humanos não são os únicos inimigos de Everglades. A natureza fez sua parte nos danos também. Durante o Furacão Wilma em 2005, por exemplo, seis áreas de tratamento de água de tempestades (pântanos artificiais que limpam o excesso de nutrientes do ciclo das águas) foram bastante afetados pela força dos ventos. Sem esses filtros naturais, os Glades estão bem mais suscetíveis ao excesso de nutrientes e à poluição externa. Em 2011, incêndios causados pela seca incineraram grandes lotes de terra perto da Tamiami Trail.

Restauração de Everglades

Os esforços para salvar Everglades começaram no final dos anos 1920, mas foram deixados de lado durante a Grande Depressão. Em 1926 e 1928, dois grandes furacões fizeram com que o lago Okeechobee transbordasse; isso matou centenas de pessoas. O Corpo de Engenheiros do Exército fez um ótimo trabalho represando o lago. Um pouco demais: cortaram a fonte essencial de Glades, a vertente Kissimmee.

Enquanto isso, os ambientalistas começaram a angariar lotes de terra para proteção, começando com uma área de 2,5km² doada por um clube de jardinagem. Everglades foi declarado parque nacional em 1947, o mesmo ano em que o livro *The Everglades: River of Grass*, de Marjory Stoneman Douglas, foi publicado.

Ao drenar o pântano com o represamento do lago, o Exército fez com que grandes porções de terra da Flórida ficassem inabitáveis. Mas os problemas ambientais criados pela mudança no fluxo natural de água, mais o aumento populacional, agora ameaçam tornar toda a região inabitável. O sistema de canais manda, em média, mais de 1 bilhão de galões de água para o oceano todo dia. Ao mesmo tempo, o escoamento sem tratar se mistura com suprimentos naturais de água. A água limpa está desaparecendo com o crescimento cada vez maior da população.

Mas há o **Comprehensive Everglades Restoration Project** (CERP; www.evergladesplan.org), criado para resolver a raiz de todos os problemas de Everglades: água – onde conseguir, como desviar e formas de mantê-la limpa. O plano é desbloquear o Kissimmee, restaurar as terras de Everglades remanescentes às suas condições pré-desenvolvimento, enquanto mantém a proteção contra enchentes, fornecendo água limpa para a população do sul da Flórida e protegendo as regiões assinaladas contra o crescimento urbano. Parece ótimo, mas batalhas políticas diminuíram bastante a implementação do CERP. O custo do projeto passou de $7,8 bilhões para $15 bilhões, e, em vez dividir pela metade, a Flórida precisa bancar em torno de 79% da conta do CERP. Enquanto isso, os fundos do estado diminuíram, passando de $200 milhões durante os anos de Jeb Bush para $17 milhões sob Rick Scott.

Recuperar o Everglades é um dos maiores e mais ambiciosos projetos de restauração ambiental na história dos EUA, um que combina a necessidade de fazendeiros, pescadores, residentes urbanos, governos locais e conservacionistas. O sucesso ou fracasso do programa será um guia para o futuro do movimento ambientalista norte-americano.

AEROBARCOS E SWAMP BUGGIES

Os aerobarcos são esquifes com a base reta que usam potentes hélices para se mover pela água. Seu impacto ambiental ainda não foi determinado, mas um fato é evidente: não devem fazer muito bem e é por isso que não são permitidos no parque. Swamp buggies são enormes veículos amarrados a balões que podem andar pelo pântano, criando sulcos e danificando a vida selvagem.

Passeios de aerobarco e swamp buggy são oferecidos por toda a US Hwy 41 (Tamiami Trail). Pense duas vezes antes de fazer esse tipo de passeio "pela natureza". Barcos com ventiladores barulhentos e jipes realmente não ajudam a manter a serenidade de Glades. Dito isso, muitos turistas em Everglades estão ali (obviamente) por causa do interesse no meio ambiente e exigem passeios adequados à consciência ecológica. Os proprietários de aerobarco são bons em divulgar seu negócio – seu modo de vida está ligado à preservação de Glades, e eles conhecem a região muito bem. Recomendamos que saiam com o pessoal da **Cooperstown** (☎305-226-6048; www.cooperstownairboats.com; 22700 SW 8th St; adulto/criança $22/11; 👪), um dos primeiros operadores de aerobarco localizados indo a oeste na 41. A experiência será mais turística do que dentro do Parque Nacional.

tas tropicais e "poços emprestados" (buracos feitos pelo homem que agora servem para observar jacarés, tartarugas e pássaros). A trilha reta é perfeita para bicicletas, que podem ser alugadas na entrada por $7,50 por hora. Leve água.

Passeio de tram

(☎305-221-8455; www.sharkvalleytramtours.com; adulto/criança menor de 12/aposentados $18,25 /11,50/17,25; ⏲saídas 9h30, 11h, 13h, 15h mai-dez, 9-16h a cada hora jan-abr) Se você não gosta de ousar, a forma mais popular e tranquila de conhecer Everglades é uma viagem de tram que dura duas horas por toda a trilha de 24km de Shark Valley. Se só tiver tempo para uma atividade em Everglades, escolha essa, já que os guias são bons e bem informados, e provavelmente será possível ver jacarés tomando sol no caminho. No meio da trilha está a **Shark Valley Observation Tower**, com 15m de altura, uma torre de concreto feia, mas que oferece uma visão incrível do parque.

Trilhas

Na entrada do parque, a fácil **Bobcat Boardwalk** faz uma volta através do bosque tropical antes de levá-lo direto ao estacionamento de Shark Valley. Um pouco depois está a **Otter Cave Trail**, que leva a um pequeno rochedo de calcário que ficou parecido com um queijo suíço pela ação das águas pluviais. Os animais agora vivem nos buracos erodidos (apesar de ser difícil ver algum), e os nativos americanos costumavam viver no topo do rochedo.

Miccosukee Village PARQUE

(www.miccosukee.com; acesso à vila/passeio de aerobarco $8/10; ⏲9-17h) Do outro lado da estrada de Shark Valley, essa "vila" é um museu informativo e divertido ao ar livre que mostra a cultura dos miccosukee em visitas guiadas a lares tradicionais, além de uma loja de artesanato, dança e música, um passeio de aerobarco até uma vila de *hammcok* feita de cabanas "*chickee*" (construções sobre palafitas) e (claro!) luta de jacarés. Há um restaurante pouco inspirado no lugar, se tiver fome. A galeria de arte e artesanato vende bons suvenires.

BIG CYPRESS E OCHOPEE

A melhor parte da Tamiami Trail é cercada por altos ciprestes com musgos e vistas infinitas de pradarias, que inunda na estação úmida e se transforma no pantanoso River of Grass.

Atrações e atividades

Big Cypress Gallery GALERIA

(☎941-695-2428; www.clydebutcher.com; Tamiami Trail; ⏲10-17h qua-seg) Destaque das viagens a Everglades, essa galeria mostra o trabalho de Clyde Butcher, fotógrafo norte-americano que segue a grande tradição de Ansel Adams. Seus painéis em preto e branco elevam o pântano ao mais alto nível. Butcher encontrou uma espiritualidade silenciosa nas águas salobras e transfere isso aos visitantes da galeria por meio do seu ponto de vista nas fotos. Todo ano no Dia do Trabalho (primeiro fim de semana em setembro), a galeria organiza um evento de gala, que inclui uma divertida caminhada pelo pântano ($20) até a propriedade dele, de 30 acres; a festa atrai protetores ambientais de todo o estado. Na época em que escrevemos, a galeria estava montando duas casas nos bosques de cipreste para hóspedes – as propriedades parecem bem bonitas, poderão receber entre quatro e seis pessoas e vão custar em torno de $200 por noite.

Big Cypress National Preserve PARQUE
(☎239-695-4758; 33000 Tamiami Trail E; ⊙8h30-16h30) O Big Cypress Preserve de 2.950km² (o nome é pelo tamanho do parque, não das árvores) é o resultado de um acordo entre ambientalistas, pecuaristas e exploradores de óleo e gás. A área é integrada ao ecossistema de Everglades: a chuva que inunda as pradarias do Preserve e do pântano aos poucos vai sendo filtrada através de Glades. Aproximadamente 45% do pântano de ciprestes (na verdade, um grupo de ilhas de mangue, *hammock*, pinheiros cortados, pradarias e pântanos) está protegido. Grandes ciprestes carecas (mais impressionantes do que o nome sugere) preenchem a área com sua beleza suave. O **Oasis Visitor Center** (☎941-695-1201; ⊙8h-16h30 seg-sex; ♿), a uns 35km a oeste de Shark Valley, tem as melhores exposições para as crianças e um canal de água cheio de jacarés.

Florida National Scenic Trail
(www.nps.gov/bicy/planyourvisit/florida-trail.htm) Essa trilha, dentro da Big Cypress National Preserve, tem aproximadamente 50km. Do lado mais ao sul, que pode ser acessado através da Loop Rd, a trilha corre uns 13km ao norte até a US 41. O caminho é plano, mas é árduo: você terá de cruzar a água e abrir caminho através de uma série de fossos feitos pela erosão e bosques. Não há como fugir do sol, e os insetos são... muitos. Há três campings selvagens com poços de água pela trilha; pegue um mapa no centro de visitantes. A maioria dos campings é gratuita, e não é preciso se registrar. O **Monument Lake** (mai-14 de dez grátis, 15 de dez-abr $16) possui água e banheiros.

Ochopee VILA
(GPS 25.901529, -81.306023) Vá de carro até o povoado de Ochopee (população de quatro membros)... não... espere... dê a volta, você passou! Então pare e não esqueça a câmera: a fama de Ochopee é ter o menor **posto do correio** do país. Está localizado num antigo galpão de ferramentas junto ao pórtico do parque; um simpático funcionário do correio posa pacientemente para fotos.

Skunk Ape Research Headquarters PARQUE
(☎239-695-2275; www.skunkape.info; 40904 Tamiami Trail E; ⊙7-19h, zoo fecha por volta das 16h) Às vezes, pensamos que a Flórida precisa mudar seu lema para "Flórida: Não dá mais para inventar". Por exemplo: o Skunk Ape Research Center, com uma gigantesca estátua de pantera, é dedicado a encontrar a versão do Pé Grande do sudeste dos EUA, o Skunk Ape (um enorme homem-gorila que supostamente fede muito). Nunca vimos um Skunk Ape por lá, mas dá para ver uma loja de suvenires e, no fundo, um zoológico de répteis e pássaros dirigido por um verdadeiro excêntrico da Flórida, o tipo de cara que enrola serpentes albinas no pescoço para se divertir. Doe uns dólares na entrada.

Everglades Adventure Tours PASSEIOS
(EAT; ☎800-504-6554; www.evergladesadventuretours.com; passeios a partir de $69) Já gostamos do pessoal da EAT por usarem a mesma base do pessoal da Skunk Ape; gostamos ainda mais por oferecerem alguns dos melhores passeios particulares de Everglades. Caminhadas no pântano, "safáris", aerobarcos e, o melhor de tudo, ser levado numa canoa ou esquife por pessoas realmente engraçadas com verdadeiro conhecimento local das Grassy Waters é uma delícia. A equipe criou um camping na sede do Skunk Ape; custa $30 para acampar lá, e o espaço oferece wi-fi.

DESVIO: LOOP ROAD

Loop Rd, saindo de Tamiami Trail (Hwy 41), possui alguns lugares únicos. Um: as casas dos **miccosukee**, algumas das quais bastante ampliadas graças à renda obtida com jogo. É possível ver algumas cabanas tradicionais e alguns trailers com "cômodos" adicionados que são maiores do que um trailer original – todos parecem ter caminhonetes novinhas estacionadas na frente. Dois: grandes paradas para ver as florestas inundadas, com garças que parecem pterodátilos empoleiradas nas árvores. Três: casas com grandes bandeiras da Confederação e placas de "Não entre na minha propriedade"; essas casas são tão parte da paisagem quanto o pântano. E quatro: a curta e agradável **Tree Snail Hammock Nature Trail**. Avisamos que a Loop é uma estrada de terra difícil; é preciso um veículo 4x4 (havia propostas de pavimentação da estrada, então ela pode ter melhorado quando você ler isso). Para fazer jus ao nome, a estrada faz um loop de volta para o Tamiami; um longo passeio nela acrescenta umas duas horas à sua viagem.

Onde comer

Joannie's Blue Crab Café AMERICANA $

(joaniesbluecrabcafe.com; Tamiami Trail; pratos $9-17; ⌚9-17h) Esse legítimo barracão, ao leste de Ochopee, com teto aberto, mesas de piquenique e decoração brega de jacaré, serve uma comida deliciosa com muitas opções fritas em pratos de papel. Tem música ao vivo na maioria dos dias.

Pit BBQ AMERICANA $

(16400 SW 8th St, entre Miami e Shark Valley; pratos $4-9; ⌚11h-23h30) O churrasco é decente e servido em mesas de piquenique, ao som de música country e com acessórios que remetem à bandeira confederada. É muito brega; então se não estiver disposto a encarar com bom humor, nem pare.

EVERGLADES CITY

O fim do caminho é uma velha vila de pescadores com casas elevadas, água azul-turquesa e ilhas de mangue. A Hwy 29 corre pela cidade até a pacífica ilha residencial de Chokoloskee, depois de um grande mural psicodélico de um jacaré num galpão. "City" é um nome ambicioso para Everglades City, mas ela não deixa de ser uma cidade pesqueira amigável onde dá para se distrair facilmente por um ou três dias.

Atrações e atividades

Gulf Coast Visitor Center PARQUE

(☎239-695-3311; Hwy 29, Everglades City, 815 Oyster Bar Ln; ⌚9h-16h30 mai-out, a partir das 8h nov-abr; passeios a partir de $25, aluguel de barcos por hr a partir de $13) Essa é a estação de guardas-florestais mais ao norte do Everglades National Park e fornece acesso à área das 10,000 Islands. Passeios de barco partem da marina para as ilhas planas e verdes de mangue – se tiver sorte, poderá ver golfinhos pulando ao lado do seu barco. Esse arquipélago espalhado pela costa foi um ponto importante de tráfico de drogas para os EUA durante o final dos anos 1970 e começo dos 1980; fardos de maconha eram chamados de "garupa quadrada" pelos pescadores locais. É divertido andar de caiaque e canoa por lá; os barcos podem ser alugados na marina, mas não se esqueça de levar um mapa (eles estão disponíveis de graça no centro de visitantes).

A GUARDIÃ DE GLADES

Num estado conhecido por sua iconoclastia, todos acendem uma vela para Marjory Stoneman Douglas. Não só por seus excessos, mas por sua disposição. Uma força persistente e inabalável, ela travou uma das mais longas batalhas ambientalistas na história dos Estados Unidos.

Nascida em 1890, Douglas se mudou para a Flórida depois de seu fracassado primeiro casamento. Ela trabalhou para o *Miami Herald* e depois como escritora freelance, produzindo contos notáveis tanto pela qualidade da escrita quanto pelos temas progressivos: "Plumes" (1930) e "Wings" (1931), publicados no *Saturday Evening Post*, tratavam da questão de caça ilegal de pássaros em Glades, quando o negócio ainda era imensamente popular (as penas eram usadas para decorar os chapéus das damas).

Nos anos 1940, Douglas recebeu o convite para escrever sobre o rio Miami para a série Rios da América e logo deixou a ideia para preservar o Everglades em seu clássico, *The Everglades: River of Grass*. Como todo o trabalho de Douglas, o livro é incrível tanto por sua exaustiva pesquisa quanto pela linguagem lírica e rica.

A primeira edição de *River of Grass* imediatamente esgotou, e a percepção pública de Everglades mudou de "pântano sujo" para "tesouro nacional". Douglas continuou defendendo causas ambientais ("É trabalho da mulher se interessar pelo ambiente. É uma extensão da casa."), direitos femininos e igualdade racial, lutando, por exemplo, pela infraestrutura básica em Overtown, em Miami.

Hoje ela é lembrada como a ambientalista favorita da Flórida. Sempre vestida de modo impecável com luvas, vestido, pérolas e chapéu de abas largas, ela brigava com engenheiros, investidores, políticos e seus oponentes mais odiados, os canavieiros ("Eles deveriam ir embora agora; por mim, podem ir. A qualquer minuto. Não vamos sentir saudades deles.") só com a força de sua oratória. Ela continuou brigando, falando e dando palestras sem parar, até falecer em 1998 com 108 anos.

Hoje parece que toda instituição ambiental na Flórida recebe o nome de Douglas, mas se estivesse entre nós, duvidamos que se importaria com essas honras. Ela estaria ocupada no escritório do CERP, garantindo que tudo corresse no prazo e bancando a senhora desapontada se as coisas não estivessem funcionando.

Museum of the Everglades MUSEU
(NACT; www.evergladesmuseum.org; 105 W Broadway; ⌚9-17h ter-sex, até 16h sáb) Esse pequeno museu, localizado numa velha biblioteca, tem alguns cartazes e informações sobre o assentamento de Everglades – o foco é muito mais concentrado na história humana da área do que no ambiente natural. É realmente um museu comunitário, dá a sensação de um sótão cheio de coisas interessantes e heranças de todos, mas não deixa de ser charmoso.

Se quiser um passeio, tente a Everglades Adventure Tours (p. 125) ou o pessoal da **North American Canoe Tours** (NACT; ☎941-695--3299/4666; www.evergladesadventures.com; Ivey House Bed & Breakfast, 107 Camellia St; ⌚nov-meados abr) que aluga equipamento de camping e canoas por dia inteiro/meio dia ($35/25) e caiaques (de $45 a $65). Consegue-se 20% de desconto nesses serviços e aluguéis se estiver hospedado no Ivey House Bed & Breakfast (abaixo), que organiza os passeios. Eles o levam a lugares como Chokoloskee Island, Collier Seminole State Park, Rabbit Key ou Tiger Key; excursões à tarde ou à noite (a partir de $99).

Onde dormir

Todos os hotéis são familiares e possuem ar--condicionado e estacionamento.

Everglades City Motel MOTEL $$
(☎239-695-4244, 877-567-0679; www.evergladescitymotel.com; 310 Collier Ave; q a partir de $80; ❄📶👪) Com grandes quartos reformados que possuem TVs de tela plana, ar-condicionado e uma equipe amigável que vai conseguir qualquer passeio que desejar, esse é um hotel com um valor excepcional para quem procura passar algum tempo perto das 10,000 Islands.

Ivey House Bed & Breakfast B&B $$
(☎239-695-3299, 877-567-0679; www.iveyhouse.com; 107 Camellia St; alojamento $74-120, pousada $99-209; ❄📶👪) Essa pousada dirigida por uma família serve um bom café da manhã no pequeno Ghost Orchid Grill. Além disso, opera algumas das melhores viagens ecológicas (North American Canoe Tours). Ivey oferece muitos pacotes de férias (www.iveyhouse.com/package-vacation.htm), passeios diários e até excursões de seis dias, incluindo alojamento, passeios e algumas refeições; os preços variam de $300 a $2.290.

Rod & Gun Club Lodge B&B $$
(☎239-695-2101; www.evergladesrodandgun.com; 200 Riverside Dr; q jul-meados-out $95, meados out-jun $110-140; P❄👪) Construído nos anos 1920 como um alojamento de caça por Barron Collier (que precisava de um lugar para descansar depois de supervisionar os trabalhadores construindo sua Tamiami Trail), esse lugar, com uma adorável varanda na frente, tem um restaurante que serve tudo que se move em suas águas.

Parkway Motel & Marina MOTEL $
(☎239-695-3261; 1180 Chokoloskee Dr; www.parkwaymotelandmarina.com; q $99-120; P❄👪) Um dono amigável (e um cachorro) dirige essa verdadeira herança dos alojamentos tradicionais: lindos quartos pequenos e um apartamento aconchegante numa construção térrea.

Onde comer

JT's Island Grill & Gallery AMERICANA $
(238 Mamie St, Chokoloskee; pratos $5-16; ⌚11-15h final de out-mai) Pouco mais de 1km depois da cidade, esse maravilhoso café com galeria de arte está num mercado reformado de 1890. É repleto de móveis retrô, pilhas de livros *kitsch*, cerâmica, roupas e mapas (tudo à venda). Mas a melhor parte é a comida (somente almoço) – bolinhos frescos de caranguejo, saladas, cozidos de peixes e wraps vegetarianos – feita com produtos orgânicos.

Oyster House FRUTOS DO MAR $
(Na Chokoloskee Causeway; pratos $8-22; ⌚10-23h) Além de servir o básico de Everglades em termos de frutos do mar e hambúrgueres, a Oyster House possui um bar simpático com varanda fechada onde é possível beber, matar uns mosquitos e conversar com os locais.

Seafood Depot FRUTOS DO MAR $
(102 Collier Ave; pratos $14-33; ⌚10h30-21h) Não sublime totalmente seu desejo por comida frita, porque o rabo de jacaré e as pernas de rã desse restaurante são uma forma excelente de honrar os habitantes de Everglades: encha de Tabasco e devore.

Informações

Câmara de Comércio de Everglades (☎239-695--3941; esq. US Hwy 41 e Hwy 29; ⌚9-16h)

DE EVERGLADES CITY ATÉ NAPLES

Fakahatchee Strand Preserve PARQUE
(www.floridastateparks.org/fakahatcheestrand/; Coastline Dr, Copeland; grátis; ⌚8h-pôr do sol) A Fakahatchee Strand, além de ter um nome fantástico, também engloba um estuário de 32km por 8km de pântano que poderia ter emergido diretamente de *Jurassic Park*. Uma calçada de uns 600m atravessa essa terra molhada e selvagem, onde as panteras ainda perseguem sua presa no meio das águas negras. Apesar de ser

CAMPING COM CANOAGEM EM 10,000 ISLANDS

Uma das melhores formas de experimentar a serenidade de Everglades – um pouco desolada, mas exuberante e tropical – é navegar pela rede de riachos que cortam a porção noroeste do parque. As **10,000 Islands** consistem em muitas (mas não realmente 10 mil) pequenas ilhas e um pântano de mangues na extremidade mais ao sudoeste da Flórida. O **Wilderness Waterway**, um caminho de 160km entre Everglades City e Flamingo, é a mais longa trilha na área, mas há outras mais curtas perto de Flamingo.

A maioria das ilhas é circundada por pequenas praias com areia branca, mas note que a água é salobra e bastante rasa na maior parte do tempo. Não é o Taiti, porém fascinante. Dá para acampar na sua própria ilha por até uma semana.

Navegar pelas 10,000 Islands é bastante fácil se considerar os mapas náuticos e de maré da National Oceanic & Atmospheric Administration (NOAA). Ir contra as marés é a forma mais rápida de fazer uma péssima viagem. O Gulf Coast Visitor Center (p. 126) vende cartas náuticas e fornece cartas gratuitas das marés. Também é possível comprá-las antes de sua visita – ligue ☎305-247-1216 e peça pelas cartas náuticas números 11430, 11432 e 11433.

muito improvável, há uma boa chance de se deparar com uma grande variedade de pássaros e répteis de vários tamanhos, de pequenos lagartos a jacarés com bocarras.

De Homestead a Flamingo Point

Vá para o sul de Miami até o centro do parque e as melhores vistas de Everglades. Além disso, há muitos caminhos secundários e riachos para andar de canoa. Você verá alguns dos cenários mais silenciosos e estimulantes que o parque tem a oferecer e terá melhor acesso a uma rede interna de trilhas para se aventurar até as profundezas do pântano.

HOMESTEAD E FLORIDA CITY

Homestead não é a cidade mais bonita nos EUA. Depois de ser destruída pelo furacão Andrew em 1992 e se tornar parte das subdivisões em expansão de South Miami, ela foi muito mal planejada ao redor de lanchonetes de *fast-food*, concessionárias e postos de gasolina. Muitos mexicanos se mudaram para lá procurando trabalho em fazendas (ou para fornecer serviços a quem trabalha nas fazendas), e, como resultado, se você fala espanhol, é impossível não perceber a mudança no sotaque de cubano para mexicano. As estações de rádio também mudam do reggaeton e hip-hop para a música mariachi.

Dá para se divertir durante uma tarde passeando pela quase exótica **Main Street** (www.homesteadmainstreet.org), que essencialmente engloba alguns quarteirões da Krome Ave, estendendo-se ao norte e ao sul de **Old Town Hall** (41 N Krome Ave). É um bom esforço para injetar alguma personalidade no "centro" de Homestead.

Dito isso, vamos apoiar um pouco Homestead: ela abriga duas das maiores atrações das estradas da Flórida, um dos melhores hostels e um incrível mercado de fazendeiros. Eba: quatro "atrações principais" numa cidade.

Atrações

Coral Castle CASTELO

(www.coralcastle.com; 28655 S Dixie Hwy; adulto/criança 7-18 anos $12/7; 8-18h, até 20h sáb e dom) "Você verá algumas coisas incomuns", diz a inscrição na parede de pedras. É falar pouco. Não há maior templo para tudo que é estranho e raro no sul da Flórida do que a lenda: um letão humilhado no altar. Ele foi para os EUA. Mudou-se para a Flórida. Esculpiu, sem que ninguém visse, à noite, um monumento ao amor não correspondido: um composto de pedras que inclui uma "sala do trono", um relógio de sol, uma paliçada de pedra (sua "área de descanso") e uma porta giratória de pedra que engenheiros do mundo todo, até hoje, não conseguem explicar. Ah, há estações de áudio dentro do monumento que explicam tudo num sotaque letão, fazendo parecer que é o personagem Borat quem está narrando.

Everglades Outpost SANTUÁRIO DE VIDA SELVAGEM

(www.evergladesoutpost.org; 35601 SW 192nd Ave; doação recomendada $20; 10-16h sáb e dom, por agendamento seg-sex) Se o Coral Castle é engraçado, o Everglades Outpost é tocante e adorável. Uma iniciativa que une uma família dedicada e amigos, todos amantes de animais, esse posto abriga, alimenta e cuida de animais selvagens que foram tirados de comerciantes ilegais, abusados, negligenciados ou doados por pessoas que não podiam cuidar deles. Entre os residentes do santuário estão gibões, um lêmure, lobos, cobras, jacarés e um par de tigres majestosos (um deles foi comprado por uma dançarina exótica que achou que poderia incorporá-lo à sua apresentação). As doações ajudam a missão; não há causa mais nobre na área. Durante a semana, ligue antes para agendar a visita.

Onde dormir

Há muitas redes como Best Western, Days Inn, além de hotéis e motéis parecidos por toda a Rt 1 Krome Ave.

Everglades International Hostel HOSTEL $
(☎305-248-1122, 800-372-3874; www.evergladeshostel.com; 20 SW 2nd Ave, Florida City; camping $18, dc $28, c $61-75; P❄📶🏊) Localizado numa pensão confortável dos anos 1930, esse hostel possui dormitórios, quartos privativos e "semiprivativos" (um quarto acoplado ao dormitório coletivo em que o hóspede compartilha o banheiro com os do dormitório) com bom valor. E o quintal – uau! É realmente um jardim de deleites terrenos. Há: uma casa na árvore; uma piscina de pedras naturais com uma queda-d'água; um pavilhão beduíno que também é salão de festas; um gazebo; uma tenda ao ar livre onde se pode dormir; e um forno para pizza. Tudo precisa ser visto para acreditar, e o melhor de tudo é que se pode dormir em qualquer lugar nesse quintal por $18. Dormir numa casa da árvore! Achamos que é uma coisa ótima. Devemos acrescentar que o pessoal é do tipo que nos faz se apaixonar por mochilar, e o hostel organiza alguns das melhores passeios.

Redland Hotel HOTEL $$
(☎305-246-1904; www.redlandhotel.com; 5 S Flagler Ave, Homestead; q $83-150; P📶) Esse hotel histórico possui quartos individuais limpos com um clima aconchegante. O prédio foi o primeiro hotel da cidade, loja, correio, biblioteca e pensão (de verdade!) e agora é voltado para quem quer um toque mais pessoal do que o oferecido nas redes.

Onde comer

Robert Is Here MERCADO $
(www.robertishere.com; 19200 SW 344th St, Homestead; ⏲8-19h nov-ago) Mais do que uma barraca com produtos da fazenda, o Robert's é uma instituição. Essa é a Velha Flórida no que tem de mais brega, no amor por Glades e pela agricultura local. Há um zoológico para as crianças, música ao vivo à noite, conservas caseiras e molhos e, enquanto todo mundo fica louco pelos milkshakes – com razão –, não saia sem tomar o suco de laranja fresco; é o melhor do mundo. Achou o nome engraçado? Bom, no passado, o homônimo do lugar estava lá vendendo os pepinos cultivados por seu pai, mas ninguém parava para comprar. Então ele fez uma placa que anunciava, em grandes letras vermelhas, que o Robert estava, realmente, ali. E continua desde então.

Rosita's MEXICANA $
(☎305-246-3114; 199 W Palm Dr, Florida City; pratos a menos de $10; ⏲8h30-21h) Há muitos trabalhadores mexicanos nesse local, certificando a incrível qualidade dos tacos e burritos. Todo mundo é simpático, e o melhor de tudo: é possível levar a comida se estiver hospedado no Everglades International Hostel ao lado.

MUSEU AH-TAH-THI-KI

Se quer aprender sobre os nativos americanos da Flórida, vá ao **museu Seminole** (☎877-902-1113; www.ahtahthiki.com; Big Cypress Seminole Indian Reservation, Clewiston; adulto/criança/aposentados $9/6/6; ⏲9-17h), 27km ao norte da I-75. Todas as excelentes mostras educativas sobre a vida, a história e a atual tribo dos seminoles foram baseadas num jogo, que fornece a maior parte do orçamento multimilionário da tribo.

O museu está, na verdade, localizado dentro de uma cúpula de ciprestes cortada por um caminho, marcando, desde o começo, um equilíbrio entre ambientalismo e educação. A exibição permanente possui vários quadros com figuras em tamanho real, representando cenas da vida tradicional seminole, enquanto mostras temporárias são um pouco mais acadêmicas (as últimas incluíram longas incursões na estrutura econômica de Everglades). Há uma "vila viva" antiga, e áreas cerimoniais também foram recriadas. No geral, o Ah-tah-thi-ki se esforça para não ser um parque temático brega nativo americano, e a tribo seminole deve ser elogiada por isso.

Farmers Market Restaurant AMERICANA $
(☎305-242-0008; 300 N Krome Ave, Florida City; pratos no almoço $8-13, pratos no jantar $12-16; ⏲5h30-21h) O restaurante é tão fresco e confiável quanto a produção no mercado ao lado e sua clientela de trabalhadores rurais. O interior é um pouco simples demais, mas a comida vai deixá-lo satisfeito.

Onde comprar

ArtSouth GALERIA
(☎305-247-9406; www.artsouthhomestead.org; 240 N Krome Ave, Homestead; ⏲10-18h ter-sex) Esse coletivo de artistas é um bom lugar para conferir o talento local e comprar arte inspirada em Glades. Também possui uma ótima vista. As exposições ao ar livre fazem com que a galeria pareça um jardim de esculturas (ou pelo menos um museu gratuito decente) e fornece um bom parâmetro estético para o lado norte da rua principal de Homestead.

Informações

Câmara de Comércio (☎305-247-2332; www.chamberinaction.com; 455 N Flagler Ave, Homestead; ⏲9-12h e 13-17h seg-sex)

DE ERNEST COE E ROYAL PALM ATÉ FLAMINGO

Passe por Florida City, dirija por vários quilômetros de pastos planos, passe por uma enorme prisão (parece que um fugitivo escapa pelo pântano pelo menos uma vez por ano) e vire à esquerda quando vir a placa do Robert Is Here (p. 129) – ou pare para que as crianças brinquem com um burrinho no zoológico do Robert.

Atrações e atividades

Ernest Coe Visitor Center PARQUE
☎305-242-7700; www.nps.gov/ever; 40001 State Rd 9336; ⏲8-17h) Quando se passa por Homestead e Florida City, os pastos perdem a uniformidade e as terras planas se tornam mais selvagens, forradas de pinheiros e ciprestes. Depois de uns poucos quilômetros, você vai entrar no Parque Nacional Everglades por esse centro de visitantes bem simpático. Dê uma olhada nas excelentes exposições, incluindo um painel de moradores "típicos" da Flórida (o pescador parece um membro do ZZ Top).

Royal Palm Visitor Center PARQUE
(☎305-242-7700; State Rd 9336; ⏲8h-16h15) Avance 6km depois do Ernest Coe Visitor Center e estará no Royal Palm que oferece o acesso mais fácil a Glades nessas partes. Duas trilhas, a **Anhinga** e a **Gumbo Limbo** (o nome da segunda tem a ver com a árvore com esse nome, também conhecida como "árvore do turista" porque descasca como um europeu queimado de sol), conduzem a caminhadas de uma hora, que o colocam frente a frente com a vida selvagem de Everglades. Os jacarés tomam sol, as garças espreitam suas presas, e os pássaros observam no meio do junco. Vá à noite para uma caminhada com os guardas-florestais pelo caminho de terra e aponte a lanterna para a água a fim de ver uma das coisas mais legais da sua vida: os olhos brilhantes de dezenas de jacarés rondando os riachos.

Caiaque e canoa NAVEGAÇÃO
O verdadeiro prazer nessa parte do parque é andar de canoa no centro do pântano. Há muitos pontos de partida, todos com nomes que parecem retirados de um mapa conduzindo Frodo a Mordor, incluindo **Hell's Bay**, **Nightmare**, **Snake Bight** e **Graveyard Creek**. Nosso favorito é Hell's Bay. "Inferno para entrar e inferno para sair", assim esse lugar era descrito por velhos habitantes de Glades, mas é um paraíso: uma rede capilar de riachos de mangues, ilhas de grama e terras alagadas, onde as silveiras formam um túnel verde e os únicos aromas são do sal marinho e do hálito orgânico do pântano. Existem três cabanas na trilha.

Trilhas CAMINHADA
A State Rd 9336 corta o centro do parque, passando por grandes campos de pradaria e pântano, florestas brancas de ciprestes carecas e madeira negra. Há muitas trilhas para dar voltas; todas as seguintes possuem 800m de extensão. **Mahogany Hammock** leva até uma "ilha" de árvores flutuando na pradaria alagada, enquanto a **Pinelands** leva por um bosque de raros pinheiros e palmeiras no meio do pântano. Mais à frente a **Pa-hay-okee Overlook** é uma plataforma sobre uma das curvas mais lindas do River of Grass. A **West Lake Trail** corre através da floresta de mangue mais protegida do Hemisfério Norte. Descendo mais, caminhe por 2,9km (2 horas) até **Christian Point**. Essa caminhada puxada vai levá-lo através de vários ambientes em Glades: sob a floresta tropical, passando colunas de ciprestes brancos e uma série de áreas alagadas (muito atraentes nos dias cinzas e nublados), terminando com uma visão espetacular da costa exposta ao vento de Florida Bay.

Flamingo Visitor Center PARQUE
(☎239-695-2945; State Rd 9336; ⏲8h-16h15) A parte mais isolada do parque é uma **marina** pequena (☎239-696-3101, 239-695-2591) de onde parte um passeio de barco por lugares pouco habitados, além de dispor de barcos

NOSSA! COBRAS, JACARÉS E CROCODILOS

Jacarés

Jacarés são comuns no parque, apesar de não serem vistos com frequência nas 10.000 Islands, já que tendem a evitar a água salgada. Se vir um jacaré, ele provavelmente não vai importuná-lo, a menos que você faça algo abertamente ameaçador ou coloque seu barco entre ele(a) e seus filhotes. Se ouvir um jacaré emitindo um som alto que parece um assobio, vá embora rápido. É o chamado para os outros jacarés quando um filhote está em perigo. Por último, nunca alimente um jacaré – é estúpido e ilegal.

Crocodilos

Crocodilos são menos comuns no parque, já que preferem hábitats costeiros e salgados. Eles são mais agressivos do que os jacarés, por isso as mesmas regras se aplicam. Com talvez umas poucas centenas ainda vivas nos EUA, são também uma espécie em perigo de extinção.

Panteras

A pantera da Flórida está muito ameaçada, e, apesar de ser o animal oficial do estado, sua sobrevivência na selva não está assegurada. Há soltas umas cem panteras estimadas, e embora esse número tenha aumentado entre vinte e trinta desde os anos 1980, isso não é motivo para grandes comemorações. Como sempre, os humanos são os culpados dos problemas desse predador. A enorme redução do hábitat (quer dizer, a chegada de grandes empreendimentos) é a principal causa de preocupação. No passado, a falta de dados sobre a população das panteras levou à aprovação de construções que foram maléficas para a sobrevivência da espécie; grupos ambientalistas sustentaram que a falta de informações estava ligada a conflitos de interesse financeiro. Unidades de criação, que consistem de um e dois machos para cada cinco fêmeas, exigem em torno de $500km^2$ de espaço para viver, e isso geralmente coloca as panteras no caminho das feras mais perigosas da Flórida: os motoristas. Dezesseis panteras foram mortas por carros em 2010.

Se tiver sorte o suficiente para ver uma (e é preciso realmente muita), as panteras da Flórida são magníficos gatos caçadores marrons (são, na verdade, pumas), extremamente esquivos e só habitam 5% do seu espaço histórico. A maioria está relativamente concentrada no **Big Cypress National Preserve** (p. 125).

Clima

Tempestades e raios são mais comuns no verão do que no inverno. Mas, no verão, os insetos são tão ruins que você não vai querer ficar em ambientes externos. Em situações de emergência, os guardas-florestais procuram os campistas registrados, mas, sob condições normais, eles só saem se receberem informações de que alguém está perdido. Se for acampar, tenha um amigo ou familiar pronto para contatar os guardas se você não reaparecer até certo dia.

Insetos

Não subestime o problema dos mosquitos e dos mosquitinhos-do-mangue (pequenas moscas que picam) em Everglades; são, de longe, o pior do parque. Enquanto na maioria dos parques nacionais há placas avisando sobre o risco de incêndio, lá elas mostram a quantidade de mosquitos (ligue para ☎305-242-7700 para ter um relatório completo). No verão e no outono, as placas quase sempre dizem "extremamente alta". Você perceberá no segundo em que abrir a porta do seu carro. As únicas proteções são repelentes com 100% de DEET ou, ainda melhor, uma cara roupa de rede.

Cobras em Glades!

Há quatro tipos de cobras venenosas em Everglades: a serpente-diamante (*Crotalus adamanteus*); a serpente pigmeu (*Sistrurus miliarius);* a serpente d'água *(Agkistrodon piscivorus conanti*), que nada pela superfície da água; e a cobra-coral (*Micrurus fulvius*). Use meias grossas e compridas e botas de amarrar – e mantenha-se o mais longe possível delas. Ultimamente há jiboias birmanesas rondando a água também. Os donos que não conseguiram cuidar de suas serpentes de estimação (isso acontece com uma frequência deprimente) as jogaram no pântano, onde elas se adaptaram como... bem, como cobras tropicais numa floresta subtropical. A serpente é uma espécie invasora que está estragando a ordem natural do ecossistema.

ACAMPAMENTO SELVAGEM

Três tipos de acampamentos em lugares ermos estão disponíveis: nas praias e nas 10.000 Islands; acampamentos em terra, que são basicamente aterros de barro construídos acima dos mangues; e "*chickees*", plataformas de madeira construídas acima da linha-d'água onde se pode montar uma tenda (mas sem usar pregos). As *chickees*, que possuem banheiro, são as mais civilizadas – há uma serenidade em dormir no que parece uma jangada levitando sobre a água. A terra, no entanto, tende a ser a mais infestada por insetos.

Aviso: se estiver remando e vir uma ilha que parece agradável para acampar, mas não está marcada como acampamento, cuidado – você pode terminar submerso quando a maré mudar.

De novembro a abril, as permissões para acampar custam $10, mais $2 por pessoa por noite; de maio a outubro é de graça, mas ainda é preciso se registrar no Flamingo e no Gulf Coast Visitor Center ou ligar ☎239-695-2945.

Algumas dicas:

» Guarde comida num recipiente pequeno, à prova de texugos (disponível em lojas de acessórios).

» Enterre seu lixo a pelo menos 25cm, mas lembre-se de que alguns lugares têm a terra dura.

» Use um fogareiro de acampamento para cozinhar. Fogueiras só são permitidas nas praias, e só se pode usar carvão ou madeira seca.

para alugar, mas as instalações estavam fechadas para reforma durante nossa visita. No passado, os passeios de barcos custavam por volta de $20/10 para adultos/crianças, enquanto as canoas (1 hora/meio dia/dia inteiro $8/22/32), e os caiaques de mar (meio dia/dia inteiro $35/45) estavam disponíveis para aluguel. É possível explorar os canais e as ilhas de Florida Bay sozinho. Tome cuidado com as áreas costeiras durante o mau tempo, já que as tempestades podem transformar rapidamente uma atraente praia em um lugar perigoso.

Onde dormir

National Park Service Campsites CAMPING $
(NPS; ☎800-365-2267; www.nps.gov/ever/planyourvisit/camping; locais mai-out grátis, nov-abr $16) Há campings dirigidos pela NPS localizados em todo o parque. Os espaços são selvagens e não possuem energia elétrica. Dependendo da época do ano, os chuveiros de água fria são revigorantes ou um alívio bem-vindo. O escritório de informações da NPS em Royal Palm pode fornecer um mapa de todos os acampamentos, assim como o site do parque.

Long Pine Key Campground CAMPING $
(☎305-242-7873; mai-out grátis, nov-abr $16. É uma boa aposta para quem acampa de carro, a oeste do Royal Palm Visitor Center.

Flamingo Campground CAMPING $
(☎877-444-6777; mai-out grátis, nov-abr $30) Há 41 espaços para acampar com carro no Flamingo Visitor Center que possuem energia elétrica.

Biscayne National Park

Bem a leste de Everglades está o Biscayne National Park, ou os 5% dele que não estão submersos na água. Vamos explicar: uma porção do terceiro maior recife do mundo está na costa da Flórida, junto com florestas de mangues e a parte mais ao norte das Florida Keys. Felizmente, esse parque único com 776km² é fácil de explorar de forma independente com uma canoa ou em um passeio de barco com fundo de vidro.

Um pouco apagado, injustamente, por Everglades, o Biscayne é único como parque nacional, exigindo um pouco mais de planejamento e oferecendo muito mais recompensas pelo esforço. As ilhas da costa, acessíveis só por barco, oferecem ótimas oportunidades para acampar. Geralmente, o verão e o outono são os melhores momentos para visitar o parque; você vai querer mergulhar com snorkel quando a água estiver calma. É um dos melhores recifes para mergulhos nos EUA, tirando o Havaí e Key Largo, que fica perto.

Atrações

Biscayne National Park PARQUE
(☎305-230-7275, 305-230-1100; www.nps.gov/bisc, www.biscayneunderwater.com; 9700 SW 328th St) O parque em si oferece aluguel de canoas, transporte para as ilhas da costa, snorkel e mergulhos, e barcos com fundo de vidro para visualizar os excepcionais recifes. Todos os passeios exigem um mínimo de seis pessoas, então reserve. As viagens com barco de fundo de vidro por três horas ($45) partem às 10h e são bem

populares; se tiver sorte, poderá observar golfinhos ou peixes-boi. O aluguel de canoas custa $12 por hora, e os caiaques, $16; todos são alugados das 9h às 15h. As viagens de três horas para mergulhar com snorkel ($45) partem às 13h15 diariamente; fica-se 1h e 30min na água. As viagens de mergulho saem às 8h30 de sexta a domingo ($99). Também é possível organizar passeios de barco particulares ao redor do parque por $300.

Keys do Extremo Norte ILHAS

A comprida **Elliott Key** possui área para piquenique, acampamento e trilhas entre as florestas de mangue; a pequena **Adams Key** só tem área de piquenique; e a igualmente pequena **Boca Chita Key** possui um farol ornamental, áreas para piquenique e acampamento. Essas pequenas ilhas foram estabelecidas pela Lei de Homestead de 1862, que cederam terra de graça a qualquer um disposto a transformar o lugar numa fazenda de abacaxis e lima por cinco anos. Os mosquitos são invasivos, e a picada deles é terrível. Tenha certeza de que sua tenda não possui nem mesmo um minúsculo ponto de entrada.

Maritime Heritage Trail LOCAL PARA MERGULHO

Uma das únicas trilhas deste tipo nos EUA, a Maritime Heritage Trail ainda estava tecnicamente em construção na época da pesquisa, mas já estava recebendo "andarilhos". Se já quis explorar um navio afundado, essa pode ser a melhor oportunidade no país. Seis estão localizados dentro do parque; a experiência da trilha envolve levar os visitantes, de barco, até o local do naufrágio, onde podem nadar e explorar entre os cascos e os cardumes de peixes – há até placas informativas embaixo da água entre os barcos. Cinco dos navios podem ser explorados por mergulhadores, mas um, o *Mandalay*, uma adorável escuna de dois mastros que afundou em 1966, pode ser acessada por praticantes de snorkel.

A MAIOR AMEAÇA DO PEIXE-BOI

Os peixes-boi são mamíferos tímidos e totalmente pacíficos que, para todas as causas, se tornaram o ícone do ambientalismo da Flórida. Eles parecem focas obesas com narizes vagamente elefantinos. No passado, os marinheiros aparentemente os confundiram com sereias, o que sugere que esses animais estavam no mar havia muito tempo.

Piadas à parte, o peixe-boi é uma grande preocupação ambiental para a Flórida. A poluição é um problema para esses gigantes gentis, mas o maior assassino deles são os barcos e, entre esses, os piores são os barcos de passeio.

Os peixes-boi procuram as águas rasas e quentes e se alimentam de vegetação. O sul da Flórida está cercado desse ambiente, mas também possui a mais alta concentração de barcos de passeio do mundo. Apesar dos pedidos de grupos ambientais, defensores da vida selvagem e dos governos locais, estadual e federal, que declararam muitas áreas "Zonas de Peixes-Boi", alguns barcos de passeio rotineiramente excedem os limites de velocidade e ignoram práticas simples (ver p. 211) que ajudariam a proteger as espécies.

Depois de comer um pouco, os peixes-boi sobem para tomar ar e geralmente flutuam pouco abaixo da superfície, mastigando e descansando. Quando os barcos velozes cruzam a zona, os animais são atingidos pelo casco e/ou são lançados longe ou sugados para baixo do barco, cujas hélices cortam os mamíferos. Há poucos peixes-boi sem cicatrizes de motores, que deixam ferimentos em seus corpos parecidos aos cortes diagonais num pão francês.

Há várias organizações por todo o estado que resgatam e reabilitam peixes-boi feridos, mas elas estão lutando o que parece ser uma batalha perdida. Algumas dessas organizações incluem a **Save the Manatee** (www.savethemanatee.org) e o Miami Seaquarium (p. 65). Mergulhadores, especialistas em animais e veterinários do Marine Mammal Rescue Team do Seaquarium patrulham as águas do sul da Flórida, respondendo a chamados de peixes-boi encalhados, golfinhos e baleias. Apesar do sucesso do programa do Seaquarium, os barcos de passeio ainda ameaçam a sobrevivência dos peixes-boi. Em 2010, a Comissão de Peixes e Vida Selvagem da Flórida informou que 83 peixes-boi foram mortos por barcos a motor.

Em fevereiro de 2011, um homem foi acusado de matar uma fêmea amamentando enquanto passava com seu barco por uma área de águas calmas. Ele ficou em condicional por um ano, e seu barco foi confiscado pelas autoridades. A decisão foi elogiada pelos ambientalistas, mas decisões como essa são poucas e infrequentes – o homem foi pego em flagrante, mas a maioria dos incidentes não é informada.

Atividades

Passear de barco e **pescar** são atividades muito populares e em geral andam de mãos dadas, mas, para fazer os dois, é preciso ter as permissões em dia. Quem vai de barco é melhor ter as cartas de marés do parque (ou as do site www.nps.gov/bisc/planyourvisit/tide-predictions.htm). E sempre respeite as zonas de baixa velocidade, criadas para proteger os peixes-boi ameaçados (ver p. 133).

As zonas de baixa velocidade atualmente se estendem por 300m saindo da costa, de Black Point ao sul até Turkey Point, e incluem as marinas em Black Point e Homestead Bayfront Parks. Outra zona lenta se estende de Sands Cut a Coon Point; mapas de todos os pontos acima podem ser obtidos com os guardas-florestais e são necessários para a navegação em qualquer caso.

Apesar de Biscayne ser um parque nacional, é governado por leis estaduais quando se trata de pesca, então se quiser praticar, precisa de uma licença estadual. Existem vários tipos e podem ser pesquisadas em http://myfwc.com/fishing, que também fornece uma lista de lugares onde as licenças podem ser obtidas. Na época da pesquisa, a permissão para não residentes por sete dias para peixes de água doce e salgada custava $50 cada.

Para informações sobre passeios de barco e aluguéis, contate **Biscayne Underwater** (www.biscayneunderwater.com), que pode ajudar com a logística.

O mar próximo a Convoy Point é visto como o principal território para **windsurfe**. Os praticantes podem contatar empresas de equipamento em Miami (p. 79).

Onde dormir

Campings básicos em Elliott e Boca Chita Keys custam $15 por barraca e por noite; o pagamento é feito em depósito do valor exato no porto (os guardas-florestais cruzam Keys para checar seu comprovante). Leve todos os suprimentos, incluindo água, e carregue tudo. Não há água em Boca Chita, só banheiros salinos, e como é um porto mais fundo, tende a atrair barcos maiores (e mais barulhentos). Leve sua própria água para a ilha. Há água potável, mas sempre é preciso pagar. Custa $20 para atracar seu barco e passar a noite em Elliott ou Boca Chita, porém essa taxa cobre o uso de um acampamento para até seis pessoas e duas barracas.

Informações

Dante Fascell Visitor Center (☎305-230-7275; www.nps.gov/bisc; 9700 SW 328th St; ⏲8h30-17h) Localizado em Convoy Point, esse centro mostra um ótimo vídeo introdutório com uma visão geral do parque e possui mapas, informações e excelentes atividades dos guardas-florestais. O terreno ao redor do centro é popular para piqueniques nos fins de semana e feriados, especialmente para as famílias de Homestead. Também expõe arte local.

Como chegar

Para chegar, é preciso dirigir por uns 15km ao leste de Homestead (o caminho está bem sinalizado) pela SW 328th St (North Canal Dr) até uma longa série de campos verde-dourado e pântano.

Florida Keys e Key West

Inclui »

Melhores lugares para comer

» Café Solé (p. 163)
» Keys Fisheries (p. 148)
» Seven Fish (p. 163)
» Midway Cafe (p. 144)
» Key Largo Conch House (p. 141)

Melhores lugares para ficar

» Deer Run Bed & Breakfast (p. 151)
» Curry Mansion Inn (p. 162)
» Mermaid & Alligator (p. 162)
» Casa Morada (p. 144)
» Bahia Honda State Park Campground (p. 151)

Por que ir?

As Keys são um lugar separado dos EUA continental. Elas dançam conforme sua própria música, seja ela de banda country do Alabama, um single de Jimmy Buffett ou uma banda de calipso das Bahamas, tanto faz. O fato é que as pessoas cansadas de sua vida cotidiana nas grandes cidades fogem para lá. O que encontram? Por volta de 113 ilhas de mangue e bancos de areia onde o sol forte reflete, muita água verde-azulada e uma população no geral igual a eles: gente que vive fora dos padrões, diferente e estranha, mas adorável.

Key West ainda é definida por seu lema, que nós amamos – Uma Família Humana –, um ideal que reúne uma postura tolerante, de aceitação ao outro, e uma atitude em que a vida é sempre uma festa (ou pelo menos um dia de ressaca após o outro). Tudo isso em um cenário de tons pastel, como em uma aquarela, e o frescor da brisa ao pôr do sol numa varanda estilo Bahamas. Bem-vindo ao Fim dos Estados Unidos.

Pegue uma bebida.

Quando ir

Key West

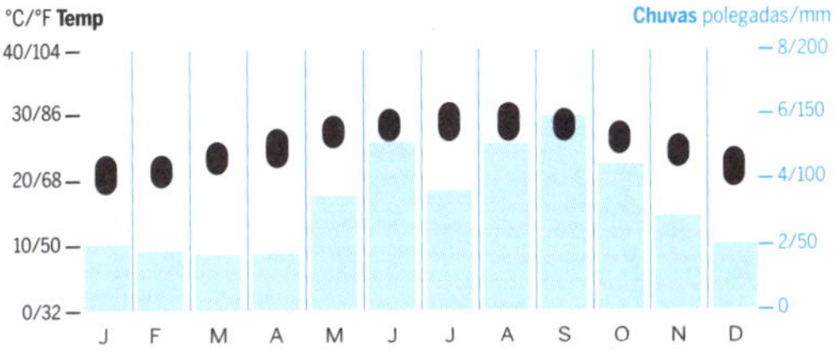

Dez-mar É seco, o sol é forte, o clima é ótimo, e o alojamento é mais caro.

Abr-jun A brisa marinha ajuda a diminuir o calor do verão, e os preços dos hotéis caem muito.

Jul-nov Há um pouco de chuva (e pode haver até furacões), mas muitos dos festivais acontecem nessa época.

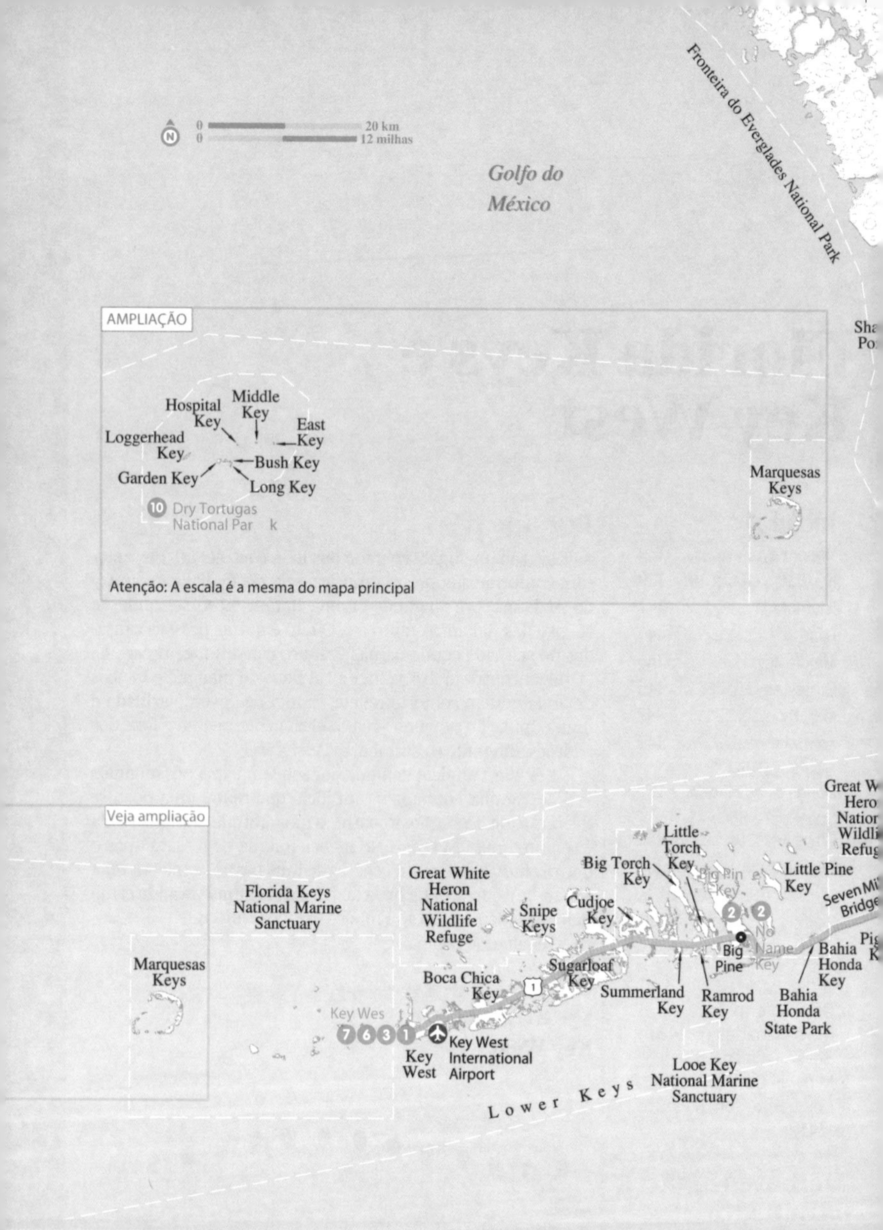

Destaques de Florida Keys e Key West

1 Enturmar-se com os locais enquanto bebe no bar mais antigo de Key West, o **Green Parrot** (p. 164).

2 Observar o cervo de Key ao caminhar por Big Pine e No Name Keys no **National Key Deer Refuge** (p. 150).

3 Observar o pôr do sol sobre o oceano enquanto assiste ao show estridente em **Mallory Square** (p. 153).

4 Mergulhar nos recifes do **John Pennekamp Coral Reef State Park** (p. 139).

5 Remar no misterioso, solitário e lindo **Indian Key State Historic Site** (p. 143).

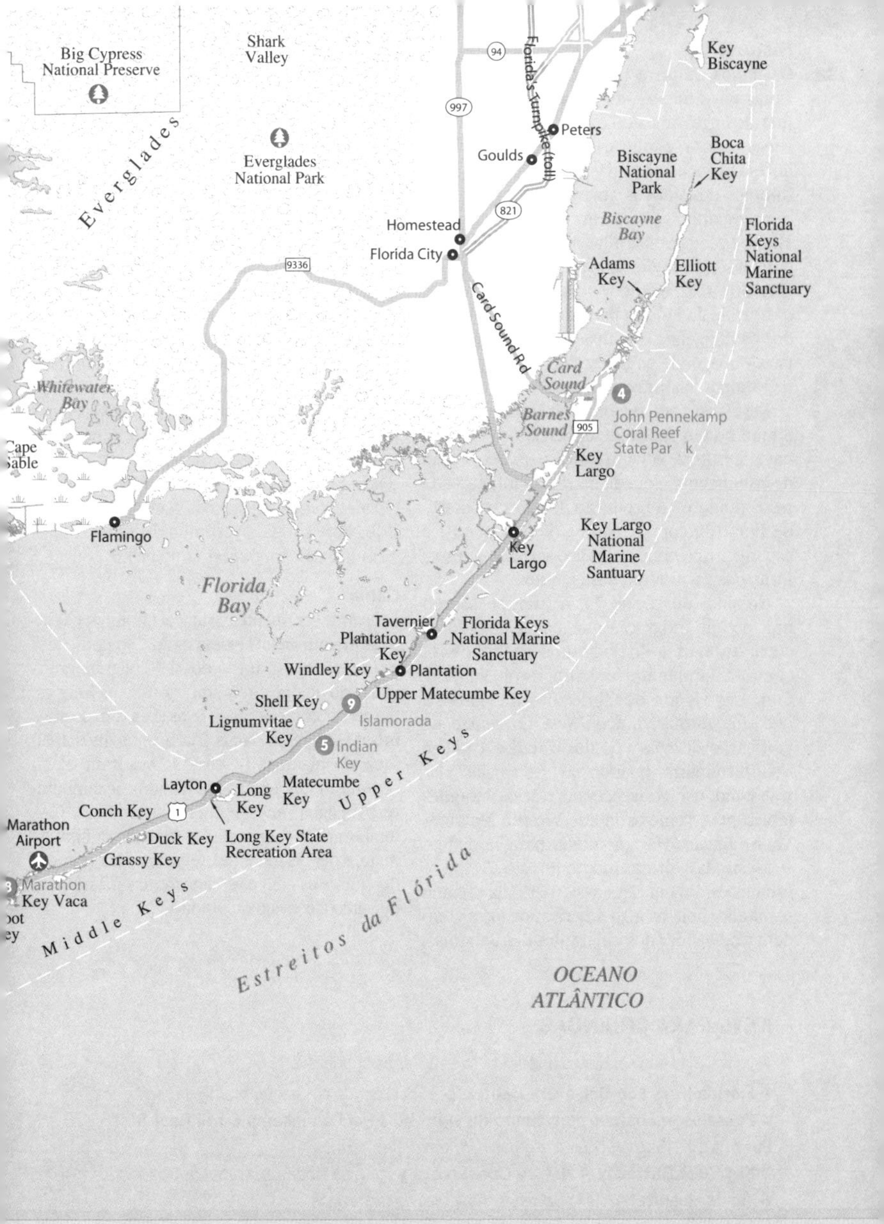

6 Usar uma fantasia roxa e verde de crocodilo e festejar nas ruas durante o **Fantasy Fest** em Key West (p. 161).

7 Coçar a orelha dos gatos de seis dedos na adorável **Hemingway House** (p. 157).

8 Passear entre as palmeiras e os pinheiros no ecoeducativo **Crane Point Museum** (p. 147).

9 Alimentar o tarpão gigante nadando em círculos na **Robbie's Marina** (p. 142).

10 Fazer um passeio de um dia no **Dry Tortugas National Park** (p. 160).

História

Os índios calusa e tequesta ocuparam essas águas por milhares de anos, mas isso terminou de forma mais do que deprimente com a chegada dos espanhóis, os primeiros colonizadores europeus da região. Ao encontrarem os túmulos dos nativos americanos, os exploradores espanhóis chamaram Key West de Cayo Hueso (que significa Ilha do Osso), um título que foi sendo anglicizado até sua versão atual. De 1760 a 1763, quando os espanhóis passaram o controle da Flórida para a Grã-Bretanha, todos os indígenas das ilhas foram transferidos para Cuba, onde ou morreram no exílio ou integraram a mistura étnica local.

Key West, em si, foi comprada por John Simonton em 1821 e desenvolvida como base naval em 1822. Por um longo período, o ciclo de crescimento e queda na região foi marcado pelos militares, a produção de sal, a produção de lima (do coral), naufrágios (ver p. 161) e esponjas, que eram colhidas, secadas e transformadas no produto para banho.

No final do século 19, a área se tornou um foco de imigração em massa quando os cubanos fugiram do domínio espanhol e procuraram formar um exército revolucionário. Com eles vieram os fabricantes de charutos que transformaram Key West no centro de fabricação de charutos dos Estados Unidos: isso terminaria quando as exigências dos trabalhadores convenceram vários grandes fabricantes, principalmente Vicente Martínez Ybor e Ignacio Haya, a mudar para Tampa no sudoeste da Flórida. Imigrantes do Caribe se estabeleceram em Keys nesse período, e, como resultado, hoje os afro-americanos locais tendem a descender dos imigrantes das Bahamas, não dos escravos sulistas – algo raro nos Estados Unidos.

Durante a Guerra Espanhola-Americana (1898), Key West foi um ponto de partida importante para as tropas norte-americanas, e a presença militar durou até a Primeira Guerra Mundial. No final de 1910, com a Lei Seca, Key West se tornou um centro de pirataria, com pessoas estocando bebida. As Keys começaram a chamar atenção por volta de 1938, quando Henry Flagler construiu a Overseas Hwy, substituindo a então extinta Overseas Railroad.

Key West sempre foi um lugar onde as pessoas fizeram negócios. Uma grande comunidade de artistas e artesãos se juntou lá no final da Grande Depressão por causa dos imóveis baratos, e o grupo continua a crescer (apesar de hoje os preços estarem altos). Mesmo os gays sendo bem-vindos há muito tempo, a comunidade realmente começou a crescer nos anos 1970; hoje é uma das comunidades gays mais reconhecidas e organizadas no país.

Clima

Apesar de ser quente e tropical em Keys, a temperatura nunca ultrapassa os 36°C; o ponto alto no verão fica em torno dos 31°C, alguns graus mais frio do que em Miami, porque as Keys estão cercadas pelo oceano (e as suas refrescantes brisas). A estação mais fria foi nos anos 1950 (quando algumas pessoas se vestiram como se uma nevasca estivesse caindo); a temperatura da água está sempre em torno de 27°C. A temporada de tempestades começa no final de maio, e depois todos se preparam para os temidos furacões – se eles chegarem, será no final do verão e começo do outono.

KEYS PARA CRIANÇAS

Veja algumas das seguintes opções para entreter as crianças:

» **Florida Keys Eco-Discovery Center** (p. 157) Entenda o meio ambiente da região.

» **Passeios em barcos com fundo de vidro no John Pennekamp Coral Reef State Park** (p. 139) Sua própria janela para o mundo submarino.

» **Key West Butterfly & Nature Conservatory** (p. 158) Lindas criaturinhas voadoras.

» **Turtle Hospital** (p. 147) Salve (ou observe) as tartarugas.

» **Conch Tour Train** (p. 161) Passeio brega, piegas e adorável.

» **Ghost tours** (p. 161) Só um pouquinho assustador, mas as crianças menores poderão ficar com mais medo dos "fantasmas".

» **Key-deer spotting** (p. 150) As crianças ficam doidas com os lindos minicervos.

» **Key West Cemetery** (p. 157) Torne-se gótico com esses túmulos geralmente engraçados.

» **Robbie's Marina** (p. 142) Todo tipo de atividade, incluindo a sempre popular hora de alimentar os tarpões (peixe gigante).

Informações

O **Florida Keys & Key West Visitor's Bureau** do Conselho de Desenvolvimento Turístico do Condado de Monroe (800-352-5397; www.fla-keys.com) mantém um excelente site, repleto de informações sobre tudo que Keys tem a oferecer.

Confira o www.keysnews.com para boas atualizações diárias e informações sobre as ilhas.

Como Chegar

Chegar às Keys pode ser metade da diversão ou, se estiver com azar, uma grande dose de frustração. Imagine zanzar por ilhas tropicais, de uma ilhazinha de mangue à outra, através de uma das mais incríveis estradas do mundo: a Overseas Hwy (US Hwy 1). Num dia bom, dirigir pela Overseas com as janelas abertas, o vento no seu rosto, a Florida Bat e o Atlântico se estendendo de cada lado é a viagem rodoviária perfeita para o clima tropical. Num dia ruim, você termina preso num engarrafamento atrás de algum grandalhão montado em uma Harley, adquirida em plena crise de meia idade.

O ônibus da **Greyhound** (800-229-9424) serve todos os destinos de Keys pela US Hwy 1 e parte do centro de Miami e de Key West; é possível pegar um ônibus pelo caminho na Overseas Hwy fazendo sinal. Se voar até Fort Lauderdale ou Miami, o **Keys Shuttle** (888-765-9997) fornece serviço porta a porta para a maior parte das Keys ($ 70/80/90 até Upper e Middle Keys/ Lower Keys/Key West). Reserve pelo menos com um dia de antecedência.

Ver também p. 167.

UPPER KEYS

Sim, você realmente está nas ilhas!

É um pouco difícil saber quando realmente chegou, já que o grande mangue que forma a costa do sul da Flórida se espalha como um pântano de madeira até Key Largo. Na verdade, o mangue se torna Key Largo, que é mais famosa por sua paisagem submersa do que pela que está na superfície. Continue ao sul, e o cenário se torna mais agradável no arquipélago, já que o mangue abre espaço para trechos mais amplos de estrada e oceano, até chegar a Islamorada onde a água está por todos os lados. Se quiser evitar o trânsito na US 1, pode tentar a mais tranquila FL 997 e a Card Sound Rd até FL 905 (pedágio $1), que passa por Alabama Jack's (p. 142).

Key Largo e Tavernier

Não vamos mentir: Key Largo (tanto o nome da cidade quanto o da ilha) desaponta um pouquinho. É preciso se lembrar de que as melhores paisagens estão embaixo da água, não na superfície. Durante o percurso pelas ilhas, Key Largo lembra uma longa fila de *hammocks* baixas com comércios espaços Mas essa é a Key Largo vista da estrada. Pare e entre em algum pequeno bar agradável ou naquela sede de fazenda convertida, e as idiossincrasias da ilha se tornam mais pronunciadas.

Com 53km, que começam na MM 106, é a maior ilha das Keys, e essa extensão atraiu muita vida marinha, toda acessível desde as maiores concentrações de pontos de mergulho nas ilhas. A cidade de Tavernier (MM 93) está ao sul da cidade de Key Largo.

Atrações e atividades

John Pennekamp Coral Reef State Park PARQUE

(www.pennekamppark.com, www.floridastateparks.org/pennekamp; MM 102.5 oceanside; carro/motocicleta/ciclistas ou pedestres $8/4/2; 8h-pôr do sol;) John Pennekamp tem a singular distinção de ser o primeiro parque subaquático nos EUA. São 170 acres de terra seca e mais de 48 mil acres (quer dizer, mais de 85km²) de água: a maioria da área protegida é oceano. Antes de entrar na água, encontre uma praia agradável e caminhe pelas trilhas da natureza. A **Mangrove Trail** é um bom caminho para conhecer espécies arbóreas ecologicamente incríveis (as árvores, geralmente submersas na água, respiram através de longas raízes que agem como snorkels – é genial). É fácil encontrar campings noturnos e explicações dos guardas-florestais.

O centro de visitantes é bem dirigido e repleto de informações, além de ter um lindo e pequeno **aquário** (8-17h) que dá uma ideia do que está embaixo da água. Para realmente alcançar a profundidade desse parque (duplo sentido intencional), vale a pena fazer um **passeio de barco com fundo de vidro** de 2h e 30min (305-451-6300; adulto/criança $24/17; passeios 9h15, 12h15 e 15h). Fique tranquilo, não é nenhum barco de pesca velho; o passeio acontece em um catamarã de 12m, e os passageiros se maravilham diante dos corais, das cores dos peixes, das barracudas de cara feia e das tartarugas enormes, mas graciosas. Além do movimento natural da vida dos corais, os mergulhadores interessados podem ter uma visão do *Christ of the Abyss*, uma escultura de Jesus em bronze com 2,5m e 1.800kg – cópia de uma escultura similar na costa de Gênova, Itália, no mar Mediterrâneo.

Se quiser ir ainda mais fundo, tente as **viagens de snorkel** 305-451-6300; adulto/criança $29,95/24,95) ou as **excursões de mergulho** (305-451-6322, 877-727-5348; excursões de mergulhos com/sem equipamento $60/90). Quem gosta de fazer tudo sozinho pode

> **MERGULHO**
>
> Se vai mergulhar em Keys, a lei estadual da Flórida exige uma bandeira de "Diver Down" [mergulhador abaixo] sempre que estiver no fundo. Se não tiver uma, ela pode ser encontrada em qualquer loja especializada em Keys.

querer alugar uma canoa ($12 por hora) ou caiaque (individual/dupla por hora $12/17) para viajar através dos 5km de trilhas. Ligue ☎305-451-6300 para informações sobre aluguel de barco.

Para aprender mais sobre o recife nessa área, acesse www.southeastfloridareefs.net.

Florida Keys Wild Bird Rehabilitation Center SANTUÁRIO DE VIDA SELVAGEM
(www.fkwbc.org; 93600 Overseas Hwy, MM 93.6; doação sugerida $5; ⏲nascer ao pôr do sol) Esse santuário é o primeiro de muitos hospitais de animais disponíveis por toda a região das Keys construídos por caridosos amantes dos animais. Há um hospital ao ar livre de pássaros, que cuida dos bichos que engoliram anzóis para peixes, tiveram as asas quebradas em acidentes, foram atingidos por armas de ar comprimido etc. Uma linda trilha leva até uma bela vista da Florida Bay e a um viveiro de pássaros. Avisamos: o lugar cheira a cocô de pássaro.

Harry Harris Park PARQUE
(MM 935; ⏲nascer-pôr do sol; 👪) Esse pequeno parque é um bom lugar para levar as crianças – há um pequeno playground, mesa de piquenique e outras comodidades, além de um bom trecho de areia branca de frente para uma lagoa quente excelente para nadar (algo raro nas Keys). Há boas rampas para barcos também.

Jacob's Aquatics Center PARQUE
(☎305-453-7946; 320 Laguana Ave, MM 99.6; ⏲11-18h seg-sex, 10-19h sáb e dom; adultos/crianças/estudantes $8/5/6 seg-sex, $10/6/8 sáb e dom; 👪) O Jacob's é um complexo com todo tipo de diversão aquática. Há uma piscina de oito raias para nadar, uma terapêutica com acesso para deficientes, aulas de hidroginástica e um pequeno parque para as crianças com tobogãs, um playground e, claro, piscinas infantis.

Caribbean Club Bar LOCAÇÃO DE FILME
(MM 104 bayside; ⏲7-4h) Esse é para os fãs de filmes, especialmente de Humphrey Bogart: o Caribbean Club Bar é, na verdade, o único lugar em Key Largo onde *Key Largo*, estrelando Humphrey Bogart e Lauren Bacall, foi filmado (o restante da ilha era um estúdio de Hollywood). Se isso não for suficiente, o original do barco *African Queen*, de *Uma aventura na África*, está ancorado num canal no Holiday Inn em MM 100 – é só dar a volta no fundo e lá estará ele.

Crocodile Lake National Wildlife Refuge SANTUÁRIO DE VIDA SELVAGEM
(www.fws.gov/nationalkeydeer/crocodilelake;FL905) Se chegar a Key Largo pela FL 905, estará dirigindo por um dos últimos santuários selvagens nos EUA para crocodilos ameaçados, cobras e roedores de Key Largo – este último é um tipo empreendedor que gosta de construir casas de 1,20m por 1,80m com escombros da floresta. Infelizmente, isso é realmente um refúgio; as áreas de vida selvagem estão fechadas ao público, e suas chances de ver as espécies mencionadas a partir da estrada são minúsculas.

Onde dormir

Key Largo House Boatel HOTEL $$
(☎305-766-0871; www.keylargohouseboatel.com; Shoreland Dr, MM 103.5 oceanside; casa-barco pequena/média/grande a partir de $75/100/150) Se não puder dormir no Jules' Undersea Lodge, por que não dormir nesse lugar? Há cinco casas-barcos disponíveis por uma pechincha. A maior é incrivelmente espaçosa e bem decorada para as Keys, com temática marítima discreta e espaço suficiente para seis pessoas ficarem confortavelmente. Os barcos estão no cais (em frente a um bar), então não é possível ficar isolado da terra (nem da bebida). Ligue antes pedindo indicações, já que o "barcotel" está um pouco fora da trilha mais popular.

Largo Lodge HOTEL $$
(☎305-451-0424, 800-468-4378; www.largolodge.com; MM 102 bayside; inverno ap/chalés $150/ 195, verão ap $95-115, cabanas $125-155; P) O gerente da propriedade não poderia ser mais simpático, e seus seis chalés escondidos em um jardim tropical deslumbrante e secreto, com uma enseada privativa para nadar, não poderiam ser mais confortáveis. Além disso, não daria para ter mais esquilos correndo no lugar. O interior dos quartos é bem iluminado graças ao sol forte de Keys sobre as copas das árvores no fundo.

Kona Kai Resort & Gallery HOTEL $$$
(☎305-852-7200, 800-365-7829; www.konakairesort.com; MM 97.8 bayside; q $199-369, ste $249--975; P 📶 🏊) Esse refúgio possui onze quartos

TORTA DE LIMÃO DE KEY

Muitos lugares afirmam servir a torta de limão original, mas ninguém sabe quem descobriu o doce. Os tipos de massa base variam, e a presença de merengue na cobertura é algo discutível. No entanto, a cor da torta de limão de Key não está em discussão. Cuidado com lugares servindo a torta verde: ela é amarela, não verde. Restaurantes que acrescentam corante verde dizem que os turistas esperam por isso. Fuja deles.

e suítes arejados (com cozinha completa). Eles são todos confortáveis, com boa luz natural e piso de linóleo, mas alguns parecem um pouco fora de moda. Kona Kai também é o lar de uma das melhores galerias nesse canto de Keys e possui extensos jardins botânicos; visitas guiadas são oferecidas às terças e quintas às 9h30 e 16h30, e aos sábados às 9h30, por $15. Há muitas atividades - de tênis, caiaque e pedalinhos a até descansar numa das redes que ficam na praia de areia branca entre as palmeiras.

Hilton Key Largo Resort HOTEL **$$**

(☎888-871-3437; www.keylargoresort.com; MM 102 bayside; verão ap $95-115, chalés $170-230, ste a partir de $315; P) Para uma enorme filial de uma rede impessoal de hotéis, o Hilton Key Largo possui muita personalidade e simpatia. Os hóspedes parecem ficar bem relaxados quando descansam em quartos limpos e decorados em azul, verde e (por que não?) azul-verde. Jogue um pouco de bege e a atmosfera fica ainda mais relaxante. As dependências são enormes e incluem piscina com cascata artificial, além de uma longa faixa de praia com areia branca.

Jules' Undersea Lodge HOTEL **$$$**

(☎305-451-2353; www.jul.com; 51 Shoreland Dr, MM 1032 oceanside; por pessoa $400-500) Por um tempo, parece que algum hotel de luxo em Dubai ameaçava tirar o lugar do pequeno e cafona Jules como o único hotel submarino do mundo. Mas aí veio a crise financeira, o hotel em Dubai afundou e Key Largo se manteve na liderança! O Jules' Undersea Lodge ainda é o único lugar onde você e seu amor podem se unir ao "clube das cinco braças de profundidade" (não estamos inventando). No passado foi uma estação de pesquisa, que foi convertida num adorável hotel brega de Keys, só mais molhado. Além dos dois apartamentos privativos (a decoração náutica é bem adolescente e está por todo lado), há quartos comuns, uma cozinha bastante equipada e sala de jantar, além de uma sala com chuveiros quentes e espaço para guardar suas coisas. Telefones e um intercomunicador conectam os hóspedes com a superfície. Para se hospedar, é preciso ter ao menos dez anos e mergulhar para chegar às dependências - além do mais, não se pode fumar nem tomar álcool. Se quiser apenas visitar, agende uma visita de três horas ($125), que também dá acesso a equipamentos de snorkel (36m de profundidade funciona para um mergulho sem tanque). Há uma boa variedade de cursos oficiais da PADI no hotel (aulas de mergulho em águas abertas saem por $595).

John Pennekamp Coral Reef State Park CAMPING **$**

(☎800-326-3521, ☎305-451-1202; www.pennekampark.com; MM 102.5 oceanside; por noite $31,49, aluguel de um pavilhão $32,25-53,75; P) Nem é preciso sair de Pennekamp na hora de fechar, se optar por uma tenda ou um *motor-home*, mas nunca deixe de reservar, já que os lugares enchem rápido.

Stone Ledge Paradise Inn HOTEL **$**

(☎305-852-8114; www.stoneledgeparadiseinn.com; 95320 Overseas Hwy; q inverno $88-118, verão $78-98, vilas inverno $250-300, verão $185-250; P) Esse é um palácio rosa (bem, são vários blocos de um hotel), que segue à risca o tradicional estilo de lugares à beira-mar. Um peixe de madeira pendurado na porta de todos os quartos é só um detalhe na overdose náutica, mas o verdadeiro prazer é a visão abrangente da Florida Bay no fundo da propriedade. Os quartos são bastante simples.

Onde comer

Key Largo Conch House FUSION **$$**

(☎305-453-4844; MM 1002 oceanside; almoço $8-14, jantar $13-25; ⏲7h-21h30 dom-qui, até 22h sex e sáb;) Se procura um lugar com wi-fi, café e cozinha inovadora que gosta de apimentar os clássicos locais (*marisco* com limão e molho de vinho branco ou molho de vinagre com alcaparra), ambientado numa velha mansão de Keys com uma varanda estilo... *E o vento levou*, esse é seu lugar. E tem mais. É difícil não adorar a forma como a arquitetura do período se mistura de modo natural com a fauna dos trópicos. Um ponto popular para turistas e locais. Os tacos de peixe são incrivelmente bons.

DESVIO: FLORIDA KEYS OVERSEAS HERITAGE TRAIL

Uma das melhores formas de ver as Keys é de bicicleta. O terreno plano e a brisa do oceano são perfeitos para pedalar, e a **Florida Keys Overseas Heritage Trail** (FKOHT; www.dep.state.fl.us/gwt/state/keystrail) irá conectá-lo com todas as ilhas, de Key Largo a Key West. Quando escrevemos este guia, cerca de 112km da trilha estavam pavimentados, mas havia significativos atrasos em sua finalização. Se está com vontade de pedalar, atualmente é possível andar de bicicleta por todas as Keys usando o acostamento (demora uns três dias com um bom ritmo). Há lugares especialmente agradáveis ao redor de Islamorada, e se não se sente bem andando pelos acostamentos, dá para contatar a administração da FKOHT pelo site para encontrar excursões de bicicleta recomendadas.

Mrs Mac's Kitchen AMERICANA $
(MM 99.4 bayside; café da manhã e almoço $7-11, jantar $9-18; 7h-21h30 seg-sáb) Quando o Applebee's enche a parede de placas de carro, é cafona. Quando o Mrs Mac's faz isso, é aconchegante. Provavelmente porque o serviço é afetuoso, personalizado, e o café da manhã, delicioso. Mais ainda, a comida conquistou os locais, os turistas, seus cachorros e todos na ilha (admitimos: as calorias a mais são o que a fazem ficar tão gostosa).

Fish House FRUTOS DO MAR $$
(305-451-4665; 1024021 Overseas Hwy; pratos $12-28; 11h30-22h) O Fish House cumpre a promessa de seu nome – peixe muito bom, comprado totalmente dos pescadores locais e preparado de todo jeito: frito, assado, charqueado, escurecido ou grelhado. Esse tipo de cozinha permite que se sinta o gosto do peixe, como deveria ser. Como o Fish House só usa peixe fresco, o menu muda diariamente baseado no que está disponível. Preferimos o estabelecimento original do que o Fish House Encore ao lado, mais centrado em sushi.

DJ's Diner AMERICANA $
(99411 Overseas Hwy; pratos $6-14; 7-21h, até 15h sáb e dom) Logo na entrada, um mural com Humphrey Bogart, James Dean *e* Marilyn Monroe recebe os clientes – isso é muito americano. Para complementar o estilo, os favoritos dos *diners*, decoração com muito vinil e o básico do sul da Flórida, como o *churrasco* e mariscos.

Onde beber e lazer

Alabama Jack's BAR
(58000 Crad Sound Rd; 11-19h) Bem-vindo ao lugar onde se congregam as espécies mais comuns de Keys: pescadores doidões, exilados do continente e motoqueiros se embebedando numa baía de mangues. Essa é a linha onde o sul da Flórida se transforma no sul dos EUA, com muita fritura. Todo mundo delira com os bolinhos de mariscos, e o fato de precisarem fechar por causa do massacre noturno de mosquitos mostra que esse lugar é a autêntica Flórida. Bandas de country sobem ao palco nos fins de semana das 14h às 17h.

Tavernier Towne Cinemas CINEMA
(305-853-7003; MM 92) Esse multiplex exibe novidades e é uma opção perfeita para dias de chuva.

Informações

Câmara de Comércio de Key Largo (305-451-1414, 800-822-1088; www.keylargo.org; MM 106 bayside; 9-18h) Muito útil, possui informações de toda a área.
Correio de Key Largo (305-451-3155; MM 100 bayside)
Mariner Hospital (305-434-3000; www.baptisthealth.net; Tavernier, MM 91.5 bayside)

Como chegar

A linha de ônibus da Greyhound para em MM 99.6 oceanside.

Islamorada

Islamorada também é conhecida como "A Aldeia das Ilhas". Isso não soa bonito? Bom, ela é realmente bonita. Essa pequena faixa de belezas – Plantation, Upper e Lower Matecumbe, Shell e Lignumvitae – brilha como uma das mais lindas das ilhas. É onde o mangue coberto de mato é substituído por horizontes contínuos de oceano e céu, um tom perfeito de azul espelhando o outro. A Islamorada se estende por aproximadamente 32km, de MM 90 a MM 74.

Atrações e atividades

Robbie's Marina MARINA
(800-979-3370, 305-664-9814; www.robbies.com; MM 77.5 bayside; passeios a partir de $35; 8-18h;) O Robbie's realmente pode ser o cais mais alegre da Terra. Mais do que uma saída de bar-

cos, ele reúne um mercado de pulgas, uma loja de suvenires, corais para tarpões (peixes muito grandes) e um ponto de partida para excelentes expedições de pesca, tudo no mesmo lugar. Há muitos barcos para alugar e opções de passeio. O barco festeiro (meio dia/noite/passeios dia completo $35/40/60) é exatamente isso: uma chance de beber, pescar e basicamente ficar zen em Keys. Se preferir é possível fazer uma ecotour ($35) num barco elétrico silencioso que passa entre o mangue, bosques e lagoas. Passeios com snorkel são um bom negócio; por adulto/criança $35/20, consegue-se algumas horas num catamarã e a chance de espiar um dos poucos recifes de corais dos EUA. Se não quer entrar na água, pelo menos alimente os compridos tarpões do cais ($2,79 por balde, $1 para olhar).

Indian Key State Historic Site ILHA
(http://floridastateparks.org/indiankey; ⌚8h-pôr do sol) Você pode ter encontrado assustadoras casas, mansões e até cidades abandonadas nas suas viagens – mas que tal uma ilha inteira abandonada? Em 1831, o náufrago Jacob Housman transformou essa silenciosa ilha numa florescente cidade, com armazém, cais, ruas, hotel e uma população de mais ou menos quarenta a cinquenta residentes. Em 1836, Indian Key foi a primeira sede do Condado de Dade, mas quatro anos depois os habitantes da ilha foram assassinados ou expulsos por um ataque indígena durante a Segunda Guerra Seminole. Não sobrou muita coisa no sítio histórico – só algumas fundações, cisternas, a sepultura de Housman e muito mato. Há trilhas que seguem o velho desenho das ruas da cidade e uma torre de observação; com a ajuda de uma canoa ou caiaque chega-se a ruínas e a pontos de observação de raias e golfinhos em lugares mais isolados. Robbie's leva e aluga barcos lá (individual/duplo/com fundo de vidro caiaque/canoa por hora $20/27,50/30/30). Também dá para ver a ilha da água num ecotour promovido pela Robbie's ($35).

Lignumvitae Key State Botanical Site ILHA
(☎305-664-2540; http://floridastateparks.org/lignumvitaekey; ⌚9-17h qui-seg) Essa ilha, acessível apenas por barco, abrange 280 acres de floresta virgem tropical e é o lar de incontáveis mosquitos. A atração oficial é a **Matheson House** de 1919, com seu moinho de vento e cisterna; o verdadeiro atrativo é a sensação de isolamento, como a de um naufrágio. Árvores como figueiras, mástique, bursera e *lignum vitae* formam uma cobertura escura que se parece mais com o sul do Pacífico do que com o sul da Flórida. Caminhadas guiadas (1h e 15min) partem às 10h e às 14h de sexta a domingo. Para chegar, utilize os barcos que partem da Robbie's Marina (p. 142); eles saem para a viagem de 15 minutos (adulto/criança $20/12) 30 minutos antes de cada passeio e é recomendado reservar.

Florida Keys History of Diving Museum MUSEU
(☎305-664-9737; www.divingmuseum.org; MM 83; adulto/criança $12/6; ⌚10-17h, até 19h qua) Não perca o museu de mergulho – é o prédio com o enorme mural de peixes-boi nadando na lateral. Ele abriga uma coleção de parafernália de mergulho do mundo todo, incluindo roupas de mergulho e tecnologia do século 19. Esse é o tipo de museu que realmente reflete a excentricidade de quem vive nas Keys. O salão com dezenas de variações de capacete de mergulho, da Dinamarca ao Japão, é incrível. O pessoal do museu pode também fornecer informações sobre mergulhos num velho traje Mark V (aquele com capacetes conectados a bombas de ar na superfície), ou ligue ☎305-394-1706 para mais informações.

Anne's Beach PRAIA
(MM 73) A Anne's é uma das melhores praias nessa região. A pequena faixa de areia se abre para um trecho de maré tranquila e um túnel verde com árvores e pântano. O barro do local é uma diversão para as crianças.

Windley Key Fossil Reef Geological State Park PARQUE
(☎305-664-2540;www.floridastateparks.org/windleykey; MM 85.5; por pessoa $2,50). Para começar seu projeto de estrada de ferro construída sobre as ilhas, Henry Flagler precisou escavar trechos consideráveis das Keys. A melhor prova desses esforços pode ser encontrada nessa antiga pedreira transformada em parque estadual. Além de ter um nome pomposo, Windley possui sobras das máquinas usadas e uma parede de 2,5m da antiga pedreira. A parede oferece uma ótima (e rara) forma de visualizar o estrato de coral que forma o substrato das Keys. Passeios com guardas-florestais são oferecidos às 10h e às 14h de sexta a domingo por $3.

Rain Barrel CENTRO DE ARTE
(☎305-852-8935; 86700 Overseas Hwy; ⌚9-17h) Queremos contar que a Rain Barrel, a vila de artistas locais de Islamorada, marca o equilíbrio entre beleza e cafonice. É mais provável que encontre artesanato para turistas do que verdadeiras obras de arte. Dito isso, caminhar pelos sete estúdios e galerias que

formam Rain Barrel é uma boa maneira de passar seu tempo e, quem sabe, encontrar algo que goste, ou pelo menos uma placa pintada à mão que diz "Sempre são 5 horas em algum lugar".

Onde dormir

Casa Morada HOTEL $$$
(☎305-664-0044, 888-881-3030; www.casamorada.com; 136 Madeira Rd, saindo da MM 82.2; ste inverno $299-659, verão $239-459; P) O estilo contemporâneo chique chegou a Islamorada, mas não a ponto de fazê-la perder seu clima de vila. Em vez disso, a Casa acrescenta um toque de sofisticação ao lugar: um círculo de pedras de Keystone, piscina de água doce, lagoa artificial e um bar com vista para Florida Bay; tudo faz valer a pena ficar nesse hotel-butique. É um pouco do estilo de South Beach junto do estilo bucólico de Keys. O bar nos fundos é um dos nossos lugares favoritos para beber e ver o pôr do sol em Keys.

La Siesta Resort & Marina RESORT $$$
(☎305-664-2132; www.lasiestaresort.com; MM 80.5 oceanside; ste $190-340; P) Essa linda opção oferece suítes e apartamentos reformados, iluminados com bastante luz natural e decorados de maneira moderna e chique, mas ainda simples e familiares. O serviço é bom, a piscina está sempre lotada, e a vista do oceano é adorável.

Ragged Edge Resort RESORT $$
(☎305-852-5389; www.ragged-edge.com; 243 Treasure Harbor Rd; ap $69-259; P) Esse complexo de apartamentos simples e populares, longe do trânsito, possui dez unidades silenciosas e anfitriões amigáveis. Os estúdios maiores possuem varandas fechadas, e o clima é de total relaxamento. Não tem praia, mas dá para nadar no cais e na piscina.

Conch On Inn HOTEL ECONÔMICO $
(☎305-852-9309; conchoninn.com; MM 89.5, 103 Caloosa St; ap $59-129; P) Um hotel simples e popular, com hóspedes que estão fugindo do frio, o Conch On Inn possui quartos básicos, seguros, limpos e confortáveis.

Onde comer

Midway Cafe CAFÉ $
(☎305-664-2622; 80499 Overseas Hwy; pratos por menos de $5; 7-15h qui-ter, até 14h dom) Os simpáticos donos desse café – abastecido com toda a variedade de produtos que os amantes da arte do café conseguem reunir – moem o próprio grão, preparam guloseimas que valem cruzar o golfo a nado e são muito legais. Fica quase em Middle Keys: comemore com uma xícara de café.

Pierre's FRANCESA $$$
(☎305-664-3225; www.pierres-restaurant.com; MM 81.6 bayside; pratos $28-42; 17-22h dom-qui, até 23h sex e sáb) Uma casa de fazenda de frente para o mar com dois andares – o que eles servem? Tempura de rabo de lagosta... bom, discutível. Perca à *meunière*? Isso é gostoso demais. Filé-mignon com purê de batatas e trufas negras? Deleite-se possivelmente com a melhor comida entre Miami e Key West.

Morada Bay AMERICANA $$
(☎305-664-0604; MM 81.6 bayside; almoço $10-15, jantar $21-29; 11h30-23h dom-qui, até 0h sex e sáb) Se consegue ignorar o serviço da equipe sobrecarregada, por causa do excesso de clientes, e as horríveis bandas que ocasionalmente tocam no almoço, essa será uma experiência adorável e descontraída, com comida caribenha, completa com uma praia de areia branca, tochas à noite, tapas e frutos do mar frescos.

Spanish Gardens Cafe ESPANHOLA $
(☎305-664-3999; MM 80.9 oceanside; pratos $9,50-19; 11-21h ter-dom) Uma ótima opção para aqueles cansados de frituras, esse café à la Barcelona serve sanduíches e saladas com muito queijo, linguiça, pimenta *piquillo* e outras iguarias ibéricas que atraem os gourmands.

Bob's Bunz CAFÉ $
(www.bobsbunz.com; MM 81.6 bayside; pratos $6-12; 6-14h) O serviço nesse lindo café é rápido e simpático, bem ao modo do que se encontra nos EUA, e a comida é boa e barata. A torta de limão de Key é um prato clássico; então compre uma para levar. Além disso todas as guloseimas com limão dessa padaria são altamente recomendadas.

Onde beber

Hog Heaven BAR
(☎305-664-9669; MM 85 oceanside) Ficamos tentados a colocar esse lugar na seção de comida, já que os nachos de frutos do mar são muito bons. Mas ele merece estar nesta parte graças à multidão que vem desde Fort Lauderdale para ficar na varanda do fundo, bebendo ao ar livre.

Morada Bay BAR
(☎305-664-0604; MM 81.6 bayside) Além da comida excelente (p. 144), o Bay organiza festas na Lua cheia que atraem toda a população festeira das Keys. Toda a loucura começa por volta das 21h e vai até que a última pessoa desmaie; veja as datas em www.moradabay-restaurant.com.

Informações

Câmara de Comércio de Islamorada (305-664-4503, 800-322-5397; www.islamoradachamber.com; MM 83.2 bayside; 9-17h seg--sex, 10-15h sáb e dom) Localizada num velho vagão de trem.

Correio (305-664-4738; MM 82.9 oceanside)

Como chegar

O ônibus da Greyhound para no Burger King na MM 82.5 oceanside.

Long Key

O **Long Key State Recreation Area** (305-664-4815; www.floridastateparks.org/longkey; MM 67.5 oceanside; por carro/motocicleta/ciclista $5/4/2), com 3,9km², ocupa a maior parte de Long Key. Está a uns 30 minutos de Islamorada e engloba uma mistura tropical de piso lodoso, andiroba e *poisonwoods*; uma área para piquenique em frente a uma longa e adorável porção de água azul; e muitos pássaros migrantes no mangue. Duas curtas trilhas naturais cruzam diferentes plantações comunitárias. O parque ainda possui uma trilha para canoas de 2,5km em uma lagoa de água salgada e também canoas para alugar (por hora/dia $5/10) e caiaques que podem entrar no oceano (por 2/4 horas $17,20/32,25).

Se ficar, reserve com antecedência: é difícil conseguir um dos sessenta lugares no **camping** (305-326-3521, 888-433-0287; www.reserveamerica.com; MM 67.5 oceanside; vagas $38,50; P). Todos eles são de frente para o mar, fazendo desse lugar uma das mais baratas (e provavelmente mais preservadas) vistas do oceano – tirando as dos resorts – que se encontra na Flórida.

MIDDLE KEYS

Enquanto avança pelas Keys, a separação entre as ilhas vai aumentando, até atingir a maior: Seven Mile Bridge, uma das pontes mais compridas do mundo e um divisor natural entre as Middle e as Lower Keys. Nesse trecho das ilhas, cruza-se algumas menores, como Conch Key e Duck Key, a verde e silenciosa Grassy Key e finalmente a Key Vaca (MM 54 até MM 47), onde Marathon, a segunda maior cidade e a comunidade mais local nas ilhas, está localizada.

Grassy Key

Num primeiro olhar, Grassy Key parece bastante calma. E isso se comprova; Grassy é uma ilha com poucas atrações e muitos campings e estacionamentos para *motor-home*. Essas pequenas vilas já foram o centro das Keys, onde aposentados, fugitivos, pescadores e os trabalhadores locais viviam, bebiam e sonhavam (com outra bebida). Algumas dessas comunidades continuam a existir, mas o desenvolvimento foi implacável e assim, ao que parece, também a migração das velhas cidades de trailer.

Atrações e atividades

Dolphin Research Center — RESERVA DE VIDA SELVAGEM

(305-289-1121; www.dolphins.org; MM 59 bayside; adulto/criança com menos de 4 anos/criança 4-12 anos/aposentados $20/grátis/15/17,50, nadar com os golfinhos $180-650; 9-16h) De longe, a atividade mais popular nessa ilha é nadar com os descendentes do Flipper. De todos os pontos para nadar com golfinhos nas Keys, preferimos esse; os golfinhos são livres para sair do local, e muita pesquisa de biologia marinha acontece por trás da atividade turística (ainda bastante comercial), como fazer um golfinho pintar uma camiseta ou brincar de "treinador por um dia" ($650).

Curry Hammock State Park — PARQUE

(305-289-2690; http://floridastateparks.org/curryhammock; MM 56.2 bayside; por carro/motocicleta/ciclista $5/4/2; 8h-pôr do sol) Esse parque é pequeno, mas lindo, e os guardas-florestais são bem simpáticos. Como a maioria dos parques nas Keys, é um bom lugar para observar o hábitat tropical e o mangue preservados – uma caminhada de 2,5km o leva pelos dois ambientes. As águas locais são extasiantes e livre dos barcos a motor, o que é uma bênção nessa região. Alugue um caiaque (individual/duplo por 2 horas $17,20/21,50) ou, quando o vento estiver forte, una-se à galera que prática windsurfe e kitesurfe. Também é possível acampar no parque por $36 por noite – os espaços têm banheiro e conexão elétrica.

Onde dormir e comer

Hawk's Cay Resort — RESORT $$$

(888-395-5539; 305-743-7000; www.hawkscay.com; 61 Hawk's Cay Blvd, Duck Key, saindo de MM 61 oceanside; q e ste inverno $350-1.600, verão $150-500; P) Se depois de visitar um centro para nadar com golfinhos e rancho de peixes ainda estiver pensando: "Cara, eu *ainda* quero brincar com algum bicho do mar", não se preocupe: o Hawk's Cay Resort vai salvar seu dia. O Cay é um complexo enorme e luxuoso que bem poderia

VOCÊ DEVE NADAR COM GOLFINHOS?

Há quatro centros para nadar com golfinhos nas Keys e muitos argumentos a favor e contra a prática.

A favor

» Apesar de esses lugares serem comerciais, também são entidades de pesquisa devotadas a aprender mais sobre os animais.

» Os golfinhos criados no lugar são obtidos legalmente e não foram capturados da natureza.

» Os golfinhos estão acostumados aos humanos e não apresentam nenhum perigo, especialmente quando supervisionados por treinadores especializados.

» Os programas para nadar com golfinhos aumentam nosso conhecimento sobre eles e promovem a conservação.

» Em lugares como o **Dolphin Research Center** (p. 145), os golfinhos podem, na verdade, nadar até o mar aberto, mas prefira não ir até lá.

Contra

» Golfinhos são criaturas sociais que exigem interação, o que é impossível fornecer em cativeiro.

» Esse tipo de turismo encoraja a captura de golfinhos selvagens em outras partes do mundo.

» O comportamento do golfinho nunca é 100% previsível. Os golfinhos podem machucar seriamente um humano, mesmo quando estão brincando.

» Centros de turismo encorajam os visitantes a pensar em golfinhos como "amigos" em vez de animais selvagens.

» Os golfinhos nunca apreciam o cativeiro. Aqueles que voluntariamente permanecem nesses centros fazem isso para ficar perto da comida.

Centros de Golfinhos

Se decidir nadar ou ver golfinhos nas Keys, pode contatar um dos seguintes centros:

Theater of the Sea (☎305-664-2431; www.theaterofthesea.com; Islamorada, MM 84.5 bayside; nadar com golfinhos $175; ⏲9h30-16h) está ali desde 1946. Programas estruturados para nadar com golfinhos e leões-marinhos ($135) incluem trinta minutos de instrução e um mergulho supervisionado com a mesma duração. Também é possível nadar com arraias ($55).

Dolphins Plus (☎305-451-1993, 866-860-7946; www.dolphinsplus.com, saindo da MM 99.5 bayside; nadar com golfinhos $135-220), um centro em Key Largo, especializado em mergulhos recreativos e educativos não estruturados. Eles esperam que já se tenha algum conhecimento antes de embarcar para o mergulho, apesar de uma aula estar incluída no pacote.

Também há programas para nadar com golfinhos no **Dolphin Research Center** de Grassy Key (p. 145) e no **Hawk's Cay Resort** (p. 146).

ter seu próprio CEP e, além de vários quartos aconhegantes e chalés bonitos, possui muitas atividades. Sim, isso quer dizer que o Cay possui seu próprio tanque de golfinhos no qual pode-se nadar com eles – além de uma escola de navegação, snorkel, tênis e aluguel de barcos.

Rainbow Bend HOTEL **$$$**
(☎800-929-1505; www.rainbowbend.com; MM 58 oceanside; q $150-270; P ✱) Experimente o *kitsch* muito charmoso de Keys nessas grandes cabanas rosa, onde os apartamentos e as suítes são iluminados, as cabanas havaianas são sombreadas, os lençóis são horrorosos, as redes na praia... bem... balançam, e o oceano está (*splash*)... bem perto. O uso por meio dia de barcos, caiaques e canoas de Bend's Boston é cortesia.

Wreck Galley & Grill AMERICANA **$$**
(☎305-743-8282; MM 59 bayside; pratos $10-25; ⏲11-22h) O Wreck é um clássico das Keys, onde os pescadores tomam cerveja e se esbaldam nas asas de frango – mas é definitivamente um refúgio local, onde os políticos da ilha gostam de falar sobre as coisas (pescaria). A comida é excelente; eles fazem um dos melhores ham-

búrgueres da área, e as asas de frango já mencionadas combinam perfeitamente com uma cerveja.

Marathon

Marathon está bem no meio, entre Key Largo e Key West, sendo um bom lugar para um descanso na viagem entre as ilhas. É talvez a ilha mais "desenvolvida" além de Key West (e isso depende de ampliar bem a definição da palavra "desenvolvido"), possui grandes shopping centers e uma população de alguns milhares. Novamente ainda é um lugar onde os exilados do continente pescam, há muita cerveja e diversão. E então apesar de Marathon ser mais familiar do que Key West, dificilmente é apropriada para todas as idades.

Atrações e atividades

Crane Point Museum PARQUE
(www.cranepoint.net; MM 50.5 bayside; adulto/criança com mais de 5 anos/aposentados $12,50/8,50/11; 9-17h seg-sáb, 12-17h dom;) Esse é um dos lugares mais bonitos na ilha para parar e sentir o perfume das rosas. E dos pinheiros. E dos bosques de palmeiras (imagine-se caminhando sob gigantescos leques japoneses orgânicos) que só crescem entre a MM 47 e a MM 60. Lá também está a Adderly House, um exemplo preservado de uma cabana de imigrantes das Bahamas (que deveria ser *um forno* no verão) e 25 hectares de verde para explorar. É um lugar ótimo para crianças, que vão adorar as mostras sobre piratas no museu local, além do hospital para pássaros.

Turtle Hospital SANTUÁRIO DA VIDA SELVAGEM
(305-743-2552; www.theturtlehospital.org; 2396 Overseas Hwy; adulto/criança $15/7,50; 9-18h) Sejam vítimas de doença, feridas por motores de barcos, estranguladas por linhas de pesca – seja qualquer causa, realmente –, tartarugas marinhas machucadas nas Keys vão, com sorte, ser encaminhadas para esse abrigo e santuário. Sabemos que não devemos antropomorfizar os animais, mas essas tartarugas parecem tão doces que, apesar de triste, é um alento ver como são bem tratadas ali. Todo o lugar é o trabalho amoroso de Richard Moretti, que é a cara das Keys. Os passeios são educativos e divertidos e oferecidos às 10h, 13h e 16h. Recomenda-se ligar antecipadamente antes de visitar, já que a equipe do hospital pode estar fora "num atendimento" a qualquer momento.

Pigeon Key ILHA
(305-289-0025, 305-743-5999; www.pigeonkey.net; MM 47; adulto/criança $12/9; passeios 10h, 11h30, 13h e 14h30) Durante anos, a pequena Pigeon Key, localizada 3km a oeste de Marathon (basicamente embaixo da Old Seven Mile Bridge) abrigava os ferroviários e os funcionários da manutenção que construíram a infraestrutura que conectou as Keys. Hoje, dá para fazer um passeio pelas estruturas desse Distrito Histórico Natural ou simplesmente relaxar na praia e nadar um pouco com snorkel. As balsas saem de Knight's Key (à esquerda da Seven Mile Bridge se estiver viajando para o sul) até Pigeon; a última volta às 16h. A **Old Seven Mile Bridge**, por outro lado, está fechada para o trânsito e agora funciona como a "Maior Ponte para Pesca do Mundo"; estacione no canto nordeste da ponte e dê uma volta a pé.

Marathon Community Park & Marina MARINA
(12.222 Overseas Hwy) Possui quadras de esportes e um pista de skate (especialmente para adolescentes descontentes por viajarem com a família). A marina, mais conhecida como **Boot Key Harbor** (305-289-8877; www.bootkeyharbor.com; VHF 16), é uma das orlas mais bem cuidadas nas Keys e um excelente lugar para reservar passeios de pesca e mergulho. Vá no Natal para ver um "desfile de barcos" decorados com luzes natalinas.

Sombrero Beach PRAIA
(Sombrero Beach Rd, saindo da MM 50 oceanside) Uma das poucas praias com areia branca e sem mangue nas Keys. É um bom ponto para relaxar ou nadar e é grátis.

Marathon Kayak CAIAQUE
(305-395-0355; www.marathonkayak.com; 6363 Overseas Hwy) Faz visitas guiadas pelos mangues, outros ao pôr do sol, e aluga barcos a partir de $45.

A **Sombrero Reef Explorers** (305-743-0536; www.marathoncharters.com; 19 Sombrero Rd, saindo da MM 50 oceanside) e a **Tilden's Scuba Center** (305-743-7255; www.tildensscubacenter.com; 4650 Overseas Hwy) oferecem expedições de snorkel e mergulho pelas seções próximas aos recifes de coral.

Onde dormir

Seascape B&B $$
(305-743-6212; 1275 76th St, entre MM 51 e 52; q a partir de $125;) O luxo clássico e discreto

A PAISAGEM DOS BOSQUES

É fácil pensar nas Keys, em termos ambientais, como um pouco chatas. A paisagem não é especial (com a exceção dessas doces curvas do oceano visíveis da Overseas Hwy); tende a ser um pouco comum e... bem, muito comum.

Ei, não julgue um livro pela capa. As Keys têm um dos ambientes mais diferentes e sensíveis dos Estados Unidos. As diferenças entre os ecossistemas ali são sutis, mas depois que aprender a reconhecer o contraste entre um e outro, verá as ilhas sob uma nova luz tropical. Algumas das melhores introduções para as Keys naturais podem ser encontradas no **Crane Point Museum** (p. 147) e no **Florida Keys Eco-Discovery Center** (p. 157).

Porém queremos focar nos mangues, o mais legal, se não for o mais arrebatador hábitat das ilhas, em termos visuais. Eles se levantam da parte rasa que cerca as Keys (que também fornecem a adorável cor às águas da Flórida), parecendo uma aglomeração de dedos delgados constantemente tocando as águas. Cada mangue prende o sedimento que se acumula na terra em que está instalado.

Os três diferentes tipos de árvores do mangue são todos pequenos milagres de adaptação. O mangue-vermelho, que cresce direto na água, possui raízes aéreas, chamadas propágulos, que permitem que elas "respirem" mesmo quando crescem no oceano. O mangue-porto, que cresce mais no interior, sobrevive por meio de raízes "snorkel" chamadas pneumatóforos. Lembrando esponjas, essas raízes crescem saindo da lama, atrás de ar fresco. O mangue-branco cresce ainda mais no interior das ilhas e transpira o sal que absorve através do ar e da água para se manter saudável.

Outra árvore que vale uma visita não está no mangue, mas o *lignum vitae*, que só existe nas Keys, também é muito bonito. Sua seiva há muito é usada para tratar sífilis, por isso o nome em latim, que se traduz como "árvore da vida".

desse B&B aparece nos nove quartos, que possuem decorações diferentes, de uma cabana antiquada a uma butique elegante. O Seascape também possui uma piscina em frente ao mar, caiaques para os hóspedes e um adorável *lobby-lounge* no qual se pode tomar o café da manhã ou um vinho à tarde com aperitivos (tudo incluído).

Tranquility Bay RESORT **$$$**
(☎888-755-7486; www.tranquilitybay.com; MM 485 bayside; q $280-650; P) Se leva o luxo a sério, deveria ir a esse lugar. O Tranquility Bay é um enorme "*condotel*" resort com casas aconchegantes, lençóis macios e móveis chiques todos brancos. Os quartos realmente têm cara de casa de boneca – entre tons claros e azul-mar, lembram peças de porcelana delicada. O terreno é enorme e está cheio de atividades; eles realmente não querem que você saia.

Siesta Motel HOTEL ECONÔMICO **$**
(☎305-743-5671; www.siestamotel.net; MM 51 oceanside; q $75-105; P) Esse é um dos lugares mais baratos e limpos nas Keys, localizado num grupo bonito de casas de Marathon – e possui ótimo serviço.

Seadell Motel HOTEL ECONÔMICO **$$**
(☎305-743-5161; 5000 Overseas Hwy; q $79-180; P@) O Seadell é um clássico de Keys: cabanas baixas com piso de linóleo e colchas com motivos tropicais. Os quartos são apartamentos autossuficientes um tanto pequenos e podem acomodar confortavelmente famílias pequenas.

Onde comer

Keys Fisheries FRUTOS DO MAR **$**
(3502 Gulf View Ave; pratos $7-16; ⌚11-21h) A lagosta ao molho Reuben é uma lenda. Doce, farta, cremosa, tão boa que estamos babando em cima do teclado. Mas não dá para errar com nenhum prato de frutos do mar ali, todos servidos de forma um pouco inconveniente (para pedir é preciso responder a perguntas bobas, como, por exemplo, qual a sua cor favorita, etc.). Espere níveis agradáveis de assédio das gaivotas enquanto come observando a orla movimentada.

Hurricane AMERICANA **$$**
(☎305-743-2200; MM 495 bayside; pratos $12-19; ⌚11-0h) Além de ser nosso bar favorito em Marathon, o Hurricane também serve um excelente menu de delícias criativas inspiradas no sul da Flórida. Experimente o vermelho recheado

com carne de caranguejo depois de um aperitivo de bolinhas de cogumelo (miniburgueres) em molho caribenho. Deixe espaço para as asas de frango, uma incrível mistura apimentada e doce, simplesmente deliciosa. Os especiais de almoço por $5 são ótimas pedidas.

Wooden Spoon AMERICANA $

(MM 51 oceanside; pratos $3-9; ⏲7-15h) É o melhor café da manhã da região, servido por gentis mulheres sulistas que sabem fazer seu trabalho. Os biscoitos são macios e afundam muito bem no molho de carne delicioso, e o mingau é o mais amanteigado e doce que terá o prazer de provar.

Villa Blanca CUBANA $

(2211 Overseas Hwy; pratos $7-12; ⏲7-20h seg-sáb) A carne de porco assada do Villa Blanca é um exemplo superlativo do gênero (de carne de porco cubana - uma culinária com muitos praticantes no sul da Flórida). É bastante macia, saborosa, picante - e ainda por cima reconfortante. Também é insanamente grande, como vai acabar se sentindo se comer nesse simpático restaurante com muita frequência.

Dion's FRANGO FRITO $

(MM 51 bayside; frango frito jantar $4-6; ⏲24 horas) Cuidado - é um posto de gasolina. Bom, postos de gasolina o trataram bem em Miami, não foi (ver El Carajo, p. 102)? O Dion's serve nosso frango frito favorito no sul da Flórida: crocante, suculento, recheado e bem condimentado, servido com macarrão com queijo derretido cremoso, além de banana frita e firme... Nossa, precisamos ir ali e já voltamos.

Onde beber e lazer

Hurricane BAR

(☎305-743-2200; MM 49.5 bayside) O pessoal é atrevido, sarcástico e agradável. As bebidas vão deixá-lo louco, e você voltará pedindo mais. O ambiente: locais, turistas, pescadores loucos, caipiras e o jornalista esquisito tomando infinitos Jägerbombs antes de dançar a noite toda ao som de qualquer banda que estiver tocando ao vivo. É o melhor bar antes de Key West e merece uma visita.

Island Fish Company BAR

(☎305-743-4191; MM 54 bayside) O Island possui funcionários simpáticos, servindo coquetéis fortes, numa pequena ilha com brisa marítima de frente para a Florida Bay. Converse com o simpático barman tcheco ou georgiano, dê boas gorjetas, e eles vão melhorar sua bebida sem você perceber. A atmosfera descontraída à beira-mar é a essência de Keys.

Brass Monkey BAR

(☎305-743-4028; Marathon, MM 52) Quando o coronel Kurtz sussurra: "O horror, o horror", em *Apocalypse now*, ele estava provavelmente pensando na noite em que ficou arrasado nesse buraco nojento, o bar preferido para o final da noite e entre os garçons de Marathon.

Marathon Cinema & Community Theater CINEMA

(☎305-743-0408; www.marathontheater.org; 5101 Overseas Hwy) Um cinema das antigas, com uma única sala que apresenta filmes e peças em grandes poltronas reclináveis (com porta-copos ainda maiores).

Informações

Fisherman's Hospital (☎305-743-5533; www.fishermanshospital.com; 3301 Overseas Hwy) Possui uma grande sala de emergências.

Câmara de Comércio de Marathon Visitors Center (☎305-743-5417, 800-262-7284; www.floridakeysmarathon.com; MM 53.5 bayside; ⏲9-17h) Vende passagem dos ônibus da Greyhound.

Como chegar

Você pode voar para o **Marathon Airport** (☎305-289-6060; MM 50.5 bayside) ou ir com ônibus da Greyhound, que para no aeroporto.

LOWER KEYS

As Lower Keys são fortes bastiões da cultura nativa das Conch Keys. Algumas famílias locais são de náufragos antigos das Keys, e há pedaços da Big Pine que parecem mais Florida Panhandle do que Overseas Hwy. É um estranho contraste, as ilhas se tornam mais isoladas, rurais e essencialmente "Keys" antes de se abrirem para a mais (relativamente) cosmopolita, heterogênea (com uma grande comunidade homossexual) Key West.

Big Pine, Bahia Honda e Looe Key

Big Pine abriga infinitos trechos de estradas silenciosas, trabalhadores de Key West que encontram um modo de evitar os astronômicos preços imobiliários e muitos cervos de Key. Bahia Honda possui a praia favorita de todos, enquanto o ecossistema de corais de Looe oferece incríveis oportunidades para mergulho.

NÃO PERCA

CERVO DE KEY

Apesar de não ser possível garantir que você verá algum, se pegar as estradas secundárias de Big Pine Key, há uma boa chance de conseguir avistar o cervo de Key, quase do tamanho de um cachorro grande. Moradores do continente, esses animais ficaram presos ali durante a formação das ilhas. Gerações sucessivas foram ficando menores e tiveram só um filhote, em vez de grandes ninhadas, adaptando-se aos recursos reduzidos de comida nas Keys. Apesar de não existirem rebanhos barulhentos desses cervos anões, os pequenos são fáceis de se observar, se for persistente e paciente. Na verdade, são tão comuns que é preciso prestar muita atenção aos limites de velocidade reduzida. Nota: os limites de velocidade caem bastante à noite, porque os carros ainda são os maiores assassinos dessa espécie. Para visitar o refúgio oficial do cervo de Key (apesar de eles poderem ser vistos em quase todos os pontos de Big Pine), pegue a Key Deer Blvd (está à direita da Overseas Hwy na ponta sul de Big Pine) a norte por 5,5km a partir da MM 305.

Atrações e atividades

Bahia Honda State Park PARQUE

(305-872-3210; www.bahiahondapark.com; MM 368; por carro/motocicleta/ciclista $5/4/2; 8h-pôr do sol;) Esse parque, com sua longa praia de areia branca (e algas), chamada Sandspur Beach pelos locais, é a grande atração nessa área. Entre as praias de Keys, essa é provavelmente a melhor faixa de areia em toda a cadeia de ilhas, mas não a colocaríamos como a melhor praia dos EUA continental (apesar de a Condé Nast ter feito isso... em 1992). Como turista, a melhor experiência é caminhar por um trecho da **velha Bahia Honda Rail Bridge**, que oferece boas vistas panorâmicas das ilhas próximas. Ou dar uma olhada nas trilhas naturais (oh, borboletas!) e o centro de ciência, onde solícitos funcionários do parque ajudam a identificar caranguejos, verme-do-fogo e águas-vivas.

A empresa que tem a **concessão no parque** (305-872-3210; MM 368 oceanside) oferece passeios de snorkel de 1h e 15min diariamente às 9h30 e às 13h30 (adulto/criança $30/25). Reservas são uma boa ideia na alta temporada.

Looe Key National Marine Sanctuary PARQUE MARINHO

(305-292-0311; floridakeys.noaa.gov) Looe (pronuncia-se "loo") Key, localizado a 9km saindo de Big Pine, não é uma key, mas um recife, parte do Santuário Marinho Nacional de Florida Keys. É uma área de cerca de 7.252 km² de "terra" administrada pelo National Oceanic & Atmospheric Administration. O recife só pode ser visitado em viagens de barco reservadas, em qualquer ponto de mergulho das Keys, e o mais autêntico é o do **Looe Key Dive Center** (305-872-2215; www.diveflakeys.com; snorkel/mergulho $44/84). O santuário da marina é uma homenagem à fragata inglesa que afundou nessa área em 1744, e o recife de Looe Key contém o *Adolphus Busch* de 64m, usado no filme *Lábios de fogo* de 1957 e que depois afundou (34m de profundidade) nessas águas em 1998.

National Key Deer Refuge Headquarters RESERVA DE VIDA SELVAGEM

(305-872-2239; www.fws.gov/nationalkeydeer; Big Pine Shopping Center, MM 305 bayside; 8-17h seg--sex;) O que deixaria o Bambi mais bonito? Pequenos bambis. Apresentando: o cervo de Key, uma subespécie em extinção de cervos-do-rabo-branco que saltam principalmente por Big Pine e No Name Keys. O pessoal da instituição tem muitas informações sobre o animal e todas as coisas relacionadas às Keys. O refúgio se espalha por várias ilhas, mas as seções abertas ao público estão em Big Pine e No Name. A sede também administra a Great White Heron National Wildlife Refuge, 809km² de mar aberto e ilhas de mangue ao norte da Key principal, só acessíveis por barco; não há infraestrutura de turismo no lugar para sair, mas é possível conseguir alguns mapas náuticos.

Blue Hole LAGOA

(Saindo da MM 30.5; 24 horas) Essa pequena lagoa (e antiga pedreira) agora é o maior conjunto de água doce nas Keys. Isso não quer dizer muito, mas o lugar é um pedaço de água azul (na verdade, verde de algas) muito bonito cercado por um pequeno caminho com placas informativas. A água é o lar de tartarugas, peixes, pássaros migratórios e jacarés. Aparentemente, as pessoas gostam de alimentar (o que é ilegal) a vida selvagem dali; por favor não siga os passos delas. A uns 400m seguindo pela mesma estrada está a **Watson's Nature Trail** (menos de 1,5km de extensão) e a **Watson's Hammock**, um pequeno hábitat nas Keys.

No Name Key ILHA

Talvez a ilha com melhor nome (ou falta de) nas Keys recebe poucos visitantes, já que é basicamente residencial. É um dos pontos mais confiáveis para observar o cervo de Key. Da Overseas Hwy, vá até Watson Blvd, vire à direita, depois à esquerda em Wilder Blvd. Cruze a Bogie Bridge e estará em No Name.

Veterans Memorial Park & Beach PARQUE

(MM 39 oceanside; nascer do sol-pôr do sol;) Esse pequeno parque possui mesas de piquenique cobertas e bom acesso ao mangue e às áreas alagadas, hábitat que forma a maior parte da costa das Keys. A vista do oceano é incrível.

Big Pine Flea Market MERCADO

(MM 305 oceanside; 8h-pôr do sol sáb e dom) Esse mercado, que atrai gente de todas as Keys, rivaliza com as igrejas locais em termos de presença semanal. Vê como sempre estamos falando que os moradores de Keys são estranhos? Bom, imagine ficar olhando seus armários e seus segredos mais fundos e obscuros – à venda por 50 centavos?

Strike Zone Charters SNORKEL, MERGULHO

(305-872-9863, 800-654-9560; www.strikezonecharter.com; MM 295 bayside) Faça um passeio de snorkel ($35) e mergulho ($45) em barcos com casco de vidro, nos quais dá para ter contato com uma enorme variedade de coloridos peixes tropicais, corais e a vida marinha no santuário de Looe Key.

Onde dormir

Deer Run Bed & Breakfast B&B $$$

(305-872-2015; www.deerrunfloridabb.com; 1997 Long Beach Dr, Big Pine Key, saindo da MM 33 oceanside; q $235-355;) Essa pousada ecológica e vegetariana certificada pelo estado está numa faixa isolada e adorável de Long Beach Dr. É um estranho jardim de delícias, complementado por várias parafernálias ecológicas, placas de ruas e quartos simples, mas confortáveis, com nomes como Éden, Paraíso e Utopia. Os donos solícitos vão levá-lo para passear de barco ou até a piscina aquecida para relaxar, enquanto preparam refeições orgânicas e vegetarianas. Devemos acrescentar: o clima não é de superioridade vegetariana. É possível levar um sanduíche de carne e bacon que o pessoal não vai se importar.

Bahia Honda State Park Campground CAMPING $

(305-872-2353; www.reserveamerica.com; MM 37, Bahia Honda Key; lugares $36, cabanas $160;) Bahia Honda é o melhor camping de Keys. Não há nada melhor do que acordar tendo o céu como teto e o oceano como banheira (Ai! Malditos mosquitos. Certo, não é o paraíso...). O parque possui seis cabanas, cada uma com espaço para seis pessoas, e duzentos lugares a poucos metros da praia. Reserve com bastante antecedência.

Barnacle Bed & Breakfast B&B $$

(305-872-3298; www.thebarnacle.net; 1557 Long Beach Dr, Big Pine Key; q $145-195;) Outro grande B&B das Keys, o Barnacle o recebe com a promessa de uma fresca brisa do oceano. Caminhe ao redor da piscina e da jacuzzi, passe as árvores e continue até os quartos individualizados que compartilham um louco design: adornos tropicais e grandes janelas que permitem a entrada de muita luz solar. As refeições são feitas no excelente deque, que está de frente para uma linda faixa de mar.

Big Pine Key Fishing Lodge HOTEL $

(305-872-2351; MM 33 oceanside, Big Pine Key; com/sem eletricidade $40/35, ap $80-120;) Esse pequeno estabelecimento ao lado de um canal possui uma clientela leal de migrantes do frio que não chamariam nenhum outro lugar de seu lar em Keys. O cervo de Key caminha pelo terreno limpo, os funcionários são simpáticos, e há muita atividade para as crianças. O hotel, voltado para quem quer pescar e mergulhar, aluga barcos.

Parmer's Place Guesthouse HOTEL $$

(305-872-2157; www.parmersresort.com; 565 Barry Ave, Little Torch Key, saindo da MM 285 bayside; q inverno $134-294, verão $99-209;) Parecendo ilusoriamente pequena de fora, essa propriedade de 20 mil m² ocupa um pedaço lindo de Little Torch Key e o preenche com quartos convidativos de frente para canais e riachos. Os quartos são espaçosos, e você será louco se não contemplar a vista das ilhas da sua varanda.

Little Palm Island Resort & Spa RESORT $$$

(305-872-2524, 800-343-8567; www.littlepalmisland.com; ste $1.091-2.072;) Como chegar? De barco ou avião, com muito dinheiro. Se tem dinheiro para ir, é porque pode se mimar. E essa ilha exclusiva com seus jardins zen, lagoa azul e atmosfera de império persa decadente e luxuoso é muito boa para isso.

Onde comer

No Name Pub PIZZA $

(305-872-9115; N Watson Blvd, Big Pine Key, saindo da MM 30.5 bayside; pratos $7-18; 11-23h) O No Name é um dos lugares fora da rota turística que todo mundo aparentemente conhecer. Parece isolado, está isolado, mas de alguma forma os turistas estão todos ali – e isso não dá a impressão de diminuir nem um pouco o ambiente excêntrico, o serviço simpático, a excelente cerveja artesanal e as sensacionais pizzas servidas nesse bar colorido. Notem, o nome parece indicar que ele está localizado em No Name Key, mas está em Big Pine Key, passando a ponte.

Coco's Kitchen DINER **$**
(Big Pine Key Shopping Center, MM 30.5 bayside; pratos e sanduíches $10,50; ⏲7-14h e 16-19h ter-sáb) Entre por uma estranha fachada com espelhos até essa pequena lanchonete, onde os pescadores locais se juntam aos compradores do Winn Dixie ao lado para comer e fofocar. Serve uma boa mistura de pratos norte-americanos e cubanos, como *picadillo* (carne moída cozida com temperos cubanos).

Good Food Conspiracy VEGETARIANA **$**
(Big Pine Key, MM 30 oceanside; pratos a menos de $10; ⏲9h30-19h seg-sáb, 11-17h dom; 🖉) Esse lugar serve tacos de gordura de porco e de carne de foca. Brincadeira! Alegrem-se, loucos por comida saudável, todas as folhas verdes, brotos, ervas e tofu com que sonharam durante a longa viagem cheia de fritura pela Overseas estão à venda nessa simpática loja orgânica-macrobiótica. Há um bom bar de sucos frescos no lugar. Notem o grande camarão rosa na frente – o máximo da cafonice das Keys.

Informações

Câmara de Comércio de Lower Keys
(☎305-872-2411; www.lowerkeyschamber.com; MM 31 oceanside; ⏲9-17h seg-sex, 9-15h sáb) Fornece muitos panfletos e informações turísticas.

Sugarloaf e Boca Chica Keys

Esse é o último trecho antes de Key West. Não há muita coisa a fazer – apenas uns bons lugares para comer e algumas atrações estranhas na beira da estrada.

Essa última parte das Keys vai mais ou menos da MM 20 ao começo de Key West.

Atrações

Perky's Bat Tower TORRE
(Sugarloaf Key, MM17) Lembra uma torre de vigia asteca, mas na verdade essa torre de madeira é a visão de um empreiteiro que deu muito errado. Nos anos 1920, Richter C. Perky teve a brilhante ideia de transformar essa área num resort de férias. Só havia um problema: mosquitos. Sua solução? Construir uma torre de quase 11m e instalar uma colônia de morcegos (ele tinha ouvido falar que esses animais comiam mosquitos). Ele importou os mamíferos alados, mas todos imediatamente fugiram, deixando a torre vazia. Perky nunca voltou a construir nessa área.

Sheriff's Animal Farm ZOOLÓGICO
(☎305-293-7300; 5501 College Rd, Stock Island; ⏲13-15h dom a cada 15 dias ou com reserva; 👪) Pouco antes de chegar a Key West, você pode ficar tentado a parar nessa fazenda, localizada perto do Monroe County Sheriff's Office and Detention Center (é verdade). Esse abrigo do Condado de Monroe para animais que foram abandonados ou doados é um lugar adorável para levar as crianças (ligue antes para agendar a visita, e a dona, Jeanne Selander, mostrará com prazer o lugar). Há tartarugas, porquinhos-da-índia, pássaros, lhamas e cobras albinas – é um zoológico muito divertido.

Onde dormir

Sugarloaf Key Resort KOA CAMPING **$**
(☎305-745-3549, 800-562-7731; www.koa.com/campgrounds/sugarloaf-key; 251 County Rd, saindo de MM 20 oceanside; lugar para barraca/*motor-home* a partir de $55/72; P 🛜 🏊) O bem desenvolvido KOA (Kampground of America) tem aproximadamente duzentos espaços para barracas e a mesma quantidade para *motor-homes*, com comodidades como voleibol na praia, piscina, minigolfe e passeios de barco ao pôr do sol.

Sugarloaf Lodge HOTEL **$$**
(☎800-553-6097; www.sugarloaflodge.net; Sugarloaf Key, MM 17; q $115-165; P 🏊) Os quartos desse hotel não são nada especiais, apesar de todos terem uma incrível vista para a baía. Também possui restaurante, bar, marina e pista de pouso, de onde dá para fazer um passeio de hidroplano ou fazer paraquedismo.

Onde comer

Sugarloaf Food Company AMERICANA **$**
(MM 24 bayside; café da manhã $2,25-4,25, almoço $5-9; ⏲6h30-15h ter-sáb) Uma alternativa confortável e arejada às frituras, o Food Company é especializado em sanduíches e saladas excelentes, mais alguns lindos cartões-postais feitos à mão. Um incrível restaurante e refúgio artístico.

Mangrove Mama's CARIBENHA **$$**
(MM 20 oceanside; almoço $10-15, jantar $19-29; ⏲11h30-15h30 e 17h30-22h) Esse restaurante de beira de estrada serve frutos do mar inspirados no Caribe – camarão no coco, ensopado de

A CONCH REPUBLIC: UMA FAMÍLIA HUMANA

Conchs (pronuncia-se "conk" e não "contsh" e significa "caracol") são pessoas que nasceram e foram criadas nas Keys. É um título raro de se conseguir. Até os "naturalizados" só podem chegar ao posto de "Conch de água doce". Você vai ouvir referências a, e ver a bandeira da, Conch Republic em todos os lugares das ilhas, o que nos leva a uma interessante história.

Em 1982, a patrulha de fronteira e os agentes da alfândega dos Estados Unidos montaram um bloqueio em Key Largo para pegar traficantes de drogas e imigrantes ilegais. Com o engarrafamento e a raiva aumentando, muitos turistas desapareceram. Eles decidiram que era melhor pegar o Shark Valley Tram em Everglades. Para dar voz à raiva, alguns Conchs ousados decidiram se separar do país. Depois de formar a Conch Republic, eles fizeram três declarações (nesta ordem): separar-se dos EUA; declarar guerra aos EUA e se render; e exigir 1 milhão de dólares como ajuda externa. O bloqueio acabou sendo levantado, e todo ano no mês fevereiro os Conchs comemoram o aniversário daqueles inebriantes dias de festa interminável, e o slogan "Nós nos separamos onde os outros fracassaram".

Hoje todo o conceito da Conch Republic é basicamente um artifício de marketing, mas isso não diminui seu lema oficial: "Uma Família Humana". Essa ênfase na tolerância e no respeito mútuo manteve a cabeça e o coração das Keys no lugar certo, aceitando gays, héteros e pessoas de todas as cores e religiões.

marisco apimentado –; o melhor é desfrutar no pátio traseiro ao som de uma pequena banda de reggae.

Baby's Coffee CAFÉ $
(☎800-523-2326; MM 15 oceanside; ⌚7-18h seg-sex, 7-17h sáb e som) Esse café muito legal tem seu próprio equipamento para torrar grãos e vende saquinhos do produto aromático, além de excelentes cafés java quente ou frio – muitos locais consideram que esse é o melhor café das ilhas. Outros itens são vendidos, de pão a sabonete líquido.

KEY WEST

As Keys, como qualquer fronteira, sempre atraíram pessoas estranhas e excêntricas. E quando se trata da última fronteira, o último ponto dos Estados Unidos – ali, somente os mais excêntricos se aventurariam. Assim, Key West é a ilha mais lindamente estranha (ou é estranhamente linda?) nos Estados Unidos. Esse lugar é seriamente confuso, de uma forma (quase sempre) boa. Não há um meio separando o alto e o baixo, com certeza. De um lado da estrada, festivais literários, vilas caribenhas, um ar *noir* tropical e caras galerias de arte. Do outro, uma parada fetichista sadomasoquista, rapazes universitários vomitando nas garotas e camisetas com dizeres como "Eu amo peidar" (é sério).

Assim como as outras Keys são um pouco mais caipiras, Key West, um histórico refúgio para homossexuais e artistas, permanece um pouco mais à esquerda. Lá os locais revelam todo seu não conformismo, provavelmente porque estranheza ainda é parte integral da marca Key West. Mas, além de todas essas idiossincrasias, ela é simplesmente uma linda ilha tropical, com flores se abrindo à noite e as clássicas casas caribenhas, tão melancólicas e românticas que é impossível não suspirar quando as vir.

⊙ Atrações

Mallory Square PRAÇA
(⌚pôr do sol; 👪) Pegue todas essas energias, subculturas e estranhezas da vida das Keys – os hippies, os caipiras, os estrangeiros e, claro, os turistas – junte todos numa festa ao pôr do sol, familiar (mas muito divertida), à luz de tochas. O centro de todas essas forças estrondosas é Mallory Sq, um dos maiores espetáculos da Terra. Tudo tem início quando o sol começa a se pôr, um sinal de que a loucura está liberada. Veja um cachorro caminhar sobre uma corda bamba, um homem engolir fogo, acrobatas britânicos caindo um sobre o outro. Tome uma cerveja. Coma um marisco. E espere o sol desaparecer atrás do oceano para começar o verdadeiro carnaval.

Duval Street RUA
Os moradores de Key West possuem uma relação de amor e ódio com a rua mais famosa em Key West (se não for de todas as Keys). Duval, a principal rua de Old Town Key West, é uma festa de bebida, coisas cafonas e péssimo comportamento. Está mais

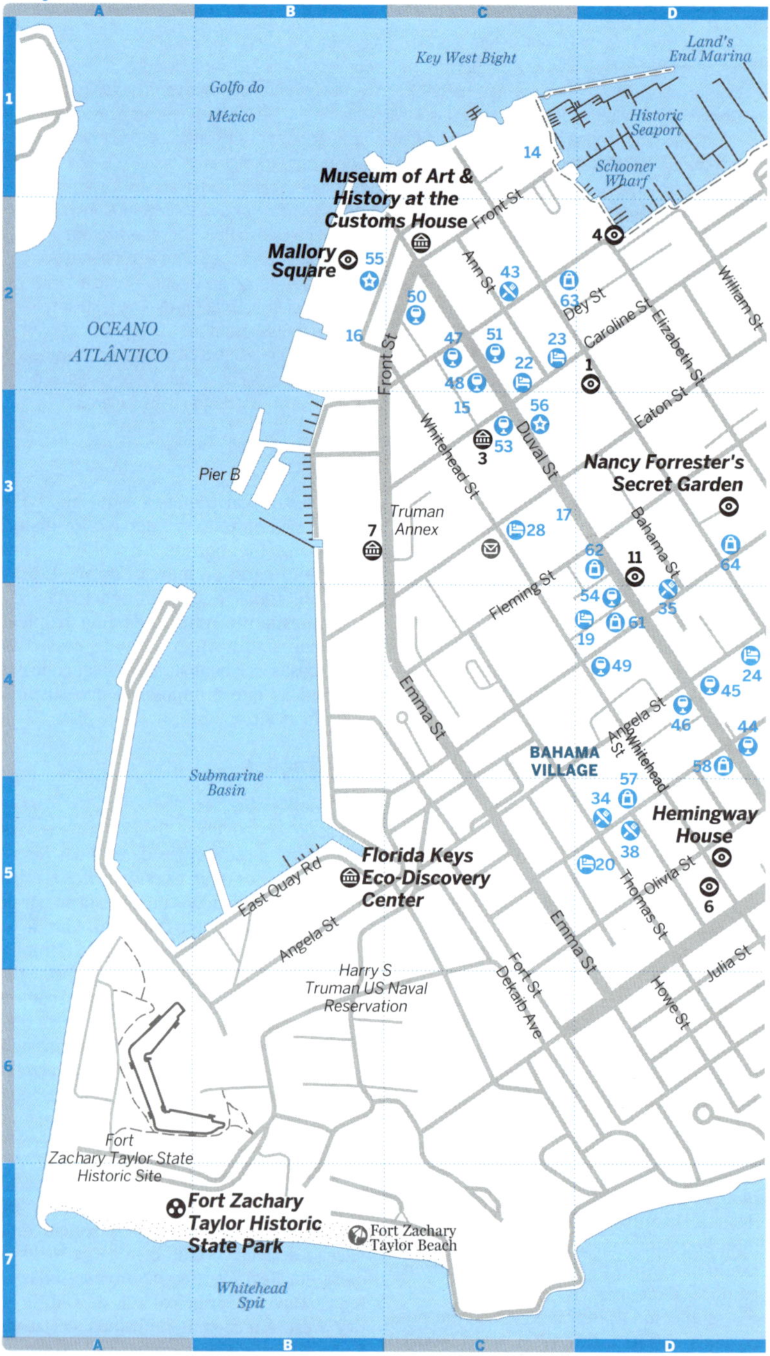
Key West Bight
Land's End Marina
Golfo do México
Historic Seaport
Schooner Wharf
Museum of Art & History at the Customs House
Mallory Square
OCEANO ATLÂNTICO
Pier B
Truman Annex
Nancy Forrester's Secret Garden
BAHAMA VILLAGE
Hemingway House
Submarine Basin
Florida Keys Eco-Discovery Center
Harry S Truman US Naval Reservation
Fort Zachary Taylor State Historic Site
Fort Zachary Taylor Historic State Park
Fort Zachary Taylor Beach
Whitehead Spit
Front St
Ann St
Dey St
Caroline St
Elizabeth St
William St
Eaton St
Whitehead St
Duval St
Bahama St
Fleming St
Emma St
Angela St
Whitehead St
Olivia St
Thomas St
East Quay Rd
Angela St
Fort St
Dekalb Ave
Howe St
Julia St

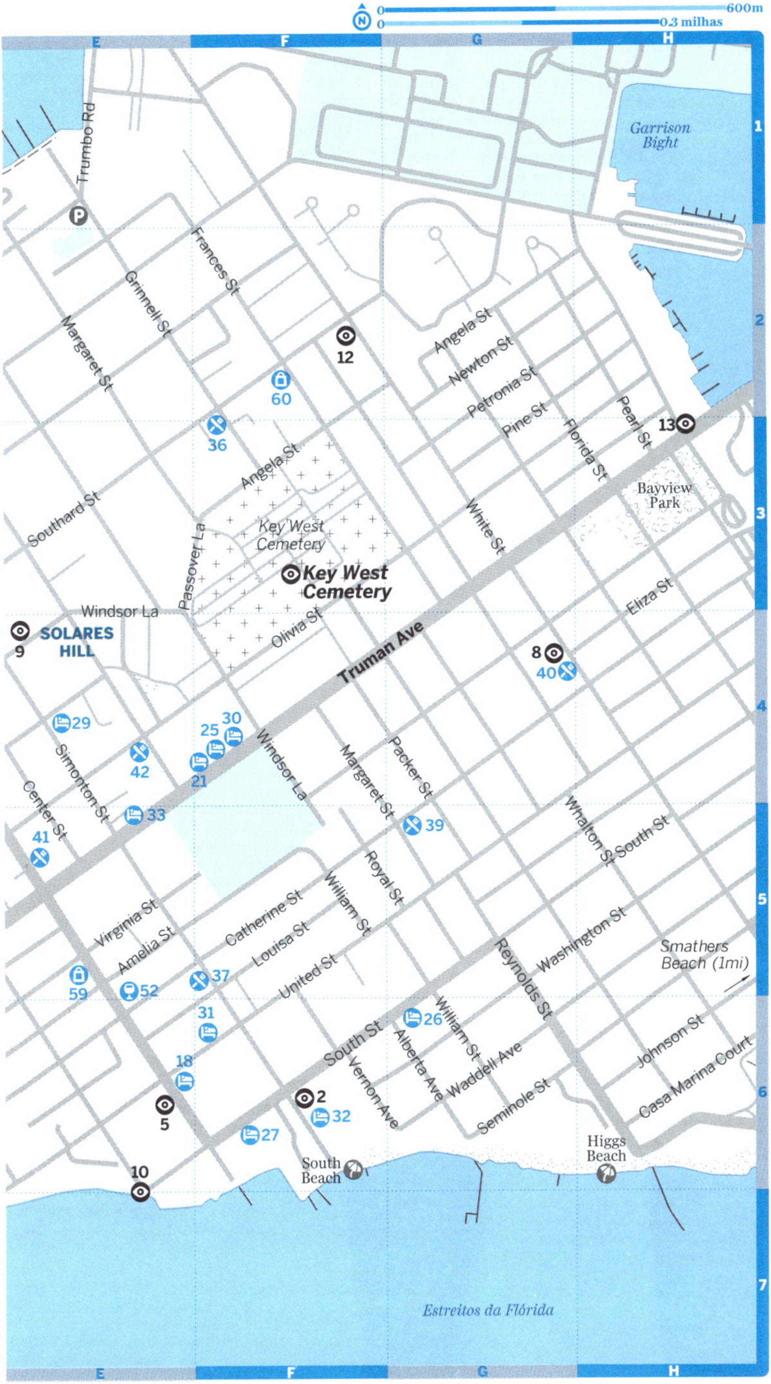
0 600m
0 0,3 milhas
Garrison Bight
Trumbo Rd
Frances St
Grinnell St
Margaret St
Angela St
Newton St
Petronia St
Pine St
Florida St
Pearl St
Bayview Park
Southard St
Key West Cemetery
Key West Cemetery
Passover La
Windsor La
SOLARES HILL
Olivia St
Truman Ave
White St
Eliza St
Simonton St
Center St
Windsor La
Margaret St
Packer St
Whalton St
South St
Royal St
William St
Catherine St
Louisa St
United St
Virginia St
Amelia St
Reynolds St
Washington St
Smathers Beach (1mi)
South St
Vernon Ave
Alberta Ave
William St
Waddell Ave
Seminole St
Johnson St
Casa Marina Court
South Beach
Higgs Beach
Estreitos da Flórida

Key West

Destaques

Florida Keys Eco-Discovery Center ... B5
Fort Zachary Taylor Historic State Park ... A7
Hemingway House ... D5
Key West Cemetery ... F3
Mallory Square ... B2
Museum of Art & History at the Customs House ... C2
Nancy Forrester's Secret Garden ... D3

Atrações

1 Casa Antigua ... D2
2 Gay & Lesbian Trolley Tour of Key West ... F6
3 Heritage House ... C3
4 Jolly II Rover ... D2
5 Key West Butterfly & Nature Conservatory ... E6
6 Key West Lighthouse ... D5
7 Little White House ... B3
8 Mathieson's 4th of July ... G4
9 Office of the Secretary General of the Conch Republic ... E4
Pelican Poop Gift Shoppe ... (veja 1)
San Carlos Institute ... (veja 62)
10 Southernmost Point ... E6
11 Strand Building ... D3
12 Studios of Key West ... F2
13 Subtropic Dive Center ... H3

Atividades, cursos e passeios

14 Conch Tour Train ... C1
15 Ghosts & Legends of Key West ... C3
Historic Key West Walking Tour office ... (veja 16)
16 Old Town Trolley Tours ... B2
17 Original Ghost Tours ... C3

Onde dormir

18 Avalon Bed & Breakfast ... E6
19 Big Ruby's Guesthouse ... D4
20 Caribbean House ... D5
21 Chelsea House ... F4
22 Curry Mansion Inn ... C2
23 Cypress House ... C2
24 Gardens Hotel ... D4
25 Key Lime Inn ... F4
26 Key West Youth Hostel & Seashell Motel ... G6
27 La Mer & Dewey Hotel ... F6
28 L'habitation ... C3
29 Merlin Inn ... E4
30 Mermaid & Alligator ... F4
31 Pearl's Rainbow ... F6
32 Santa Maria ... F6
33 Truman Hotel ... E5

Onde comer

34 Blue Heaven ... D5
35 Café ... D4
36 Café Solé ... F3
37 Camille's ... F5
38 Conch Town Café ... D5
39 El Siboney ... G5
40 Mo's Restaurant ... G4
41 Nine One Five ... E5
42 Seven Fish ... E4
43 Thai Cuisine ... C2

Onde beber

44 801 Bourbon Bar ... D4
45 Aqua ... D4
46 Bourbon St Pub ... D4
47 Captain Tony's Saloon ... C2
48 Garden of Eden Bar ... C2
49 Green Parrot ... D4
50 Hog's Breath ... C2
51 Irish Kevin's ... C2
52 La Te Da ... E5
Pearl's Rainbow ... (veja 31)
53 Porch ... C3
54 Virgilio's ... D4

Lazer

55 Key West Players ... B2
56 Red Barn Theatre ... C3
Tropic Cinema ... (veja 28)

Onde comprar

57 Bésame Mucho ... D5
58 Dogs on Duval ... D4
59 Frangipani Gallery ... E5
60 Haitian Art Co ... F2
61 Leather Master ... D4
62 Montage ... D3
63 Peppers of Key West ... C2
64 Project Lighthouse ... D3

para barulhenta, bêbada e com camisetas que dizem coisas abusadas. Mas é divertido. A "Maratona Duval" é um dos melhores passeios por bares do país. A mistura de música ao vivo, camisetas bizarras, teatros, estúdios de arte e butiques é bastante charmosa. E a experiência é a essência de Key West ("Keezy"). Tenha presença de espírito, ria e aprecie Duval mesmo com seus defeitos, para ver por que essa rua continua a ser o centro da ilha.

Hemingway House LUGAR HISTÓRICO
(www.hemingwayhome.com; 907 Whitehead St; adulto/criança 6-12 anos $12,50/6; ⏲9-17h) O maior ídolo de Key West, Ernest Hemingway viveu nessa maravilhosa casa colonial espanhola de 1931 a 1940. Papa se mudou para lá com pouco mais de trinta anos com sua segunda esposa, editora da *Vogue* e (ex) amiga da primeira esposa. *The short happy life of Francis Macomber* e *As verdes colinas da África* foram escritos ali, mas Hemingway não só trabalhava; como todos escritores, ele perdia muito tempo, especificamente ao instalar a primeira piscina de água salgada de Key West. O projeto de construção custou tanto que ele colocou seu "último centavo" no cimento do deque da piscina. Ainda está lá até hoje, junto com os descendentes de seu famoso gato de seis dedos, que basicamente dominam a casa e o terreno. O velho estúdio do escritor está preservado como ele o deixou – quando fugiu em 1940 com a esposa nº 3.

GRÁTIS **Florida Keys Eco-Discovery Center** MUSEU
(eco-discovery.com/ecokw.html; 35 East Quay Rd, Truman Annex; ⏲9-16h ter-sáb; P) Então, você andou por todas as Keys, visitando todos os adoráveis parques estaduais e reservas naturais, pensando: "Nossa, não poderia existir um lugar que unisse todo o conhecimento sobre este fenômeno ecológico único numa mostra educativa?". Certo, talvez não tenham sido seus pensamentos exatos, mas é o que se encontra nesse excelente centro, que faz o maravilhoso trabalho de explicar todos os detalhes naturais das Keys. As crianças amam, e, por falar nisso, a entrada é franca, assim como o estacionamento, o que é raridade.

Fort Zachary Taylor Historic State Park PARQUE
(☎305-292-6713;www.floridastateparks.org/forttaylor; Truman Annex; por carro/motocicleta/pedestre e ciclista $6/4/2; ⏲8h-pôr do sol) O "Parque mais ao sul dos Estados Unidos" é geralmente negligenciado por autoridades e visitantes, o que é uma vergonha, já que é um lugar bonito para descansar numa tarde tranquila. As paredes do forte ainda estão de pé, e dentro do complexo os adorados nerds – recriadores históricos – colocam fantasias e refazem cenas da Guerra Civil e dos dias de piratas (ainda não vimos soldados da Guerra Civil lutando com piratas. Mas ainda temos esperança). As borboletas voam por todo lado, e a **praia** de lá é a melhor que Key West tem a oferecer – possui areias brancas para descansar, água funda o suficiente para nadar e peixes tropicais. Os mergulhadores que se afastam uns 6m da costa podem ver exemplares interessantes da vida marinha.

Key West Cemetery CEMITÉRIO
(Margaret & Angela St; ⏲do nascer ao pôr do sol;) Um atrativo labirinto gótico chama a atenção (por ser incongruente) no centro dessa cidade em tom pastel. Construído em 1847, o cemitério enriquece Solares Hill, o ponto mais alto da ilha (com altitude de uns 5m). Ali algumas das famílias mais antigas das Keys descansam em paz – e muito perto uma da outra. Com a falta de espaço, os mausoléus estão quase lado a lado. A estranheza da ilha penetra a melancolia: conchas e macramê verde adornam as lápides com inscrições inusitadas. Contrate um guia da **Historic Florida Keys Foundation** (☎305-292-6718), com passeios a $10 por pessoa às 9h30 nas terças e quintas; saída do portão principal em Margaret e Angela Sts.

Key West Butterfly & Nature Conservatory SANTUÁRIO DE VIDA SELVAGEM
(☎305-296-2988; www.keywestbutterfly.com; 1316 Duval St; adulto/criança/aposentados e militares $12/8,50/9; ⏲9-17h;) É possível caminhar por essa vasta estufa cruzando um jardim mágico de flores, pássaros coloridos e até 1.800 borboletas, trazidas do mundo todo.

Nancy Forrester's Secret Garden JARDIM
(www.nfsgarden.com; 1 Free School Lane; entrada $10; ⏲10-17h) Nancy, uma artista local e peça central da comunidade de Keys, convida a organizar um piquenique (mas nada de celulares!) em seu oásis de palmeiras exuberantes, orquídeas, araras e papagaios falantes. Embora o lugar seja chamado de jardim secreto, Nancy o considera uma obra de arte em si – o último acre de espaço natural não desenvolvido (apesar de cuidado por mãos humanas) dentro do coração de Key West. O jardim-obra de arte se torna uma ponte entre o mundo natural e Key West. Não importa como interprete, a maioria concorda que é um lugar sereno, quase mágico.

Museum of Art & History at the Customs House MUSEU
(www.kwahs.com/customhouse; 281 Front St; adulto/criança/aposentado $7/5/6; ⏲9h30-16h30) Há arte no final da estrada, e encontra-se o melhor nesse museu, que só pela sede maravilhosa já vale a visita – a grande Alfândega, abandonada por muito tempo até sua impressionante renovação nos anos 1990. Na verdade, a visita a esse museu vale por várias razões, incluindo uma mostra permanente de enormes retratos e algumas das melhores exposições de arte internacional (principalmente caribenha) na região. As pinturas cruas, quase cartoons, de Key West feitas por Mario Sanches sobre madeira são um capítulo especial.

Fort East Martello Museum & Gardens MUSEU
(www.kwahs.com/martello.htm; 3501 S Roosevelt Blvd; adulto/criança/aposentado $7/5/6; ⏲9h30--16h30) Essa velha fortaleza foi construída para se parecer com as antigas torres de vigia costeiras italianas (por isso o nome), um design que rapidamente se tornou obsoleto com o advento do canhão. Agora, o forte serve a um novo propósito: preservar o velho. Quer dizer, a memorabilia histórica, artefatos, a arte folclórica de Mario Sanchez e do escultor Stanley Papio, que trabalhou com restos de metal e criou (música de suspense)... Robert the Doll. Talvez a coisa mais assombrada em Key West, Robert é um boneco bastante assustador do século 19 que dizem trazer azar àqueles que questionam seus poderes. Honestamente, ele parece saído de um livro de Stephen King; ver www.robertthedoll.org para mais informações.

Studios of Key West GALERIA
(TSKW; ☎305-296-0458; www.tskw.org; 600 White St; ⏲10-18h) Essa organização sem fins lucrativos reúne uma dúzia de estúdios de artistas numa galeria localizada num velho edifício, que inclui um adorável jardim de esculturas. Além de sua mostra pública de artes visuais, a TKSW organiza leituras de autores locais, como Robert Stone, oficinas literárias e visuais, concertos, conferências e grupos de discussão comunitária. Tornou-se o núcleo acessível do enorme movimento artístico da cidade e oferece um bom ponto de partida para visitantes que querem participar da cena criativa de Key West, mas não têm ideia de por onde começar. Talvez seja bom ligar antes de visitar, caso as exibições estejam sendo montadas.

Little White House PRÉDIO HISTÓRICO
(☎305-294-9911; www.trumanlittlewhitehouse.com; 111 Front St; adulto/criança 5-12 anos/aposentado $16/5/13,50; ⏲9h-16h30) Apesar de sermos primeiro tentados a visitá-lo pela perspectiva de ver uma casa presidencial do tamanho de um Lego, esse é na verdade o lugar onde o ex-presidente Harry S. Truman costumava tirar férias quando não estava articulando a geopolítica da Segunda Guerra Mundial. É tão luxuosa quanto se imagina e só está aberta para visitas guiadas, apesar de ser possível caminhar de graça pelos **jardins** botânicos ao redor (⏲7-18h). Muitos dos pertences de Truman estão espalhados, mas o melhor são os guias, bastante inteligentes, espirituosos e úteis.

Heritage House PRÉDIO HISTÓRICO
(☎305-296-3573; www.heritagehousemuseum.org; 410 Caroline St; entradas $5; ⏲10-16h seg-sáb) De todas as muitas casas históricas de Key West abertas para visitantes, essa casa caribenha colonial está entre as mais incríveis. É porque raramente encontra-se cheia, possui guias dedicados, além de móveis e antiguidades originais, de um piano da corte de Maria Antonieta a um conjunto de cadeiras de jantar do século 17. Tudo foi colecionado e preservado por sete gerações de uma família local. O Robert Frost Cottage, onde o poeta passou dezesseis invernos, está no fundo, junto a outro maravilhoso jardim. Muitas conferências, leituras, oficinas para escritores e casamentos acontecem ali.

San Carlos Institute PRÉDIO HISTÓRICO
(www.institutosancarlos.org; 516 Duval St) Fundado em 1871 por exilados cubanos, o San Carlos é um lindo prédio construído no estilo das missões espanholas clássicas. A atual estrutura é de 1924 e foi reformada em 1992. O interior está coberto por azulejos cubanos, mármore italiano e estátuas de heróis cubanos, incluindo José Martí, que discursou ali e apelidou o prédio de "La Casa Cuba". Hoje, o edifício abriga biblioteca, galeria de arte, sala de conferência, teatro e outros propósitos; só está aberto durante os eventos, mas eles acontecem com frequência.

Bahama Village BAIRRO
Bahama Village foi o velho bairro de bahamenses da ilha e no passado tinha um clima colorido caribenho – que ressurge um pouco durante o **Goombay Festival** (p. 161). Porém, hoje a vila está bastante requintada; muitas áreas foram transformadas num tipo de zona periférica pseudo-Duval, mas outras mantêm o velho charme caribenho. No **Office of the Secretary General of the Conch Republic** (☎305-296-0213; 613 Simonton St) [escritório do secretário-geral da República Conch] é possí-

vel ver muitas coisas da Conch Republic – bandeiras, suvenires e coisas assim.

Casa Antigua PRÉDIO HISTÓRICO
(314 Simonton St; ⏲10-18h) Essa foi, tecnicamente, a primeira casa de Hemingway em Key West e o lugar onde escreveu *Adeus às armas*, mas não é tão notável, exceto por um jardim exuberante no fundo e uma das "visitas guiadas" mais cafonas dos EUA. Funciona assim: vá até a **Pelican Poop Gift Shoppe** (www.pelicanpoop.com; 314 Simonton St), que agora ocupa a Casa, pague os $2 de taxa para entrada no jardim e deixe o brega tomar conta! Vá até a calma área verde no fundo, onde uma gravação é veiculada no volume em que Deus costuma falar, quando diz algo que começa com "Que se faça...". Nesse volume "estoura tímpanos", um homem com uma voz irritante conta a história da Casa. É hilário.

Strand Building PRÉDIO HISTÓRICO
(527 Duval St) O histórico Strand Theater foi um dos maiores cinemas à moda antiga de Key West e apareceu no filme *Matinee* de 1993. Hoje é uma farmácia da rede Walgreens, mas o exterior continua romântico como antes.

Key West Lighthouse FAROL
(www.kwahs.com; 938 Whitehead St; adulto/estudante com mais de 7 anos/aposentados $10/5/9; ⏲9h30-16h30) É possível subir os 88 degraus até o alto do farol, construído em 1846, para ter uma boa visão. Mas, honestamente, também é agradável olhar a torre do nível da rua.

Southernmost Point PONTO DE REFERÊNCIA
(Esq. South e Whitehead Sts) O ponto mais fotografado da ilha, essa baliza vermelha e preta não é o ponto mais ao sul dos EUA (este fica na base naval próxima dali, que não permite visitas). A atração mais superestimada em Key West.

Atividades

Indo à praia PRAIA
Key West *não* tem a ver com ir à praia. Na verdade, para ter sol e surfe de verdade, os moradores vão até Bahia Honda (p. 150) sempre que possível. Mesmo assim, as três praias da cidade no lado sul da ilha são lindas e estreitas, com águas calmas e claras: **South Beach** no final da Simonton St; **Higgs Beach**, no final da Reynolds St e Casa Marina Ct, que possui grelhas para churrasco, mesas de piquenique e uma multidão de banhistas gays e trabalhadores sazonais do Leste Europeu; a **Smathers Beach**, mais ao leste saindo do S Roosevelt Blvd, que é mais popular para jet-ski, parapente, adolescentes e universitários. No entanto, a melhor praia local está em Fort Zachary Taylor (p. 157); vale a pena pagar a entrada para desfrutar das areias brancas e da relativa calma.

Barcos

Acesse www.charterboatkeywest.com para ver uma relação dos muitos estabelecimentos de aluguel de barco para pesca e passeio em Key West.

Jolly II Rover PASSEIO DE BARCO
(☎305-304-2235; www.schoonerjollyrover.com; esq. Greene e Elizabeth Sts, Schooner Wharf; passeios $39) Essa empresa possui uma maravilhosa escuna (marrom e vermelha) de uns 25m que sai em passeios diários até o pôr do sol. Parece um barco pirata e possui canhões para reforçar a imagem.

Reelax Charters CAIAQUE
(☎305-304-1392, 305-744-0263; www.keyskayaking.com; MM 17 Sugarloaf Key Marina; passeio de caiaque $200) Pegue seu remo e deslize tranquilo nos mangues e lamaçais ao redor de Lower Keys com Andrea Paulson. Baseado em Sugarloaf Key.

Mergulho e snorkel

Mergulhar é melhor em Key Largo e no Biscayne National Park, mas há naufrágios interessantes perto de Key West.

O site da **Keys Association of Dive Operators** (http://divekeys.com; 3128 N Roosevelt Blvd) é um oásis de informações sobre oportunidades de mergulho nas ilhas; também funciona para melhorar as atividades submarinas sustentáveis ao criar recifes artificiais e encorajar práticas seguras de navegação e mergulho.

Subtropic Dive Center MERGULHO
(☎305-296-9914, 800-853-3483; www.subtropic.com; 1605 N Roosevelt Blvd) Operadora confiável com boa reputação. Dá certificado de mergulhos em águas abertas por $499 e oferece outros níveis de certificação PADI.

Dive Key West MERGULHO
(☎305-296-3823, 800-426-0707; www.divekeywest.com; 3128 N Roosevelt Blvd) As maiores instalações de mergulho na ilha. Os mergulhos em barcos naufragados custam $144 com todo o equipamento, inclusive cilindros de oxigênio.

Visitas guiadas

Recomendamos o *Sharon Well's walking & biking guide to historic Key West*, um guia de caminhadas autoguiadas disponível gratuitamente em pousadas e estabelecimentos por

DESVIO: DRY TORTUGAS NATIONAL PARK

Depois de todas essas ilhas, conectadas por uma estrada conveniente, as ilhas mais lindas no arquipélago exigem um pouco de esforço extra. Ponce de León chamou-as de Las Tortugas (As Tartarugas) pelas tartarugas marinhas que caminhavam por ali. A falta de água doce fez com que os marinheiros acrescentassem um "seco" (*dry*) ao nome. Hoje as Dry Tortugas são um parque nacional sob o controle do **National Park Service** (305-242-7700; www.nps.gov/drto; entrada $5) e acessível por barco ou avião.

Originalmente as Tortugas eram a base naval dos Estados Unidos no golfo do México. Mas, na época da Guerra Civil, **Fort Jefferson**, a principal construção das ilhas, tinha se tornado uma prisão para desertores da União e pelo menos mais quatro pessoas, entre elas o dr. Samuel Mudd, que tinha sido preso por cumplicidade no assassinato de Abraham Lincoln. Assim, ganhou um novo apelido: Devil's Island. O nome foi profético; em 1867 um surto de febre amarela matou 38 pessoas, e, depois de um furacão em 1873, o forte foi abandonado. Ele reabriu em 1886 como uma estação de quarentena para vítimas de varíola e cólera, foi declarado monumento nacional em 1935 pelo presidente Franklin D. Roosevelt e ganhou o status de parque nacional em 1992 por George Bush (pai).

O parque está aberto para visitas diárias e camping noturno, mostrando um fenômeno raro: uma praia silenciosa na Flórida. Garden Key possui treze campings ($3 por pessoa, por noite), que funcionam por ordem de chegada. Reserve antes ligando para o escritório do National Park. Há banheiros, mas não chuveiros ou água potável; leve tudo que vai precisar. As águas cintilantes oferecem excelentes oportunidades para snorkel e mergulho. Um **centro de visitantes** está localizado dentro do fascinante Fort Jefferson.Se tiver fome, observe os barcos de pesca cubano-americanos navegando por ali. Eles sempre vendem lagosta, caranguejo e camarão; você ganhará mais se trocar por bebidas. É só barganhar o jantar. Março e abril são ótimos meses para observar pássaros, incluindo lutas aéreas. O céu estrelado é sensacional em qualquer época do ano.

Como chegar

Se tiver seu próprio barco, as Dry Tortugas estão cobertas pela National Ocean Survey nº 11.438. Por outro lado, a **Yankee Freedom II** (305-294-7009, 800-634-0939; www.yankeefreedom.com; Historic Seaport) opera uma balsa rápida entre Garden Key e o Historic Seaport (na parte norte de Margaret St.). A passagem ida e volta custa $165/120 por adulto/criança. Recomenda-se reservar. Café da manhã continental, piquenique no almoço, material para snorkel e um passeio de 45 minutos pelo forte estão incluídos.

A **Key West Seaplanes** (305-294-0709; www.seaplanesofkeywest.com) pode levar até dez passageiros (o voo dura 40 minutos). Uma viagem de quatro horas custa $250/grátis/160/190 por adulto/criança com menos de dois anos/criança de dois a seis anos/criança com menos de doze anos; uma viagem de oito horas custa $515/grátis/320/365. Novamente, reserve com pelo menos uma semana de antecedência.

A entrada de $5 ao parque está incluída nos preços acima.

toda a cidade, escrito por uma moradora local. Veja em www.seekeywest.com

Old Town Trolley Tours TRÓLEBUS

(305-296-6688; www.trolleytours.com/key-west; adulto/criança menos de 13 anos/aposentados $29/grátis/26; passeios 9h-16h30;) Essas viagens são uma grande apresentação à cidade. O passeio de trólebus com narração dura 90 minutos e começa na Mallory Sq, fazendo uma grande e lenta volta por toda a cidade, com nove paradas – é possível descer e subir em qualquer uma delas. Os trólebus partem a cada 15 ou 30 minutos das 9h às 16h30 diariamente. A narração é muito piegas, mas dá uma boa visão geral de Key West, a história e as fofocas locais sobre os famosos.

Conch Tour Train TREM

(305-294-5161; www.conchtourtrain.com; adulto/criança com menos de 13 anos/aposentados $29/grátis/26; passeios 9h-16h30;) Dirigido pela mesma empresa dos passeios de trólebus, esse passeio o leva em trens mais arejados sem a opção de descer em qualquer lugar. Oferece entradas com desconto para visitas como a Casa de Hemingway.

Historic Key West Walking Tour CAMINHADA
(☎800-844-7601; 1 Whitehead St; www.trustedtours.com; adulto/criança $18/9) Uma caminhada que leva por algumas das melhores vistas arquitetônicas e históricas da ilha. Demora umas duas horas. É preciso reservar com antecedência.

Ghosts & Legends of Key West FANTASMAS
(☎305-294-1713; www.keywestghosts.com; Porter House Mansion, 429 Caroline St; adulto/criança $18/10; ⏲passeios 19h e 21h) Promete "tirá-lo do caminho normal" e levar a lugares que "só um Conch poderia mostrar", incluindo o antigo necrotério e um pequeno cemitério.

Original Ghost Tours FANTASMAS
(☎305-294-9255; www.hauntedtours.com; 423 Fleming St; adulto/criança $15/10; ⏲passeios 20h e 21h) Histórias sobre assombrações que habitam metade dos bares e hotéis da ilha.

Festas e eventos

Contate a **Key West Art & Historical Society** (☎305-295-6616; www.kwahs.com) para saber os próximos shows, leituras literárias, festivais de cinema e programas afins.

Annual Key West Literary Seminar LITERÁRIO
(http://keywestliteraryseminar.org/lit) Agora em seu 23º ano, traz grandes escritores de todo o país a cada janeiro (mas custa centenas de dólares para entrar).

Robert Frost Poetry Festival LITERÁRIO
(www.robertfrostpoetryfestival.com) Acontece em abril.

Hemingway Days LITERÁRIO
Acontece no final de julho, com festas, uma corrida de 5km e um concurso de sósias de Hemingway.

WomenFest LÉSBICAS E TRANSEXUAL
(www.womenfest.com) Nada dignifica mais uma orientação sexual do que esse festival, que acontece no começo de setembro e atrai milhares de lésbicas que só querem festejar.

Fantasy Fest CULTURAL
Você precisa ver esse festival que acontece durante a semana que antecede o Halloween, no final de outubro. É quando todas as pousadas competem pela melhor decoração em suas dependências, e todos colocam as fantasias mais absurdas que conseguem montar (ou saem com ousadas pinturas corporais).

Goombay Festival CULTURAL
(www.goombay-keywest.org) Acontece durante a mesma semana descontrolada da Fantasy Fest, essa é a comemoração bahamense de comida, artesanato e cultura.

Parrot Heads in Paradise Convention MÚSICA
(www.phip.com/motm.asp) Esse festival em novembro é para os fãs de Jimmy Buffett (só os fanáticos, claro).

Onde dormir

Há muitos hotéis-butique, confortáveis B&Bs e resorts quatro estrelas ali no final dos EUA; assim não faltam acomodações. Embora tenhamos marcado algumas opções como mais centrais do que as outras, o fato é que qualquer hotel em Old Town vai colocá-lo a pouca distância de toda a ação. Apesar de todos serem bem-vindos, gays e héteros, em quase qualquer lugar, há algumas pousadas exclusivamente gays, que sinalizamos.

Todas as seguintes propriedades possuem ar-condicionado. As tarifas são mais caras durante a alta temporada (meados de dezembro a abril). Além disso, muitas propriedades possuem uma meia estação que vai de maio a junho; as taxas podem cair para um preço intermediário entre a baixa (julho a novembro) e aumentar durante a temporada média. Vários hotéis (especialmente os menores) forçam uma estada mínima de duas noites. As tarifas são bem mais altas durante eventos como o Ano-Novo e o Fantasy Fest, quando alguns lugares forçam até uma estada mínima de sete noites.

Curry Mansion Inn HOTEL **$$$**
(☎800-253-3466, 305-294-5349; http://currymansion.com; 511 Caroline St; q baixa temporada $195-285, alta temporada $240-365; P❄📶🏊) Numa cidade cheia de imponentes casas do século 19, a Mansão Curry é especialmente linda. Todos os elementos de um lar norte-americano aristocrático se juntam nela, de colunatas sulistas da era das grandes fazendas até uma "varanda da viúva" ao estilo da Nova Inglaterra e, claro, quartos iluminados com camas com dossel. Desfrute as buganvília e a brisa na varanda.

Mermaid & Alligator PENSÃO **$$**
(☎305-294-1894, 800-773-1894; www.kwmermaid.com; 729 Truman Ave; q baixa estação $148-198, alta estação $218-298; P❄@🏊) É preciso ser uma verdadeira maravilha para se destacar dentro da oferta dos hotéis de Keys, mas esse lugar, localizado numa mansão de 1904, mais do que garante o serviço. Cada um dos nove quartos é individualmente decorado com uma gran

de mistura de conforto moderno, ambiente colonial e muitas risadas. A suíte "*treetop*", com suas vigas expostas e quarto e banheiro confortáveis é nossa escolha nesse lugar idiossincrático.

La Mer & Dewey Hotel HOTEL-BUTIQUE **$$$**
(☎305-296-6577; www.southernmostresorts.com/lamer; 504 South St; q $200-350; ❄📶) Os dezenove quartos estão espalhados por duas casas históricas, uma vitoriana, a outra modelada como uma cabana antiga. Dentro, os quartos são equipados com uma adorável mistura de antiguidades europeias e amenidades modernas. Sua varanda basicamente dá de frente para o oceano Atlântico, cuja brisa funciona como um delicioso e natural ar-condicionado (mas você pode ligar o aparelho no quarto).

Santa Maria HOTEL-BUTIQUE **$$$**
(☎305-600-5165; www.santamariasuites.com; 1401 Simonton St; q $300-450; P❄📶🏊) O Santa Maria parece que se enganou: era para estar em South Beach, Miami, e terminou em Key West. Primeiro, é um edifício *déco* incrível. O exterior deveria ser analisado por estudantes de arquitetura, procurando identificar o melhor do design *déco*. Segundo, os quartos são um sonho arejado e luxuoso, cada um lembrando a sala de lazer de um empresário dos anos 1950. Finalmente, esse lugar possui no jardim central uma das melhores piscinas em Key West. Vá em frente – deixe-se levar pela ostentação.

Gardens Hotel HOTEL **$$$**
(☎305-294-2661, 800-526-2664; www.gardenshotel.com; 526 Angela St; q e ste baixa estação $165-420, alta estação $325-645; P❄@🏊) Estaríamos afirmando o óbvio se mencionássemos que esse lugar tem jardins lindos? Na verdade, os dezessete quartos estão localizados no Peggy Mills Botanical Gardens, que é uma forma longa de dizer "paraíso tropical". Dentro, as influências caribenhas se misturam com o bom design para criar um sentido de espaço verde-branco-madeira que nunca deixa de agradar seus olhos.

L'habitation POUSADA **$$**
(☎800-697-1766, 305-293-9203 www.lhabitation.com; 408 Eaton St; q $109-179; ❄📶) Uma linda cabana clássica de Keys com quartos bonitos e bem equipados com luzes tropicais, lâmpadas que parecem obras de arte contemporâneas e colchas claras. O simpático dono bilíngue recepciona os hóspedes em inglês ou francês. A varanda da frente, sob a sombra das palmeiras, é perfeita para observar as pessoas.

Cypress House HOTEL **$$$**
(☎800-525-2488, 305-294-6969; www.cypresshousekw.com; 601 Caroline St; q $165-305; P❄📶🏊) Esse refúgio estilo casa de fazenda está cercado de varandas, terrenos frondosos, uma piscina isolada e quartos espaçosos e individuais com cama com dossel. É um luxo adorável no centro de Old Town e uma das mansões mais reformadas e convertidas que já vimos. Recomendamos os quartos na Main House e na Simonton House no lugar dos estúdios, mais simples. O estacionamento custa $10 por dia.

Truman Hotel HOTEL **$$$**
(☎866-487-8626; www.trumanhotel.com; 611 Truman Ave; q baixa temporada $195-285, alta temporada $240-365; P❄📶🏊) Perto do centro, os quartos divertidos desse hotel possuem TVs de tela plana, uma pequena cozinha, tapetes de zebra e móveis de meados do século passado. As camas macias vão servir bem depois da inevitável Duval Crawl (que está a poucos passos da sua porta). Não deixe de tomar um drinque ao lado da adorável piscina no bar, que parece feita de uma única pedra.

Big Ruby's Guesthouse HOTEL **$$**
(☎305-296-2323, 800-477-7829; www.bigrubys.com; 409 Applerouth Lane; q $193-305; P❄📶🏊) Esse lugar exclusivo para gays parece uma refinada mansão Conch do lado de fora, mas, ao entrar no quarto, verá que é tudo contemporâneo, branco e mais brilhante do que os sonhos de qualquer designer. A piscina (roupas são opcionais) está coberta por um caminho de árvores, um elegante deque e palmeiras tropicais; além disso, há muita privacidade.

Caribbean House POUSADA **$**
(☎305-296-0999; www.caribbeanhousekw.com; 226 Petronia St; q inclui café da manhã a partir de $85; P❄@) Essa é uma linda cabana caribenha amarela no coração da Bahama Village. Os dez quartos pequenos e coloridos não são muito chiques, mas é uma barganha alegre e confortável.

Avalon Bed & Breakfast B&B **$$**
(☎305-294-8233; www.avalonbnb.com; 1.317 Duval St; q baixa temporada $89-189, alta temporada $169-289; ❄📶🏊) Uma casa vitoriana linda e restaurada no lado calmo de Duval mistura serviço atento com antigos ventiladores de teto, tapetes tropicais e fotos preto e branco da velha Key West. Music, o gato, gosta de dar as boas-vindas na recepção.

Pearl's Rainbow B&B $$

(☎305-292-1450, 800-749-6696; www.pearlsrainbow.com; 525 United St; q inclui café da manhã $99-200;) O Pearl's é uma das melhores acomodações econômicas para lésbicas do país, com um jardim tropical intimista para relaxar e quartos aconchegantes espalhados pelas cabanas. Um bar no fundo é o lugar perfeito para uma happy hour ao ar livre ou descansar.

Chelsea House HOTEL $$

(☎305-296-2211; www.historickeywestinns.com/the-inns/chelsea-house; 707 Truman Ave; q baixa temporada $120-180, alta temporada $200-250; P@) Esse perfeito par de mansões vitorianas possui grandes quartos com camas confortáveis, todos floridos e chiques. O ambiente antigo de vila entra em choque – de uma forma boa – com o clima alegre dos hóspedes e do pessoal na recepção.

Merlin Inn POUSADA $$

(☎305-296-3336, 800-642-4753; 811 Simonton St; baixa temporada $89-225, alta temporada $135--300; P@) Montado num jardim isolado, com uma piscina e passarelas elevadas, tudo é feito de bambu, vime e madeira. Os quartos possuem o teto alto, vigas expostas e uma atmosfera tropical-colonial.

Key Lime Inn HOTEL $$

(☎800-559-4430; www.historickeywestinns.com; 725 Truman Ave; q $99-229; P) Esses chalés confortáveis estão espalhados ao redor de um cenário tropical em madeira. Dentro, os quartos frios são mais verdes do que uma mina de jade, com móveis de vime e pequenas TVs de tela plana para que você nunca mais vá embora.

Key West Youth Hostel & Seashell Motel HOSTEL $

(☎305-296-5719;www.keywesthostel.com;718 South St; dc a partir de $44, q hotel a partir de $75; P Esse não é nosso hostel favorito, mas é o único para orçamento econômico na ilha. Depois de dizer isso, é preciso afirmar que tanto os dormitórios quanto os quartos são caros.

Onde comer

Para uma ilha tão pequena, Key West possui muitos lugares para comer, desde deliciosos botecos de bairro até restaurantes de alta gastronomia que poderiam facilmente competir com os melhores estabelecimentos em Miami.

Café Solé FRANCESA $$$

(☎305-294-0230; www.cafesole.com; 1029 Southard St; almoço $5-11, jantar $25-32; ⌚17h30-22h) Carpaccio de *escargots* com alcaparra? Filé de peixe e *foie gras*? Ah, sim. Esse restaurante aclamado por público e crítica é conhecido por seu ambiente confortável na varanda do fundo e menu inovador, criado por um *chef* treinado nas técnicas do Sul da França e que trabalha com ingredientes locais. A lembrança do crostini de anchovas nos faz sorrir enquanto escrevemos. É simples – peixe sobre torradas! –, mas é um tipo de simples e delicioso que o faz sentir como se sua mãe tivesse criado algo especial para o jantar de domingo.

Seven Fish FRUTOS DO MAR $$

(☎305-296-2777; www.7fish.com; 632 Olivia St; pratos $17-20; ⌚17-22h qua-seg) Esse simples, elegante e escondido restaurante é o lugar perfeito para um banquete romântico com nhoque caseiro ou um sublime frango com banana. Apesar disso, a melhor pedida é o peixe fresco do dia. O salão poderia ser o interior zen da ilha. Na verdade, toda a experiência nesse lugar é minimalista (exceto os sabores, que são abundantes ao extremo).

Nine One Five FUSION $$$

(☎305-296-0669; www.915duval.com; 915 Duval St; pratos $18-34; ⌚18-0h;) O clássico Nine One Five certamente se destaca do caos alcoólico e de bandas com tatuagens tribais da Duval. Ignore tudo isso e entre nesse espaço impecável, moderno e elegante, que serve um menu criativo americano-asiático. É tudo muito gostoso – imagine risoto de amêndoas e abóbora, ou lagosta acompanhada por pato confitado com batatas.

Mo's Restaurant CARIBENHA $

(http://salsalocakeywest.com; 1116 White St; pratos $11-16; ⌚11-22h seg-sáb) As palavras "caribenho", "lar" e "cozinha" quando usados em conjunto são, em geral, sempre suficientes para um ótimo resultado. Mas não é só o gênero de cozinha que nos fez gostar do Mo's – é também a execução. Os pratos são principalmente haitianos e deliciosos – o picles apimentado vai inflamar sua boca, que pode ser resfriada com um rico angu de vegetais com arroz, ou experimentando o incrível pargo.

Camille's FUSION $$

(1202 Simonton St; café da manhã $3-13, almoço $4-13, jantar $14-25; ⌚8-22h;) Esse estabelecimento de bairro saudável e delicioso é o tipo de lugar onde os jogadores de softball em Key West High School são servidos por amigos de sua classe de ciências, e a recepcionista é a mãe do lançador – quando Conchs querem uma refeição casual, eles geralmente vão ali. Durante vinte anos, o Camille's ostenta uma cozinha marcante que seve um sanduíche de salpicão de frango, patas de caranguejo com mostarda de Dijon e peixe com crosta de macadâmia que nos faz estremecer (com prazer) ao lembrar.

Blue Heaven AMERICANA $$

(☎305-296-8666; http://blueheavenkw.homestead.com; 729 Thomas St; pratos de jantar $19-38; ⏲8h-22h30 seg-sáb, a partir das 9h dom) Prova de que localização é *quase* tudo, esse é um dos lugares mais peculiares nessa ilha de estranhezas. Clientes e galináceos comem no jardim espaçoso onde Hemingway já foi juiz de boxe; os banheiros estão no ex-bordel adjacente. Esse lugar fica lotado com clientes que devoram frituras sulistas misturadas com a cozinha das Keys – o camarão grelhado, embebido num molho apimentado, é ótimo.

Conch Town Café FRUTOS DO MAR $

(801 Thomas St; pratos $5-18; ⏲11h30-19h30) Muitas pessoas ignoram esse lugar com móveis de plástico e clima de pé-sujo. É uma pena, ele serve mariscos deliciosamente fritos e marinados com lima azeda. Se ficar tentado a tomar um smoothie, cuidado: eles são mais cremosos, pelo excesso de leite, que refrescantes.

Café VEGETARIANA $

(509 Southard St; pratos $7-17; ⏲11-22h seg-sáb; 🖉) O Café é o único lugar em Key West que atende exclusivamente aos herbívoros (certo, eles têm um prato com peixe). De dia, é uma lanchonete linda, ensolarada e despojada; à noite, à luz de velas e com pratos mais sofisticados (grelhados, tofu e polenta), é um destino romântico e saudável.

Thai Cuisine TAILANDESA $$

(513 Greene St; almoço $10-12, jantar $15-24; ⏲11h30-22h) Surpreendente restaurante tailandês, muito bom, perto do começo da Duval. Não é Bancoc, mas o clima é tão bom quanto e não há motoristas de tuk-tuk ou travestis interrompendo sua refeição. Há sushi no lugar, apesar de não considerarmos grande coisa comparado ao curry e noodles.

Mathieson's 4th of July AMERICANA $

(1.110 White St; sorvete $3,50-6, pratos $7-12; ⏲11-22h ter-qui, até 23h sex e sáb, até 21h dom) As saias rodadas, rabos de cavalo e até o ocasional par de patins dão o clima de anos 1950, enquanto o excelente sorvete é coberto com calda quente de chocolate. O cardápio de hambúrgueres é realmente bom, mas fomos ao Mathieson's principalmente pelo sorvete, que é um alívio perfeito para o calor de um dia em Key West.

El Siboney CUBANA $

(Catherine St; pratos $9,50-16; ⏲11h-21h30) Esse é um restaurante cubano simples, onde as porções são grandes e não há nada importunando em termos de decoração. É arroz, feijão, carne bovina e suína, feita por um artesão e muito boa.

Onde beber

Basicamente, Key West é um bar flutuante. "Não, não, é uma ilha cheia de nuances com uma orgulhosa história náutica e multicultural..." *psssst!* Bar flutuante. Crie suas memórias (ou falta delas) num dos seguintes bares. Eles fecham às 3h; para lugares gays, ver p. 165.

Green Parrot BAR

(601 Whitehead St) Bar mais velho numa ilha de bares, essa cantina barra-pesada abriu no final do século 19 e ainda não fechou. O dono diz que o paraquedas no teto "está pregado com cocô de cupim", e uma banda de blues toca em meio a nuvens de fumaça. Placas de lugares fechados e arte local iluminam as paredes, e, sim, este é o promotor de Justiça da cidade mostrando sua nova tatuagem na mesa de bilhar. Homens: vejam a obra *Proverbidioms* ao estilo de Hieronymus Bosch no banheiro, sem dúvida o mictório mais divertido na ilha.

Porch BAR

(429 Caroline St) Se está ficando cansado dos bares de universitários na Duval St, vá ao Porch. É um bar de cerveja artesanal simpático e pequeno que é mais relaxado (mas não muito civilizado) do que a média dos bares da região. Os atendentes contam piadas e indicam as melhores cervejas. Sente-se na varanda do Porch e assista a população de Keys passar na sua frente.

Garden of Eden Bar BAR

(224 Duval St) Vá até o alto desse prédio e descubra o incrível pátio onde as roupas são opcionais. Não fique muito excitado, as câmeras não são permitidas, a maioria das pessoas usa roupa, e aqueles que preferem tirá-la são geralmente... hã... mais velhos.

Captain Tony's Saloon BAR

(428 Greene St) Os entusiastas querem que acredite que o complexo megabar próximo ao Sloppy Joe's era o bar original de Hemingway, mas o lugar físico onde o velho bebeu é esse, na localização original do Sloppy Joe's (antes de se mudar para Duval St e virar um inferno de universitários). A terceira esposa de Hemingway (uma jornalista enviada para

fazer um perfil do escritor) o seduziu nesse mesmo bar; a parede está forrada de cartões de visita dos frequentadores (incluindo o do autor deste guia).

Irish Kevin's BAR
(211 Duval St) Um dos megabares mais populares em Duval, o Kevin's tem uma boa fórmula de diversão: as apresentações ao vivo são um cruzamento de cantores *folk*, hits de rádio e show de *cheerleader*. A multidão fica doida com os covers acústicos dos anos 1980. Basicamente, esse é um bom lugar para ver cinquenta mulheres de New Jersey tomando tequila, cantando "Livin'on a prayer" o mais alto que puderem e depois chorando sobre uma cerveja. É mais divertido do que parece.

Hog's Breath BAR
(400 Front St) Um bom lugar para começar a infame Maratona de Pubs de Duval (Duval Pub Crawn), o Hog's Breath é um bar ao ar livre com boas bandas ao vivo e Coronas geladas ainda melhores.

☆ Lazer

La Te Da CABARÉ
(www.lateda.com; 1125 Duval St) Enquanto o bar do lado de fora é onde os locais se juntam para conversas bem-humoradas regadas a cerveja, é possível ver ótimos shows de drags – de grandes nomes de todo o país – no andar de cima, no fabuloso Crystal Room, nos fins de semana. Para shows mais simples, desça ao *lounge*.

Virgilio's JAZZ
(524 Duval St) Esse bar com palco é o avesso do que se encontra com frequência na região, e, francamente, ainda bem. Essa cidade precisa de um pouco de variedade: um *lounge* à luz de velas, onde se pode tomar martíni, ouvir jazz tranquilo e esquecer um pouco a salsa. É o que o Virgilio's oferece. Entre pela Applerouth Lane.

Red Barn Theatre TEATRO
(☎305-296-9911; www.redbarntheatre.org; 319 Duval St) Um pequeno teatro local, ocasionalmente ousado e sempre divertido e confortável.

Tropic Cinema CINEMA
(☎877-761-3456; www.tropiccinema.org; 416 Eaton St) Grande cinema de arte com fachada *déco*.

Key West Players TEATRO
(☎305-294-5015; www.waterfrontplayhouse.com; Waterfront Playhouse, Mallory Sq) Assista a musicais e dramas de alta qualidade no mais velho teatro de trupe na Flórida. A temporada vai de novembro a abril.

Key West Symphony Orchestra ÓPERA
(☎305-292-1774; www.keywestsymphony.com; Tennessee Williams Theatre, 5.901 Collage Rd) Essa orquestra muito admirada toca clássi-

KEY WEST GLS

A localização de Key West na ponta dos EUA sempre atraiu artistas e excêntricos, e com eles uma revigorante dose de tolerância. A ilha teve uma das primeiras comunidades "saídas do armário" no país, e, apesar de ser menos frequente que no passado, visitar Key West é um rito de passagem para muitos LGBT (lésbicas, gays, bissexuais e transgêneros) norte-americanos. Em troca, essa comunidade teve um maior impacto sobre a cultura local. Assim como há um passeio de trólebus hétero, você pode subir no **Gay & Lesbian Trolley Tour of Key West** (☎305-294-4603; passeio $25), partindo da esquina da South St e Simonton St às 11h do sábado. O passeio fornece comentários sobre as tradições e estabelecimentos gays (é possível ver os lugares do infame clube Monster). É organizado pela Key West Business Guild, que representa muitos negócios administrados por gays; a entidade está no **Gay & Lesbian Community Center** (☎305-292-3223; www.glcckeywest.org; 513 Truman Ave), onde se pode acessar internet de graça num dos poucos computadores, além de adquirir muitas informações sobre a cena gay local. Para detalhes sobre festas e eventos gays, visite www.gaykeywestfl.com.

A vida noturna gay, em muitos casos, mistura-se com a vida noturna geral, com todo mundo indo a todo lugar hoje em dia. Mas o epicentro da cena gay pode ser definido por alguns botecos que ficam um de frente para o outro, o **Bourbon St Pub** (724 Duval St) e o **801 Bourbon Bar** (801 Duval St), e ser resumido em poucas palavras: karaokê com drag queens. Para mais animação, dançar e ver shows de drags, homens e mulheres deveriam ir ao **Aqua** (☎305-294-0555; 711 Duval St), e as mulheres vão gostar do bar com piscina na pousada feminina **Pearl's Rainbow** (☎305-292-1450; 525 United St).

cos de Debussy, Beethoven e Mendelssohn de dezembro a abril.

Onde comprar

Brilhantes e arejadas galerias de arte, excelentes charutos, acessórios fetichistas de couro e camisetas ofensivas - Key West, o que não se vende por aqui?

Montage SUVENIRES

(512 Duval St; 9-22h) Desfrutou uma grande refeição ou uma noite selvagem em alguns bares ou restaurantes nas Keys? Bem, essa loja provavelmente vende as placas do lugar (junto com outras coisas da Conch Republic), o que é um lindo suvenir.

Peppers of Key West COMIDA

(602 Greene St; 10-20h seg-sáb) Para uma festa de compras, você deveria levar sua cerveja favorita e sentar no bar, onde os donos entretidos usam duplo sentido para vender molho realmente apimentado, como o que eles produzem chamado Right Wing Sauce.

Project Lighthouse ARTESANATO

(418 Eaton St) A Lighthouse é uma organização comunitária que dirige programas para crianças de rua (Key West é um destino popular para quem foge de casa), apoiado parcialmente com a venda de artesanato feito por eles.

Bésame Mucho PRESENTES

(315 Petronia St; 10-18h, até 16h dom) Esse lugar possui um bom estoque de produtos de beleza de alto nível, joias ecléticas, roupas e utilidades domésticas.

Dogs on Duval ANIMAIS DOMÉSTICOS

(800 Duval St; 10-21h) Acessórios para animais, como moletons de universidade para cães, estão na prateleira atrás dos... filhotinhos! São tão lindos que até cortam o coração.

Leather Master COURO

(415 Applerouth Lane; 11-22h, até 23h sex e sáb, 12-17h dom) Além da roupa de gladiador, sungas com tachas e máscaras de sadomasoquismo, eles vendem lindas bolsas e sapatos. Afinal, foi por isso que você veio, certo?

Frangipani Gallery ARTESANATO

(1102 Duval St; 10-18h) Uma das melhores galerias com os trabalhos de artistas locais.

Haitian Art Co ARTESANATO

(600 Frances St; 9-17h seg-sex) Artesanato haitiano.

Informações

Mídia

Manter-se a par do que está acontecendo é fácil, já que essa cidade possui quase dez jornais (apesar de que alguns só possuem entretenimento). Também apontamos a assistência médica mais acessível de Key West.

Bank of America (305-296-1204; 510 Southard St, Key West)
Citizen (www.keysnews.com) Um diário bem escrito e geralmente interessante
Câmara de Comércio de Key West (305-294-2587; www.keywestchamber.org; 510 Greene St; 8h30-18h30 seg-sáb, até 18h dom) Uma excelente fonte de informações.
Lower Keys Medical Center (305-294-5531, 800-233-3119; www.lkmc.com; 5.900 College Rd, Stock Island, MM 5) Possui uma sala de emergência que funciona 24 horas.
National Public Radio (NPR) Sintonize na 91.3 FM.
Correio (400 Whitehead St; 8h30-21h seg-sex, 9h30-12h sáb)
Solares Hill (www.solareshill.com) Informações semanais um pouco ativistas sobre os interesses comunitários.
South Med (305-295-3838; www.southmed.us; 3.138 Northside Dr) O dr. Scott Hall atende especialmente a comunidade gay, mas serve a todos os visitantes.

Como chegar

O Key West International Airport (EYW) está na saída do Roosevelt Blvd no lado leste da ilha. É possível voar para Key West a partir das maiores cidades dos EUA como Miami ou Nova York. Voos de Los Angeles e San Francisco normalmente precisam parar em Tampa, Orlando ou Miami primeiro.
American Airlines (800-433-7300) e **US Airways** (800-428-4322) têm vários voos por dia. A **Cape Air** (305-352-0714, 800-352-0714; www.flycapeair.com) opera entre Key West e Fort Myers. Do aeroporto de Key West, uma corrida rápida de táxi até Old Town custa em torno de $15.

A **Greyhound** (305-296-9072; www.greyhound.com; 3535 S Roosevelt Blvd) possui dois ônibus diários entre Key West e o centro de Miami. Os ônibus saem de Miami para a viagem de 4h e 15min às 12h35 e 18h50 e de Key West às 8h55 e às 17h45 no sentido contrário ($40 só ida).

É possível ir de barco saindo de Miami até as Keys pela **Key West Express** (☎888-539-2628; www.seakeywestexpress.com; adulto/criança ida-volta $146/81, só ida $86/58), que parte da praia de Fort Myers diariamente às 8h30 e faz uma viagem de 3h e 30min para Key West. Os barcos voltando saem do porto às 18h. É melhor aparecer 1h e 30min antes da partida. Durante o inverno e o outono, a Express também parte da Marco Island (adulto/criança ida-volta $125/81, só ida $86/58).

Quando estiver em Key West, a melhor forma de se locomover é de bicicleta (aluguéis na área de Duval St, hotéis e hostels custam em torno de $10 por dia). Outras opções incluem o **City Transit System** (☎305-292-8160; passagem 0,75 centavos), com ônibus coloridos passando a cada 15 minutos; bicicletas motorizadas, que geralmente podem ser alugadas por $35 o período de 4 horas ($50 por 6 horas); ou o ridículo carro elétrico de turista, ou o "Conch cruisers", que viaja a 55km por hora e custa $50/200 por hora/dia.

Entenda › Miami e Keys

população por m²

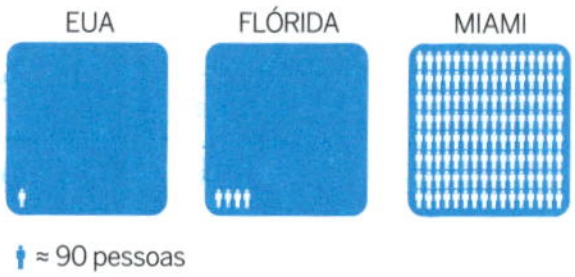

Miami e Keys hoje

Orgulho do lugar

O sul da Flórida sempre foi uma região separada do resto dos Estados Unidos. Apesar de as comunidades pequenas poderem traçar suas raízes nos Estados Unidos colonial (e no caso dos nativos americanos de Everglades, ainda mais longe), no geral essa é uma terra velha com um povo jovem vindo de toda América Latina, Caribe e do restante do país.

Como resultado, no passado muitos habitantes quiseram afirmar seu sentimento como locais. South Beach, o epicentro do turismo na região, tinha a fama de um playground de consumo, onde os pontos mais quentes não tinham moradores locais – só os famosos que iam para lá, festejavam e partiam.

Mas essa percepção, tanto externa quanto interna, está mudando. Jordan Melnick, que escreve o excelente blog de arte Beached Miami (www.beachedmiami.com), nos contou durante um café: "As pessoas que cresceram em Miami costumavam pensar que não havia nada na região, e os lugares legais estavam cheios de pessoas de fora da cidade. Agora, estamos descobrindo que há muito mais Miami para as pessoas de Miami".

Melnick se referia ao crescimento de Wynwood, à vida noturna de Overtown, ao renascimento de North Biscayne Boulevard, à infraestrutura criativa como do New World Center, e nós acrescentamos: sim, esses lugares são fantásticos para locais, mas estão abertos a visitantes também. Miami sempre ligou crescimento a "estilo de vida": bares, restaurantes e compras, em vez de indústria e manufatura. Esse estilo de vida agora atrai os locais e seu talento criativo, seja na cozinha, nas baladas, salas de concerto ou estúdios. Ao mesmo tempo, como os locais ali estão geralmente em todo lugar, há um cosmopolitismo que se une ao espírito caseiro, formando um forte e intenso sentido de orgulho de ser parte do lugar.

Miami é uma cidade bilíngue (e às vezes trilíngue). Em ordem de popularidade, as línguas faladas são espanhol, inglês e creole haitiano. A última tem raízes no francês que muitos (mas não todos os haitianos) conseguem falar. Porém o espanhol é o rei, e, apesar de a maioria dos habitantes falar inglês, saber algumas poucas frases de espanhol ajuda bastante.

Caminhos selvagens

» Quando fizer caminhadas, fique na trilha e recolha seu lixo.

» Nunca arranque flores selvagens, principalmente orquídeas.

» Nunca persiga, alimente ou toque nos golfinhos ou peixes-boi selvagens.

» Nunca alimente jacarés; eles mordem.

» Nas praias, nunca se aproxime de tartarugas marinhas no ninho, nem de suas crias. Ande sempre com luzes à noite quando for obrigatório (normalmente de maio a outubro).

» Quando fizer snorkel ou mergulho, nunca toque os recifes de corais.

Mídia

Miami Herald (www.miamiherald.com)

Miami New Times (www.miaminewtimes.com)

Key West Citizen (http://keysnews.com)

South Dade News Leader (www.southdadenewsleader.com)

Crenças
(% da população)

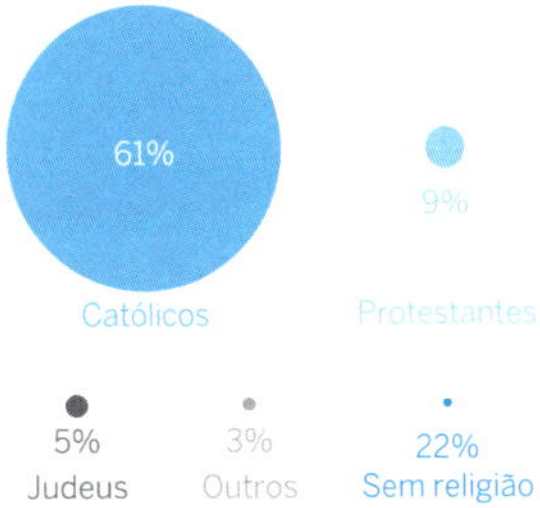

Se Miami tivesse 100 pessoas

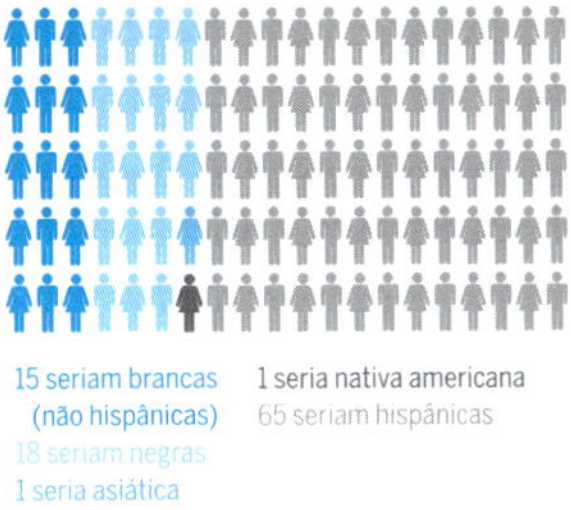

Crescimento e queda

O condado de Miami-Dade, o maior da Flórida, pode estar orgulhoso da região recém-descoberta na questão estética e cultural, mas nas áreas ambiental e econômica, a situação não é tão boa.

O governador Rick Scott, na época em que escrevíamos este guia, queria cortar os fundos para a restauração de Everglades em 66%. Uma pesquisa feita pela Everglades Foundation descobriu que 55% dos eleitores do estado estavam contra a decisão de Scott, que poderia ter um impacto calamitoso não só sobre os jacarés: o destino de todo suprimento de água do sul da Flórida está ligado à saúde de Glades.

O colapso do mercado imobiliário nacional, que começou em 2007, acertou a Flórida como uma tijolada, e Miami como vários sacos de cimento. Em 2011, os preços das casas atingiram o nível mais baixo desde 2002, mas poucas pessoas estavam comprando propriedades; em Miami-Dade havia uma taxa de 12% de casas vazias. Junto ao turismo, a construção e o mercado imobiliário são os grandes pilares da economia local, e a crise atingiu esses pilares com uma força selvagem. Graças a essa economia vacilante, Miami-Dade tinha a segunda pior taxa de desemprego – 13,7% – na Flórida durante nossa pesquisa.

Com o estado enfrentando grandes cortes de orçamento, a resolução das questões acima dependerá das forças econômicas e políticas. Do lado positivo, Miami e Keys fizeram um bom trabalho ao promover a expansão do turismo no sul da Flórida. Se essa área conseguir injetar dinheiro suficiente na economia local, o ambiente e a subsistência dos cidadãos do sul da Flórida têm uma chance de superar o furacão financeiro.

A versão em espanhol do *Miami Herald*, *El Nuevo Herald* (www.elnuevoherald.com), é mais do que uma tradução; publica notícias diferentes voltadas para os cubanos e latino-americanos de Miami e trata os eventos em Cuba e na América Latina com a mesma urgência que a mídia em língua inglesa dedica a Washington.

Filmes

Paixões em fúria (1948) Bogart, Bacall.
Scarface (1983) Al Pacino.
A gaiola das loucas (1996) Robin Williams e Nathan Lane como amantes gays.
Quem vai ficar com Mary? (1998) Sobre amor, Miami e gel de cabelo.
Adaptação (2002) Adaptação surreal do livro *The orchid thief*.

Livros

Swamplandia! (Karen Russell) Saga de uma família de lutadores de jacarés de Everglades.
Cold case squad (Edna Buchanan) *Noir* de Miami.
Continental drift (Russell Banks) Trabalhador de New Hampshire foge para as promessas vagas na Flórida. Prosa bela e perturbadora.
The Everglades: River of grass (Marjory Stoneman Douglas, 1947) Lindo tributo ao Glades.
Hoot (Carl Hiaasen) Sobre crianças, Coconut Grove, conservação e observação de corujas.

História

O sul da Flórida foi construído com momentos de crescimento e decadência por sonhadores que aproveitaram o bom clima e oportunistas que se aproveitaram dos desastres naturais – afinal, nada cria mais oportunidades imobiliárias como um furacão. Cada capítulo da saga da região é fechado por um furacão, gerando crescimento ou saques. Demorou quatrocentos anos para Miami se transformar em cidade desde que o explorador Ponce de León não encontrou a tão procurada fonte da juventude. Mas quando essa cidade decidiu crescer, fez isso como uma vingança.

O sul da Flórida é uma região que historicamente tratou o crescimento lento com desdém, e essa atitude teve enormes dividendos financeiros (e catástrofes econômicas), mas o meio ambiente local é quem paga o preço do sucesso, infligindo muitos estragos a Everglades e Keys.

Este capítulo foca principalmente em Miami, que há muito tempo é a vanguarda em termos culturais, políticos e de crescimento no sul da Flórida; para mais informações sobre a história de Key West, veja a p. 138. Para um panorama de Everglades, veja o quadro na p. 123.

Casas históricas

- » Merrick House
- » Vizcaya
- » Biltmore Hotel
- » Heritage House, Key West
- » Hemingway House, Key West

Espanha, Grã-Bretanha e Espanha de novo

Os espanhóis se estabeleceram na Flórida em 1565, várias décadas antes de os peregrinos se estabelecerem em Plymouth Rock e de os aristocratas ingleses morrerem de fome em Jamestown, Virgínia. O território mudou de mãos da Espanha (até 1763) para a Grã-Bretanha (1763-83) e de volta para a Espanha (1783-1821). E depois veio a Independência americana. Os espanhóis tiveram de lidar com uma nova nação grande e faminta por mais territórios bem ao norte.

As relações pioraram quando escravos americanos começaram a fugir para a Flórida espanhola, onde a escravidão era ilegal e eles eram empregados como membros da milícia permanente. Os sulistas brancos viram essas milícias negras armadas e temeram uma revolta de escravos em suas *plantations*. Em 1821, os Estados Unidos tinham comprado a Flórida da Espanha, mas a presença de indígenas americanos e escravos fugitivos significava que o preço da terra devia ser pago com sangue.

LINHA DO TEMPO

10.000 a.C.

Depois de cruzar o Estreito de Bering vindos da Sibéria uns 50 mil anos antes, humanos chegaram à Flórida, caçando mastodontes e tigres-dentes-de-sabre, no final da última Era do Gelo.

500 a.C

A cerâmica desse período é atribuída à Cultura de Glades, que vai das Keys até o atual condado de Martin, ao norte de Miami. A Cultura de Glades não sobrevive ao contato europeu.

500 d.C

A Cultura Callosahatchee se desenvolve e cresce na área que agora inclui o oeste de Everglades e 10,000 Islands. Essa complexa sociedade dura até 1750.

O povo não conquistado

No final do século 18, indivíduos da nação creek na Geórgia e outras tribos do Norte migraram para a Flórida. Essas tribos se misturaram, se casaram e também receberam o influxo de escravos negros fugitivos. Os negros recém-chegados eram geralmente bem-aceitos na sociedade nativa americana e eram ocasionalmente mantidos como escravos, apesar de essa escravidão ser mais parecida a uma servidão por contrato (escravos, por exemplo, tinham suas casas e moravam com suas famílias).

Num dado momento, esses povos misturados com fugitivos ocupando o interior da Flórida foram chamados de "seminoles", uma corruptela da palavra espanhola *cimarrones*, que significa "povo livre" ou "selvagens". Desafiando a lei europeia e a categoria étnica, logo foram considerados livres demais para os Estados Unidos recém-independentes, que coincidentemente ficavam cada vez mais famintos por terras.

Quando a maioria dos creek foi forçada a cruzar o rio Mississippi para o oeste em 1817, os norte-americanos pensaram que tudo a leste desse rio passava a ser deles. Mas os seminoles não tinham nenhuma intenção de abandonar suas terras.

Ataques e violência esporádica entre norte-americanos e seminoles acabou dando aos Estados Unidos a desculpa que precisavam para fazer uma oferta pela Flórida, que foi comprada da Espanha em 1821. Antes e depois disso, os militares norte-americanos embarcaram em várias campanhas contra os seminoles e seus aliados, que escaparam para os pântanos, lutaram três guerrilhas e tiveram uma quantidade respeitável de vitórias contra um inimigo várias vezes o tamanho deles. Na verdade, a Segunda Guerra Seminole (1835-42) foi a mais longa na história comparando-a entre a Revolução Americana e a Guerra do Vietnã.

Em termos de operação, as Guerras Seminoles foram uma versão do século 19 do Vietnã, uma sucessão infinita de longas e inúteis patrulhas em pântanos impenetráveis, sempre procurando um inimigo eternamente invisível. Em 1830, o Congresso aprovou a chocante Removal Act, uma lei que obrigava os nativos americanos a se mudarem para Oklahoma. Alguns foram, incitados por dinheiro

Fontes sobre indígenas americanos

- Ah-Tah-Thi-Ki Museum (www.ahtahthiki.com)
- Índios Tequesta (www.floridiannature.com/tequesta)
- Heritage of the Ancient Ones (www.ancientnative.org)
- Tribo Miccosukee (www.miccosukee.com/tribe)

INDÍGENAS TEQUESTA

Em 1998, 24 buracos, inscritos na rocha e organizados no formato de um círculo perfeito, foram encontrados no centro de Miami. Acredita-se que o "Círculo de Miami", como foi chamado, foi a base de uma estrutura permanente e, com uns 2 mil anos, é o concorrente mais antigo a esse título na Costa Leste.

Arqueólogos acham que o Círculo foi construído pelos primeiros habitantes conhecidos de Miami, os índios tequestas (Tekestas), de quem não se sabe muito mais. A tribo foi basicamente eliminada pelo primeiro contato com os espanhóis, que trouxeram violência e doença, e os sobreviventes provavelmente se dispersaram entre as nações miccosukee e seminolens.

1513

Ponce de León descobre a Flórida, desembarcando ao sul do Cabo Canaveral, acreditando que era uma ilha. Como era perto da Páscoa, ele dá o nome de La Florida, "Terra Florida".

1702

Em sua constante luta contra a Espanha e a França pelas colônias do Novo Mundo, os britânicos queimam totalmente St. Augustine; dois anos depois eles destroem 13 missões espanholas na Flórida.

1763

A comunidade mista de espanhóis nativos em Key West é levada para Havana depois que a ilha foi tomada pelos britânicos. Durante anos, a ilha não teve nenhuma autoridade real.

1776

Começa a Revolução Americana, mas as duas colônias da Flórida não se rebelam. Elas permanecem leais à coroa britânica, e logo os tories ingleses vão para o sul fugindo da violência.

de suborno, mas o chefe seminole Osceola e seu bando (nunca excedendo mais de cem guerreiros) se recusou a assinar o tratado e fugiu para Everglades. Depois de manter milhares de soldados amedrontados por anos só com a ideia de sua presença, Osceola foi finalmente capturado com a falsa promessa de uma trégua em 1837. Mas a resistência continuou, e os seminoles desistiram de lutar, entretanto o governo também desistiu de mudá-los para o oeste.

Em 1842, a luta havia terminado, porém nunca foi assinado um tratado de paz, e é por isso que os seminoles até hoje se chamam de "o povo não conquistado". Esses seminoles que permaneceram na Flórida agora estão organizados num governo tribal e dirigem o Ah-Tah-Thi-Ki Museum (p. 129) e, bem, o Hard Rock Café. Não apenas um Hard Rock Café, mas toda a rede comprada por 965 milhões de dólares em 2007 com dinheiro ganho com o jogo. Os seminoles foram a primeira tribo nativa americana a lucrar com o jogo, começando com uma sala de bingo em 1979 que foi depois expandida para um império multibilionário. Nada mal para uma população seminole de pouco mais de 3 mil habitantes.

Congelamento, Flagler e Tuttle

Durante décadas, a Flórida foi um lugar de fazendas: açúcar, cítricos e pântanos drenados. Julia Tuttle chegou de Cleveland, Ohio, a esse império amplamente agrícola em 1875 com um marido tuberculoso e, depois da morte dele, ela se mudou para o sul da Flórida a fim de cuidar das terras que tinha herdado ao enviuvar. Provando seu valor como uma verdadeira floridense, nos vinte anos seguintes continuou comprando propriedades como louca.

Enquanto isso, Henry Morrison Flagler, sócio de John D. Rockefeller, percebeu o potencial turístico da Flórida e se ocupou em desenvolver a costa norte do estado em St. Augustine e Palm Beach. Ele também construiu a Florida East Coast Railroad, que se estendia até Palm Beach. Tuttle viu uma

CINCO PERSONALIDADES DO SUL DA FLÓRIDA

» **Henry Morrison Flagler** O construtor cuja Florida East Coast Railroad levou milhares de visitantes ao paraíso ensolarado.

» **Julia Tuttle** A mulher por trás de Flagler que (supostamente) atraiu o cético construtor a Miami com flores de laranjeira.

» **Fidel Castro** Ele pode ser insultado pelos cubanos locais, mas é preciso dizer que os cubanos não estariam na região se não fosse por esse comunista caribenho.

» **Morris Lapidus** O Fontainebleau, Eden Roc, Lincoln Rd Mall... tem algo que esse deus da MiMo (Miami Modern) não desenhou?

» **Pardon C. Greene** Um dos fundadores de Key West; também um membro do conselho da cidade e (por pouco tempo) prefeito.

Final do século 18
Indivíduos da nação creek, junto com escravos negros fugitivos e seus descendentes, começam a se estabelecer no sul da Flórida, expulsando os calusa e mayaimi locais.

1818
Andrew Jackson invade o oeste da Flórida depois de ataques entre assentados e uma coalizão de nativos americanos e negros. A Primeira Guerra Seminole basicamente termina quando os EUA compram a Flórida da Espanha.

1822
O comodoro Matthew C. Perry desembarca em Key West e planta a bandeira norte-americana, reclamando todas as Keys Island para os EUA.

1835
Em ataques coordenados pelo líder seminole Osceola, são destruídas cinco fazendas de açúcar no Natal e logo cem soldados são assassinados quando marcham para Tampa, iniciando a Segunda Guerra Seminole.

oportunidade de negócio e contatou Flagler com uma proposta: se ele estendesse sua estrada de ferro até Miami, Tuttle dividiria sua propriedade com ele. Miami? Até o meio do nada? Flagler não se interessou.

Então, em 1895, um inverno com temperaturas muito frias assolou a maior parte da Flórida (mas não Miami), destruindo plantações de cítricos e botando os turistas para correr. A lenda conta que Tuttle – que dizem era muito rápida no raciocínio e também para falar "eu avisei" – foi até seu jardim em Fort Dallas no rio Miami, arrancou algumas flores de laranjeira e enviou para Flagler, que viajou até Miami para ver com os próprios olhos.

Flagler ficou fascinado. Tuttle e ele chegaram a um acordo, e todos os floridenses cujas vidas tinham sido destruídas pelo frio seguiram Flagler ao sul. Serviços de trem de passageiros até Miami começaram em 22 de abril de 1896, o ano em que a cidade de Miami começou a surgir. Incidentalmente, esse foi o mesmo ano em que John S. Collins começou a vender lotes na faixa de 8km entre o Atlântico e Biscayne Bay, ou o que são hoje a 14th e a 67th Sts em Miami Beach (quer dizer, a maior parte da cidade).

Dos 502 moradores originais de Miami, cem deles eram negros, recrutados para o trabalho pesado e restritos ao bairro de Colored Town, ao norte.

As primeiras fases de crescimento

A promessa de dinheiro e da expansão da ferrovia de Flagler alimentou muitos novos assentamentos. O crescimento da população teve picos durante a Primeira Guerra Mundial, quando os militares norte-americanos estabeleceram uma base e treinamento de aviação em Miami. Muitos dos milhares que foram trabalhar e treinar consideraram o clima bom, e assim a população de Miami cresceu de 1.681 em 1900 para quase 30 mil em 1920. Os novos floridenses escreveram para casa e logo convenceram os parentes. O primeiro *boom* de Miami (1923-25) se deu quando, depois da guerra, Coconut Grove e Allapattah foram anexados à área que foi chamada, pela primeira vez, de Grande Miami.

Miami foi construída para a diversão. Mesmo durante a Lei Seca a bebida fluia livremente ali e as pessoas aproveitavam para jogar e beber livremente.

Depressão, *déco* e outra Guerra Mundial

O crescimento de Miami foi astronômico, assim como sua queda: o Grande Furacão de Miami de 1926, que deixou em torno de 220 pessoas mortas e entre 25 mil e 50 mil desabrigadas; e a Grande Depressão. Mas está na natureza de Miami terminar todo desastre com um ressurgimento ainda melhor, e no período entreguerras a fênix de Miami cresceu em dois estágios. Primeiro, o New Deal de Franklin Roosevelt levou o Civilian Conservation Corps, empregos e muitos projetos de construção.

No começo dos anos 1930, um grupo de investidores, principalmente judeus, começou a construir pequenos e estilosos hotéis pela Collins Ave e Ocean Dr, iniciando um míni *boom* que resultou na criação e no desenvolvimento do famoso

FOTOS

A principal sede (no centro) da Miami-Dade Public Library possui uma grande coleção sobre a Flórida que constitui um dos melhores acervos da história estadual. A coleção inclui em torno de 17 mil fotos do fotojornalista Gleason Romer, que retratou o sul da Flórida como amador e profissional de 1925 até os anos 1950.

1845

A Flórida é admitida na União como o 27º estado. Como é escravista, sua admissão é equilibrada pela entrada de Iowa, um estado livre.

1861

Em votação de 62 contra 7, a Flórida se separa dos EUA, levantando sua quinta bandeira, a dos Estados Confederados do Sul. As fazendas e o gado da Flórida fornecem suprimentos vitais aos Confederados durante a Guerra Civil.

1905

Começa a primeira das muitas tentativas de drenar Everglades. Nas décadas seguintes, milhares de acres serão destruídos com a água desviada de seu fluxo natural do lago Okeechobee.

1912

"Flagler's Folly", a ferrovia de 205km de Herry Flagler conectando as Keys, chega a Key West. É chamada de a "Oitava Maravilha do Mundo", mas destruída por um furacão em 1935.

O MERCADO NEGRO DA FLÓRIDA

Em 1919, quando os EUA aprovaram a 18ª Emenda – tornando toda bebida alcoólica ilegal e iniciando a Lei Seca –, os piratas descobriram algo que as gerações anteriores de escravos negros e seminoles conheciam bem: a Flórida é um bom lugar para se esconder.

O mais interessante é que a produção era feita principalmente em operações "familiares" locais, não pela Máfia, apesar de o mafioso Al Capone passar as férias ali. Dessa forma, a Lei Seca serviu para estimular certos setores da economia da Flórida. Quando os tempos melhoraram, como nos anos 1920, todo o dinheiro (ilícito) foi lavado... hum, quer dizer... investido no setor imobiliário, o que foi ótimo para os criminosos que faziam a lavagem. Quando a coisa piorou nos anos 1930, fazendeiros em bancarrota ainda podiam fazer gim na sua banheira e pagar as contas. Por causa dessa compreensão quase explícita, os bares de Miami serviram bebidas de modo impune durante toda a década de 1920, e a polícia local simplesmente fez vistas grossas.

Nos anos 1960 e 1970, a história se repetiu com a maconha. Alguns pescadores sem muita sorte ganhavam uns trocos trazendo maconha enrolada em sacos plásticos. Na pequena Everglades City, dezenas de pescadores foram indiciados pelo FBI por pescar "garoupas quadradas" – gíria para maconha.

Nos anos 1980, a cocaína se tornou a droga ilegal preferida. Porém dessa vez os traficantes eram o cartel colombiano, e eles faziam negócios com armas, não com apertos de mão. Tiroteios sangrentos nas ruas de Miami chocaram os floridenses, mas isso não diminuiu o negócio estimado em 10 bilhões de dólares.

bairro *art déco* de Miami Beach. Isso levou a um breve aumento do antissemitismo, quando Beach se tornou segregada, e placas com os dizeres "Somente gentios" começaram a aparecer. A eleição de um governador judeu em 1933 gerou melhorias, assim como as viagens de avião, que levaram muitos visitantes judeus e colonos do norte.

Cuba toma posse

Durante os anos 1950, o progresso parecia inexorável; em 1954, Leroy Collins se tornou o primeiro governador sulista a declarar publicamente que a segregação racial era "moralmente errada", enquanto toda uma "Costa Espacial" era criada ao redor de Cabo Canaveral (entre Daytona e Miami na costa leste) para apoiar o desenvolvimento da National Aeronautics & Space Administration (NASA).

Então, em 1959, Fidel Castro entrou no palco do século 20 e mudou para sempre o destino de Cuba e de Miami.

Com os comunistas entrando em Havana, grande parte das classes alta e média de Cuba fugiu para o Norte e estabeleceu uma forte comunidade cubana anti-Castro, que já dura cinquenta anos e, de certa forma, tão raivosa quanto antes em relação ao ditador no Sul. Na época, discutiam políticas contrarrevolucionárias, e um grupo de exilados formou a 2506th Brigade, autorizada pelo

1925

Coral Gables, uma das primeiras comunidades planejadas nos EUA, é oficialmente fundada. A "Cidade Linda" foi desenhada pelo empreendedor imobiliário George Edgar Merrick.

JON DAVISON / LONELY PLANET IMAGES ©

» Coral Gables (p. 71)

1926

O Grande Furacão de Miami devasta o sul da Flórida, matando 220 pessoas, deixando entre 25 mil e 50 mil desabrigados e $100 milhões de estragos. A Grande Depressão atrasa a recuperação.

1928

Ernest Hemingway escreve *Adeus às armas* em Key West, supostamente enquanto esperava a entrega de um carro. O tio de sua esposa dá uma casa a eles em 1931.

governo norte-americano, que forneceu armas e treinamento da CIA para lançar um ataque norte-americano sobre Cuba.

O ataque resultante, mal executado, é lembrado hoje como o fiasco da Baía dos Porcos. A primeira onda de contrarrevolucionários, deixada na praia sem reforços ou suprimentos, foi toda capturada ou morta. Todos os prisioneiros foram soltos por Cuba três meses depois.

Enquanto isso, Castro atraiu os mísseis soviéticos para seu país, mas não conseguiu manter seu povo. Só em 1965, algo em torno de 100 mil cubanos fizeram o "voo para a liberdade" de Havana para Miami.

Tensões raciais

Confrontos e ataques explodiram entre cubanos e negros, e entre negros e brancos em Miami. Em 1968, um confronto começou depois que foi descoberto que dois policiais brancos tinham prendido um jovem negro de dezessete anos, tirado sua roupa e o pendurado em uma ponte pelas pernas.

Em 1970, o confronto da "carne podre" começou quando moradores negros fizeram um piquete na loja de um branco que acusavam de vender carne podre. Depois de três dias de piquetes, policiais brancos tentaram dispersar a multidão e jogaram gás lacrimogêneo. Durante os anos 1970, houve trezes outros confrontos violentos relacionados com raça.

As tensões raciais explodiram em 17 de maio de 1980, quando quatro policiais brancos, julgados pela acusação de surrar até a morte um suspeito negro enquanto ele estava preso, foram inocentados por um júri formado só por brancos. Quando o veredicto foi anunciado, confrontos raciais explodiram por toda Miami e duraram três dias.

O êxodo de Mariel

No final dos anos 1970, Fidel de repente declarou que qualquer pessoa que quisesse ir embora de Cuba teria acesso livre ao porto de Mariel. Antes de a tinta secar na proclamação, a maior frota já lançada por objetivos não-militares saiu navegando (ou remando) de Cuba em praticamente qualquer coisa que pudesse flutuar para cruzar os 145km entre Cuba e os Estados Unidos.

O Êxodo de Mariel, como o maior deles seria chamado, levou 125 mil cubanos à Flórida, incluindo estimados 25 mil prisioneiros e doentes mentais. Mariel destruiu o estereótipo do cubano rico exilado. O resultado disso sobre a economia, a logística e a infraestrutura do sul da Flórida aumentou as tensões raciais ainda mornas; em 1990, foi estimado que 90% da população caucasiana de Miami era hispânica.

A tensão continuou entre as divisões anglo-hispânicas e também as separações entre cubanos mais velhos e os novos *Marielitos*. A classe média e alta branca cubana dos anos 1960 foi reintroduzida àquela nação na forma de milhares de afro-cubanos e *santeros*, ou praticantes da Santería, a versão cubana do *vodou* (vodu).

As melhores histórias da Flórida

- *The new history of Florida*, Michael Gannon
- *The Everglades: river of grass*, Marjory Stoneman Douglas
- *Dreamers, schemers & scalawags*, Stuart McIver
- *The enduring Seminoles*, Patsy West
- *Miami Babylon*, Gerald Posner

Anos 1920-30

Um pequeno pedaço de terra localizado do outro lado de Biscayne Bay, conhecido como Miami Beach, começa a ganhar hotéis e resorts, pressagiando seu crescimento como um ponto turístico.

1933-40

Projetos de obras públicas do New Deal empregam 40 mil floridenses e ajudam a salvar o estado da Depressão. O projeto de construção mais notável é a Overseas Highway através das Keys.

1941-45

Os EUA entram na II Guerra Mundial. Dois milhões de homens e mulheres recebem treinamento básico no sul da Flórida. O Exército requisita 85% dos hotéis de Miami Beach para alojar militares.

1942

De janeiro a agosto, submarinos alemães afundam mais de duas dúzias de petroleiros e barcos na costa da Flórida. No final da guerra, o estado tem quase 3 mil prisioneiros alemães em 15 campos de trabalho.

Miami não tão legal

Nos anos 1980, Miami se tornou o principal porto de entrada da Costa Leste para traficantes de drogas e seus produtos, ganhando o apelido de "Mi-Yay-Mi"; "yay" é uma gíria local para cocaína. Para ganhar com a corrupção, muitos fundos de poupança (chamados de *savings & loans*) abriram em sedes recém-construídas em Miami. Enquanto a *Newsweek* chamava Miami de a "Casablanca dos EUA", os locais a apelidaram de "Cidade com o Horizonte de S&L".

Uma grande quantidade de negócios – locais legítimos assim como de fachada financiados por dinheiro das drogas – e prédios se espalhou por Miami. Downtown foi completamente remodelada. Mas renasceu sob o controle dos traficantes de drogas: tiroteios eram comuns, assim como assassinatos. Numa época, até três pessoas por semana eram assassinadas em confrontos relacionados com a cocaína.

A polícia, a Guarda Costeira, a Drug Enforcement Agency (DEA), a Patrulha de Fronteira e o FBI estavam tentando terminar com isso. Bloqueios nas estradas foram montados por toda a Overseas Hwy até Key West (fazendo com que os estranhos e obstinados moradores pedissem a secessão, o que acabou tirando a polícia dali).

A série de TV *Miami Vice* foi uma das maiores responsáveis por Miami Beach ser conhecida internacionalmente no meio dos anos 1980, com sua trilha sonora grudenta e a montagem estilo videoclipe glamourizando o estilo de vida rico do sul da Flórida. Em pouco tempo, as pessoas estavam indo verificar se era assim mesmo – especialmente o fotógrafo Bruce Weber, que começou a usar South Beach como cenário para fotos de modelos no começo dos anos 1980.

Celebridades passavam o inverno em Miami, os fotógrafos internacionais trabalhavam ali, e o Art Deco Historic District, tendo recebido proteção federal, passava por uma renovação e um renascimento. Gays, sempre na vanguarda das tendências, descobriram o glamour de South Beach. A cidade se tornava um centro de moda e novas tendências.

INSETICIDA

Depois da II Guerra Mundial, o advento de eficientes inseticidas e ar-condicionado barato fez mais pelo turismo da Flórida do que qualquer outra coisa. Com esses dois avanços tecnológicos, o clima subtropical da região ficou finalmente seguro para a delicada pele dos Yankees do norte.

Os anos 1990 e 2000

Uma combinação do Furacão Andrew e uma onda de crimes contra turistas, especialmente roubo de carros, levou a uma queda de visitantes, até que o policiamento voltado para turistas e outros programas visíveis reverteram a maldição. Miami passou de cidade norte-americana com os crimes mais violentos a uma cuja média correspondia à de uma cidade de seu tamanho. De 1992 a 1998, os crimes relacionados com turistas caíram incríveis 80%.

A população cubano-americana dominou as manchetes durante o pesadelo Elián Gonzales, uma briga por custódia internacional que terminou com agentes federais entrando à força na casa em Little Havana na qual o menino de sete anos estava hospedado para ser enviado de volta a Cuba, enquanto protestos anti-Castro aconteciam nas ruas de Miami. No lado bom, a corrupção foi ligeiramente varrida depois da remoção do prefeito Xavier

1947

É criado o Parque Nacional de Everglades, depois de 19 anos de esforços liderados por Ernest Coe e Marjory Stoneman Douglas, para proteger a região dos danos causados por dragas e drenagens.

1961

A Brigada 2506, um exército voluntário de 1.300 homens, invade a Baía dos Porcos de Cuba em 16 de abril. O presidente Kennedy negou apoio aéreo, levando à imediata derrota da Brigada e sua captura por Fidel Castro.

Maio 1980

No julgamento de McDuffie, policiais brancos são inocentados na morte de um homem negro, iniciando tensões raciais e confrontos na Liberty City de Miami; 18 pessoas são mortas.

1980

Castro "abre os portões". Os EUA resgatam 125 mil *Marielitos*, do Êxodo de Mariel, que enfrentam intensa discriminação em Miami.

NARRATIVAS DE MIAMI

» **Miami** (1987), de Joan Didion. Como os políticos cubanos modelam a política dos EUA.

» **The corpse had a familiar face** (1987), de Edna Buchanan. Escrito por uma ex-repórter do *Miami Herald*, é uma leitura viciante sobre assassinatos verdadeiros de Miami.

» **Black Miami in the Twentieth Century** (1997), de Marvin Dunn. Esse foi o primeiro livro devotado à questão racial em Miami.

» **This land is our land: immigrants and power in Miami** (2003), de Alex Stepick. Stepick e outros autores explicam a questão da imigração.

» **Miami, USA** (2000), de Helen Muir. Uma recente reedição desse título dos anos 1950 cheio de histórias.

Suarez em 1998, cuja eleição foi anulada depois da descoberta de muitos votos ilegais. Manuel "Manny" Diaz, que tinha sido advogado da família Gonzales de Miami, seguiu a Suarez como prefeito; seus dois mandatos foram marcados por níveis relativamente baixos de escândalos e um bom crescimento econômico. Diaz sedimentou conexões entre Miami e o mundo latino-americano – ele ficou famoso por dizer: "Quando a Venezuela ou a Argentina espirram, Miami fica resfriada".

Depois da virada do século, Miami passou por uma "Manhattanização", com cada vez mais arranha-céus alterando a paisagem da cidade. Ao mesmo tempo, Diaz começou a trabalhar para usar os bairros de arte e os prédios – os primeiros representados por Wynwood e Midtown, os últimos pelo Arsht Center for the Performing Arts – para revitalizar áreas deterioradas da cidade.

O passado recente

O jornalista Tomas Regalado foi eleito prefeito de Miami em 2009 no auge da crise financeira e da recessão. Na época em que escrevemos, as principais questões de seu mandato eram econômicas; policiais e bombeiros enfrentavam salários estagnados e custo de vida mais alto, levando a alguns fortes confrontos entre prefeitura e sindicatos.

Miami ainda é, de longe, a maior cidade cubana fora de Cuba, e a maioria desses imigrantes ali ainda não gosta do regime de Castro. Ao mesmo tempo, há um anticastrismo menos ultraortodoxo. Os refugiados originais de Batista dos anos 1950 estão velhos, sendo substituídos por uma nova geração de "YUCAs" – cubanos-americanos jovens e urbanos. Eles também não gostam de Castro. Mas não se mobilizam só por esse assunto como seus pais (por esse assunto queremos dizer o isolamento de Cuba) – muitos votam pelos democratas – e, no geral, estão mais interessados em subverter Cuba por meio do comércio e do consumo de produtos do que pela CIA. Essa é uma postura facilitada por Barack Obama que, em 2011, relaxou alguns itens da proibição de viagens EUA-Cuba e o embargo comercial.

Richard Heyman, que foi duas vezes prefeito de Key West (1983-85 e 1987-89), foi talvez o primeiro governante abertamente gay de uma cidade importante dos EUA (e talvez de qualquer cidade no território norte-americano). Em 2010, um documentário sobre sua vida, *The newcomer*, foi lançado. Heyman morreu de pneumonia relacionada com a AIDS em 1994.

1992

Em 24 de agosto, o Furacão Andrew devasta o Condado de Dade, deixando 41 pessoas mortas, mais de 200 mil desabrigadas e causando $15,5 bilhões em estragos.

1999

No dia de Ação de Graças, Elián Gonzales, de 5 anos, é resgatado do mar; sua mãe, cubana, morreu na viagem. Apesar de fortes protestos dos exilados cubanos em Miami, os EUA devolvem o menino, então com 7 anos, a seu pai em Cuba.

2000

O Comprehensive Everglades Restoration Plan é iniciado. O plano de 30 anos quer restaurar o fluxo de água natural para Everglades e reabastecer os reservatórios de água do sul da Flórida.

2009

Tomas Regalado, um ex-jornalista e republicano de centro, é eleito o 33º prefeito de Miami com uma margem de 72%, herdando uma cidade em crescimento com sérios problemas financeiros.

Mais ao sul do que o Sul

Há um velho ditado sobre a geografia dos Estados Unidos que diz assim: dirija pela I-95, a principal autoestrada da Costa Leste, passe a Virgínia e entre no sul. Continue dirigindo mais uns 1.300km até passar Orlando e o sul da Flórida e você volta ao Nordeste dos EUA.

Como é isso? Bom, deixe as Carolinas, Geórgia e o norte da Flórida, onde as famílias só estão a uma ou duas gerações distantes do trabalho no campo e a demografia é razoavelmente homogênea, e entre numa região definida pela diversidade, onde a maioria das pessoas ou é imigrante de outro país ou de outra parte dos Estados Unidos (e em geral elas vêm de Nova York ou da Nova Inglaterra, fazendo com que a analogia com o Norte seja ainda mais forte).

Mas não concordamos com essa comparação de "sul da Flórida como um norte ensolarado". Ela reduz a região a uma imitação de outra parte do país e diminui o considerável aumento da diversidade (e diminuição da identidade regional) da velha Confederação. O sul da Flórida, em todos os casos, não é somente uma Manhattan bronzeada. É uma interseção entre América do Norte, Central, Sul e Caribe e um choque de tipos idiossincráticos, que decidiram que quilômetros de pântanos, praias e umas poucas ilhas de mangue seriam o lugar onde o Sonho Americano poderia ser realizado à perfeição subtropical. Resumindo, ali é interessante. O sul da Flórida possui muito mais cultura, criatividade e energia intelectual do que poderia imaginar enquanto dirige por quilômetros de condomínios de vidro e shopping centers.

SEMINÁRIO LITERÁRIO

É possível contar entre os visitantes de inverno alguns dos melhores escritores dos EUA, como Robert Frost, Isaac Bashevis Singer e Annie Dillard, e, a cada janeiro, os literatos do país se encontram no Annual Key West Literary Seminar.

A grande Miami multicultural

O sul da Flórida contemporânea é certamente mais do que Miami, mas se a identidade local diferenciada tem uma cidade-âncora, Miami é essa cidade. Dito isso, enquanto a energia de Miami impacta nas Keys e Glades (principalmente a primeira), essas outras áreas são mais demograficamente homogêneas, e Key West possui sua própria história de colonização.

Miami

Com tudo que dissemos acima, ainda seria absurdo não reconhecer Miami como o centro cultural do sul da Flórida. O que nos leva à questão: o que é a cara de Miami? Basicamente, é a mistura: esse louco mix de cubanos, haitianos, brancos e judeus. Possui o melhor e o pior dessas culturas natais, narrativas imigrantes e emigrantes que são incorporadas, rejeitadas, encaixadas e reorganizadas em paradigmas inteiramente novos (e às vezes todas essas coisas acontecem ao mesmo tempo). Se não fosse assim, como um cubano-americano poderia ter, por um lado, orgulho de seu sotaque de Matanzas enquanto renega a carne de porco e o rum dos ancestrais de sua ilha, preferindo o vegetarianismo e a ioga? Como dizem por ali, "só em Miami".

Pode ser difícil encontrar alguém de Miami que tenha conexões com a cidade há mais de duas gerações. No lado negativo, essa falta de conexão pode se manifestar como uma sensação de isolamento e em um ressentimento com relação a outros recém-chegados; Miami não está livre de tensões entre suas variadas comunidades. Do lado positivo estão aqueles moradores preocupados com construir uma identidade para sua cidade, os que apoiam esportes e artes locais e estendem a mão em vez de um gesto rude aos recém-chegados de todas as partes. Quase nem é preciso dizer, mas o capital cultural de Miami, mesmo entre cidadãos asiáticos e brancos, deriva bastante dos caribenhos e latino-americanos. Há uma energia alegre, barulhenta e colorida. Isso impregna o lugar e vai entrando em seu sangue quanto mais tempo passa por ali.

A Divisão de Questões Culturais da Flórida (www.florida-arts.org) é um grande recurso para organizações e agências estaduais de artes. Seu Hall da Fama de Artistas da Flórida celebra o legado criativo do Estado Ensolarado.

CULTURA E ARTES

Everglades

A Flórida rural pode ainda evocar a fronteira ocidental dos Estados Unidos, e Everglades, a parte mais selvagem do estado, ainda é bastante interiorana. O jeito de Velho Oeste é exacerbado pelo fato de que ainda há assentamentos de colonizadores e nativo americanos; as tribos seminole e miccosukee constituem uma grande parte da população local. Os bairros em Homestead e Everglades City descendem bastante dos que vieram ali no século 19, depois que o Oeste foi conquistado, quando a Flórida se tornou um dos últimos lugares onde os pioneiros poderiam simplesmente lotear um trecho e criar uma vida. Esses pioneiros se tornaram "*crackers*" (uma gíria própria do sul da Florida para "brancos pobres") da Flórida, os fazendeiros pobres, pescadores, vaqueiros e foras da lei que trocaram conforto por independência. Muitos *crackers* vieram dos estados sulistas e criaram uma cultura não muito distante, principalmente geográfica, da Confederação.

Um pouco da hospitalidade sulista e da independência do Oeste forma uma combinação arrojada, mas aí estão as raízes de muitos cidadãos de Glades. Mesmo os indígenas americanos compartilham essas qualidades, apesar de que também retêm elementos da cultura indígena. A maioria dos moradores de Everglades, como as pessoas do campo na maior parte dos Estados Unidos, valoriza muito a autoconfiança e a liberdade do governo.

Finalmente, não podemos deixar de mencionar o grande número de mexicanos que agora chamam Homestead de lar, a maior parte atraída por empregos nas fazendas próximas.

Keys

As Keys são uma fascinante combinação de *crackers* (chamados de "Conchs" ali), ilhéus caribenhos e qualquer outra etnia atraída pela vida numa ilha que tecnicamente é parte dos Estados Unidos. Como as Keys foram colonizadas por não nativos americanos há mais tempo do que Miami, há uma cultura local diferente que é um pouco caipira nas Outer Keys, e elegantemente excêntrica em Key West. Há muito orgulho em Keys em relação a sua independência do continente. E, apesar de muitas pessoas, especialmente nas Outer Keys, defenderem atitudes conservadoras com relação a controle de armas e meio ambiente (quer dizer, menos regulamentos para os dois), há uma grande tolerância em relação a estilos de vida alternativos. Pode ser porque escolher viver ali já é uma decisão de viver de forma alternativa em si mesma.

As artes no sul da Flórida

Se vamos falar de cultura local, temos de falar de arte, música e literatura, que permeiam a vida diária do sul da Flórida. Como essa região valoriza a beleza, muitas pessoas pensam que lá a cultura não tem vez. O estereótipo não é justo. Pois o que torna o sul da Flórida lindo, dos corpos nas praias à estrutura da paisagem urbana, é a diversidade. As energias do hemisfério

EXPERIMENTANDO A MIAMI MULTICULTURAL

Para entender alguns dos grupos étnicos mais proeminentes de Miami, sugerimos o seguinte:

Miami cubana

Miami Cubana é um estereótipo associado a Little Havana, mas, para ser justo, há em Miami tanta influência cubana que é preciso se referir aos cubanos como a norma, a etnia padrão. Depois de dizer isso, os mais importantes símbolos cubanos estão concentrados em Little Havana, principalmente perto da 8th Street/calle Ocho. Entre as outras partes da cidade onde se pode conseguir um forte sentido da identidade cubana está Hialeah, onde mais de 90% da população fala espanhol como primeira língua.

» Little Havana (p. 67)

» Viernes Culturales (p. 68)

» Versailles (p. 101)

» Cuba Ocho (p. 68)

» Máximo Gómez Park (p. 67)

Miami haitiana

Haitianos em Miami falam creole (também se escreve "kreyol"), que está relacionado ao francês. Se fala francês, pode ser capaz de conversar com os haitianos locais, mas queremos lembrar que o *kreyol* é um idioma próprio, com gramática e sintaxe, e o francês sozinho pode não ajudar muito. Little Haiti é, de longe, um dos bairros mais coloridos na cidade, mas pode ser perigoso à noite, então tente visitá-lo durante o dia, a menos que seja Big Night in Little Haiti (uma festa de rua mensal).

» Big Night in Little Haiti (p. 63)

» Tap Tap (p. 93)

» Libreri Mapou (p. 39)

» Botanicas (p. 39)

» Little Haiti Cultural Center (p. 63)

Miami judaica

Os judeus foram uns dos primeiros empreendedores e residentes de Miami Beach. Eles mantiveram uma forte presença por décadas, o que ajuda a explicar por que a área metropolitana de Miami tem a segunda maior colônia judaica do país. Apesar de grande parte deles ser de descendentes de famílias do Nordeste dos EUA, muitos também são filhos de exilados latino-americanos. Há uma presença importante de judeus cubanos, porto-riquenhos, brasileiros e colombianos em Miami.

» Arthur Godfrey Rd/41st St (p. 54)

» Jewish Museum of Florida (p. 47)

» Temple Emanu El (p. 51)

» Lots of Lox (p. 103)

» Roasters' n Toasters (p. 97)

Miami argentina

Os argentinos estão principalmente concentrados no norte de Miami Beach, apesar de não estarem restritos a uma parte específica da cidade. Na América do Sul, os argentinos geralmente são estereotipados como esnobes pelas outras nacionalidades sul-americanas. Muitos moradores que falam espanhol, em especial os sul-americanos, gostam de repetir esse clichê aos amigos argentinos, mas os comentários geralmente são feitos e levados na brincadeira.

» Normandy Isle & Ocean Terrace (p. 54)

ocidental foram canalizadas a esta Porta de Entrada das Américas, e muito desse impulso está enraizado na criatividade e na busca por autoexpressão.

Este impulso artístico tende a derivar da experiência imigrante, que a região tem de monte. Há a dor do exílio. As condições de um país onde não

Miami espanhola

Os espanhóis se estabeleceram em Miami em grande número. Eles tendem a ser, se não ricos, tampouco desesperados – imigrantes espanhóis não são refugiados. Eles não vêm só de um lugar da Espanha; numa parte de Miami encontram-se pessoas do país Basco que se ressentem de serem chamados de "espanhóis", enquanto em outra é possível dividir um pão com catalães num restaurante e com castelhanos em outro. Muitos dos melhores mercados, padarias, queijarias e açougues em Miami parecem ser, talvez não por acaso, de espanhóis.

» El Carajo (p. 102)

Miami japonesa

Miami não tem uma comunidade japonesa grande, porém há alguns japoneses ali. Muitos são empresários participando na economia global e no comércio internacional, mas há também grande quantidade de artistas contemporâneos e designers atraídos pela crescente credibilidade cultural de Miami. Não há nenhum bairro especificamente japonês na cidade.

» Matsuri (p. 103)

Miami vietnamita

Miami não é um grande centro de imigração vietnamita, mas os que estão ali (assumindo que vieram do Vietnã do Sul, que é geralmente o caso) encontram muito em comum com a comunidade cubana. Pelo menos no que se refere à geração mais velha, os dois grupos compartilham uma sensação de exílio, com queixas contra o comunismo, e usam o rótulo "comunista" como um sério insulto e em geral, compartilham uma crença devota no catolicismo.

» Hy Vong Vietnamese Restaurant (p. 101)

Miami brasileira

Os brasileiros de Miami estão principalmente no norte de Miami Beach. Quer dizer, os brasileiros que efetivamente vivem na Grande Miami. Muitos que estão na cidade trabalham com moda, são modelos e fazem parte de suas respectivas *entourages*; tendem a se instalar em South Beach com outras pessoas chiques. No norte de Miami Beach há imigrantes brasileiros trabalhando, festejando, comendo e se misturando no ambiente de Miami.

» Boteco (p. 105)

Miami colombiana

Há muitos colombianos com seus confrades sul-americanos no norte de Miami Beach, mas também há muitos colombianos em Coral Gables (onde está o consulado do país) e partes mais pobres do centro. A política colombiana é difícil de entender, pois imigrantes colombianos foram para os EUA fugindo tanto de ataques da esquerda quanto da direita.

» La Moon (p. 97)

Miami nicaraguense

Nicaraguenses na verdade são uma grande porcentagem da população das áreas "cubanas" como Little Havana. Nicaraguenses são facilmente reconhecíveis, pois tendem a parecer mais indígenas e menos europeus do que a maioria dos outros moradores de Miami. Atualmente, eles estão abrindo caminho, a mais comunidades da América Central.

» Yambo (p. 101)

se pode ser preso por expressão pública. A afluência do sucesso financeiro e a frustração de ser deixado de fora do muitas vezes insensível Sonho Americano. Mas, a maior qualidade de Miami, sua tolerância inata para a excentricidade, está na raiz de tais inovações públicas, como a arquitetura

BRILHANTE BRITTO

Se o principal artista de certa cidade determina como ela se vê, devemos concluir que Miami é um lugar meio *cartoon*, cubista e caótico de prazer-alegria-brilho-felicidade.

Esse é o legado estético que Romero Britto está deixando para a cidade. O imigrante brasileiro, que parece sempre sorrir, vestido com roupas que facilmente estariam em um vídeo da MTV dos anos 1980, foi o mais famoso artista nos anos 2000, tendo desenhado o muro do **Miami Children's Museum** (p. 76), a estrutura de "Bem-Vindo" em Dadeland North Station, a escultura central nas lojas de Midtown e muitos outros. Você vai precisar de óculos escuros para apreciar seu trabalho, que apela ao ilhéu em todos nós: brilhantes *cartoons*, linhas geométricas cortantes, espirais infinitas, estudos de personalidade sobre a criança interior e, sublinhando tudo, um perfume de oceano num dia de sol.

Gloria Estefan adora o cara, e o ex-governador Jeb Bush deu a Tony Blair um Britto original quando o ex-primeiro-ministro visitou Miami em 2006. Claro, nem todo mundo ama Romero, muitos críticos falam que ele é mais um designer comercial do que um artista pop (mas o que é arte, cara?). Em vez de ficar preso ao debate, sugerimos que dê uma olhada nas instalações de Britto ou no **Britto Central** (818 Lincoln Rd). O trabalho dele é tão universal quanto as palmeiras e, ei, se tiver uns $20 mil sobrando, pode comprar um quadro original antes de voltar para casa.

árabe fantasiosa de Opa Locka e o design modernista do Art Deco Historic District.

Além disso, sempre há um sentido de possível junto da fantasia do excesso. Muitas pessoas ignoram Coral Gables e Vizcaya por as acharem desajeitadas e cafonas, e para olhos modernos elas podem parecer assim. Mas foram revolucionárias em sua época. Conceitos como uma vila que resgata a influência mediterrânea que serviria como um bastião estético contra a dispersão, ou uma vila italiana moldada na costa, provavelmente não seriam aceitos por nortistas conservadores que não foram tocados pelo clima quente que estimula a correr riscos da Flórida.

Colocando Miami no mapa das artes

Os cidadãos de Miami e suas memórias, realidades e visões criaram uma crescente cena artística que realmente começou a ser notada com a fundação em 2002 da **Art Basel Miami Beach** (p. 83), a versão norte-americana de um encontro erudito anual que está baseado na Suíça. No segundo ano, o evento tinha eletrizado o mundo da arte nacional – conseguiu atrair 175 exibidores, mais de 30 mil visitantes e muitas celebridades para passear pelas galerias, clubes e hotéis de South Beach e do Design District. O evento cresceu, tanto em tamanho quanto em importância, e, desde então, seu impacto na cena artística local não pode ser ignorado; hoje, Art Basel Miami é o maior festival de artes contemporâneas ocidental.

Arte pública

Essa cidade sempre esteve à frente da curva quando se trata de arte pública. Miami e Miami Beach estabeleceram o programa Arte em Lugares Públicos já em 1973, quando foi decretado que 1,5% dos fundos de construção da cidade deveria ser alocado para promover a arte pública; desde então, mais de setecentos trabalhos – esculturas, mosaicos, murais, instalações leves e muito mais – foram criados em pontos públicos. Aqui estão uns poucos exemplos.

Foreverglades, de Barbara Nejine, em Concourse J do Miami International Airport, usa mosaicos e textos tirados de *River of grass* (o livro de Marjory Stoneman Douglas) e ondas representando o movimento de água sobre a grama, para dar a quem chega a sensação do fluxo do ecossistema único da Flórida. Uma série de impressões representando as muitas comunidades imigrantes de Miami conectadas numa única comunidade em *Reaching for Miami skies*, de Connie Lloveras, que dá as boas-vindas a quem chega no Metromover na Brickell Station. Na Miami-Dade Library, o texto flutuante de *Words without thought never to heaven go*, de Edward Ruscha, desafia os leitores a participar de processos de pensamento inspirados, mas que vão além dos livros que os cercam. A equipe de Roberto Behar e Rosario Marquardt, da Argentina, esteve entre os artistas públicos mais prolíficos na cidade, sendo que o trabalho deles está deliberadamente voltado a remexer as concepções do que é ou não espaço público; eles criaram o gigante vermelho *M* na estação Riverwalk do Metromover para o centenário da cidade em 1996.

Literatura

Escritores precisam estar perto de boas histórias para manter suas narrativas pungentes, e nenhum lugar fornece isso como o sul da Flórida, onde fazendeiros se enfrentam com ambientalistas que lutam contra financistas, enquanto os imigrantes chegam de uma centena de países diferentes, e todo verão um furacão atinge a região. Essa proximidade do drama com a vida real significa, de forma pouco surpreendente, que muitos dos melhores escritores de Miami vêm do jornalismo. Como resultado, há uma prosa de Miami que possui a força do melhor texto jornalístico. Começando com os ex-repórteres policiais do *Miami Herald*, Edna Buchanan e Carl Hiaasen, e levando a novos nomes como Jeff Lindsay, a cena de literatura policial de Miami está muito viva. Por outro lado, as comunidades imigrantes locais emprestaram à literatura dessa cidade a poesia das línguas exiladas, narrativas que encontram uma linha através dos becos da diáspora que sublinham a identidade da Flórida. Procurem por Carolina Garcia-Aguilera, Edward Danticat e Diana Abu-Jaber. E finalmente a beleza sutil do sul da Flórida produziu escritores que tratam da natureza e que são capazes de capturar as nuanças do cenário calmo da região enquanto explicam a

CARL HIAASEN: AME O LUNÁTICO

Na Flórida de Carl Hiaasen os políticos são corruptos, os caipiras são violentos, os turistas, sem noção, as mulheres são rápidas, e o ambiente é escuro e esfumaçado com iluminação psicodélica. Alguns diriam que o homem conhece seu estado natal.

Hiaasen, que trabalhou no *Miami Herald* por décadas e agora mora nas Keys (ele conheceu sua esposa enquanto lia no bar das Keys que ela administrava), é tanto um escritor talentoso com uma prosa lúcida quanto um jornalista abençoado pelo instinto investigativo voltado para o excêntrico. Seu sucesso se baseou em sua capacidade de, basicamente, pegar a hiperbólica realidade que é a Flórida e contá-la ao mundo. Apesar de sua ficção ser exatamente isso, de muitas formas ela apenas mostra as excentricidades diárias do Estado Ensolarado e as reconta em forma de romance. Assim: *Tourist season*, onde Hiaasen volta sua caneta aos ecochatos, com uma história sobre um grupo terrorista que tenta dissuadir os turistas de vir para a Flórida e assim afundar o estado – especialmente, usando-os como alimento para um crocodilo chamado Pavlov. Em um completo contraste temático está *O pio da coruja*, uma história comovente (algo estranho para Hiaasen) para jovens sobre a luta de um garoto de doze anos contra uma corporação que ameaça pavimentar uma colônia de corujas em Coconut Grove. *Chuvas e trovoadas* trata da corrupção, da burocracia e do desastre turístico que preenche o vácuo da trilha de devastação deixada por um furacão.

O trabalho de Hiaasen tende a ficar entre a sátira e o *thriller* e trata os dois com um olhar sempre crítico e profunda afeição por todas as estranhezas da Flórida, as quais ironicamente fazem de Hiaasen – inimigo de quase todo grupo de interesse no Estado Ensolarado – o maior promotor do estado. Ele é um homem que ama a Flórida por suas verrugas, não por suas curvas, e isso, amigos, é romance verdadeiro.

FAIXAS DE MIAMI (E ONDE OUVI-LAS)

- "Conga", por Gloria Estefan & the Miami Sound Machine – Ocean Dr
- "Rakata", por Wisin y Yandel – Little Havana
- "Moon over Miami", por Joe Burke e Edgar Leslie – Julia Tuttle Causeway
- "Miami", por Will Smith – I-95 passando Downtown
- "Miami", por U2 – Wynwood ou North Miami Beach
- "Save Hialeah park", por Los Primeros – Hialeah
- "Swamp music", por Lynyrd Skynyrd – de Tamiami Trail a Everglades City
- "Jaspora", por Wyclef Jean – Little Haiti
- "Your love", por The Outfield – A1A

complicada ciência que mantém tudo isso – nos lembramos de Marjory Stoneman Douglas e Ted Levin.

Música

Como em todas as coisas, é a diversidade louca de Miami que torna sua música tão atraente. A parte sul do country americano e o rock sulista, os ritmos da parte norte do Caribe e da América Latina e as batidas da comunidade afro-americana de Miami se misturaram num cruzamento musical das Américas. Pense nos sons que as influências acima produzem e vai ouvir certa coerência: animada, percussiva, que sempre convida a dançar.

Os sons acima, com raízes no Novo Mundo, estão lutando contra os intrusos de uma costa distante: europeus e suas ondas de tecno, house e eletrônica. Na narrativa dos imigrantes de Miami, não podemos deixar de fora a comunidade gay e os expatriados europeus, sendo que os últimos trouxeram uma forte influência da cena de música eletrônica, mais bem evidenciada pela anual Winter Music Conference a cada março, que atrai milhares de DJs e produtores para a cidade, participando de oficinas e festas. Às vezes, os concorrentes do house e do hip-hop se juntam, mas normalmente as cenas ficam separadas.

O coração e a alma de Miami são latinos, e isso vale também para a música. Produtores e artistas de toda a América Latina vêm aqui pela alta qualidade dos estúdios, pela sedução da distribuição global e pelo Billboard Latin Music Conference & Awards, que acontece a cada abril. A Cidade Mágica tem sido o berço de estrelas como Gloria Estefan, Ricky Martin e Albita, e é possível encontrar mais estações de rádio em espanhol do que em inglês, tocando uma mistura de salsa, *son* (uma mistura de estilos musicais afro-cubanos-espanhóis), conga e reggaeton. Uma noite em La Covacha (p. 108) é uma boa introdução à cena.

Fazemos uma rápida apresentação das explorações aos clubes noturnos de Miami.

Salsa é a palavra mais comumente ouvida usada para referenciar a música e a dança latina, que faz sentido, já que é um termo genérico desenvolvido no meio dos anos 1960 e o começo dos 1970 como uma forma de colocar todos os sons latinos sob um nome, para gringos que não conseguiam reconhecer as sutis diferenças entre as batidas. Da palavra espanhola para "molho", a salsa tem suas raízes na cultura cubana e possui um som alimentado por texturas de jazz. A música que serve para a dança tem quatro batidas por compasso.

Um tipo específico de salsa cubana é o *son* – um som popularizado pelo lançamento de *Buena Vista Social Club* em 1999. Possui raízes nas culturas africana e espanhola e é bastante melódica, normalmente incorporando instrumentos como as *tres* (um tipo de guitarra com três conjuntos de cordas próximas), violões comuns e vários tambores.

O merengue vem da República Dominicana e pode ser caracterizado por uma batida muito rápida, com apenas duas notas a cada compasso. É tipicamente tocado com tambores, *güiro* (um instrumento de percussão cilíndrico feito de metal ou cabaça seca) e acordeão.

Vinda da região andaluza da Espanha está a arte folclórica do flamenco, que consiste de palmas, estalos de dedos, vocais, violão e uma dança floreada. Os argentinos de Miami amam o tango, uma invenção de Buenos Aires que mistura a dança clássica europeia e a experiência imigrante de franceses, italianos, africanos e enclaves étnicos indígenas.

O som de reggae é popular, com origem na Jamaica e tendo fortes raízes rastafáris, e esse movimento é normalmente mais associado a Bob Marley. É caracterizado pelo ritmo marcando nos tempos fracos e, pelo menos no início, as letras tinham uma mensagem política ativista. Há vários estilos dentro do reggae, incluindo roots (som de Marley), dance hall (isto é, Yosexygirlwannagetboomshackalacka), raga e dub.

Mas é raro ouvir apenas um desses estilos. Miami é uma cidade poliglota e adora misturar techno com *son*, dar uma base eletrônica à salsa e misturar tudo com dub, hip-hop e *bomba* (dance music porto-riquenha com influências africanas). Esse casamento produz muitos filhotes musicais, e o som moderno mais reconhecível deles é o reggaeton, uma mistura animada que parece rap espanhol cantado em cima de uma base sexy e alto-falantes explodindo. Pioneiros do gênero incluem Daddy Yankee, Don Chezina, Tito El Bambino, Wisin y Yandel, Calle 13 e produtores como Luny Tunes e Noriega. Apesar de ter se originado em Porto Rico, o reggaeton é um dos poucos estilos musicais que pode fazer latinos de toda a América - de nicaraguenses a mexicanos e colombianos - dançarem.

O hip-hop de Miami teve uma evolução cíclica, foi do Miami bass do começo dos anos 1990 (batidas aceleradas, e repetitivas e letras picantes, como o 2 Live Crew) ao rap mais agressivo, *street-style*, que se misturou e se transformou em um tipo de som mais comercial, presente em quase todas as baladas de hoje. Esses sons modernos se renovam com batidas crunk, cantos arrastados do Sul e a superprodução de Atlanta do som estilo Dirty South. O single de sucesso de 2008, "Low", de Flo Rida, encapsula o gênero, que soa, de muitas formas, como filhote do Miami bass e de tudo que veio depois. Heróis locais do hip-hop trabalham duro para manter Miami no mapa e representam bastante os bairros como Opa Locka, Liberty City e Overtown; artistas a serem ouvidos incluem DJ Smallz, Pitbull, Rick Ross, Flo Rida e Uncle Luke.

Houve um pequeno e forte *boom* de indie rock na década passada, principalmente centrada na Sweat Records (p. 114) e no Churchill's (p. 106) em Little Haiti. As bandas da região estão crescendo; eventos como Sweatstock (p. 21) são um bom meio de conhecer a cena. Além do Churchill's, outros bons pontos para ver a vanguarda do rock de Miami são Vagabond (p. 108) e Bardot (p. 107).

Cinema

Crime vende nesta cidade - pelo menos, cinematograficamente. Sam Katzman escolheu Miami para seus filmes B sobre guerras de gangues e vários clássicos (simplórios) - assim como o *Jackie Gleason Show*, filmado para a TV - nos anos 1960. *Scarface*, a história de Brian DePalma sobre os excessos do capitalismo, entrou em Miami no léxico comum do hip-hop; e *Miami Vice*, a série de TV dos anos 1980 sobre a dupla de policiais do esquadrão antidrogas com roupas tropicais, colocou Miami no mapa internacional. As imagens - de assassinatos, estupros e guerras de traficantes - estavam longe de ser positivas, e as autoridades da cidade não ficaram felizes no começo. Mas *Vice* tinha mais a ver com Ferraris, barcos velozes e

FESTIVAIS DE CINEMA

Dois dos melhores festivais de cinema nos EUA são o Miami International Film Festival (www.miamifilmfestival.com), uma vitrine para o cinema latino (março), e o cada vez mais famoso Florida Film Festival (www.floridafilmfestival.com) em Orlando (abril).

bundas do que gangues; como um bom marketing, descrevia Miami como um lugar que tinha algo mais do que bandidos, onde os idosos podiam se aposentar tranquilos. Como falou William Cullom, presidente da Câmara de Comércio da Grande Miami: "*[Miami Vice]* construiu uma consciência sobre Miami nos jovens que nunca tinham pensado em visitar a cidade". Uma versão hollywoodiana medíocre, estrelando Colin Farrell e Jamie Foxx, lançado em 2006, capitalizou no mercado de nostalgia dos anos 1980. Há muitas comédias filmadas aqui também, mas, em nossa opinião, *A gaiola das loucas* capta melhor o clima incrível da comunidade de South Beach. Estamos esquecendo um outro gênero: pornô. Bem, o que esperava com todo este silicone? Há uma quantidade grande de indústria adulta caseira acontecendo aqui.

Hoje, os governos de Miami e Miami Beach adoraram tanto a ideia de produtores vindo para a cidade que, no começo de 2005, instituíram o sistema One Stop Permitting, fornecendo uma maneira para que diretores de filmes, séries de TV e comerciais obtenham permissões de forma rápida e on-line (em www.filmiami.org).

ROMANCE DE MISTÉRIO

Naked came the Manatee (1998) é um romance de mistério colaborativo escrito por uma constelação de famosos escritores: Carl Hiaasen, Dave Barry, Elmore Leonard, James Hall, Edna Buchanan e muitos outros. É como provar uma caixa de chocolates com cianeto.

Moda

Agora que Miami é um foco de gastronomia, vida noturna e artes, faz sentido que seja aclamada como influenciadora no mundo da moda. E tem, com a anual Miami Fashion Week (p. 21), conquistado um bom espaço para colocar essa região nos mapas globais de estilo.

O evento é renomado globalmente, de Paris a Hong Kong – mas não é de forma nenhuma o único. Miami ganhou muita credibilidade entre os designers europeus (ironicamente, desde que um deles, Gianni Versace, foi assassinado lá) e traz especialistas de todo o Velho Mundo que acham inspiradora a combinação da ênfase latina na aparência *versus* o amor norte-americano pelo conforto, além dos estilos atrevidos inspirados pelo clima ensolarado. Hoje, Miami é a cidade base da Perry Ellis International, enquanto a GenArt, uma organização sem fins lucrativos dedicada ao cinema, à arte e à moda, organiza a anual Fresh Faces in Fashion, focada na crescente cena de Miami.

Então o que define o "visual de Miami"? "Vá ao supermercado. Qualquer supermercado. Nove entre cada dez garotas estão usando salto alto. Isso é Miami", diz um jornalista local. É preciso entender isso, se quiser ficar. Porém é um estilo estranho – descontraído, mas com muito glamour.

Por um lado, vê-se um desejo desesperado por ostentar marcas, nem que para isso precisem usar uma Louis Vuitton falsificada, por exemplo. Mas, numa outra perspectiva, a possibilidade subestimada (sim, Miami pode ter isso) de as pessoas se vestirem de um jeito cool, algo que vem do clima quente, exemplificado por roupas casuais que os moradores usam sem se preocupar se são de grife ou não. Note, por exemplo, o cubano idoso em sua *guayabera*, uma camisa masculina simples, mas elegante; ele tem classe, porque fica bem vestido sem ter feito esforço nenhum para isso.

Há um estilo diferente em South Beach, e não há nenhum lugar melhor para comprar isso do que na fonte, mas cuidado: é preciso ser ousado, despudorado e depilado para usar algumas das roupas mais ousadas das vitrines, ou seja, a maioria delas. Para informações sobre compras em Miami, veja Onde comprar (p. 112).

Refinada ou popular

Quando o sul da Flórida se senta à mesa, não sabe o que pedir. Droga, ele pode nem conhecer o idioma em que o menu está escrito.

Essa região tem uma rica identidade culinária que é simplesmente uma extensão da rica identidade demográfica. A Flórida oferece tanta excelência culinária e aventura quanto quiser. Toda a área – Miami principalmente, mas também os subúrbios e as Keys – é uma das regiões com mais imigrantes dos Estados Unidos. As receitas são derivadas de incontáveis heranças étnicas, e como resultado a cena culinária local é um tanto quanto paradoxal: por um lado, uma gastronomia para as pessoas saudosas de sua terra natal, isoladas de suas tradições nativas, e por outro, uma tentativa de se conectar com as raízes e tradições por meio da imediatez do gosto.

E nunca se esqueça de que existe a generosidade local também – uma cultura agrícola rica em cítricos, gado e água, além da incrível vida marinha. Se não existe uma cozinha nativa do sul da Flórida, há certamente ingredientes nativos. O truque, viajante, é encontrar a comida que conecta essa abundância local com os *chefs* atentos às várias tradições culinárias.

Definindo a comida local

É difícil isolar uma cozinha do sul da Flórida "nativa" (na verdade, os pratos indígenas americanos como chili e pão frito encontrados nos restaurantes de Everglades, são importados dos Sudoeste norte-americano). Os primeiros colonizadores vieram de todo o país, por isso o Sul e sua comida, que influenciaram muito o norte da Flórida, também estão entre as muitas influências de Miami, apesar de serem mais evidentes na região de Everglades e Keys.

No geral, o sul da Flórida é uma região não definida por uma, mas por várias culturas de todo hemisfério: sulista, creole, cubana, caribenha, central e sul-americana, mas também judaica, japonesa, vietnamita, nigeriana, tailandesa, chinesa, espanhola e muito mais. A expressão "mão para toda obra, mestre de nenhuma" ocasionalmente se aplica a essas circunstâncias. Restaurantes locais dedicados a um estilo especial de cozinha são normalmente uma aposta melhor do que lugares que misturam influências. Como exemplo: quando estiver em Miami, nota-se dezenas de restaurantes "tailandeses-japoneses". Essas duas cozinhas são bem distintas em termos

CULINÁRIA FLORIBENHA

Certo, alguém pensou muito para criar "floribenho" – um termo para a mistura gourmet tentadora de frutos do mar frescos, frutas tropicais e pimenta ardida, todas incorporadas com alguma combinação de influências nicaraguenses, salvadorenhas, caribenhas, haitianas, *cajun*, cubanas e até sulistas. Alguns chamam de "fusion", "nuevo latino", "new world", "nouvelle floridian" ou "Palm Tree cuisine", e poderia se referir a qualquer coisa, como um ceviche de lima, mariscos, pimentão e pimenta caribenha até garoupa grelhada com manga, adobo e banana-da-terra frita.

de seus perfis de sabor, e, inevitavelmente, achamos que essa fusão asiática dificilmente é bem-sucedida. Restaurantes tailandeses ou japoneses exclusivos, no entanto, são outra questão.

Também deve ser dito: o sul da Flórida em geral, e Miami em particular, é obsessivamente fixado no que está na moda. Se crustáceos são "a" receita em Manhattan, pode acreditar que vai encontrar isso em pelo menos uma dúzia de menus uma semana depois. Essa atitude é uma faca de dois gumes, porque apesar de não existir o perigo de perder alguma tendência culinária em Miami, há uma chance de acabar comendo num lugar em que os crustáceos mencionados sejam preparados sem cuidado e vendidos a custos altíssimos.

Essa atitude geralmente se manifesta em South Beach. Os turistas não são capazes de conhecer os restaurantes ruins como os locais, e a verdade é que a maioria das pessoas é turista. Mas também é preciso dizer que há alguns restaurantes fantásticos em South Beach, lugares que não estão somente no alto das tendências culinárias, mas que as redefinem, e restaurantes similares no centro, em Wynwood, no Design District e até em Key West.

Poucos lugares podem se gabar de abarcar toda a sublime diversidade de terra e mar da Flórida, e os menus escondem as influências. Gourmets podem se ajoelhar frente aos *chefs* célebres, enquanto os gourmands caçam as delícias bizarras da Flórida, como amendoim fervido, pernas de rã, cobra e jacaré. Shoppings podem conter preciosidades gastronômicas, enquanto restaurantes de hotéis cinco estrelas podem ser um fracasso total. Cheire, experimente, desfrute e seja indulgente – esse é nosso conselho e um bom lema para floridenses e comida.

Para preços e informações de gorjetas, veja a p. 222.

Generosidade do mar

A Flórida sempre se alimentou do mar, que está muito perto de quase todos os lugares. Se nada ou se arrasta no oceano, pode apostar que algum empreendedor local já tirou sua casca, bateu, jogou numa frigideira e colocou no menu.

A garoupa é de longe o peixe mais popular. Sanduíches de garoupa são para a Flórida o mesmo que o *cheesesteak* é para a Filadélfia ou a pizza para Manhattan – um prato definidor e icônico, e o padrão pelo qual muitos lugares são avaliados. Caçar o perfeito grelhado ou um sanduíche de garoupa frita é uma busca obsessiva dos floridenses, assim como encontrar a tigela mais cremosa de sopa de mariscos (Sustain, em Midtown Miami, faz excelentes versões dos dois; ver p. 99).

Claro, uma grande variedade de outros peixes é oferecida. Outras espécies populares incluem o vermelho (com dezenas de variedades), mahimahi e bagre.

A Flórida realmente brilha quando se trata de crustáceos: experimente o camarão rosado e o de pedra, e não deixe de experimentar o caranguejo de concha branda – a Flórida é o único lugar com incubadoras desse tipo de caranguejo, fazendo com que seja fácil encontrá-los frescos o ano todo. O inverno (outubro a abril) é a temporada de lagosta espinhuda e do caranguejo-de-pedra (fora de temporada, os dois serão congelados). A lagosta da Flórida tem muito rabo, sem as grandes garras de sua prima do Maine, e o caranguejo-de-pedra é incrivelmente doce, servido no vapor com manteiga ou com o versátil molho de mostarda.

Finalmente, as Keys popularizaram o marisco (gigante); agora exterminado, a maioria dos mariscos vem das Bahamas. Para informação sobre sustentabilidade dos frutos do mar, entre em www.montereybayaquarium.org/cr/seafoodwatch.aspx.

MARCAS CUBANAS

Em Miami, é possível encontrar marcas clássicas cubanas que não são mais vendidas na própria ilha, como cerveja Hatuey, café La Llave e bolachas Gilda.

Culinária cubana e latino-americana

A comida cubana, já considerada "exótica", é uma mistura de influências caribenha, africana e latino-americana, e em Tampa e Miami ela é o básico de

O MELHOR CUBANO DO SUL DA FLÓRIDA

» Islas Canarias (p. 101)
» El Cristo (p. 101)
» Garcia's (p. 98)
» Versailles (p. 101)
» El Siboney (p. 164)

todo dia. Vá até uma *lanchería* cubana (lanchonete) e peça um *pan cubano*: uma baguete grelhada com manteiga e recheada com presunto, carne de porco assada, queijo, mostarda e picles.

Sempre presentes nos pratos cubanos estão o *mojo* (um vinagrete com alho, borrifado sobre os sanduíches), *adobo* (uma carne marinada com alho, sal, cominho, orégano e suco de laranja azeda) e *sofrito* (uma mistura cozida de alho, cebola e pimenta). As carnes são tipicamente acompanhadas com arroz, feijão e banana frita.

Com seu grande número de imigrantes da América Latina, a área de Miami possui muitos restaurantes autenticamente étnicos. Procure os *griots* haitiano (carne de porco marinada), a galinha jamaicana, o churrasco brasileiro, o *gallo pinto* centro-americano (feijão marrom e arroz) e o *tres leches* nicaraguense (bolo com "três leites").

Pela manhã, experimente um café cubano, também conhecido como *cortadito*. Esse líquido quente é essencialmente um expresso adoçado, enquanto o *café con leche* é bem similar ao brasileiro.

Outra delícia cubana é o *guarapo* ou caldo de cana-de-açúcar. Lanchonetes cubanas servem a bebida esverdeada pura ou com gelo, e é essencial para um autêntico mojito (rum, açúcar, hortelã, limão e club soda). Também pode ser encontrado em *batidos*, uma vitamina (ou smoothie) refrescante de frutas com leite.

Prepare sua comida

Epicure Market (1656 Alton Rd; pratos $7-15; ⏲10-20h seg-sex, até 19h sáb, até 18h dom), uma loja de comida gourmet saindo da Lincoln Rd em South Beach, possui uma bela seleção de queijos e vinhos internacionais, produção fresca, delícias assadas e pratos prontos. Muitos dos mais de 25 supermercados Publix por toda Miami são de alto nível, e o **Whole Foods Market** (1020 Alton Rd; ⏲7-23h) é a maior loja de comida saudável da região, com um excelente departamento de produtos frescos, uma *delicatéssen* muito boa e opções de saladas mais ou menos; seu maior público são os vegetarianos (não muito bem tratados por mercados nessa região) à procura de uma marca específica de leite de soja ou massa sem trigo.

Para os itens mais frescos de um piquenique, vá a alguns dos muitos **mercados de fazendeiros** (☎305-531-0038), que estão por várias partes em dias diferentes, geralmente das 9h às 16h. O que está em Lincoln Rd aos domingos é talvez o mais conhecido, mas há outros na Española Way (domingo), Normandy Village Fountain na 71st St (sábado), no Aventura Mall (sábado e domingo), Downtown em Flagler St com Miami Ave (das 8h até 14h sábado), Coconut Grove na Grand Ave com Margaret St (sábado) e Coral Gables City Hall (sábado).

MERCADOS DE FAZENDEIROS

Se você ama mercados de fazendeiros, visite www.florida-agriculture.com e clique em "Info for consumers" e "Community farmer's market" para encontrar uma lista estadual.

Comendo em Miami por região

Vamos dividir a experiência gastronômica de Miami, bairro a bairro:

South Beach

Restaurantes abrem e fecham com a frequência em que se vê uma celebridade, quer dizer, muito – às vezes comer nessa região parece com a sensação de abrir as páginas de um tabloide britânico, apesar de que, para ser justo, normalmente se está cercado por outros turistas. Não há falta de variedade culinária, opções de preços e apresentação, mas a tendência é voltada para a ostentação. Até os lugares mais tranquilos são soberbamente simples, se entende o que quero dizer. Todos esses restaurantes com recepcionistas altas de frente para a Ocean Dr recebem resenhas diferentes dos viajantes; então lembre-se de que o preço de ir sem pesquisar pode ser uma refeição cara e medíocre.

North Miami Beach

Há bons lugares para comer ali: no Mid-Beach, principalmente na 41st St, com suas *delicatéssens* judaicas, churrascarias e restaurantes de sushi; Normandy Isle, com seus expatriados sul-americanos, brasileiros, uruguaios e sua tendência à cozinha indutora de problemas cardíacos; e mais para North Beach, ao redor das Sunny Isles, lar de algumas preciosidades ecléticas. No geral, essa é uma área com excelentes restaurantes na categoria econômica a mediano.

Livros de Receitas da Flórida

- *Cross creek cookery*, de Marjorie Kinnan Rawlings
- *New World cuisine*, de Allen Susser
- *Miami spice: the new Florida cuisine*, de Steve Raichlen
- *The Florida cookbook: from Gulf Coast gumbo to Key lime pie*, de Jeanne Voltz e Caroline Stuart
- *Florida bounty*, de Eric e Sandra Jacobs

Downtown

As opções para comer em Downtown estão, como o bairro em si, entre extremos: de almoços para alto executivos em hotéis de vidro e aço na Brickell até lugares caseiros latinos. Os últimos são característicos do centro de Downtown, onde dá para facilmente encontrar uma boa refeição latina por menos de $10.

Wynwood, Design District e Little Haiti

Essa área, coletivamente conhecida como Midtown Miami, e bairros próximos como Buena Vista e North Biscayne Boulevard, é onde está a melhor comida de Miami. É tão na moda quanto South Beach, mas bem mais voltada para a clientela local. Comer ali é uma delícia, seja num lindo café, num bom restaurante ou numa lanchonete de burritos.

Little Havana

A culinária cubana é somente uma pequena fatia do paladar pan-latino de Little Havana; há menus de todo *el Sud*, de Equador a El Salvador e de México a Mendoza, Argentina. E apesar de os locais afirmarem que é preciso sair da calle Ocho para a melhor *comida latina*, você dificilmente errará quando entrar em algum restaurante étnico nessa parte da cidade.

Key Biscayne

Para uma ilha tão pequena, Biscayne tem boas opções que não o deixarão voltar para a cidade.

Coconut Grove

Grove parece ter só as grandes redes de lanchonetes e restaurantes, mas na verdade é um ponto forte para refeições saudáveis, enquanto a vocação de bairro para pedestres faz com que seja agradável caçar bons restaurantes. À noite, os cafés na calçada ganham vida, e a University of Miami, que está próxima, domina a noite; sair para comer pode ser divertido e razoável em termos de preço.

Coral Gables

Gables é uma mina de ouro para gourmets, com várias opções internacionais, ecléticas e sofisticadas para comer. Muitos restaurantes estão na ou perto da "Fila de Restaurantes", na Giralda Ave entre o Ponce de León Blvd e Le Jeune Rd.

Culinária sulista

Você, tecnicamente, está no sul ali, mas uma parte do sul da Flórida é tão sul, que chega ao *sud*, e não é sulista, se entende o jogo de palavras. Basicamente, estamos dizendo que Miami é muito internacional para ser classificada como o Sul dos EUA. E, assim, a culinária sulista basicamente pula Miami como cidade. Dito isso, em Everglades e Keys a influência sulista é muito mais sentida.

O sul compensa com gordura e sabor o que não tem de refinamento. Uma refeição sulista padrão consiste numa carne principal – frango frito, bagre, costela assada, filé de frango ou até *chitlins* (intestino do porco) – e três acompanhamentos: talvez alguma combinação de bolinho de milho frito, queijo com milho, pão de milho, salada de repolho, purê de batata, feijão-fradinho, couve-galega ou milho na manteiga. Termine com uma torta de noz-pecã e isso que é vida.

Nas Keys, o estilo sulista de cozinhar combina com a gastronomia caribenha. Na verdade, há muito espaço para as misturas, já que os negros

FESTIVAIS CULINÁRIOS DO ESTADO ENSOLARADO

Muitos dos festivais culinários da Flórida têm o tumultuado ar de quermesse, com carnaval, música, desfiles, concursos de beleza e um bom número de diversões estranhas que só existem na Flórida.

Food fest! de Joan Steinbacher é o guia definitivo; seu site (www.foodfestguide.com) lista os festivais dos três meses seguintes.

» **Key West Food & Wine Festival** (www.keywestfoodandwinefestival.com) Key West; três dias no fim de semana, final de janeiro. Uma celebração do melhor da gastronomia de Key West.

» **Everglades Seafood Festival** (www.evergladesseafoodfestival.com) Everglades City; três dias no fim de semana, começo de fevereiro. Não só frutos do mar, mas jacaré, pernas de rã e cobras, nossa!

» **South Beach Food & Wine Festival** (www.sobefest.org) Miami; quatro dias, final de fevereiro. Essa festa patrocinada pelo Food Network é um dos maiores festivais de comida do país.

» **Swamp Cabbage Festival** (www.swampcabbagefestival.org) La Belle; três dias no fim de semana, final de fevereiro. Corrida de tatu e coroação da Miss Swamp Cabbage.

» **Carnaval Miami** (www.carnaval-miami.org) Miami; quinzenal, começo de março. Negocie com as drag queens e os skatistas para conseguir chegar às barraquinhas de comida da calle Ocho.

» **Grant Seafood Festival** (www.grantseafoodfestival.com) Grant; dois dias no fim de semana, começo de março. Essa pequena cidade da Costa Espacial é sede de uma das maiores festas gastronômicas da Flórida.

» **Florida Strawberry Festival** (www.flstrawberryfestival.com) Plant City; onze dias, começo de março. Desde 1930, mais de meio milhão de pessoas se juntam anualmente para comer e honrar o morango.

» **Island Fest** (www.islamoradachamber.com) Islamorada; começo de abril. Essencialmente, uma quermesse com tudo que vem de Keys.

» **Taste of Key West** (www.fla-keys.com/keywest. www.keywestcity.com) Key West; meados de abril. Dezenas de restaurantes locais transformam suas cozinhas em carrinhos de comida por todo o calçadão da Truman.

» **Isle of Eight Flags Shrimp Festival** (www.shrimpfestival.com) Amelia Island; três dias no fim de semana, começo de maio. Piratas invadem atrás de camarão e rola um show artístico com júri.

» **Palatka Blue Crab Festival** (www.bluecrabfestival.com) Palatka; quatro dias no fim de semana do Memorial Day (fim de semana antes da última segunda-feira de maio). É sede do campeonato estadual de sopa de mariscos e gumbo. Sim, é muito bom.

» **Florida Seafood Festival** (www.floridaseafoodfestival.com) Apalachicola; dois dias, começo de novembro. Fique longe dos famosos concursos de comer ostras.

» **Ribfest** (www.ribfest.org) St. Petersburg; três dias, meados de novembro. Três palavras: costelas, rock, Harleys.

escravos desenvolveram muitas das mesmas receitas nos EUA e no Caribe. Além do mais, a comida sulista e a caribenha são tão ricas quanto pesadas, e esta última descrição vai se aplicar a você também, se não tomar cuidado quando comer nas Keys.

Um bom exemplo de dar água na boca do fenômeno que estamos descrevendo é o frango frito no posto de gasolina de Dion (sim, posto de gasolina) em Marathon (p. 149). É de verdade um dos melhores frangos fritos nas Keys, parecido na execução inicial ao frango frito norte-americano normal, mas apimentado com um molho secreto (mas claramente caribenho) que nos faz babar sobre o computador só de lembrar.

A cozinha *cracker* é a variação livre da Flórida da culinária sulista, mas com mais répteis e anfíbios. E encontra-se muita influência cajun e creole também, que mistura gumbos e bisques apimentados dos pântanos vizinhos da Louisiana. A comida do sul da Flórida é exemplificada pelo famoso livro *Cross creek cookery*, de Marjorie Kinnan Rawlings.

O chá gelado está em toda parte de Everglades e Keys, mas cuidado com o "chá doce", que é uma bebida sulista totalmente diferente – chá tão açucarado que faz ficar zarolho.

Blogs de comida do sul da Flórida

» Jan Norris (www.jannorris.com)

» Mango & Lime (http://mangoandlime.net)

» Meatless Miami (www.meatlesmiami.com)

Especialidades do sul da Flórida

Apesar de o sul da Flórida ter um paladar internacional, alguns pratos já estão há tanto tempo na região que constituem algo como uma culinária local.

Sanduíche cubano

O tradicional sanduíche cubano é uma beleza e possivelmente um prato genuinamente nativo da Flórida; que os cubanos tenham inventado é algo que todos concordam, mas onde, ali, em Tampa ou Havana, é algo a ser debatido. De toda forma, esta é a receita: pão cubano com manteiga ou azeite, cheio de mostarda. Coloque picles finos, presunto, carne de porco assada ou salame e queijo suíço. Aperte a coisa toda numa *plancha* (grelha de tostex) e está pronto: delícia num pão quente.

Cachorro-quente colombiano

O *perro caliente* colombiano é a invenção de um gênio do mal. Os colombianos têm... uma visão diferente sobre cachorro-quente; como complementos, já vimos ovos de codorna, molho de ameixa, batatas fritas, abacaxi e "molho rosa" (não perguntamos o que era). Essas criações loucas podem não ser nativas do sul da Flórida, mas é o único lugar em que vai encontrá-las nos EUA, tirando alguns poucos bairros em Nova York.

Jacaré

Jacarés parecem uma mistura de peixe e porco. A carne vem do rabo e é normalmente servida como bolinhos fritos, o que diminui o sabor delicado e a deixa grudenta. Experimente grelhada. A maioria dos jacarés é criada legalmente em fazendas e em geral vendida em mercados. Também é mais saudável do que frango, com a mesma quantidade de proteínas, mas metade da gordura, menos calorias e menos colesterol.

Pernas de rã

Os apreciadores sabem dizem que as "melhores" pernas vêm de Everglades; pergunte se quiser evitar as importadas da Índia, que são menores e vistas como "sem sabor".

Caranguejos-de-pedra

O primeiro crustáceo reciclado: só uma garra é tirada de um caranguejo da pedra – ele é jogado de volta no mar (a garra volta a crescer em doze a dezoito meses, e caranguejos pescados de novo são chamados de "repisados"). As garras são tão perecíveis que sempre devem ser cozidas antes de ser vendidas. Entre outubro e abril, vive-se mais um frenesi do que uma "temporada" em si de caranguejos. Fala-se que foi Joe Weiss de Miami Beach quem começou tudo isso.

Torta de limão de Key

Os limões de Key são amarelos, e essa é a cor de uma autêntica torta, que é feita com suco de limão de Key, leite condensado e gema de ovo sobre uma massa crocante e coberta com merengue. Evite qualquer fatia que seja verde ou muito estreita. A combinação limão de Key extra-azedo com leite condensado ultradoce captura muito bem a personalidade dos Conchs de Key West.

Marisco

Por falar em marisco, o molusco que dá nome aos nativos das Keys (um "caracol" é um molusco, "Conch" é o nativo das Keys) é delicioso e muito difícil de encontrar fora do sul da Flórida (nos EUA). A carne é macia e normalmente preparada de acordo com receitas caribenhas: na maior parte das vezes é feito com curry ou "empanado" (frito). Das duas formas é muito bom. O Café Solé, em Key West (p. 163), é famoso pelo carpaccio desses moluscos, muito imitado, mas nunca melhorado.

Arepas

A grandeza de uma cidade pode ser medida de muitas formas. As artes. O envolvimento dos cidadãos. Infraestrutura. O que se come quando está detonado às três da manhã? Em Miami, a resposta é em geral "quantas arepas conseguir", deliciosos bolos de milho sul-americanos que podem ser recheados com qualquer coisa; normalmente, com queijo fica sensacional.

Da fazenda (e do bosque) para a mesa

A Flórida trabalhou muito e duro para se tornar uma potência agrícola e é famosa por seus cítricos. O estado é o maior produtor do país de laranja, grapefruit, tangerina e limão, sem mencionar manga e cana-de-açúcar. Muitos tipos de banana, morango, coco, abacate (já chamados de "peras de jacaré") e muitos frutos tropicais e vegetais também crescem na Flórida. Homestead é uma importante região agrícola, com bosques cítricos e campos de plantações se estendendo até a ponta de Everglades.

No entanto, só recentemente – com o advento do movimento *locavore*, "da-fazenda-à-mesa" nos EUA –, a Flórida começou a incluir vegetais na preparação de comidas e promover que estejam frescos no prato. As atrações regionais da Flórida – suas culinárias sulista e latino-americana – não enfatizam normalmente o verde ou o vegetarianismo. Mas, hoje, a maioria dos restaurantes com pretensões chiques ou gourmet promove as fontes locais de sua produção e oferece alternativas apetitosas aos vegetarianos.

Dentro de Miami encontra-se uma deliciosa variedade de opções vegetarianas, incluindo alguns poucos lugares *vegan*. O mais engraçado é que as pessoas nessa região escolhem o vegetarianismo por razões tanto éticas quanto vaidosas; no último caso, há um monte de gente louca por *fitness* que

REVISTA CULINÁRIA

Edible Communities (www.ediblecommunities.com) é uma revista regional (impressa e on-line) que celebra e apoia artesãos culinários, fazendas sustentáveis locais e produção sazonal. Publica edições para Orlando e o sul da Flórida.

OS MELHORES VEGETARIANOS NO SUL DA FLÓRIDA

- » Sustain (p. 99)
- » Honey Tree (p. 100)
- » Michy's (p. 100)
- » Last Carrot (p. 102)
- » Granny Feelgoods (p. 99)

MELHORES RESTAURANTES PARA CRIANÇAS

» Big Pink (p. 94)
» Boater's Grill (p. 101)
» Los Pinareños Frutería (p. 102)
» Jerry's Famous Deli (p. 95)
» Tap Tap (p. 93) Não tanto pelo ambiente quanto pelo incrível interior colorido pintado à mão.

dirige SUVs e não dá a mínima para o meio ambiente, mas é obcecada por aparência. Fora de Miami há poucos restaurantes somente vegetarianos, e em muitos estabelecimentos das Keys e de Everglades os vegetarianos podem ser forçados a escolher entre saladas frias e massas. Listamos algumas das nossas opções vegetarianas favoritas abaixo.

Uma delícia local é o palmito, chamado "*swamp cabbage*", que é crocante, delicado e adocicado. O palmito da sabal, a árvore do estado da Flórida, foi a base da alimentação dos pioneiros da região. Experimente se puder encontrá-lo servido fresco (nem coma se for enlatado; não é da Flórida).

SUCO DE LARANJA

Coincidindo com a refrigeração moderna, o suco de laranja concentrado congelado foi inventado na Flórida em 1946: isso o popularizou como uma bebida disponível o ano todo e criou uma geração de "milionários da laranja".

Bebidas

Seja um limão enfiado numa Corona num cais em Keys ou o rum servido em incontáveis bares, o sul da Flórida gosta de uma bebida. Ou dez. Há uma frase que vai ouvir nas Keys que descreve as ilhas como "Cidades bêbadas com um problema de pesca", o que resume bem a situação.

Miami adora beber também, mas, como na área de comida, o foco está geralmente em qual é a bebida da moda naquele momento (essa regra, devemos reconhecer, não se aplica aos muitos bares para ricaços ou aos de bairro). E, assim como com a comida, essa tendência tem um lado bom e um ruim. Durante nossa pesquisa, coquetéis únicos criados por barmen profissionais estavam pegando fogo. Dava para encontrar algumas misturas incríveis – Señora Martinez (na p. 99), estamos falando de você. Mas também encontramos muitas bebidas ruins que custam um preço absurdo e são a enésima variação de um bar "da moda" em Miami Beach.

O mais engraçado é que a obsessão de Miami com as misturas representa um tipo de renascimento dos coquetéis. Os barmen cubanos se tornaram celebridades nos anos 1920 pelo que fizeram com toda aquela cana-de-açúcar e cítricos: os dois clássicos são a *Cuba libre* (rum, limão e Coca-Cola) e o mojito, tradicionalmente servido com *chicharrones* (carne de porco frita).

O mercado de cerveja em Miami realmente melhorou nos últimos anos. Uma exigência de cervejas de qualidade significa que dá para encontrar um acervo de cervejas internacionais em alguns bares; por outro lado, pode-se passar de muito internacional a totalmente local e experimentar uma cerveja produzida num pub. Miami é conhecida por sua cena noturna cheia de celebridades, mas um dos bebedores mais famosos de lá vivia em Key West. O velho Ernest Hemingway, diziam, preferia as piñas coladas, muitas delas. No mesmo bairro, Jimmy Buffett deixou célebre a margarita – tanto que agora todo bar na península afirma fazer a "melhor". Bem-vindos, meus amigos, a Margaritaville.

Bicicletas, barcos e praias

A experiência norte-americana ao ar livre é geralmente associada com dificuldade: montanhas altas, cachoeiras fortes, florestas fechadas. É a beleza expressa por elevações; horizontes definidos por sua topografia.

Você sabe o que o sul da Flórida não tem? Elevação ou topografia.

O que ele tem é uma beleza suave, amigável e água. E não só conjuntos vastos de água (o oceano, as baías, os rios, o pântano), mas água em incontáveis permutações e evoluções graças a sua complicada relação com a terra: pradarias inundadas, domos de ciprestes, costas de mangues, barro macio, 10 mil ilhas e praia, praia, praia. E mais praia.

O mais provável é que vá a Miami pelas praias. Que bom! Há muitas coisas a fazer na praia e talvez o melhor, fora dela: pescar, nadar, andar de barco, fazer snorkel, mergulhar – e muitas formas diferentes de velejar. Por que não entrar embaixo da água enquanto está na região? Assim, conhecerá o maior sistema de corais na América do Norte.

O sul da Flórida é tão extraordinário quanto os Países Baixos no que diz respeito à topografia (abaixo do nível do mar); sua exploração deve ser feita via bicicleta, barco ou material de mergulho. Aproveite a terra e a água. Elas se complementam e quase todas as atividades reúnem boas experiências.

Trilhas e barracas

Alguns caminhos passam por pântanos de água parada, trilhas estreitas exigem que se cruze lagos e rios, e passeios por mangues circundam as praias de areia branca. E por todos os lados há barracas, cabanas e pavilhões para dormir sob as estrelas. Amarre suas botas (ou coloque sandálias; há trilhas bem tranquilas) e carregue seu equipamento.

Trilhas

Os andarilhos da Flórida nunca tiveram de se preocupar com subidas. E o clima mais do que compensa, especialmente na temporada seca. De novembro a março, a chuva, a temperatura, a umidade e os mosquitos diminuem a níveis toleráveis. No verão (junho a setembro), o melhor é caminhar no começo do dia, antes do almoço, para evitar o calor do meio-dia e as tempestades da tarde.

Os pântanos do sul da Flórida tendem a favorecer trilhas de 1,5 a 3km; essas são excelentes e quase sempre acessíveis a cadeiras de roda. Há também lindas trilhas curtas em muitos parques estaduais. As melhores trilhas no sul da Flórida podem ser encontradas no Everglades National Park e arredores.

Miami

» Oleta River State Park (p. 54) Uma tranquila série de trilhas se estende por esse que é o maior parque urbano da Flórida.

Ótimos guias para caminhadas e camping

» *30 eco-trips in Florida* (2005), Holly Ambrose

» *A hiker's guide to the Sunshine State* (2005), Sandra Friend

» *The best in tent camping: Florida* (2010), John Malloy

CAMINHE TRANQUILO, EXPLORE COM SEGURANÇA

Hoje em dia, não deveria ser necessário dizer que qualquer lugar selvagem, até mesmo um pântano, é frágil. Se vai caminhar, andar de bicicleta, remar ou praticar snorkel, sempre use a ética "Não deixe rastros" (acesse www.lnt.org para orientações completas). Isso quer dizer: permanecer na trilha, limpar sua bagunça e observar a natureza em vez de tocar nela ou alimentar animais. Veja também o quadro "Por um encontro mais ameno e gentil com a vida selvagem" na p. 211.

Enquanto desfruta da grandiosidade natural da Flórida, cuide-se também. Em especial, carregue muita água, até um galão por pessoa por dia e sempre esteja preparado para a chuva. Carregue bolsas de plástico e roupa para chuva, além de uma muda de roupas para quando (não se) ficar ensopado. O livro *Surviving the wilds of Florida*, de Reid Tillery, vai ajudá-lo com isso, e o site de Tillery, **Florida Adventuring** (www.floridaadventuring.com), cobre o essencial do interior.

» Arch Creek Park (p. 54) Esse pequeno parque possui trilhas boas para famílias.

» Bill Baggs Cape Florida State Park (p. 66) Trilhas de areia passam por praias e mangues.

» Crandon Park (p. 65) Muitas trilhas naturais nesse adorável ecossistema costeiro.

» Fairchild Tropical Garden (p. 74) Não tem muitas trilhas, mas o parque é tão grande que atravessá-lo de várias direções é uma boa caminhada.

Everglades

» Florida National Scenic Trail (p. 125) Uma das onze melhores trilhas dos Estados Unidos. Entre ao norte do sul da Flórida vindo dos pântanos da Big Cypress National Preserve; dá para caminhar facilmente dali até o lago Okeechobee. Não dá para fugir de alguns mosquitos, o que, admitimos, é um eufemismo.

» Royal Palm Visitor Center (p. 130) Clássica trilha que ladeia as terras molhadas.

» Shark Valley (p. 124) Duas pequenas trilhas pelo meio ambiente único do norte de Glades.

» Fakahatchee Strand Preserve (p. 128) Siga um longo caminho no fundo de um verdadeiro pântano de águas escuras.

Keys

» John Pennekamp Coral Reef State Park (p. 139) Apesar de esse parque ser principalmente conhecido por suas atividades aquáticas, há algumas pequenas trilhas fáceis para quando não quiser mais mergulhar.

» Windley Key Fossil Reef Geological State Park (p. 143) Parte dessa Key foi escavada, o que dá uma ideia da geologia complexa do arquipélago.

» Indian Key State Historic Site (p. 143) Prédios velhos e bosques com grandes árvores acrescentam um toque quase assustador à caminhada por essa ilha.

» Lignumvitae Key State Botanical Site (p. 143) Uma verdadeira floresta tomou conta dessa pequena e isolada ilha.

» Curry Hammock State Park (p. 145) Trilhas estreitas cruzam os mangues locais e os biomas das praias.

» Crane Point Museum (p. 147) As trilhas perto desse museu são uma grande lição introdutória à ecologia das Keys.

» Bahia Honda State Park (p. 150) Provavelmente o melhor parque nas Keys, cheio de natureza, praia e trilhas.

» Dry Tortugas National Park (p. 160) Uma pequena série de caminhos se estende ao redor desse velho forte naval.

Barracas

Quando terminar de caminhar, pare em algum camping para olhar o céu forrado de estrelas da Flórida. Há muitas oportunidades para acampar. Você estará perto da natureza, e essa é uma boa forma de economizar dinheiro nas acomodações. Se quiser ouvir o coração da Flórida selvagem, nada melhor do que dormir em Everglades numa *chickee* (plataforma de madeira acima das águas, p. 132).

Miami

» Oleta River State Park (p. 54) Há catorze cabanas para acampar.

» Bill Baggs Cape Florida State Park (p. 66) Camping com barco e guia somente para grupos de jovens.

Everglades e arredores

» 10,000 Islands (p. 128) Camping calmo, para quando quiser se isolar nesses pequenos pontos de maravilha verde.

» Everglades International Hostel (p. 129) O jardim desse hostel é um ponto surreal e adorável para armar uma tenda.

» National Park Service Campsites (p. 132) Gerencia dezenas de campings dentro do Everglades National Park.

» Ilhas no Biscayne National Park (p. 133) Camping com ou sem barco em praias solitárias.

Keys

» John Pennekamp Coral Reef State Park (p. 139) Camping excelente, mas nunca deixe de reservar com antecedência.

» Curry Hammock State Park (p. 145) Esse camping com 28 lugares inclui conexão elétrica.

» Bahia Honda State Park (p. 150) O camping mais popular nas Keys tem cabanas, oitenta lugares com todo o conforto e lugar para barcos.

» Dry Tortugas National Park (p. 160) Camping no final dos Estados Unidos.

Para uma lista completa de campings operados pelo Condado de Miami-Dade, veja www.miamidade.gov/parks/facility-find_campground.asp. Para informações sobre camping selvagem em Everglades, veja p. 132.

Canoas e Caiaques

Para realmente experimentar os pântanos e rios do sul da Flórida, seus estuários e entradas, suas lagoas e barreiras de ilhas, é preciso um barco, preferivelmente do tipo que dê para remar. O silêncio e o clima intimista de espiar no meio de mangues e observar jacarés e íbis fazem maravilhas à alma. Não é só Everglades que é ótimo para remar. Não se esqueça das costas. Há algumas opções para andar de caiaque e canoa nos arredores de Miami.

Do mesmo modo que nas caminhadas, a temporada "seca" de inverno é melhor. Se for verão, navegue nas águas frias dos riachos e das praias boas para nadar, porque você estará sonhando com elas.

Miami

» Oleta River State Park (p. 54) Há tanto mar aberto quanto túneis de mangue; a água calma está perto da enseada Haulover.

» Bill Baggs Cape Florida State Park (p. 66) Possui um novo lançador de barcos e um quebra-mar de frente para No Name Harbor.

» Crandon Park (p. 65) Essa maravilhosa praia está de frente para águas ótimas para remar.

Fontes sobre observação da vida selvagem

» Florida Fish & Wildlife Conservation Commission (http://myfwc.com)

» Audubon of Florida (www.audubonofflorida.org)

» Great Florida Birding Trail (http://floridabirdingtrail.com)

» Florida Wildlife Viewing (www.floridawildlifeviewing.com)

GUIA DE VIAGEM

Um excelente e completo guia para quem quer remar – com todas as informações, desde as melhores trilhas aquáticas do estado até incríveis conselhos sobre clima, equipamento e suprimentos – é o *A paddler's guide to the Sunshine State* (2001), de Sandy Huff.

Everglades

» Everglades National Park (p. 119) Você vai contar a seus netos sobre o passeio de caiaque que fez nesse parque. A trilha de remos da Hell's Bay (p. 130) é incrível.

» 10,000 Islands (p. 128) Também incrível e uma grande aventura de remos, tente a Wilderness Waterway de 159km.

» Biscayne National Park (p. 133) Um parque nacional constituído de 95% de água.

Keys

» Anne's Beach (p. 143) Reme em mar aberto perto de trechos da floresta de mangue.

» John Pennekamp Coral Reef State Park (p. 139) Passeio de barco até as maiores formações de coral do continente.

» Curry Hammock State Park (p. 145) Um calmo riacho de mangue, além da possibilidade de remar no mar aberto – essa é uma zona de não combustão.

» Bahia Honda State Park (p. 150) Um dos pontos mais populares para andar de barco nas Keys.

» Indian Key State Historic Sight (p. 143) A única forma de chegar é remando.

» Lignumvitae Key State Botanical Sight (p. 143) Novamente, esse ponto adorável só é acessível por barco.

Ressaltamos em especial as duas últimas opções, já que elas dão a chance de remar entre duas ilhas diferentes nas Keys – uma experiência realmente mágica, pode acreditar.

Mergulho e snorkel

O sul da Flórida possui, sem dúvida, o melhor mergulho em recifes e em naufrágios nos EUA continental. O snorkel também é mágico. Algumas vezes, a claridade da água é desconcertante, como se estivesse flutuando no ar; toda criatura e peixe até o fundo parecem estar fora de alcance, assim como William Bartram escreveu uma vez: "a truta nada no nariz do jacaré e ri da cara dele". A maior rede de corais da América do Norte está na ponta dos seus dedos, e mergulhar entre naufrágios é épico.

Everglades

» Biscayne National Park (p. 132) Está desenvolvendo uma *rota* centrada em naufrágios. Que maravilha!

A VIDA É UMA PRAIA

Melhor praia no sul da Flórida? Bom, depende do que está procurando. Se quer tomar sol ao lado de modelos, vá a South Beach e deite-se na areia em qualquer lugar entre a 23rd St e a 1st St. Não estamos falando que é um eterno vídeo da Madonna, mas a área ao redor da Nikki Beach pode parecer um (p. 108). Se quiser praias familiares, dê uma olhada no capítulo Miami e Keys para crianças (p. 29).

Para uma lista baseada na "ciência", consulte o Dr. Beach (www.drbeach.org).

Melhores praias (na nossa humilde opinião)

» Bahia Honda (p. 150)

» Bill Baggs Cape Florida State Park (p. 66)

» Sombrero Beach (p. 147)

» Haulover Beach Park (p. 54)

» The Beach na The South Beach Promenade (p. 51)

SUBA NA PRANCHA

O sul da Flórida não é um bom lugar para surfe; se quer pegar onda nesse estado, é melhor ir ao norte até pelo menos Jupiter Beach (veja p. 80). Mas surfar não é o único meio de usar uma prancha na água. Kitesurfe e wakeboard estão ficando mais populares e são acessíveis a quem está tentando algo novo.

O equipamento para wake e kitesurfe é o mesmo: a prancha de wake é uma versão menor da de surfe. Nas duas atividades você é puxado na água; por um barco no wake e por uma espécie de pipa, no caso de kitesurfe. As duas permitem que consiga uma boa velocidade e faça manobras magníficas, embora os iniciantes não vão conseguir dar triplos mortais no começo. As águas planas e rasas ao redor de Key Biscayne são ótimas para os dois esportes. Dê uma olhada no seguinte:

» **Miami Kiteboarding** (☎305-345-9774; www.miamikiteboarding.com; Crandon Park, Key Biscayne, Key Biscayne) Oferece aulas particulares começando com $150 por 1 hora de instrução. Casais ganham descontos.

» **Gator Bait Wakeboard School** (☎305-282-5706; www.gatorbaitwakeboard.com; 3.301 Rickenbacker Causeway, Key Biscayne) Lições de 30 min/1h por $80/160.

» **Miami Wakeboard Cable Complex** (MWCC; ☎305-476-9253; www.miamiwakeboardcablecomplex.com; Amelia Earheart Park, 401 E 65th St. Hialeah) Oferece lições em cableboarding, onde o praticante é puxado por um sistema elevado de cabos. Isso significa nada de barco, menos poluição e menos barulho. Lições de 30 min/1h custam $80/140.

Biscayne, por falar nisso, é também um bom lugar para praticar windsurfe; veja p. 79 para mais informações.

Keys

» Dry Tortugas National Park (p. 160) O nome vem da abundância de tartarugas marinhas; vale o esforço para vê-las.

» John Pennekamp Coral Reef State Park (p. 139) O destaque. Um dos melhores pontos de mergulho nos EUA.

» Looe Key National Marine Sanctuary (p. 150) Bom para ver a pequena vida marinha.

» Bahia Honda State Park (p. 150) Também uma boa aposta.

» Key West (p. 160) Os mergulhos costumam acontecer nos recifes de Looe Key e em numerosos lugares de naufrágio na vizinhança de Key West.

» Marathon (p. 147) Possui grande infraestrutura de mergulho.

» Islamorada possui o fantástico Florida Keys History of Diving Museum (p. 143), que é bastante incrível mesmo se não mergulhar.

Bicicleta

A Flórida é geralmente muito plana para mountain bike (há exceções), mas há muitas oportunidades off-road, além de centenas de quilômetros de trilhas pavimentadas para aqueles que preferem uma viagem sem esforço. Como com as caminhadas, evite andar no verão, a menos que goste de calor e de suar.

Bicicletas equipadas e de cidade são ótimas. Os holandeses optam pela clássica *oma*, perfeita para Miami Beach e Key West. Na verdade, eles descobrem, pelo menos topograficamente, que as condições para andar de bicicleta na região são bem próximas às da sua terra natal abaixo do nível do mar; só coloque *muito* mais sol e *muito* menos ciclovias. Miami Beach mantém um programa de empréstimo de bicicletas (p. 116), e elas são fáceis de alugar

Se estiver interessado em agroturismo, dê uma olhada na Redland Trail (www.redlandtrail.com). Essa "trilha" (mais um roteiro) é uma coleção de algumas das atrações mais estranhas na estrada, comida preparada com produtos locais e peculiaridades gerais ao ar livre ao sul do Condado de Dade – o que significa qualquer coisa entre a entrada do Everglades National Park e o sul de Miami.

em Key West (p. 167), então não há desculpa para não sair em duas rodas. Mostramos a seguir nossos pontos favoritos no sul da Flórida.

FLÓRIDA AO AR LIVRE

Para uma lista completa de atividades ao ar livre no sul da Flórida, do que mencionamos acima a passeios a cavalo e caça, mais links para organizações locais, dê uma olhada em www.florida-outdoors.com.

Miami

» Promenade (p. 51) O calçadão de South Beach é o melhor para andar com uma bicicleta cruiser pela praia.

» Oleta River State Park (p. 54) São 6,5km para novatos, 5km pavimentados e 16km (!) de trilha de mountain bike.

» Arch Creek Park (p. 54) As trilhas são particularmente boas para crianças, se estiver viajando com a família.

» Bill Baggs Cape Florida State Park (p. 66) Um caminho pavimentado de 2,4km mais uma trecho de terra.

» Crandon Park (p. 65) Trilhas se espalham por esse parque em frente à praia.

» Haulover Beach Park (p. 54) Um ponto excelente para andar de bicicleta em North Miami Beach.

» Matheson Hammock Park (p. 76) Em South Miami, há algumas ótimas trilhas para bicicletas.

Everglades

» Shark Valley Tram Road Trail (p. 119) Corta o rio infestado de jacarés do Everglades.

Keys

» Florida Keys Overseas Heritage Trail (p. 142) Ande pelo paraíso numa trilha que acompanha a Keys Highway por mais ou menos 112km não contínuos.

» Key West (p. 153) Andar de bicicleta pela metade histórica de Key West é simplesmente um dos grandes prazeres da Flórida.

Onde pescar

O mundo pode conter sete mares, mas só existe uma Capital Mundial da Pesca: a Flórida. Não, isso não é o exagero típico do lugar. Pescar nessa região é o melhor que os EUA oferecem pela variedade e abundância, e nenhum outro lugar no globo pode disputar isso. Depois dessa afirmação, a poluição da água diminuiu a pesca recreativa do estado, e a qualidade dela vai aumentar ou diminuir baseada nas condições ambientais.

As Keys, Bahia Honda (p. 150) e Old Seven Mile Bridge (p. 147) oferecem pesca em alto-mar por excelência. Outros bons lugares:

O escritor de mistério da Flórida, Randy Wayne White, escreveu um ótimo livro, *Ultimate tarpon book* (2010), uma celebração ao grande peixe da Flórida, com "contribuições" de Hemingway, Teddy Roosevelt, Zane Grey e outros.

» Oleta River State Park (p. 54) As margens do parque estão de frente para a Intracoastal Waterway; além disso, há um popular píer de pescaria.

» Bill Baggs Cape Florida State Park (p. 66) Pescadores de alto-mar conseguem grandes resultados.

» Matheson Hammock Park (p. 76) Jogue a linha ou simplesmente passeie pelo lindo atol artificial.

Como "Papa" Hemingway diria, a verdadeira pescaria acontece em alto-mar, onde majestosos agulhões-bandeira saltam e lutam. Afinal essa é parte da razão pela qual ele se mudou para Key West. Enchova, marlim e mahi mahi (conhecido localmente como golfinho, apesar de não ser, de nenhuma forma, o mamífero marinho) são outros populares peixes de água profunda. Veja nossos capítulos de Miami (p. 77) e Keys (p. 147) para mais informações. A melhor estratégia é caminhar pelo cais, conversar com os capitães, até encontrar um que tenha a ver com sua experiência e interesses.

Onde navegar

Se prefere o vento nas suas velas, a Flórida é o seu lugar. Miami (p. 79) é um ponto ótimo para navegar, com muitas marinas onde pode alugar um ou ancorar seu próprio barco – Key Biscayne (p. 65) é uma joia especial. Em Key West (p. 159), navegue numa escuna com canhões de verdade; além disso, há operadores de turismo por todos os lados.

Golfe

Fato engraçado: com mais de 1.250 campos, a Flórida tem a maior quantidade de campos de golfe do que qualquer outro estado. Se isso está ligado ou não ao grande número de aposentados ricos vivendo ali, não sabemos, mas uma coisa é certa: se quer dar umas tacadas, não será preciso procurar muito. De longe suas melhores opções de golfe estão em Miami, especialmente em Coral Gables, Miami Beach e Key Biscayne; veja mais informações na p. 77 . Para uma lista completa de campos da Flórida, veja o **Florida Golf** (www.fgolf.com).

O pântano

A ambientalista Marjory Stoneman Douglas chamou a Flórida de "uma longa colher pontuda" que é tão "familiar quanto o mapa da América do Norte em si". Naquele mapa, a península floridense representa uma das regiões mais singulares e ecologicamente diversas no mundo.

Tudo começou alguns milhões de anos atrás, quando uma grossa camada de calcário foi criada por conchas e ossos que se depositaram no fundo do antigo mar. As placas tectônicas se mexeram, e a América do Norte se levantou, se separou da África e deixou um oceano entre eles. A parte de calcário que se tornaria a Flórida se estabeleceu logo ao norte do Trópico de Câncer, e essa confluência de rocha porosa e clima foi a base para o surgimento de um mundo aquoso de incomum abundância, sendo ameaçado de ser desfeito pelas mãos humanas num piscar de olhos geológico.

Grandes livros sobre conservação

» *The swamp* (2006), Michael Grunwald

» *Losing it all to sprawl* (2006), Bill Belleville

» *Zoo story* (2010), Thomas French

» *Green empire* (2004), Kathryn Ziewitz e June Wiaz

» *Manatee insanity* (2010), Craig Pittman

A terra

A Flórida é muitas coisas, mas também é plana como uma panqueca, ou como dizia Douglas, como uma colher de água doce descansando delicadamente numa panela de água salgada – um tijolo esponjoso de calcário abraçado pelo oceano Atlântico e o golfo do México. O ponto mais alto, Britton Hill de Panhandle, precisa se esforçar para chegar aos 106m, que não é a metade do que se encontra no centro de Miami. Isso faz da Flórida oficialmente o estado mais plano do país, apesar de ser o 22º em área total com 138 mil km².

No entanto, mais de 10 mil km² desses são água; lagos aparecem no mapa como buracos de bala numa placa na estrada. Um deles, ao sul, é o lago Okeechobee, o sétimo maior de água doce dos EUA. Parece impressionante, mas o fundo do lago está a poucos metros acima do nível do mar, e ele é tão raso que é praticamente possível cruzá-lo caminhando.

O lago Okeechobee enche a parte sul da península (ou é o que pretende; canais desviam uma boa parte do fluxo). Dele, a terra inclina uns 15cm a cada 10km até a Flórida finalmente não conseguir colocar a cabeça acima da água, terminando nas 10,000 Islands e nas Keys, que são como um floreio no golfo do México. Key West, a última da cadeia, é o ponto mais ao sul dos EUA continental.

No entanto, o que realmente torna a Flórida única, é que ela ocupa uma zona de transição subtropical entre o norte temperado e o sul tropical. Essa é a chave para o sistema de corais da costa, o maior da América do Norte, e para a coleção chamativa de pântanos surreais, estranhezas botânicas e criaturas monstruosas. Everglades é a mais conhecida, e sendo uma Biosfera Internacional, Patrimônio Mundial da Unesco e Parque Nacional, o "*river of grass*" merece.

Mas as Keys também são importantes, vitais e um tesouro único. Explorar essas ilhas é entrar numa verdadeira selva, apesar de, tecnicamente, ainda estar dentro dos EUA. As águas verde-azuladas que separam as Keys são tão fascinantes quanto as ilhas em si; lá a água fica tão rasa que às vezes dá para caminhar de uma Key para outra. Some a isso o sol forte do sul da Flórida e terá um dos biomas aquáticos mais produtivos do mundo.

Vida selvagem

Saia da selva de concreto de Miami e será perdoado por pensar que está entrando numa selva de verdade. Os jacarés andam pelos pântanos, os únicos crocodilos encontrados nos EUA se aninham nas Keys, pássaros que lembram pteranodontes voam por todos os lados e por baixo de tudo rola o gigante gentil, o peixe-boi.

Animais

Pássaros

Quase quinhentas espécies de aves foram documentadas na Flórida, incluindo alguns dos mais magníficos pássaros migratórios: íbis, garçota, garça-azul grande, pelicanos brancos e o incrível grou. Isso faz da Flórida o mais incrível paraíso das aves.

Quase 350 espécies vivem em Everglades, o ponto principal de observação na Flórida. Na verdade, muita da atenção inicial para a conservação que surgiu na região estava relacionado com a caça ilegal dos pássaros migrantes de Everglades; as lindas criaturas estavam sendo mortas para que suas plumas pudessem decorar os chapéus das mulheres no começo do século 20.

Pássaros canoros e aves de rapina também enchem os céus da Flórida. O estado tem mais de mil pares de águias-calvas, a maioria do Sul dos EUA, e falcões-peregrinos, que conseguem dar mergulhos de até 240km por hora e migram na primavera e no outono.

Everglades não é o único lugar para observar pássaros. Concluída em 2006, a **Great Florida Birding Trail** (http://floridabirdingtrail.com) cruza uns 3.200km por todo o estado e tem quase quinhentos lugares para observação, incluindo muitas paradas fora de Glades. Outros bons pontos de observação na região:

» Oleta River State Park (p. 54)

» Arch Creek Park (p. 54)

» Haulover Beach Park (p. 54)

» Bill Baggs Cape Florida State Park (p. 66)

» Crandon Park (p. 65)

» Indian Key State Historic Sight (p. 143)

» Lignumvitae Key State Botanical Site (p. 143)

» Curry Hammock State Park (p. 145)

» Crane Point Museum (p. 147)

» Bahia Honda State Park (p. 150)

Da mesma forma, devemos mencionar o Florida Keys Wild Bird Rehabilitation Center em Upper Keys (p. 140), onde pássaros machucados são cuidados até ficarem curados por uma simpática equipe de voluntários. Visitantes são bem-vindos para caminhar pelas trilhas que levam aos pássaros feridos.

Mamíferos de terra

O mamífero mais ameaçado da Flórida é a pantera. Antes do contato europeu, talvez umas 1.500 andassem pelo estado. A primeira recompensa pela caça ($5 o escalpo) foi anunciada em 1832, e, nos 130 anos seguintes, elas foram caçadas impiedosamente. Apesar de ter sido proibida em 1958, era muito tarde para a sobrevivência da espécie sozinha. Sem um programa de fertilização, iniciado em 1991, a pantera da Flórida agora estaria extinta, e com apenas 120 conhecidas (para mais informações, veja a p. 131), elas ainda não saíram do pântano.

Fácil de encontrar, o cervo-de-rabo-branco é uma espécie muito comum em todas as paisagens. Endêmico nas Keys é o cervo de Key, uma subespécie anã: menos de 90cm de altura e leve, ele vive principalmente em Big Pine Key (p. 150).

Grandes guias da natureza

» *The living Gulf Coast* (2011), Charles Sobczak

» *Priceless Florida* (2004), Ellie Whitney, D. Bruce Means e Anne Rudloe

» *Seashore plants of South Florida & the Caribbean* (1994), David W. Nellis

CAMINHOS MENOS PERCORRIDOS

O naturalista Doug Alderson ajudou a criar o Big Bend Paddling Trail e, em *Waters less traveled* (2005), descreve suas aventuras: fugindo de cascavéis, encontros com caipiras locais, discussões sobre as tartarugas-de-Kemp e reflexões sobre as peculiaridades do peixe-boi.

Mamíferos Marinhos

As águas costeiras da Flórida são o lar de 21 espécies de golfinhos e baleias. De longe, o mais comum é o golfinho do gênero roaz, que é bastante sociável, inteligente e com frequência encontrado por toda a península. Esse tipo é o mais visto em cativeiro.

O inverno é também a estação de peixes-boi, que procuram as águas quentes dos riachos e dos canais de descarga das usinas de energia a partir de novembro. Essas criaturas adoráveis e pesadas são outra espécie ícone da Flórida cuja conservação tanto reúne quanto divide os moradores.

Répteis e anfíbios

Com estimadas 184 espécies, a Flórida tem a maior coleção de répteis e anfíbios do país e está crescendo. Visitantes não convidados são somados ao total regularmente, muitos se estabelecendo depois de serem soltos por seus donos. Algumas das espécies mais perigosas e invasivas incluem a serpente birmanesa, as iguanas preta e verde e os lagartos do Nilo.

O jacaré americano é a espécie mais famosa da Flórida, encontrado no centro e no sul do estado.

O sul da Flórida também é o lar da única população norte-americana de crocodilos. Eles chegam a quase 1.500; preferem a água salgada e, para distingui-los dos jacarés, verifique seu sorriso (na verdade, não chegue tão perto) – o focinho do crocodilo é mais fino e seus dentes, mais proeminentes.

Tartarugas, sapos e cobras adoram a Flórida, e nada é mais lindo do que ver lagartos brilhantes e anólis caminhando por varandas e calçadas. Bonito não é um termo que sempre descreve as 44 espécies de cobras – apesar de os promotores da Flórida enfatizarem que somente seis espécies são venenosas e apenas quatro dessas são comuns. Sente-se melhor? Das maldosas, três são cascavéis (diamante-ocidental, pigmeia, canavial), mais cabeça-de-cobre, serpente *cottonmouth* e cobra-coral. A diamante-ocidental é a maior (até 2m), a mais agressiva e a mais perigosa. Mas fique tranquilo: as *cottonmouths* vivem

PEIXE-BOI DA FLÓRIDA

É difícil acreditar que os peixes-boi da Flórida já foram confundidos com sereias, mas é fácil ver seus atrativos: esses mamíferos gentis, curiosos e colossais são tão adoráveis quanto ursos de pelúcia de 3m de altura e 450kg . Solitários e brincalhões, eles são conhecidos por "surfarem" as ondas e, a cada inverno, de novembro a março, migrarem para as águas mais quentes dos estuários, rios e riachos da Flórida. Como os humanos, os peixes-boi podem morrer se ficarem 24 horas em águas a 16°C, e os 22°C das águas da Flórida no inverno são para eles uma terma amena.

Residentes da Flórida por mais de 45 milhões de anos, esses herbívoros tímidos não possuem nenhuma defesa exceto seu tamanho (eles podem chegar a 4m e 135kg) e não fazem muita coisa, passando a maior parte do dia descansando e comendo 10% do peso de seu corpo. Raramente movendo-se mais rápido do que um passeio lânguido, os peixes-boi até se reproduzem de forma lenta; nasce um filhote por fêmea a cada dois ou cinco anos. A exceção a sua docilidade? Acasalamento. Os machos são conhecidos por seu impulso sexual agressivo.

Já caçados por sua carne, os peixes-boi da Flórida estão sob proteção desde 1893 e foram incluídos na primeira lista federal de espécies em perigo em 1967. Hoje, as colisões de peixes-boi com barcos são uma das principais causas de morte, contando mais de 20% anualmente. Além disso, as cicatrizes feitas por motor são tão comuns que funcionam como a principal ferramenta de identificação para os cientistas.A contagem de população é bastante difícil e pouco confiável. Mas os números recentes são encorajadores. Um inverno especialmente frio em 2010 levou a uma contagem de 5.060 peixes-boi, excedendo em muito a anterior de 1.200.

OS GUARDIÕES DE EVERGLADES

Qualquer um que já remou entre a grama e as árvores do Everglades National Park não brincaria com o apelido do jacaré da Flórida, "Guardião de Everglades". Com focinho, olhos e rabo tão imóveis que quase não agitam a superfície da água, os jacarés cuidaram de Glades por mais de 200 milhões de anos.

É impossível contar os jacarés selvagens da Flórida, porém estima-se que haja 1,5 milhão se movendo entre os lagos, rios e campos do estado. Não estão mais oficialmente em perigo de extinção, mas permanecem protegidos, porque se parecem com os crocodilos norte-americanos ameaçados. O jacaré servido em restaurantes vem no geral de fazendas licenciadas, apesar de desde 1988, a Flórida abrir uma temporada de caça, aberta a não residentes, que permite até dois jacarés por pessoa, desde que tire uma autorização da Fish and Wildlife Commission. Para mais informações, veja em http://myfwc.com/wildlifehabitats/managed/alligator/alligator-harvest/.

Jacarés são predadores que mantêm o resto da cadeia alimentar preocupada, e seus "buracos" se tornam pontos de água vitais na estação seca, ajudando todo o ecossistema das terras alagadas. Os jacarés vivem por volta de trinta anos, podem crescer até 4m e pesar 450kg.

Uma corte vocal começa em abril, e o acasalamento acontece em maio e junho. No final de junho, as fêmeas colocam de trinta a 45 ovos no ninho, que incubam por dois meses antes de eclodirem. Na média, só quatro jacarés por ninho sobrevivem até a idade adulta.

Jacarés caçam na água, em geral perto da costa; tipicamente, eles correm para a terra para fugir, não para atacar. Na Flórida, há uma estimativa de quinze a vinte ataques não fatais contra humanos por ano, e houve 22 ataques fatais desde 1948.

dentro e ao redor da água, mas a *maioria* das cobras aquáticas da Flórida *não* é de *cottonmouths*.

Se não fica animado com a perspectiva de brincar com alguns dos cidadãos mais escamados do sul da Flórida, vá para o incrível Skunk Ape Research Headquarters em Everglades (p. 125). O zoológico no fundo tem uma das melhores coleções amadoras de répteis e, como bônus, é possível observar o Skunk Ape, a versão do Sul dos EUA do Pé Grande/Yeti (chances reais: quase nenhuma).

Tartarugas marinhas

A maior parte dos nascimentos de tartarugas marinhas nos Estados Unidos continental ocorre na Flórida. No geral, três espécies criam mais de 80 mil ninhos todo ano, principalmente nas praias do sul da Costa Atlântica, mas estendendo-se para todas as praias do golfo. A maioria é de tartaruga marinha, depois há aquelas bem menos verdes, a tartaruga-de-couro, de couraça flexível, a tartaruga-de-pente e a tartaruga-de-Kemp também; todas as cinco espécies estão em perigo de extinção ou ameaçadas. A tartaruga-de-couro é a maior, atingindo 3m e 900kg.

Durante a temporada de desova, entre maio e outubro, as tartarugas marinhas depositam entre oitenta e 120 ovos em cada ninho. Os ovos são incubados por quase dois meses, e depois os filhotes emergem todos ao mesmo tempo e vão para o oceano. Ao contrário do mito, os filhotes não precisam da lua para encontrar o caminho.

No entanto, eles podem ficar totalmente confusos por luzes artificiais e seres humanos barulhentos. Para uma experiência melhor e menos perturbadora, participe de uma observação autorizada; para ver uma lista, visite http://myfwc.com/seaturtle e clique em "Educational information" e "Where to view sea turtles".

As Keys têm seu próprio Turtle Hospital (p. 147), um santuário para as gigantes com cascos machucados. Eles adoram os visitantes; então, se estiver passando por Marathon, dê uma parada.

AUDUBON OF FLORIDA

Audubon of Florida (www.audubonofflorida.org) é talvez a principal organização ambientalista da Flórida. Possui toneladas de informações sobre ecologia e pássaros, além de publicar a revista *Florida Naturalist*.

UMA MÁQUINA VENENOSA

Se aprendemos algo sobre turismo e meio ambiente, uma das lições mais óbvias é: se encontrar um peixe perigosamente venenoso nos trópicos, não o solte em águas não nativas.

Infelizmente, alguém na Flórida não recebeu essa informação. Para ser justo, especialistas não acreditam que alguém soltou intencionalmente o listrado, espinhento e venenoso peixe-leão nas águas da Flórida. A teoria é que algum de aquário acabou nas águas depois do Furacão Andrew em 1992. O problema? O peixe-leão é uma máquina de comer, não tem predadores naturais e se adaptou absurdamente a: A) reprodução e B) envenenar os peixes nativos mais rápido do que se pode dizer "Encontrando Nemo". Nas duas décadas desde que invadiram essas águas, eles se espalharam como uma praga listrada por todo o Atlântico e o Caribe.

O peixe-leão é prejudicial por várias razões. Seu impacto ambiental é, acima de tudo, enorme; eles podem colocar *30* mil ovos de uma vez e desovam a cada quatro dias, de acordo com um artigo do *New York Times* de 2010. É algo complicado para a frágil cadeia alimentar da Flórida. Além disso, seus ferrões machucam – muito. Embora raramente fatal, o ferrão de um peixe-leão é bastante doloroso, e, apesar de ser um peixe tímido, há tantos hoje que não é raro sentir a fúria de suas pontas de vez em quando. Mas as vítimas dos ferrões são em geral pescadores; as poucas praias das Keys são rasas, e quem nada raramente corre risco de entrar em contato com um peixe-leão.

A resposta dos habitantes das Keys loucos por pescarias a esses peixes? Furá-los de volta. Com lanças, iscas, linhas e tacos. O **Florida Keys National Marine Sanctuary** organiza caças a peixe-leão desde 2010, e a resposta dos pescadores locais tem sido entusiasmada; os pescadores comerciais, afinal, podem perder seu estilo de vida, se o peixe-leão tomar conta das Keys. A criatura espinhenta pode ser cozida (e o gosto é muito bom – eles são leves e delicados com um sabor não tão de peixe) e está ficando popular nos menus das Keys. Então, se estiver pela região, rompa algumas fronteiras culinárias, coma um filé de peixe-leão – e ajude o meio ambiente local ao mesmo tempo.

PLANTAS NATIVAS

Visite a Florida Native Plant Society (www.fnps.org), uma organização ambientalista sem fins lucrativos, para atualizações sobre questões de preservação e espécies invasoras, além de uma visão geral sobre as plantas e os ecossistemas nativos da Flórida.

Plantas

A diversidade da flora da península, incluindo mais de 4 mil espécies de plantas, não tem equivalente nos EUA continental. A Flórida, em especial na região de Miami, contém a extensão sul dos ecossistemas temperados e a extensão norte dos tropicais, que se misturam numa taxonomia desconcertante de ambientes. O mais interessante é que a maior parte do resto do mundo, nessa mesma latitude, é um deserto, ao contrário da Flórida.

Terras alagadas e pântanos

É preciso alguns tipos especiais de plantas para crescer nos pântanos e pradarias úmidas, alagadas, às vezes salgadas, lamacentas e baixas. Muito de Everglades está dominado por vastidões de grama molhada, que é, na verdade, um tipo de junça com pontas afiadas que podem chegar a 3m de altura. O sul da Flórida é uma sinfonia de junça, grama e outras plantas. Essas espécies tolerantes à água fornecem sementes abundantes para alimentar pássaros e animais, proteger peixes nas águas rasas e preencher as terras alagadas para pássaros e jacarés.

As plantas mais estranhas são as espécies submersas e imersas que crescem embaixo e fora da água. Espécies flutuantes incluem utricularia e *ceratophyllum*, um tipo que vive, floresce e é polinizada inteiramente embaixo da água. Os pântanos da Flórida são abundantes em plantas com raízes e folhas flutuantes, como a linda lótus, os lírios aquáticos e o *nuphar* (se adora nomes, vai amar a botânica da Flórida!). Outra planta imersa comum, o bidens pode pintar pradarias inteiras de amarelo.

Uma linda árvore nos pântanos da Flórida é o cipreste careca, que é a árvore mais tolerante a enchentes. Pode crescer até 45m, com troncos fortes e largos e raízes com partes que ficam acima do solo encharcado.

Na Flórida, até as plantas mordem: o Panhandle possui a maior quantidade de plantas carnívoras do país, resultado de seu solo arenoso pobre em nutrientes.

PLANTAS CARNÍVORAS

Florestas, matagais e planícies

As florestas, da forma como são, estão principalmente em Everglades, onde pequenas mudanças na altitude e no substrato são a diferença entre pradarias e os "domos" frondosos do cipreste careca e pinheiros enormes. Os domos dos ciprestes são um tipo especial de pântano quando uma depressão aquática ocorre numa planície de pinheiros.

Matagais são encontrados por toda a Flórida; são velhas dunas com solo arenoso bem drenado. Os matagais se misturam com as planícies de pinheiros, que possuem grandes folhas esparsas ou pinheiros com os troncos mais altos, e grama e/ou palmeiras como as mais baixas. As palmeiras são vitais para a Flórida: seu fruto é um alimento fundamental para ursos e cervos (e uma erva medicinal que, acredita-se, pode prevenir o câncer), fornece abrigo para panteras e cobras, e sua flor é uma importante fonte de mel. Possui folhas pontudas.

Formada pela interação de marés, corais e mangues, Florida Keys têm os melhores (e em muitos casos os únicos) exemplos de *hammocks* tropicais e subtropicais, ou florestas, nos EUA continental. O Crane Point Museum (p. 147) é um excelente ponto de partida para aprender mais sobre esse nicho de ecossistema.

Mangues e dunas costeiras

Onde não está "raspada" pela areia, a costa do sul da Flórida está geralmente coberta com uma "barba de três dias" de mangues. Esses não são formados por uma única espécie; o nome se refere a todas as árvores tropicais e arbustos que se adaptaram ao solo molhado, à água salgada e à periódica submersão das raízes. O mangue também desenvolve o "nascimento vivo", germinando suas sementes enquanto ainda estão presas à árvore-mãe. Das mais de cinquenta espécies de mangue de todo o mundo, somente três predominam na Flórida: vermelho, negro e branco. Para mais informações, veja p. 148.

Mangues desempenham um papel vital na península, e sua destruição normalmente inicia um efeito dominó de danos ecológicos. Mangues "estabilizam" a terra costeira, prendem areia, lodo e sedimento. Quando isso acontece, nova terra é criada, o que ironicamente estrangula em si os mangues. Eles mitigam as ondas prejudiciais das tempestades e dos furacões, ancorando marés e comunidades nos estuários, fornecendo hábitats vitais para a vida selvagem.

Dunas costeiras são em geral o lar de grama e arbustos, palmeiras e ocasionalmente pinheiros (ou a palmeira sabal, a árvore símbolo da Flórida). A aveia do mar, com grande plumas que agarram a areia trazida pelo vento, são importantes para estabilizar as dunas, enquanto as árvores costeiras dão boas-vindas às árvores *gumbo-limbo*, cuja casca vermelha recebeu o apelido de "árvore do turista".

O capítulo da Flórida da Nature Conservancy (www.nature.org) foi importante na legislação Florida Forever. Dê uma olhada na web para atualizações e questões de conservação.

Parques nacionais, estaduais e regionais

Por volta de 26% das terras da Flórida estão sob administração pública, o que inclui três florestas nacionais, onze parques nacionais, 28 refúgios nacionais de vida selvagem (incluindo a primeira, Pelican Island) e 160 parques estaduais. No geral, há muitas visitas, com mais de 20 milhões de pessoas entrando nos parques estaduais a cada ano. Os parques estaduais da Flórida foram eleitos duas vezes os melhores do país.

Os parques dessa região são fáceis de explorar. Para mais informações sobre o que fazer e onde ir, veja o capítulo "Bicicletas, barcos e praias" (p. 197), bem como as resenhas de todo este guia. Para informações específicas dos parques, seguem as principais organizações.

CAÇADORES DE FANTASMAS

A Flórida tem mais espécies de orquídeas do que qualquer outro estado nos EUA, além do que as orquídeas são a maior família de flores do mundo, com talvez 25 mil espécies. Na questão de fascínio botânico, as orquídeas ganham uma nota 11, e as espécies da Flórida que inspiram a devoção mais intensa são as extremamente raras orquídeas fantasmas.

Essa bizarra flor epifítica não tem folhas e normalmente só floresce uma vez, com duas longas pétalas finas e longas totalmente brancas que se tornam cachos, como um bigode. A orquídea fantasma é polinizada pela mariposa gigante, que é o único inseto com uma probóscide com 13cm capaz de alcançar as esporas de néctar e que chega na calada da noite.

As localizações exatas das orquídeas fantasmas são normalmente mantidas em segredo por medo de caçadores, que, como o livro *The orchid thief* de Susan Orlean deixou claro, são uma real ameaça a sua sobrevivência. Mas a localização geral da flor é conhecida: aproximadamente 2 mil orquídeas fantasmas no sul da Flórida estão quase todas no Big Cypress National Preserve (p. 124) e no Fakahatchee Strand Preserve State Park (p. 128). Claro, esses parques são o lar de muitas outras orquídeas selvagens, assim como o Everglades National Park (p. 119).

Para aprender mais, visite **Florida's Native Orchids** (www.flnativeorchids.com) e **Ghost Orchid.info** (www.ghostorchid.info).

Parques Estaduais da Flórida (www.floridastateparks.org)
Florestas Nacionais, Flórida (www.fs.usda.gov/florida)
Serviço Nacional de Parques (NPS; www.nps.gov)
Refúgios de vida selvagem, Flórida (NWR; www.fws.gov/southeast/maps/fl.html)
Recreation.gov (www.recreation.gov) Campings em reservas nacionais.

A **Florida Fish & Wildlife Commission** (http://myfwc.com) gerencia as Wildlife Management Areas (WMA) menos desenvolvidas. O site é uma excelente fonte sobre observação da vida selvagem, bem como para passeios de barco, caça e conseguir permissões.

Questões ambientais

Os problemas ambientais da Flórida são o resultado inevitável do caso de amor que dura um século com o desenvolvimento da região, o crescimento da população e o turismo, e tratá-los é especialmente urgente devido à diversidade única do mundo natural da Flórida. Os impactos ambientais complexos e interligados incluem a erosão das terras alagadas, o esgotamento do aquífero, a poluição desenfreada (principalmente das águas), as espécies invasivas e as ameaçadas e a ampla destruição do hábitat. Não há nenhum acre da Flórida que esteja livre de preocupações.

Na última década, a Flórida criou vários esforços de conservação significativos. Em 2000, o estado aprovou o **Florida Forever Act** (www.supportfloridaforever.org), um programa de conservação de dez anos e $3 bilhões que em 2008 foi renovado por mais dez anos. Também aprovou o multibilionário **Comprehensive Everglades Restoration Plan** (CERP; www.evergladesplan.org). Para saber mais sobre a restauração do Everglades, veja a p. 123.

EVERGLADES

Everglades já se estendeu por mais de 28 mil km², mas hoje as terras alagadas representam menos da metade do tamanho que tinham alguns séculos atrás.

Sinais de progresso podem ser encorajadores. Por exemplo, os níveis de fósforo em Everglades foram seriamente reduzidos, e, em 2010, o estado completou a compra de 777km² dos campos de cana-de-açúcar do lago Okeechobee da US Sugar, com a intenção de devolvê-los ao pântano. Junto dos planos para transformar em ponte uns 10,5km da Tamiami Trail, o lago pode voltar a fornecer água a Glades.

Mesmo assim, esses esforços sozinhos são insuficientes para resolver os excessos do passado, e o dinheiro tende a secar mais rápido do que uma chuva de verão. Por exemplo, o governador Scott cortou totalmente os fundos do Florida Forever em 2010, e a viabilidade futura do programa está em discussão.

O lago Okeechobee, fonte de Everglades, está aprisionado pelo dique Hoover desde 1928. Agora está cheio de lodo tóxico, que se move durante furacões e causa as "marés vermelhas", ou crescimento de algas que matam os peixes. As marés vermelhas ocorrem naturalmente, mas são catalisadas pela poluição e pelos fluxos de águas não naturais.

Estudos descobriram que metade dos lagos e águas do estado está poluída demais para pescar. Apesar de a poluição industrial ter diminuído, a poluição de desenvolvimento residencial (esgoto, escoamento de fertilizante) mais do que compensa. Isso está estressando as águas frescas da Flórida, que podem ficar escuras com as algas. Assim como a água subterrânea é tirada para matar a sede dos moradores, os riachos estão diminuindo, e o calcário seco às vezes colapsa, causando buracos que engolem carros e casas.

E o desenvolvimento residencial continua quase incessante. O corredor Miami-Fort Lauderdale-West Palm Beach (a sexta maior área urbana dos EUA), como dizem os empreendedores, "está sendo construído". Todo dia, as marcas urbanas de Miami e Homestead (e no caso do último, também agrícolas) crescem mais para o oeste, à beira de Everglades. Apesar de existirem leis que protegem o parque nacional, o resultado de tal área urbana inevitavelmente tem seu impacto no frágil Glades.

Também há o risco do futuro apocalipse: o aumento do mar devido ao aquecimento global. Ali, Florida Keys são um "canário numa mina de

POR UM ENCONTRO MAIS AMENO E GENTIL COM A VIDA SELVAGEM

Enquanto os barcos com fundo de vidro e as lutas de jacarés do passado se desenvolveram até as viagens de *swamp buggy* e encontros com peixes-boi de hoje, a questão permanece: só porque você *pode* fazer algo, significa que *deve*? Na Flórida, todo mundo tem a obrigação de considerar as melhores formas de experimentar a natureza sem danificá-la no processo.

Para mais atividades, não há uma única resposta certa; impactos específicos são geralmente debatidos. No entanto, *há* algumas poucas orientações explícitas.

» **Aerobarcos e *swamp buggies*** Enquanto os aerobarcos possuem uma "pisada" mais leve do que os buggies de grandes rodas, também são motorizados (e barulhentos) e têm impactos muito maiores do que as canoas para explorar as terras alagadas. Como regra, atividades não motorizadas são as menos problemáticas.

» **Encontros com golfinhos** Golfinhos cativos são animais resgatados já aclimatados a humanos. Por uma consideração sobre nadar com golfinhos, veja a p. 146. No entanto, quando encontrar golfinhos selvagens no oceano, as leis federais tornam ilegal alimentá-los, persegui-los ou tocá-los. Habituar qualquer animal selvagem a humanos pode levar à morte do animal, já que isso geralmente leva a conflitos e acidentes (como com os barcos).

» **Nadar com peixes-boi** Quando nadar perto dos peixes-boi, uma espécie federalmente protegida, olhe, mas não toque. A "observação passiva" é o padrão. O assédio é um problema desenfreado que pode levar a uma legislação mais estrita de "não tocar".

» **Alimentar animais selvagens** Numa palavra, não. Animais simpáticos, como cervos e peixes-boi podem chegar a depender da comida humana (prejudicial para eles mesmos), e alimentar ursos e jacarés só os encoraja a *caçar você*.

» **Lugares com ninhos de tartarugas** É um crime federal se aproximar dos ninhos de tartarugas ou das corridas dos filhotes. A maioria das praias com ninhos possui sinais de alerta e política de "luzes acesas" durante a noite. Se encontrar tartarugas na praia, fique longe e nada de flashs.

» **Etiqueta nos recifes de corais** Nunca toque os corais. Simples assim. Pólipos de corais são organismos vivos. Tocar ou quebrar corais cria aberturas para infecções e doenças.

carvão" que está acompanhando o mundo todo por seus impactos. Em outro século, alguns brincam, a costa do sul da Flórida poderia ser uma Atlântida moderna, com seus imóveis mais caros embaixo da água.

Sobre o assunto imobiliário, as Keys parecem estar governadas por regulamentações de zoneamento labirínticas. Conseguir permissão para construir na terra que resta é um processo árduo, embora muitos escritórios de advocacia de Keys estejam dedicados somente a navegar por essa trilha de papéis; assim, as Keys não estão imunes ao superdesenvolvimento, mas também estão mais bem protegidas do que o restante da Flórida.

Miami *art déco*

Mostrando-se em grande estilo

Durante vários anos, o sul de Miami Beach – também conhecido como "South Beach" – tem sido o mais "quente". Em poucas palavras, o lugar ganhou status de celebridade, e ele tem essa fama por duas palavras: *art déco*. Foi esse estilo que fez Miami Beach ser diferente, e quando a febre passar e os famosos encontrarem um novo *point* para se aparecer, será (esperamos) o *déco* que permanecerá: o rosto da riviera americana.

O bairro *déco* está limitado pelo Dade Blvd ao norte, pela 6th St ao sul, pelo oceano Atlântico ao leste e pela Lenox Ave a oeste. O distrito de 1,5km² parece uma pequena vila, apesar de ser habitada por *freaks*, *geeks* e pessoas lindas. O que é bem legal.

O BAIRRO *DÉCO*

Déco, design e sonhos

A escola de design do começo do século 20 foi o pilar estético da velha South Beach e a força impulsora de sua ressurreição dos anos 1980. Uma campanha para preservar os maravilhosos hotéis *déco* de Miami Beach forneceu o que toneladas de panfletos de turismo nunca poderiam criar: marca. Sol, areia, surfe: muitas cidades podem ter isso.

O final da Primeira Guerra Mundial em 1918 iniciou uma era de aumento de interesse no romance e no glamour das viagens, que duraram até os anos 1930. Havia uma fascinação frívola por velocidade e carros, cruzeiros oceânicos, trens e aviões. Não coincidentemente, a revolução pós-industrial dos Estados Unidos, preocupado com a produção em massa, começou a explorar outros materiais, como alumínio, bronze polido e aço inoxidável que foram utilizados de formas inovadoras. Os norte-americanos começaram a olhar para o futuro e queriam estar na vanguarda.

Enquanto isso, na Europa, na feira de design de Paris em 1925, oficialmente chamada de Exposition Internatinal des Arts Décoratifs et Industriels Modernes (e finalmente abreviada como Arts Deco), as artes decorativas foram ressaltadas, mas os Estados Unidos não tinham nada a contribuir. Os europeus estavam experimentando com padrões repetidos no cubismo e eram influenciados por culturas antigas (a tumba do rei Tut foi descoberta em 1921), e os norte-americanos tinham de correr atrás.

DÉCO TROPICAL CLÁSSICO

Há alguns temas unificadores às estruturas *déco* clássicas que são fáceis o suficiente de identificar com um olhar treinado. Talvez o mais conhecido é um sentido de movimento, exemplificado por paredes arredondadas, detalhes listrados e pilares redondos que forneciam sombra e beleza a quem os olhasse. Janelas de vigias evocam cruzeiros, enquanto as luminárias e outros acessórios de casa representam idealizações antigas do que seria um futuro espacial. Pode chamar de "raio chique". Um sentido intimista (alguns diriam abarrotado) do espaço é compensado pela presença de piso *terrazzos*, frequentemente marcados com os fósseis de animais marinhos e varandas abertas, que refrescam naturalmente os edifícios nos dias antes do ar-condicionado. A ideia era venerar a tecnologia ao mesmo tempo em que aproveitava os recursos naturais da paisagem (brisas marinhas e luz do sol), acrescentando uma pitada de estética orgânica para a estrutura geral.

De volta ao país, apenas um ano depois, um furacão devastador atingiu Miami Beach, deixando poucos prédios de pé. Os caras ricos que viviam ali antes do furacão decidiram partir. O segundo golpe para a economia de Miami foi dado pela Grande Depressão. Mas, nesse período complicado, a oportunidade logo surgiu. No mercado imobiliário de Miami tudo estava disponível. A costa limpa do sul da Flórida estava praticamente pedindo por experimentação.

A reconstrução dos hotéis começou em Miami Beach à taxa anual de quase cem durante os anos 1930. Muitos arquitetos tinham entre quarenta e cinquenta prédios em produção ao mesmo tempo até o início da Segunda Guerra Mundial. Isso se sobrepôs a uma onda de turismo da classe média entre 1936 e 1941, quando os visitantes começaram a ir por um mês inteiro.

A era pós-Depressão foi um momento de otimismo, com esperanças e sonhos marcados pelas revoluções científica e tecnológica. A reverência pelas máquinas tomou dimensões espirituais e encontrou sua expressão estética em formatos simbólicos e funcionais.

O que tudo isso tem a ver com arquitetura? Tudo. Os princípios de eficiência e aerodinâmica se traduziram em prédios produzidos em massa e modestos, sem ornamentação supérflua - pelo menos no Nordeste do país.

ENDEREÇOS

Em Miami Beach, os cruzamentos são determinados pelo número do prédio. Dois zeros depois do primeiro número significam que o prédio está na base do quarteirão. Então 700 Ocean Dr está na 7th St e Ocean, enquanto 1420 Ocean Dr está na 14th St e Ocean, bem ao norte da interseção.

Romance, alívio e ritmo

Miami Beach, um balneário romântico e glamoroso, desenvolveu o que veio a ser conhecido como arquitetura *déco* tropical. Refletiu organicamente o mundo natural ao seu redor. Por exemplo, os blocos arquitetônicos de vidro deixam entrar a luz da Flórida, mas afastam o calor de fora. Eles também serviram a uma estética geométrica ou cubista. O floral, popular durante o período de *art noveau*, aparece aqui também. Frisos nas fachadas ou entalhes no vidro refletiam a flora e a fauna nativa, como palmeiras, pelicanos e flamingos. Os frisos também se basearam no movimento de jazz norte-americano, harmonioso e lírico. Cercado por água, o *déco* de Miami Beach também desenvolveu uma linguagem rítmica, com ondas e fontes.

Criar um visual para Miami

Enquanto os prédios *déco* do Nordeste tinham tons socialistas, as linhas limpas da arquitetura de Miami ainda têm espaço para características divertidas e esperançosas. Pensamento e sonhos sobre o futuro são comuns.

ESTRUTURAS *DÉCO* CLÁSSICAS EM SOUTH BEACH

» **Cardozo Hotel** (p. 87) Esse edifício adorável e o Carlyle Hotel foram os primeiros edifícios resgatados pela liga de preservação original de Miami Beach, quando os empreendedores ameaçaram destruir os edifícios *déco* de South Beach nos anos 1980. Propriedade de Gloria Estefan.

» **Essex House Hotel** (p. 85) Janelas de vigia dão uma sensação de grande cruzeiro, enquanto suas espirais parecem um foguete espacial, lembrando as raízes de *déco* como um complemento estético ao modernismo e ao industrialismo. Lindos *terrazzos* também refrescam o lobby.

» **Estações de salva-vidas *déco* em South Beach** Além de serem inspiradas nos cubistas do movimento *déco* clássico, com suas linhas geométricas agradáveis, essas estações estão pintadas com cores deslumbrantes. Encontradas por toda a praia da 1st St à 17th St.

» **Carlyle Hotel** (1250 Ocean Dr) Com estilo futurista, parapeitos triplos, um clima estilo *Jetsons* e toques cinematográficos: *A gaiola das loucas* foi filmado ali.

» **Jerry's Famous Deli** (p. 95) Localizada na Hoffman Cafeteria Building, essa joia espaçosa de 1939 tem uma frente que lembra a proa de uma nave estilo *Buck Rogers*. As corujas entalhadas no teto afastam as pombas (e seu cocô).

ELEMENTOS E ADORNOS *DÉCO*

» **Waldorf Towers Hotel** (860 Ocean Dr) O guru *déco* L. Murray Dixon desenhou a torre desse hotel para lembrar um farol, com o objetivo de iluminar o caminho para os bêbados de Ocean Drive.

» **Colony Hotel** (736 Ocean Dr) O Colony é o hotel *déco* mais velho em Miami Beach. Foi o primeiro hotel em Miami, e talvez dos EUA, a incorporar seu símbolo (uma maravilha em néon) como parte do design geral. Dentro do *lobby* há excelentes exemplos de interiores da era espacial, incluindo luminárias com formato de Saturno e elevadores à la Flash Gordon.

» **Cavalier Hotel** (p. 88) As laterais estilo pirâmide e os entalhes geométricos que decoram a frente desse clássico são alguns dos melhores exemplos da escola de design "templo asteca/maia como hotel".

» **Wolfsonian-FIU** (p. 42) O *lobby* desse museu contém um detalhe teatral espetacular, uma "fonte congelada". A fonte de folhas de ouro decorava o hall de entrada de um cine-teatro (você pode apostar que não era um multiplex!), e lança jatos de água bem no alto que caem simetricamente.

» **Crescent Hotel** (1420 Ocean Dr) Além de ter uma das fachadas de néon mais reconhecíveis de Miami Beach, o símbolo do Crescent atrai o olhar para sua entrada (a melhor para atrair os hóspedes), em vez do teto.

A viagem espacial foi explorada no design: prédios começaram a se parecer vagamente com foguetes, e os tetos englobavam fantasias sobre viagens pelo universo. Zigue-zagues geométricos e abstratos (ou zigurates) não refletiam somente as culturas asteca e egípcia, também simbolizavam raios elétricos. Raios de sol, além de imagens emprestadas de uma cultura antiga, foram empregados como elementos reafirmadores da vida para aliviar os dias negros da Depressão.

Como todos os hotéis foram construídos em lotes do mesmo tamanho, os arquitetos de South Beach começaram a distingui-los dos vizinhos com o recurso de remates e parapeitos decorativos. As placas de néon também ajudaram a individualizar os prédios. O *déco* de Miami Beach se baseou em fachadas "recuadas" que interrompiam a luz forte e contribuíam para o sentido rítmico. As "sobrancelhas" fixas sobre as janelas serviam para proteger o interior do sol implacável. Varandas cobertas dão aos hóspedes do hotel um lugar fresco para se sentar. Para refletir o calor, os prédios foram originalmente pintados de branco, com cores animadas acentuando os elementos menores. (Foi somente mais tarde, durante os anos 1980, que o designer de interior Leonard Horowitz decretou a paleta pastel que se tornou padrão. Ficamos felizes por ele ter feito isso.)

Com os efeitos prolongados da Depressão, a ornamentação foi limitada às fachadas; o interior ficou simples. A mão de obra era barata e disponível.

Miami Beach precisava de um grande número de quartos, por isso a maioria foi projetada pequena. Sem expectativas de que fossem durar tanto tempo, a maioria dos hotéis foi construída com concreto e argamassa barata e muita areia no meio. Os exteriores de estuque prevaleceram, mas o calcário local também foi usado. Tirando o calcário, nada disso passaria pelo teste do tempo com graça, uma das razões para o bairro cair num forte estado de abandono e negligência. Também é por isso que ele permanece sob um constante estado de renovação.

TERRAZZO

Terrazzo é um elemento de construção popular na Flórida. Os italianos foram contratados primeiro para criar pisos de *terrazzo*. Eles desenharam uma rede padronizada com várias cores – pedras prensadas, conchas, mármore ou granito, misturado com concreto – e depois polidos. É um casamento incrível de forma e função, já que os *terrazzos* também esfriam os pés.

Restaurando o bairro *déco*

O centro de South Beach é seu Art Deco Historic District, um dos maiores nos Estados Unidos no Registro Nacional de Lugares Históricos. Na verdade, a revitalização da área como um grande destino turístico é resultado direto de sua proteção como um lugar histórico em 1979. A designação do Registro

"NOVOS" HOTÉIS DÉCO

» **Delano Hotel** (p. 88) A torre evoca fantasias *déco* de um foguete à moda antiga, mas o interior do teatro é um experimento de pura decoração moderna. A enorme piscina ao fundo mistura a elegância da era do jazz com a opulência de Miami.

» **Hotel Victor** (p. 84) A gerência vanguardista (que acena ao passado) fez um excelente trabalho ao transformar esse L. Murray Dixol original numa maravilha com influência subaquática, luminárias com formato de água-viva e piso de *terrazzo* verde-mar.

» **Tides** (p. 88) A maior estrutura *déco* da sua época foi um templo desse movimento estético. Hoje, o hall de entrada parece uma antecâmara de Poseidon, enquanto os quartos exemplificam a estética moderna.

» **Royal Palm Hotel** (p. 89) Não há lugar melhor para sentir o movimento do mar do que o hall de fundo à la *Titanic* desse enorme e restaurado hotel. O mezanino tem dimensões modernas associado com o clássico estilo *déco*.

» **Surfcomber** (p. 89) Uma das melhores reformas *déco* na praia é compensada por linhas finas no hall e uma adorável série de "sobrancelhas" arredondadas.

Com mais de quatrocentos pontos históricos registrados, é possível identificar as fases de crescimento de Beach dentro do distrito: dos anos 1930 quando a 5th St até Mid-Beach foi desenvolvida; até o final dos anos 1930 e começo dos 1940 até a 27th St; e indo ao norte nos anos 1950, a era dos resorts, hotéis e condomínios.

Nacional evita que os empreendedores destruam porções significativas do que era, nos anos 1980, uma coleção de monstruosidades tomadas pelo crime e povoada principalmente por criminosos e miseráveis da sociedade – os velhos, os doentes mentais e os destituídos. Não tem nada a ver com o que é agora. Hoje, as fachadas dos hotéis e prédios são coloridas, com detalhes arquitetônicos em tons pastel. Dependendo da perspectiva, os edifícios brilhantes podem catapultá-lo de volta aos anos 1920 ou para um passeio pelo que há de mais *kitsch* em solo norte-americano.

A lista de Registro Nacional foi conseguida pelo Miami Design Preservation League (MDPL), fundada por Barbara Baer Capitman, em 1976. Ela propôs a criação do órgão quando ouviu os planos da cidade de Miami de escavar vários prédios históricos, no que é agora o Omni Center. E a liga agiu, com força.

O cofundador da MDPL, Leonard Horowitz, desempenhou um papel central no plano de colocar South Beach de volta ao mapa, pintando os então apagados prédios *déco* de rosa-shocking, lavanda e turquesa. Quando sua restauração da Friedman's Pharmacy ganhou a capa da *Progressive Architecture* em 1982, os futuros produtores de *Miami Vice* viram algo de que gostavam, e o resto é história.

Uma das melhores coisas dos mais de mil prédios no bairro *déco* é sua escala: a maioria não é mais alta do que as palmeiras. E, apesar de a arquitetura não ser nunca uniforme – há uma mistura de outros estilos, como um revival mediterrâneo moderno e uma abordagem tropical da *art déco* –, é tudo bastante harmonioso.

O mais interessante é que o valor desses prédios de Miami Beach é baseado mais no número de estruturas com status protegido no Registro Nacional de Lugares Históricos. Individualmente as casas baratas valeriam muito menos.

Uma das pequenas ironias da vida é esta: o objetivo do *déco* é que os contemporâneos vissem o amanhã. Hoje, coloca os modernos na mente de ontem.

Por que amamos o design *déco*

Então qual é, você pode perguntar, a importância da *art déco*? O termo certamente é muito repetido em Miami. Dada a forma como esse estilo arquitetônico é sussurrado por marqueteiros de hotéis, é possível até pensar que *art déco* era o mais importante: "Este resort tem uma adorável fachada déco"; "Nossa propriedade butique possui varandas *déco*"; "Você percebeu as colunas *déco* no nosso *lounge*?". E por aí vai.

Mas, para ser justo, *déco* proporcionou um tipo de renascimento para Miami Beach. Foi essa estética que transformou esses prédios únicos, que agradou Hollywood, que viu algo romanticamente norte-americano no otimismo e na inovação de um estilo que mistura cubismo, futurismo, modernismo e, mais do que tudo, uma ideia de movimento. Além disso, havia um sinal, e às vezes até reverência, à elaborada beleza da decoração do Velho Mundo. Na *art déco*, vemos a ligação entre a estética pródiga do século 19 e a funcionalidade do século 20. Diferente de um arranha-céu, um hotel *déco* é moderno e acessível, até aconchegante, com suas paredes com afrescos, janelas com "sobrancelhas" e suas frescas sombras.

Mas o que é realmente ótimo sobre a presença do estilo em Miami é o exemplo que ele cria. O Art Deco Historic District de South Beach, um dos destinos turísticos mais quentes no mundo, é uma lembrança aos pais da cidade de que preservar bairros históricos não é só uma questão de lealdade servil à estética, mas às vezes uma forma inovadora e econômica de avançar. Numa cidade construída sobre um mercado imobiliário dinâmico, é um prazer que o coração do bairro mais charmoso seja objeto da preservação e do planejamento inteligente.

JANELA VIGIA

O movimento *déco* aconteceu no começo do século 20, quando viagens mais acessíveis se tornaram uma realidade para o mundo desenvolvido. Viagens por mar representavam o máximo do luxo, e muitos prédios *déco* são decorados com janelas ao estilo das vigias náuticas.

Pós-*déco*, Miami moderna e muito mais

A história da arquitetura de Miami é definida por mais do que *déco*. Como em todas as cidades, a arquitetura de Miami reflete os gostos e as atitudes de seus habitantes, que tendem a aderir à filosofia estética adotada pelo arquiteto favorito de Miami Beach, Morris Lapidus: "Muito nunca é suficiente". Os primeiros exemplos desse nativo são as mansões revival estilo mediterrâneo de Coral Gables (p. 71) e a fantasia à la ovo Fabergé de Vizcaya (p. 68). Esses verdadeiros bolos de casamento residenciais estabeleceram a identidade de Miami como uma cidade de fantasias e sonhos, fora dos limites dos gostos convencionais, onde a experimentação era bem-vista desde que feita com brilho. Eles também representavam uma atitude diferente que é preservada no gosto da cidade até hoje: se você conseguiu, ostente, depois jogue de volta na cara deles. Essa propensão ao talento imaginativo e decorativo superou os hotéis do pós-guerra e condomínios dos anos 1950, dando a luz ao Miami Modernism (ou Mimo). O Mimo tirou as linhas finas e a poderosa presença do Modernismo internacional, mas, levada por Lapidus, também evitava a austeridade de um grande palco teatral. O próprio Lapidus descreveu sua mais famosa estrutura, o Fontainebleau (p. 90), como influenciado pela mais popular mídia da época: Hollywood e cinema. O glamour que Lapidus capturou em seus prédios continuaria a definir o visual de Miami; Versace incorporou-o em suas roupas, e Ian Schrager enfeitou seus hotéis com esse ar de contos de fadas. O que faz sentido: a palavra "glamour" originalmente significava um tipo de feitiço que faz com que as pessoas vejam as coisas de maneira diferente do que realmente são, que se torna uma inspiração para os prédios da Cidade Mágica.

Apesar de a *art déco* ter sido inspirada pela estética modernista, ela parcialmente se rebelou contra o utilitarismo com frisados e baixos-relevos lindos, notáveis sobre o exterior de muitos hotéis de South Beach.

ESTRANHAS BELEZAS *DÉCO*

» **Berkeley Shore Hotel** (1610 Collins Ave) Um dos hotéis mais velhos em South Beach, o Berkeley Shore tem um exterior adorável marcado por uma "proa" cilíndrica subindo das "sobrancelhas" coloridas e suas sombras, além de frisos exteriores elegantes.

» **Avalon Hotel** (700 Ocean Dr) O exterior do Avalon é um exemplo fantástico de arquitetura *art déco* clássica – linhas claras, placas com caligrafia antigas iluminadas em verde tropical, de frente para um Oldsmobile dos anos 1950.

» **11th Street Diner** (p. 94) Nada é muito mais *déco* do que jantar num vagão de trem clássico. Muitos prédios em Miami Beach lembram aviões, trem e automóveis – essa lanchonete está, na verdade, localizada dentro de um.

OS CASTELOS CONCH DE KEY WEST

Miami isso, Miami aquilo; sim, a arquitetura da Cidade Mágica é linda. Mas e que tal Key West? Muitos dos lindos edifícios históricos estão instalados em áreas fáceis de caminhar e não por acaso localizados numa das ilhas mais bonitas dos EUA. O que estamos esperando?

As casas tradicionais das Keys são conhecidas como *Conch Houses* pelo material usado para complementar as pequenas quantidades de pedra e madeira; hoje, os apelidos também se referem aos nativos das Keys, conhecidos como Conchs. *Conch Houses* são talvez o melhor exemplo de arquitetura colonial caribenha no país, tirando Nova Orleans. Elas são casas elegantes, reconhecidamente europeias, e apesar de não haver duas exatamente idênticas, há algumas coisas em comum. Janelas com venezianas, varandas ao redor, telhados em declive e estruturas construídas sobre píeres elevados – esses são todos os elementos que maximizam sombras e correntes de ar na época anterior ao ar-condicionado.

Muitas *Conch Houses* tinham ficado em mau estado no começo do século 20, mas, como em South Beach, uma comunidade de artistas, gays e lésbicas se estabeleceu ali, reformou o bairro e salvou uma parte da herança norte-americana, enquanto dava a Key West o distinto perfil estético que acrescenta tanto ao apelo do turismo. Dá para ver muitas *Conch Houses* no bairro histórico de Key West (o lado oeste da ilha); para ver uma boa quantidade delas em pouco espaço, caminhe os quatro quarteirões pela Eaton St de Eaton e William até Eaton e Whitehead.

Uma forma divertida de caminhar pelo bairro *art déco* é procurar certas tendências de design, como florescentes templos mesoamericanos, prédios parecidos que lembram navios, estruturas espaciais e coisas assim. Há certos prédios de Miami que são exemplares de um ou mais temas.

Há excelentes renovações *déco* por toda a Miami Beach que conseguem combinar gostos estéticos modernos com detalhes clássicos. Mas, num certo sentido, a moderna escola de design de South Beach é somente a evolução natural de princípios sedimentados pelo *déco* no começo do século 20. Hoteleiros como Ian Schrager combinam uma fé na tecnologia - no caso TVs de tela plana, "cadeiras fantasmas" e monitores no hall controlados por computador - com um ar geral de glamour fantástico. Projeções do futuro (uma fantasia do melhor que o futuro pode ser), mais um profundo mergulho ao melhor das artes decorativas históricas, ainda impulsionam o design em Miami Beach. Hotéis mais novos como o W (p. 88) e o Ganservoort South (p. 88) também expandiram o sentido arquitetônico de proporção, integrando o estilo *déco* ao Miami Modern (ou seja, dimensões enormes). Se no passado os hotéis *déco* ocupavam só um lote no quarteirão, o futuro dos mega-hotéis de Miami Beach agora se estende por todo um quarteirão.

› Guia de sobrevivência

Informações úteis de A–Z

Acesso à internet

Os EUA e a Flórida estão conectados. Quase todo hotel e muitos restaurantes e estabelecimentos comerciais oferecem acesso à internet de alta velocidade. Na lista de hotéis, @ indica um terminal de internet para hóspedes e 🛜 indica wi-fi nos quartos. Com poucas exceções, todos os hotéis oferecem internet a cabo nos quartos e wi-fi no hall. Sempre pergunte sobre os preços da conexão.

A maioria dos cafés oferece acesso à internet barato, e a maioria das estações de trem ou metrô e dos parques da cidade é ponto de wi-fi. Bibliotecas públicas fornecem terminais gratuitos de internet, mas em alguns casos é preciso fazer uma carteirinha da biblioteca para não residentes ($10).

Para uma lista de pontos de wi-fi (mais tecnologia e informações de acesso), visite **Wi-Fi Alliance** (www.wi-fi.org) e **Wi-Fi Free Spot** (www.wififreespot.com). Se trouxer um laptop de fora dos EUA, compre um adaptador universal. Também confirme que seu modem vai funcionar.

Acomodações

Nossas resenhas (e preços) destacam os seguintes tipos de quarto:

» quarto de solteiro (s)
» quarto de casal (d)
» quarto (q), mesmo preço para uma ou duas pessoas
» dormitório coletivo (dc)
» suíte (ste)
» apartamento (ap)

A menos que esteja indicado, os preços não incluem café da manhã, os banheiros são privativos, e todos os hotéis estão abertos o ano todo.
Os preços não incluem impostos, que variam consideravelmente entre as cidades; na verdade, os hotéis quase nunca incluem impostos e taxas em seus preços, então sempre pergunte pelo *preço total com impostos*. O imposto na Flórida é de 6%, e algumas comunidades podem estipular mais. Estados, cidades e vilas normalmente arrecadam seus impostos sobre os quartos de hotéis, que podem aumentar a conta final em 10% ou 12%.
Por todo o guia, os preços citados são geralmente da "alta temporada", a menos que estejam diferenciados entre inverno/verão ou temporada alta/baixa. Note que "temporada alta" pode significar verão ou inverno dependendo da região; ver os capítulos dos destinos e para orientações gerais, veja a p. 14.
Nossos indicadores de preços de hotel geralmente são para quartos de casal padrão:

» $ = menos de $100
» $$ = $100 a $200
» $$$ = mais de $200

Esses indicadores de preços são somente diretrizes. Muitos lugares possuem certos quartos que custam acima ou abaixo do padrão de preços, e flutuações sazonais/por feriado podem fazer os preços subirem ou caírem muito, especialmente em Miami e nas cidades turísticas litorâneas. Conselhos específicos para os melhores preços variam por região e estão incluídos: por um lado, reservar com antecedência para os pontos mais concorridos da alta temporada (como Miami e as cidades litorâneas) pode ser essencial para garantir o quarto que você deseja. Por outro, tentar no último minuto, ou até no mesmo dia, pode levar a incríveis descontos em qualquer quarto ainda disponível. Ícones em resenhas indicam o seguinte:
P estacionamento disponível; utilizado somente quando estacionar for um problema

» ❄ ar-condicionado
» @ computador para acesso à internet disponível para hóspedes
» 🛜 quartos com acesso wi-fi
» piscina
» bom para família, quando for especial
» aceita animais de estimação

Para quartos com desconto e pechinchas de último minuto, confira os seguintes sites:
www.expedia.com

» www.hotels.com
» www.hotwire.com
» www.orbitz.com
» www.priceline.com
» www.travelocity.com
» www.roomsavers.com

B&Bs e pousadas

Essas acomodações variam de casas pequenas e

RESERVAS ON-LINE

Veja mais recomendações de hospedagem feitas por autores da Lonely Planet em hotels.lonelyplanet.com/florida. Você encontrará resenhas independentes e também recomendações sobre as melhores opções de hospedagem. O melhor é que as reservas podem ser feitas on-line.

confortáveis com banheiros compartilhados (menos caros) a casas históricas repletas de antiguidades e romantismo ou opulentas mansões com banheiros privativos (mais caros). As acomodações mais requintadas voltadas para casais podem desencorajar a presença de crianças. Além do mais, pousadas e B&Bs geralmente exigem uma permanência mínima de dois ou três dias no fim de semana e reservas com antecedência. Sempre ligue antes para confirmar as regras (em relação a crianças, animais, fumar) e a situação dos banheiros.

Camping

Três tipos de acampamentos estão disponíveis: pouco desenvolvidos ($10 por noite), público ($15 a $20) e privados ($25 ou mais). No geral, os campings da Flórida são bastante seguros. Os acampamentos pouco desenvolvidos são apenas espaços livres, enquanto a maioria dos campings públicos tem banheiro, chuveiro e água potável. Reserve os locais nos parques estaduais ligando para ☎800-326-3521 ou visitando www.reserveamerica.com.

A maioria dos particulares está equipada para *motor--homes*, mas também tem uma pequena área disponível para barracas. Há muitas instalações, como piscina, lavanderia, loja de conveniência e bar. **Kampgrounds of America** (KOA; ☎406-248-7444; www.koa.com) é uma rede nacional de campings privados; suas Kamping Kabins possuem ar-condicionado e cozinhas.

Hostels

Na maioria dos hostels,os dormitórios coletivos são separados por sexo, e os hóspedes dividem um banheiro; ocasionalmente, o álcool é proibido. Muitos hostels da Flórida estão afiliados à **Hostelling International USA** (HI-USA; ☎301-495-1240; www.hiusa.org). Você não precisa ser membro para se hospedar, mas paga um preço um pouco mais alto se não for; você pode se afiliar à HI por telefone, on-line ou na maioria dos albergues da juventude. Nos EUA, você pode encontrar muitos hostels HI pelo **telefone gratuito de reservas** (☎888-464-4872).

A Flórida tem muitos hostels independentes (www.hostels.com); a maioria tem preços e condições parecidas às dos hostels HI, e alguns são melhores.

Hotéis

Tentamos mostrar hotéis independentes neste guia. O sul da Flórida é uma região rica em opções de acomodações independentes, mas em algumas cidades, como Homestead, as redes de hotéis são as melhores e, às vezes, a única opção. Além disso, se seu orçamento prevê gastar menos de $100 por noite num quarto em Miami, os hotéis de rede são uma opção decente.

O bom das redes é a confiabilidade: limpeza aceitável, decoração inofensiva e cama confortável. Uma TV, telefone, ar-condicionado, frigobar, micro-ondas, secador de cabelos e segurança são comodidades padrão nas redes médias. Uma tendência recente, mais evidente em Miami, são hotéis de redes com um toque butique na decoração e no clima.

Hotéis de alto padrão – Ritz-Carlton em especial – surpreendem os hóspedes com serviços: estacionamento com manobrista, serviço de quarto, entrega de jornais, lavanderia, piscinas, academia, bares e outros detalhes. Você vai encontrar

INFORMAÇÕES PRÁTICAS

» O sul da Flórida tem um bom número de jornais diários: *Miami Herald* (em espanhol, *El Nuevo Herald*), o *Miami News Times* e o *Key West Citizen* são os principais periódicos que cobrem as regiões abrangidas por este guia.

» A Flórida recebe o sinal das principais redes de TV e cabo. A Florida Smart (http://floridasmart.com/news) lista todos por região.

» O sistema de vídeo usa o padrão NTSC, não compatível com sistema PAL.

» A voltagem elétrica é 110/120V, 60 ciclos.

» Distâncias são medidas em pés, jardas e milhas; peso é medido em onças, libras e toneladas.

» A Flórida proíbe o fumo em todos os lugares fechados, incluindo restaurantes e lojas, mas exclui da proibição bares que não servem comida e quartos para fumantes nos hotéis.

» O sul da Flórida está no fuso horário mais ao leste dos EUA: 12h em Miami é igual a 9h em San Francisco e 15h em Londres. Durante o horário de verão, os relógios são "adiantados" uma hora em março e "atrasados" uma hora em novembro.

muitos hotéis-butique em lugares como South Beach e Key West. Apesar de todos os grandes hotéis de rede possuírem linhas gratuitas somente para reservas, é possível encontrar preços melhores ligando diretamente para o hotel.

As maiores redes de hotéis da região são as seguintes:

Hilton (☎800-445-8667; www.hilton.com)
Holiday Inn (☎888-465-4329; www.holidayinn.com)
Marriott (☎888-236-2427; www.marriott.com)
Radisson (☎888-201-1718; www.radisson.com)
Ritz-Carlton (☎800-542--8680; www.ritzcarlton.com)
Sheraton (☎800-325-3535; www.starwoodhotels.com/sheraton)

Cartões de desconto

Em Miami, procure o cartão **Go Miami** (www.smartdestinations.com). Em Key West, há o **Gold Card Key West** (www.goldcardkeywest.com). No restante das Keys:

Keys Coupons (www.keyscoupons.com)
Keys Kash (www.fla-keys.com/keyskash)
Mile Marker Discounts (www.milemarkerdiscounts.com)

O sul da Flórida é um destino turístico *bastante* competitivo, então a persistência geralmente dá resultados.

Ser membro de certos grupos também dá acesso a descontos, normalmente em torno de 10%, em muitos hotéis, museus e passeios. Simplesmente leve a sua identidade.

Membro de autoclube Veja o capítulo de Transportes (p. 232)
Estudantes Qualquer identidade de estudante é geralmente aceita; estudantes internacionais poderiam considerar fazer um **International Student Identity Card** (ISIC; www.isiccard.com).
Idosos Geralmente se referem a quem tem mais de 65 anos, mas às vezes também os de 60. Entre na **American Association of Retired Persons** (AARP; ☎888-687-2277; www.aarp.org) para mais pechinchas de viagem.

Comida e bebida

Neste guia, os indicadores de preço se aplicam ao prato de jantar típico:

» $ = $15 ou menos
» $$ = $15 a $30
» $$$ = $30 ou mais.

Fora de Miami, você pode diminuir esses preços em $5 para cada categoria de orçamento.

Como regra, dê gorjetas entre 15% e 20% da conta total; você só deve dar menos do que isso ou não dar nada (esta última uma atitude bastante drástica nos restaurantes norte-americanos), se o serviço tiver sido ruim.

Também se dá gorjeta em bares, mas as regras são um pouco menos definidas. No geral, você deve dar gorjeta toda vez que um barman faz um coquetel complicado. Mas também espera-se gorjeta pela cerveja, o que compreensivelmente não agrada muito os estrangeiros. Nessa situação, você pode dar uma gorjeta de alguns dólares ($2 a $5 dependendo do tamanho da rodada) no seu primeiro pedido de cervejas. Para cada hora que ficar no bar, é de bom tom dar mais alguns dólares. Se seguir essa postura, não precisa ficar dando gorjeta cada vez que um barman servir uma cerveja.

Correios

O **US Postal Service** (USPS; ☎800-275-8777; www.usps.com) é confiável e barato. Para cartas de primeira classe enviadas e entregues dentro dos EUA, o preço de envio é de 44 centavos por carta até 28g (20 centavos a cada 28g adicionais) e 29 centavos por cartões-postais padrão. Os preços de cartas e cartões--postais internacionais até 28g são 80 centavos para Canadá e México e 98 centavos para outros países.

Você pode receber cartas enviadas para você a/c Gene-ral Delivery (Entrega Geral) na maioria das grandes agências de correio (normalmente é mantida por trinta dias). A maioria dos hotéis também recebe cartas para hóspedes.

Dinheiro

Preços citados neste guia estão em dólares ($). Ver "Você precisa saber" (p. 14) para taxas de câmbio. O câmbio pode ser feito em aeroportos internacionais e na maioria dos grandes bancos em Miami, Orlando, Tampa e outras cidades da Flórida.

Há muitos caixas eletrônicos 24 horas disponíveis. É cobrada uma taxa de $2 na maioria das retiradas usando cartões de outros estados.

Os principais cartões de crédito são aceitos e exigidos para aluguel de carros.

Os caixas eletrônicos 24 horas diminuíram a necessidade de traveler's checks. No entanto, os cheques em dólares são aceitos como dinheiro na maioria dos médios e grandes estabelecimentos comerciais (mas raramente em lugares mais baratos). Cheques pessoais só são aceitos de bancos norte-americanos.

Gorjetas

Dar gorjeta é uma prática padrão em todos os EUA. Nos restaurantes, para os serviços de satisfatório a excelente, deixe entre 15-20% da conta; menos é aceitável em lugares mais informais. Os barman esperam $1 por bebida; baristas, uns trocados na jarra. Motoristas de táxi e cabelereiros esperam receber 10-15%. Carregadores em aeroportos e mensageiros em bons hotéis recebem $1 por mala, mais ou menos. Se você passar várias noites num hotel, é bem-visto deixar alguns dólares para o pessoal da limpeza.

Eletricidade

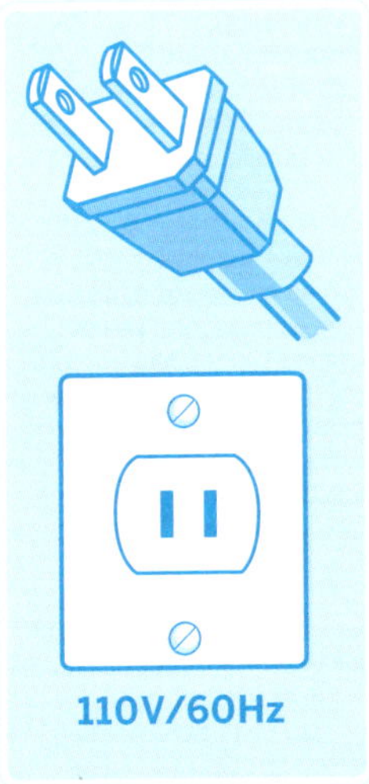

Feriados nacionais

Para festivais e eventos, veja "Mês a mês" (p. 20). Nos seguintes feriados nacionais, bancos, escolas e escritórios do governo (incluindo correios) fecham, e transportes, museus e outros serviços operam com horário de domingo. Muitas lojas, no entanto, mantêm horário comercial. Feriados que caem em fim de semana são normalmente celebrados na segunda-feira seguinte.

Ano-Novo 1º de janeiro
Dia de Martin Luther King Jr 3ª segunda-feira de janeiro
Presidents Day 3ª segunda-feira de fevereiro
Páscoa março ou abril
Memorial Day última segunda-feira de maio
Dia da Independência 4 de julho
Dia do Trabalho 1ª segunda-feira de setembro
Columbus Day 2ª segunda-feira de outubro
Veterans Day 11 de novembro
Ação de Graças 4ª quinta-feira de novembro
Natal 25 de dezembro

Fotografia

Todos os acessórios de câmeras (filme, cartão de memória, baterias) estão disponíveis em farmácias locais, que também revelam filmes por um preço mais em conta, incluindo serviços de uma hora e gravação de CDs e DVDs.

Não passe com filmes não revelados (incluindo o rolo na sua câmera) pelo ponto de checagem de malas, porque a exposição a poderosos equipamentos de raio X vai fazer com que queimem. Como precaução, despache os filmes separados da bagagem de mão.

Quando fotografar pessoas, agir com polidez já é suficiente (apesar de os artistas apreciarem uma gorjeta).

Para tirar grandes fotos, consulte *Travel photography*, da Lonely Planet.

Gays e lésbicas

Miami, Keys e Key West são áreas liberais onde a homossexualidade é aceita com naturalidade. Eventos como a White Party e a Fantasy Fest são grandes datas no calendário gay norte-americano (ver p. 20). Cidades menores na região de Everglades podem ser culturalmente conservadoras, mas até nessas áreas os viajantes gays não causam muito alvoroço. Em Miami, a cena gay é tão integrada que pode ser difícil separá-la da hétero; pontos populares incluem South Beach (p. 104), North Beach (p. 105) e Wynwood e Design District (p. 106). Verifique nossas sugestões GLBT de Key West na p. 165).

Boas fontes de pesquisa para gays e lésbicas:

Damron (https://damron.com) Publica guias nacionais populares, incluindo *Women's Traveller, Men's Travel Guide* e *Damron Accommodations.*
Gay Key West (www.gaykeywestfl.com)
Gay Yellow Network (www.gayyellow.com) Lista de endereços que inclui seis cidades da Flórida.
Key West Gay (www.keywestgay.com)
Miami Gay Travel (www.miamigaytravel.com)
Miami-Dade Gay & Lesbian Chamber of Commerce (www.gogaymiami.com)
Out Traveler (www.outtraveler.com) Revista de viagens especializada em dicas para gays.
Purple Roofs (www.purpleroofs.com) Lista de acomodações, agências de viagens e passeios gays no mundo todo.

Horário comercial

A não ser que esteja destacado, o horário comercial padrão neste guia é o seguinte:

Bancos 8h30 às 16h30 segunda a quinta, até 17h30 sexta; às vezes 9h-12h30 sábado.
Beber Em Miami, a maioria dos bares funciona das 17h às 3h, em Miami Beach 24 horas, mas a maioria dos bares fecha por algumas horas às 5h, em Key West das 17h às 4h, em outros lugares das 17h às 2h. Em todos os lugares, alguns bares fecham mais cedo se o movimento estiver fraco.
Comércio 9h às 19h segunda a sexta.
Comer Café da manhã 7h às 10h30 segunda a sexta, brunch 9h às 14 h sábado e domingo; almoço 11h30 às

14h30 segunda a sexta; jantar 17h às 22h, mais tarde sexta e sábado.

Correios 9h às 17h segunda a sexta; às vezes 9h às 12h sábado.

Compras 10h às 18h segunda a sábado, 12h às 17h domingo; shopping centers trabalham em horário estendido.

Informações turísticas

Há muitas câmaras de comércio e centros de visitantes na região disponíveis para ajudá-lo a aproveitar ao máximo sua viagem que oferecem muitos panfletos e cupons confiáveis. Para pedir um pacote de informações sobre a Flórida, entre em contato com a **Visit Florida** (www.visitflorida.com) e também veja a lista de sites em *Você precisa saber* (p. 15).

Em Miami:

Coconut Grove Chamber of Commerce (☎305-444-7270; www.coconutgrovechamber.com; 2820 McFarlane Rd, Coconut Grove; ⏰9-17h seg-sex)

Coral Gables Chamber of Commerce (☎305-446-1657; www.coralgableschamber.org; 224 Catalonia Ave, Coral Gables; ⏰9-17h seg-sex)

Downtown Miami Welcome Center (☎786-472-5930; www.downtownmiami.com; 900 S Miami Ave; ⏰9-17h seg-sex) Fornece mapas, panfletos e informações sobre passeios nas áreas do centro.

Greater Miami & the Beaches Convention & Visitor's Bureau (☎305-539-3000, 800-933-8448; www.miamiandbeaches.com; 701 Brickell Ave; ⏰8h30-17h seg-sex) Localizada num prédio absurdamente alto.

Miami Beach Chamber of Commerce (☎305-672-1300; www.miamibeachchamber.com; 1.920 Meridian Ave, South Beach; ⏰9-17h seg-sex)

Em Everglades:

Everglades City Area Chamber of Commerce (☎239-695-3941; esq. US Hwy 41 e Hwy 29; ⏰9-16h)

Homestead Chamber of Commerce (☎305-247-2332; www.chamberinaction.com; 455 N Flagler Ave, Homestead; ⏰9-12h e 13-17h seg-sex)

Ernest Coe Visitor Center (☎305-242-7700; www.nps.gov/ever; 40001 State Rd 9336; ⏰8-17h)

Shark Valley Visitor Center (☎305-221-8776; www.nps.gov/ever/planyour visit/svdirections; por carro/bicicleta $10/5; ⏰8h30-18h)

Big Cypress Natural Preserve Visitor Center (☎239-695-4758; 33000 Tamiami Trail E; ⏰8h30-16h30)

Nas Keys:

Key West Chamber of Commerce (☎305-294-2587; www.keywestchamber.org; 510 Greene St; ⏰8h30-18h30 seg-sáb, até 18h dom)

Lower Keys Chamber of Commerce (☎305-872-2411; www.lowerkeyschamber.com; MM 31 oceanside; ⏰9-17h seg-sex, 9-15h sáb)

Marathon Visitors Center Chamber of Commerce (☎305-743-5417, 800-262-7284; www.floridakeysmarathon.com; MM 53.5 bayside; ⏰9-17h)

Islamorada Chamber of Commerce ☎305-664-4503, 800-322-5397; www.islamoradachamber.com; MM 83.2 bayside; ⏰9-17h seg-sex, 10-15h sáb e dom)

Key Largo Chamber of Commerce (☎305-451-1414, 800-822-1088; www.keylargo.org; MM 106 bayside; ⏰9-18h)

Mulheres desacompanhadas

Mulheres viajando sozinhas ou em grupo não devem encontrar problemas específicos na Flórida. Na verdade, há excelentes fontes de pesquisa para ajudá-las durante a viagem.

O site www.journeywoman.com facilita a troca de dicas entre mulheres, com links de pesquisa.

O governo canadense (www.voyage.gc.ca) também publica panfletos "Her own way" úteis e gratuitos para download; on-line, procure em "Publications".

Estes dois grupos de defesa também podem ser úteis:

National Organization for Women (NOW; ☎202-628-8669; www.now.org)

Planned Parenthood (☎800-230-7526; www.plannedparenthood.org) Oferece indicações de clínicas médicas em todo o país.

Em termos de segurança, mulheres sozinhas precisam da mesma esperteza nas ruas que qualquer outro viajante solitário, mas podem ser, com mais frequência, alvo de atenção indesejada ou assédio. Algumas mulheres gostam de carregar um apito ou spray de pimenta em caso de ataques. É legal carregar e usar esses equipamentos na Flórida, mas somente para autodefesa. A lei federal proíbe que sejam carregados em aviões.

Se você foi atacada, é melhor ligar para o telefone do centro antiestupro para fazer a denúncia antes de ligar para a **polícia** (☎911); as listas telefônicas possuem listas de organizações locais ou contate a **National Sexual Assault Hotline** (☎800-656-4673; www.rainn.org) que funciona 24 horas. Ou vá direto para um hospital. A polícia pode às vezes ser pouco sensível com vítimas de ataques, e os centros de prevenção de estupros ou os hospitais acolhem as vítimas e agem como uma conexão com outros serviços, incluindo a polícia.

Portadores de deficiência

Por causa do alto número de residentes idosos na Flórida, a maioria dos edifícios públicos é acessível a cadeira de rodas e possui banheiros equipados.

Os serviços de transporte são geralmente acessíveis para todos, e as empresas telefônicas fornecem aparelhos especiais para deficientes auditivos. Diversos bancos disponibilizam caixas eletrônicos com instruções em braille; rampas nas ruas são comuns, e muitos cruzamentos possuem sinais sonoros para pedestres.

Um bom número de organizações são especialistas

Entrando na região

O passaporte é exigido a todos os cidadãos estrangeiros. A menos que estejam dentro do Visa Waiver Program (ver abaixo), os viajantes estrangeiros devem ter também um visto de turista. Para alugar ou dirigir um carro, os turistas de países que não falam inglês devem obter um International Drivers Permit antes de chegar.

Viajantes que fazem parte do Visa Waiver Program devem se registrar no **programa ESTA** do governo norte-americano (https://esta.cbp.dhs.gov) pelo menos três dias antes da chegada; quanto mais cedo melhor, já que, se for negado, os viajantes devem conseguir um visto. O registro é válido por dois anos.

Ao chegar aos EUA, todos os visitantes estrangeiros devem se registrar no programa US-Visit, o que requer ter os dois dedos indicadores escaneados e tirar uma foto digital. Para informações sobre o US-Visit, consulte o **Department of Homeland Security** (www.dhs.gov/us-visit).

Vistos

Todos os visitantes devem confirmar as exigências de entrada e os regulamentos de vistos antes de chegar. Você pode conseguir toda a informação sobre vistos em www.usa.gov, mas o **Departamento de Estado dos EUA** (www.travel.state.gov) mantém informações mais completas, com listas de consulados e formulários para download. O **US Citizenship & Immigration Services** (www.uscis.gov) serve principalmente a imigrantes, não a visitantes temporários.

O **Visa Waiver Program** permite que cidadãos de três dezenas de países entrem nos EUA para ficar até 90 dias sem obter primeiro o visto. Veja o site da ESTA acima para uma lista atual. Neste programa você deve ter uma passagem não reembolsável e "e-passaporte" com chip digital. Passaportes entregues/renovados antes de 26 de outubro de 2006 devem estar habilitados para ser lidos pela máquina.

Visitantes que não se qualificam para o Visa Waiver Program precisam de um visto. As exigências básicas são passaporte válido, foto recente, detalhes da viagem e geralmente prova de estabilidade financeira. Estudantes e homens adultos também devem fornecer outros documentos de viagem.

O período de validade para um visto de visitante depende do seu país. No Brasil, a validade é de 10 anos. O tempo que você poderá ficar nos EUA é determinado pelos oficiais norte-americanos no ponto de entrada. Para ficar mais do que a data marcada no seu passaporte, visite o escritório local da **USCIS** (☎800-375-5283; www.uscis.gov).

Alfândega

Para uma lista completa e atualizada das regulamentações da alfândega, visite o site da **US Customs & Border Protection** (www.cbp.gov). Cada visitante pode trazer aos EUA sem impostos 1 litro de bebida alcoólica (se tiver mais de 21 anos) e 200 cigarros (se tiver mais de 18 anos) e até $100 em presentes e compras.

Embaixada e consulados

Para encontrar a embaixada norte-americana em outro país, visite o site do **US Department of State** (www.usembassy.gov). A maioria das embaixadas estrangeiras nos EUA tem seus principais consulados em Washington, DC, mas algumas têm representação em Miami.

Brasil (☎305-285-6200; www.brazilmiami.org; 80 SW 8th St, Suite 2600)

Portugal (☎954-830-0662; 3945-W Whitewater Ave, Weston)

nas necessidades de portadores de deficiências:

Access-Able Travel Source (www.access-able.com) Um excelente site com muitos links.

Flying Wheels Travel (☎507-451-5005; http://flyingwheelstravel.com) Agência de viagem especializada em portadores de deficiência.

Mobility International USA (www.miusa.org) Aconselha portadores de deficiência sobre questões de mobilidade, além de dirigir um programa de orientação educacional.

Travelin' Talk Network (www.travelintalk.net) Dirigida pelas mesmas pessoas da Access-Able Travel Source; uma rede global de fornecedores de serviços.

Questões legais

Nas questões do dia a dia, se você for parado pela polícia, saiba que não há nenhum sistema para pagar multas de trânsito no ato. O policial vai explicar suas opções; normalmente há um período de 30 dias para pagar as multas pelo correio.

Nunca fuja de um policial; se for preso, você tem o direito de ficar calado e a um advogado. O sistema legal assume que você é inocente até provarem sua culpa. Todas as pessoas que são presas têm o direito a uma ligação. Se não tiver um advogado ou familiar para ajudá-lo, ligue para sua embaixada ou consulado. A polícia vai fornecer o número se você pedir.

Beber e dirigir

Apesar do que se vê, é ilegal andar com garrafa de bebida alcoólica aberta na rua. Mais importante, não dirija com uma "garrafa aberta"; qualquer bebida no carro deve estar fechada ou guardada no porta--malas. Se você for parado e tiver uma garrafa aberta, a polícia vai tratá-lo como se estivesse dirigindo e bebendo. A recusa em fazer o teste do bafômetro, de urina ou de sangue é tratada como se você tivesse feito o teste e reprovado. Uma condenação por dirigir bêbado é um crime sério, sujeito a multas pesadas e até prisão.

Para comprar álcool, você precisa apresentar uma identidade com foto de forma a comprovar sua idade.

Saúde

A Flórida e os EUA em geral possuem um alto nível de higiene, então doenças infecciosas não são uma preocupação para a maioria dos viajantes. Não há exigência de vacinas, e a água da torneira é segura. Apesar da grande quantidade de vida selvagem intimidante, as principais preocupações para viajantes são queimaduras de sol e picadas de mosquito – assim como ter um seguro de saúde adequado em caso de acidente. Para endereços de hospitais, veja nos capítulos de Miami (p. 115) e Key West (p. 166). Se você passar por alguma emergência médica em Everglades, há boas chances de ser transferido para Miami. A maioria das grandes ilhas nas Keys, inclusive Marathon, Islamorada e Key Largo, possui hospitais com emergência.

Pesquisa na internet

Há muitos conselhos sobre saúde para viagens na internet. Duas boas fontes:

MD Travel Health (www.mdtravelhealth.com) Fornece recomendações completas, atualizadas e grátis para cada país.

World Health Organization (www.who.int/ith) O ótimo livro *International travel and health* está disponível grátis on-line.

Também consulte o site com dicas de saúde e viagem do governo brasileiro: www.viajelegal.turismo.gov.br.

Seguro de saúde

Os Estados Unidos oferecem possivelmente o melhor sistema de saúde do mundo. O problema é que pode ser absurdamente caro. É essencial comprar um seguro de viagem se sua apólice não oferece cobertura quando você estiver no exterior.

Se o seu plano de saúde não cobre gastos médicos no exterior, o melhor é obter um seguro de saúde ou viagem complementar. Descubra antes se o seu plano fará pagamentos diretamente aos fornecedores ou se vai reembolsá-lo depois por qualquer gasto nesse sentido.

DICAS DE VIAGEM OFICIAIS

Confira as dicas de turismo dos sites:

» **Brasil** (www.viajelegal.turismo.gov.br)

» **EUA** (http://travel.state.gov)

Cuidados com a saúde

Em geral, se você tiver uma emergência médica, vá ao pronto-socorro do hospital mais próximo. Se precisar de qualquer tipo de assistência emergencial, como polícia, ambulância ou bombeiros, ligue ☎911. A ligação é gratuita de qualquer telefone.

Se o problema não for urgente, ligue para um hospital mais próximo e peça por um médico local; isso é normalmente mais barato do que ir ao pronto--socorro. Hospitais particulares fornecem bons serviços, mas podem ser a opção mais cara.

Remédios

Traga qualquer remédio que você possa precisar em seu recipiente original, com rótulos. Uma carta assinada e datada de seu médico descrevendo sua condição médica e os remédios que você toma (incluindo nomes genéricos) também é uma boa ideia.

Alguns remédios que estão facilmente disponíveis nas prateleiras das farmácias de outros países exigem receita médica nos EUA. Se você não tiver seguro para cobrir o custo da receita, eles podem ser absurdamente caros.

Doenças infecciosas

Deve-se ficar atento tanto às doenças mais comuns, quanto às doenças infecciosas que são desconhecidas ou menos frequentes fora dos EUA. A maioria é transmitida por picadas de insetos ou de animais peçonhentos.

Giardiose Também conhecida como diarreia do viajante. Uma infecção parasítica do intestino delgado, contraída geralmente ao beber água contaminada com coliformes fecais. Nunca beba água de riachos, lagos ou poços não tratados. Facilmente curada com antibióticos.

HIV/AIDS É sempre bom lembrar: para evitar a infecção por HIV ou qualquer outra doença transmitida sexualmente, não esqueça de usar camisinha em todas as relações sexuais.

Doença de Lyme Apesar de ser mais comum no Nordeste dos EUA do que na Flórida, a doença de Lyme ocorre ali também. É transmitida por carrapatos infectados e marcada por uma coceira forte na mordida e sintomas parecidos com os da gripe. Tratada com antibióticos. Remover o carrapato em 36 horas pode evitar a infecção.

Raiva Apesar de raro, o vírus da raiva pode ser contraído pela mordida de qualquer animal infectado; morcegos são os mais comuns, e suas mordidas nem sempre são visíveis. Se for mordido por qualquer animal, consulte um médico, já que a raiva é fatal se não for tratada.

Febre do Nilo Ocidental Extremamente rara na Flórida, essa doença é causada pelo vírus do oeste do Nilo, que é transmitido por mosquitos cúlex. A maioria das infecções é leve ou assintomática, mas podem ocorrer sintomas sérios e até a morte. Não há tratamento para a febre do Nilo Ocidental. Para a última atualização sobre áreas afetadas, veja os **mapas de doenças da US Geological Survey** (http://disease maps. usgs.gov).

Mordidas de animais e aranhas

As criaturas da Flórida podem ser bonitas, mas também podem morder e picar. Aqui estão algumas com as quais é preciso tomar cuidado.

Jacarés e cobras Nenhum deles ataca os humanos, a menos que assustados ou ameaçados. Se encontrá-los, simplesmente se afaste. A Flórida possui várias espécies de cobras venenosas, portanto, não deixe de procurar tratamento imediato se for mordido.

Água-viva e arraia As praias da Flórida podem ter as duas; evite nadar quando estiverem presentes (os salva-vidas em geral colocam avisos). Trate queimaduras e picadas imediatam ente; elas doem, mas não são perigosas.

Aranhas A Flórida é o lar de duas aranhas perigosamente venenosas – a viúva-negra e a aranha-marrom. Procure tratamento imediato se for mordido por qualquer aranha; as mordidas podem causar doenças e até a morte.

Segurança

Algumas partes de Miami, incluindo Little Haiti e pontos noturnos como Overtown (ao norte de Downtown), possuem altos índices de criminalidade. Você deve tomar cuidado nessas áreas e, como regra geral, evitar ficar muito em Downtown à noite. Miami Beach, por outro lado, é segura, apesar de eventuais motoristas bêbados. .

Se precisar de algum tipo de ajuda, como polícia, ambulância ou bombeiros, ligue ☎911. A ligação é gratuita de qualquer telefone. Para questões de saúde, veja a p. 227.

Furacões

A temporada de furacões vai de junho a novembro, mas o pico é em setembro e outubro. Em termos relativos, poucas tempestades do oceano Atlântico e do golfo do México se tornam furacões e menos ainda são precisas o suficiente para atingir a Flórida, mas a devastação que causam quando atingem pode ser enorme. Viajantes devem levar a sério os alertas, avisos e ordens de evacuação.

Furacões são geralmente previstos com antecedência, permitindo a preparação. Quando há ameaça de furacão, ouça as notícias no rádio e na TV. Para mais informações sobre tempestades e preparação prévia, contate os seguintes:

Florida Division of Emergency Management (www.floridadisaster.org) Preparação para furacões.

Florida Emergency Hotline (☎800-342-3557)

Miami Hurricane Hotline (☎305-468-5400)

National Weather Service (www.nws.noaa.gov)

Seguro

É caro ficar doente, bater o carro ou ter suas coisas roubadas nos EUA. Tenha uma boa cobertura antes de chegar. Para seguro de automóveis, veja a p. 233. Para segurar itens que podem ser roubados do seu carro, consulte a política de seguro do proprietário (ou de quem aluga) ou pense em investir em seguro de viagem.

Seguro de viagem internacional está disponível em www.lonelyplanet.com/travel_services. Você pode comprar, aumentar e pedir resgate on-line a qualquer momento – mesmo se já estiver na estrada.

Telefone

Sempre disque "1" antes do número gratuito (☎800, 888 etc.) e números nacionais de longa distância. Alguns números gratuitos só funcionam dentro dos eua. Para assistência local, disque ☎411.

Para fazer ligações internacionais dos eua, disque %011 + código do país + código de área + número. Para ajuda da operadora internacional, disque ☎0. Para ligar para os eua do exterior, o código de país para os eua é ☎1.

Telefones públicos são fáceis de encontrar nas grandes cidades, mas estão ficando cada vez mais raros. As chamadas locais custam 50 centavos. Cartões telefônicos pré-pagos estão disponíveis em lojas de conveniência, supermercados e farmácias.

A maior parte do sistema de celulares é incompatível com o padrão GSM 900/1800 usado por toda a Europa e Ásia. Verifique sua operadora para saber como usar o celular nos eua. Em termos de cobertura, a Verizon tem a maior rede, mas a at&t, Sprint e T-Mobile são mais confiáveis. A cobertura de celular é geralmente excelente, exceto em Everglades e partes do norte rural da Flórida.

Os códigos de área em Miami e Keys são ☎305 e ☎786; em Everglades ☎239.

Trabalho

Empregos sazonais em cidades turísticas de praia e parques temáticos são comuns e geralmente fáceis de conseguir, apesar de pagarem pouco.

Se você é estrangeiro com um visto de visitante não-imigrante, está proibido de exercer trabalho remunerado nos EUA e será deportado se for pego trabalhando ilegalmente. Além disso, os empregadores podem ser multados se contratarem ilegais. Em especial, o sul da Flórida é notório pelo grande número de estrangeiros trabalhando ilegalmente, e os oficiais de imigração estão atentos.

Para trabalhar legalmente, os estrangeiros precisam pedir um visto de trabalho antes de sair de seu país. Estudantes precisam de um visto J1, que as seguintes organizações podem ajudar a conseguir:

American Institute for Foreign Study (AIFS; ☎866-906-2437; www.aifs.com)

BUNAC (☎020-7251-3472; www.bunac.org)

Camp America (☎020-7581-7373; www.campamerica.co.uk)

Council on International Educational Exchange (CIEE; ☎800-407-8839; www.ciee.org)

InterExchange (☎212-924-0446; www.interexchange.org) Programas de acampamento e au-pair.

International Exchange Programs (IEP) Austrália (☎1300-300-912; www.iep.org.au); Nova Zelândia (☎0800-443--769; www.iep.org.nz)

Para empregos não-estudantis, temporários ou permanentes, você precisa ser recrutado por um empregador norte-americano (que vai pedir um visto categoria H). Não são fáceis de conseguir.

Voluntariado

Voluntariado pode ser uma boa forma de aproveitar uma longa viagem e fornece oportunidades memoráveis para interagir com moradores locais e com a região de formas que você nunca faria se estivesse apenas passeando. Os santuários de animais e pequenos parques listados nos capítulos estão sempre precisando de voluntários de curto prazo.

Miami Habitat for Humanity (☎305-634-3628; www.miamihabitat.org; 3800 NW 22nd Ave) Atua bastante na Flórida, construindo casas e ajudando os sem-teto.

Shake a Leg Miami (☎305-858-5500; www.shakealegmiami.org; 2620 S Bayshore Dr) Um complexo comunitário de esportes aquáticos em Coconut Grove destinado às crianças econômica e fisicamente desprovidas.

Florida Keys National Marine Center (☎305-292--0311; floridakeys.noaa.gov/volunteer_opportunities/welcome) Pode conectá-lo com muitos programas voluntários focados no meio ambiente por todas as Keys.

Everglades National Park (☎305-242-7752; www.nps.gov/ever/supportyourpark /volunteer) Programas de voluntários recrutam tanto indivíduos quanto grupos.

Volunteer Florida (www.volunteerflorida.org) Organização estatal que coordena centros de voluntários em todo o estado. Apesar de estar voltado a floridenses, visitantes casuais podem encontrar trabalhos voluntários que se encaixem com seu tempo disponível e interesses.

Os parques estaduais não funcionariam sem voluntários. Cada parque coordena seus próprios voluntários, e a maioria também tem o apoio de uma organização de "amigos" (oficialmente chamada Citizen Support Organizations). Links e informações de contato estão no **website de parques estaduais** (http://floridastateparks.org/getinvolved/volunteer.cfm).

Transporte

COMO CHEGAR

Quase todos os viajantes internacionais chegam ao sul da Flórida de avião, e a maioria dos viajantes norte-americanos prefere avião ou carro. Chegar ao sul da Flórida por ônibus é uma remota terceira opção e por trem uma quarta ainda mais remota. Miami é um grande ponto de conexão internacional de linhas aéreas, especialmente para a American Airlines, e é o primeiro ponto de entrada de muitos voos da América Latina e do Caribe. A maioria dos voos chega no Miami International Airport (MIA), apesar de muitos serem também dirigidos a Fort Lauderdale-Hollywood International Airport (FLL). Tendo em vista sua localização na ponta dos EUA, a Grande Miami é mais um terminal de ferrovias e autoestradas sem muitas conexões.

Passagens para voos, passeios e viagens de trem podem ser reservadas on-line em www.lonelyplanet.com/bookings.

Aéreo

A menos que viva na Flórida, voar até a região e depois alugar um carro é a opção mais eficiente em termos de tempo.

Aeroportos e companhias aéreas

Miami International Airport (MIA; www.miami-airport.com) Um dos dois aeroportos mais movimentados do estado e uma das portas internacionais mais importantes do país.

Key West International Airport (EYW; www.monroecounty-fl.gov) Um aeroporto mais calmo, localizado saindo do S Roosevelt Blvd do lado leste da ilha.

Fort Lauderdale-Hollywood International Airport (FLL; www.broward.org/airport) Uma entrada alternativa à região, localizado a 34km ao norte do Downtown Miami.

O serviço aéreo para Miami é frequente e direto. Voos vêm de todos os EUA, da Europa, América Latina e Caribe; Key West está servido com muito menos frequência e geralmente de forma indireta. As seguintes empresas internacionais servem o sul da Flórida:

Aerolineas Argentinas (www.aerolineas.com)

AeroMexico (www.aeromexico.com)

Air Canada (www.aircanada.com)

Air France (www.airfrance.com)

Air Jamaica (www.airjamaica.com)

Air New Zealand (www.airnewzealand.com)

Alitalia (www.alitalia.com)

Bahamas Air (www.bahamasair.com)

British Airways (www.britishairways.com)

Cayman Airways (www.caymanairways.com)

El Al (www.elal.com)

GOL (www.voegol.com.br)

Iberia (www.iberia.com)

KLM (www.klm.com)

Lan (www.lan.com)

VIAGEM E MUDANÇA CLIMÁTICA

Todas as formas de transporte com combustivel à base de carbono geram emissão de CO2, que é a maior causa de mudança do clima do planeta provocada pelos humanos. O modo moderno de viajar inclui, muitas vezes, o aviao, que usa menos combustível por quilômetro e por pessoa do que a maioria dos carros, mas também viaja distâncias muito maiores. A altitude em que a aeronave libera gases (entre eles o CO^2) e partículas poluidoras também contribui para o impacto sobre o clima. Muitos sites , oferecem "calculadoras de carbono", que permitem estimar a emissão de carbono gerada pela viagem e, para aqueles que assim desejarem, compensar os efeitos da emissao de gases do efeito estufa com contribuições para iniciativas antipoluidoras e preocupadas com o clima de todo o mundo. A Lonely Planet compensa a emissao de carbono das viagens de sua equipe e de autores.

Lufthansa (www.lufthansa.com)
Qantas (www.qantas.com)
Swiss International Airlines (www.swiss.com)
TAM Airlines (www.tam.com.br)
Virgin Atlantic (www.virgin-atlantic.com)

Marítimo

A Flórida é quase completamente cercada pelo oceano e é um movimentado porto de cruzeiros. Se chegar em Miami via cruzeiro, provavelmente será no **Port of Miami** (☎305-347-4800; www.miamidade.gov/portofmiami), que recebeu quase 4 milhões de passageiros em 2003 e é conhecido como a "capital de cruzeiros do mundo". É possível ir de barco de Miami às Keys pelo **Key West Express** (☎888-539-2628; www.seakeywestexpress.com), que parte de Fort Myers Beach diariamente às 8h30 e faz uma viagem de 3h e 30min até Key West. Os barcos retornam ao porto às 18h. É melhor chegar 1h e 30min antes da partida. Durante o inverno e o outono o Express também parte da Marco Island.

Terrestre

Ônibus

Para viagens de ônibus, a **Greyhound** (☎800-231-2222; www.greyhound.com) é a principal operadora de longa distância nos EUA. Serve a Flórida a partir da maioria das grandes cidades. Também tem o único serviço interestadual (para outras possibilidades, ver Como circular).

Preços de longa distância podem ser relativamente altos: passagens aéreas mais baratas podem compensar mais do que ônibus em rotas de longa distância; em rotas mais curtas, alugar um carro pode ser mais econômico. Ainda assim, viagens de ônibus de longa distância (mesmo pela metade do preço) geralmente estão disponíveis se comprar passagens on-line com sete a catorze dias de antecedência. Depois, ao chegar na Flórida, é possível alugar um carro para circular. Pergunte sobre passes de vários dias.

Exemplos de preços só de ida (compra antecipada/padrão) entre Miami e algumas grandes cidades dos EUA:

CIDADE	PREÇO	TEMPO	DURAÇÃO
Atlanta	$79/144	16-18h	5-6
Nova Orleans	$136/149	23-24h	3-4
Nova York	$156/172	33-35h	5-6
Washington, DC	$149/164	27-29h	5-6

Carro e moto

Dirigir para a Flórida é fácil; não há fronteiras internacionais ou questões de entrada. Incorporar a Flórida numa grande viagem de carro pelos EUA é muito comum, e ter um automóvel durante a estada é geralmente uma necessidade.

Distâncias e duração a partir de vários pontos nos EUA até Miami:

CIDADE	CIDADE EM KM	DURAÇÃO
Atlanta	1.062	10 e 30min
Chicago	2.220	23horas
Los Angeles	4.425	44horas
Nova York	2.059	22horas
Washington, DC	1,689	17horas

Trem

Se está vindo da Costa Leste, o **Amtrak** (☎800-872-7245; www.amtrak.com) é uma opção confortável e barata para chegar à região de Miami. O *Silver Service* do Amtrak (que inclui os trens *Silver Meteor* e *Silver Star*) corre entre Nova York e Miami, com trajetos que incluem cidades grandes e pequenas. Infelizmente, não há mais nenhum serviço direto para a Flórida partindo de Los Angeles, Nova Orleans, Chicago ou do Meio-Oeste. Trens desses destinos se conectam à rota do *Silver Service*, mas a transferência acrescenta um dia ou mais à viagem.

Reserve com antecedência. Crianças e idosos têm direito a descontos.

DE	A	PREÇOS	DURAÇÃO
Nova York	Jacksonville	$125-210	18-20 horas
Nova York	Miami	$125-215	28-31 horas
Nova York	Orlando	$125-210	22-23 horas
Nova York	Tampa	$125-210	26 horas

COMO CIRCULAR

Depois de chegar ao sul da Flórida, viajar de carro é a melhor forma de se locomover – pois permite alcançar áreas ainda não atendidas pelo transporte público.

Avião

As companhias aéreas norte-americanas são confiáveis, seguras e servem muito bem a Flórida, tanto vindo do resto do país quanto dentro da Flórida. No entanto, os contínuos problemas financeiros dessa indústria resultaram numa série de fusões nos últimos anos: a Midwest se juntou à Frontier, a Air Tran de Orlando se fundiu com a Southwest, e a maior de todas, a Continental se fundiu com a United.

Em geral, isso acarretou menos voos, aeronaves mais cheias, menos benefícios, mais taxas e preços mais altos. Os procedimentos de segurança nos aeroportos também estão crescendo; chegue com tempo.

Companhias aéreas na Flórida

As principais empresas domésticas operando no sul da Flórida:

American (AA; ☎800-433-7300; www.aa.com) Tem Miami como eixo e se conecta com as maiores cidades da Flórida.

Cape Air (9K; ☎866-227-3247; www.flycapeair.com) Conveniente entre Fort Myers e Key West.

Delta (DL; ☎800-221-1212; www.delta.com) Conexão internacional com as principais cidades da Flórida, mais voos de Miami a Orlando e Tampa.

Spirit (NK; ☎800-772-7117; www.spiritair.com) Empresa da Flórida que serve as cidades do estado a partir da costa leste, do Caribe e da América Central e do Sul.

United (UA; ☎800-864-8331; www.united.com) Voos internacionais a Orlando e Miami, mais voos domésticos para e entre as principais cidades da Flórida.

US Airways (US; ☎800-428-4322; www.usairways.com) Serve a Flórida a partir de grande parte dos EUA.

Passes aéreos

Viajantes internacionais que planejam viajar muito, tanto dentro quanto fora da região, podem considerar comprar um passe aéreo. Eles estão disponíveis somente para estrangeiros e devem ser comprados em conjunto com uma passagem internacional. Condições e estruturas de custos podem ser complicadas, mas tudo inclui certo número de voos domésticos (de 3 a 10) que deve ser usado em 60 dias. Às vezes, é preciso planejar seu itinerário com antecedência, mas em outras ocasiões as datas (e até destinos) podem ser deixados em aberto. Converse com um agente de viagem para determinar se, de acordo com seus planos, um passe aéreo seria uma alternativa econômica .

As duas principais parcerias aéreas são a **Star Alliance** (www.staralliance.com) e a **One World** (www.oneworld.com).

Barco

A Flórida é um forte destino e ponto de partida para cruzeiros de todo tipo. O **Port of Miami** (www.miamidade.gov/portofmiami) gosta de repetir que é a "capital de cruzeiros do mundo", e com razão: é o maior porto de cruzeiros na Terra. **Port Everglades** (www.porteverglades.net, www.fort-lauderdale-cruises.com), localizado perto de Fort Lauderdale,também é uma potencial entrada para a região de Miami.

Para promoções sobre outros cruzeiros, acesse os seguintes sites:

» www.cruise.com
» www.cruiseweb.com
» www.vacationstogo.com
» www.cruisesonly.com

Principais empresas de cruzeiros:

Carnival Cruise Lines (☎800-764-7419; www.carnival.com)

Norwegian Cruise Line (☎866-234-7350; www2.ncl.com)

Royal Caribbean (☎866-562-7625; www.royalcaribbean.com)

Bicicleta

Passeios regionais de bicicleta são bem populares. A topografia plana, as brisas oceânicas sobre a Overseas Highway e o aumento da infraestrutura para bicicletas em Miami e Miami Beach oferecem grandes itinerários. Só tome cuidado com os arredores, principalmente se for andar perto do norte de Downtown. Alguns quarteirões ao norte dessa área são especialmente tensos. É melhor ir do inverno à primavera; o verão é insuportavelmente quente e úmido para passeios de longa distância.

Alugar uma bicicleta é fácil no sul da Flórida. Experimente o Everglades International Hostel se quiser andar por Glades (p. 129). Em Key West, há muitas opções localizadas na Truman Ave e na Simonton St; bicicleta é provavelmente o jeito mais fácil de andar pela plana Key West. Não se esqueça de que um programa de empréstimo de bicicletas torna andar em Miami Beach especialmente fácil. Para mais informações sobre o programa, agências de aluguel e rotas na Grande Miami, ver a p. 116 e p. 76.

Algumas outras coisas que não deve esquecer:

Obrigatoriedade do capacete Capacetes são exigidos para menores de 16 anos. Não é obrigatório para adultos, mas todos deveriam usar.

Regras nas ruas Bicicletas devem obedecer às regras dos carros; andar no lado direito da rua, com o trânsito, não nas calçadas.

Transporte da sua bicicleta para a Flórida Elas são consideradas bagagem despachada nos aviões, mas geralmente devem ser colocadas em caixas, e as taxas podem ser altas (mais de $200).

Roubo Traga e use uma trava U-lock. Especialmente em Miami Beach, o roubo é comum.

Para mais informações e ajuda, visite estas organizações:

League of American Bicyclists (www.bikeleague.org) Conselhos gerais, listas de clubes de bicicletas e endereços de lojas e oficinas para consertos.

International Bicycle Fund (www.ibike.org) Panorama completo das regulamentações para transporte de bicicletas por companhias aéreas e muitas dicas.

Better World Club (www.betterworldclub.com) Oferece um programa de assistência a bicicletas em estradas.

Carona

Viajar de carona não é nunca seguro em nenhum país, e por isso não recomendamos.

VIAGEM VERDE

» **Bicicleta** Bom exercício, nada de gasolina, ar fresco – o que mais você quer?

» **Metromover** Uma forma grátis de andar pelo centro, mas só serve Miami (não Miami Beach).

» **Tri-rail** Conexão barata e rápida entre Miami e seus subúrbios.

» **Bonde em Gables** Transporte divertido e nostálgico por Coral Gables.

» **Caminhada** Especialmente em South Beach, que só tem 2,8km de extensão.

Viajantes que decidem pedir carona devem entender que estão correndo um pequeno, mas sério risco. É impossível prever se o motorista é um estuprador ou assassino antes de entrar no veículo. Pessoas que decidem pedir carona estarão mais seguras se andarem em pares e devem deixar alguém avisado sobre aonde planejam ir. Certifique-se de perguntar ao motorista aonde ele ou ela estão indo em vez de contar aonde quer ir.

Carro e moto

A maneira mais fácil e popular de viajar pelo sul da Flórida é de carro. Apesar de ser possível evitar usar carro em viagens só de ida a Miami ou Key West, é inconveniente confiar no transporte público mesmo para passeios regionais. Motocicletas também são populares na Flórida por causa das estradas planas e do clima quente (exceto pelas chuvas de verão). Além disso, para explorar Everglades é preciso ter transporte motorizado. Os ônibus da Greyhound passam por Keys, mas não é possível estacionar para cheirar as rosas no acostamento da Overseas Highway, o que é 90% da diversão.

As estradas são bem conservadas, com a exceção de ocasionais buracos e obras em Miami e da lamacenta Loop Rd em Everglades (que estava sendo melhorada quando escrevíamos este guia). Reconhecidamente, dirigir em Miami pode ser uma experiência... especial (leia-se: um inferno). Para mais informações, ver p. 116.

Associações de automóveis

A **American Automobile Association** (AAA; ☎800-874-7532; www.aaa.com) possui acordos de reciprocidade com vários clubes de automóveis internacionais (veja com a AAA e traga seu cartão de membro). Para os membros, a instituição oferece seguro de viagem, guias, centros de diagnósticos para compradores de carros usados e um grande número de escritórios regionais; defende politicamente a indústria automobilística.

Uma alternativa ecológica é o **Better World Club** (☎866-238-1137; www.betterworldclub.com), que doa 1% de seus ganhos para programas ambientais, oferece escolhas ecologicamente corretas para serviços e defende causas ambientais. O Better World também possui um programa de assistência a bicicletas nas estradas.

Nas duas organizações, o principal benefício do afiliado é a assistência para emergências na estrada 24 horas em qualquer lugar dos EUA. Os dois clubes também oferecem planejamento de viagem e mapas gratuitos, serviços de agências de viagens, seguro de carro e vários descontos (aluguéis de carros, hotéis etc.).

Carteira de motorista

Visitantes estrangeiros podem dirigir nos EUA por até 12 meses com a carteira de seu país natal. No entanto, é recomendado tirar uma Permissão Internacional para Dirigir (PID); isso vai dar mais credibilidade com a polícia local, especialmente se sua carteira de motorista não tiver foto ou estiver em outro idioma. Por uma pequena taxa, sua associação automobilística local pode fornecer uma PID, válida por um ano. Leve sempre sua carteira local com a PID. Para dirigir uma moto, precisa-se ou de uma licença estadual dos EUA ou uma PID também endossada para motocicletas.

Seguro

Não coloque a chave na ignição se não tiver seguro, que é legalmente exigido, ou vai correr o risco de se arruinar financeiramente se acontecer um acidente. Se já tiver seguro de carro (mesmo internacional) ou se comprar um seguro de viagem, garanta que a apólice tenha cobertura adequada para carros alugados na Flórida; provavelmente tem, mas é bom se certificar.

Locadoras de carro vão fornecer seguro, porém a maioria cobra um extra. Sempre pergunte. Elas quase nunca incluem seguro por danos de colisão. No lugar, oferecem os opcionais Collision Damage Waiver (CDW) ou Loss Damage Waiver (LDW), normalmente com uma taxa dedutível inicial de $100 a $500. Em um plano premium, é possível ter esse dedutível coberto também. No entanto, a maioria dos cartões de crédito oferece cobertura de danos de colisão para carros alugados, se alugar por menos de quinze dias e pagar o aluguel total com seu cartão. Essa é uma boa forma de evitar pagar taxas extras para a locadora, mas lembre-se de que se ocorrer um acidente, paga-se primeiro a locadora e depois procura-se o reembolso com o cartão de crédito. Verifique a política do seu cartão de crédito. Pagamentos extras por tudo isso podem aumentar o seguro entre $10 e $30 por dia.

Estacionamento

Estacionar em Miami é bastante simples. As regras são

bem sinalizadas e há muitos parquímetros e estacionamentos nas ruas, com a exceção de Downtown durante o dia (e a área de Brickell dia e noite) e South Beach à noite. Em Downtown, perto de Bayside Marketplace, é barato estacionar, mas confuso: encontre uma vaga, compre um tíquete da máquina central e deixe à mostra no seu para-brisa.

Miami Beach Parking (☎305-673-7275; www.miamibeachfl.gov/parking) faz um bom trabalho com uma série de garagens extremamente convenientes por toda Miami Beach (e baratas, a $1 por hora, apesar de haver uma taxa de $15 das 20h às 5h sexta, sábado e domingo). Procure por placas com "P" azul gigante na Collins Ave esquina com a 7th St, Collins Ave com 14th St, Washington Ave com 12th St, Washington Ave com 16th St, e 17th St em frente ao Jackie Gleason Theater of the Performing Arts (perfeito se for à Lincoln Rd). Se estacionar ilegalmente ou se o medidor expirar, as multas custam entre $25 e $34, mas um reboque poderia custar muito mais. Outros bons estacionamentos podem ser encontrados em Coral Gables e Coconut Grove.

Parquímetros em Miami Beach ao sul da 23rd custam $1,50 por hora e precisam ser alimentados das 9h às 3h. Ao norte da 23rd St os parquímetros custam $1 por hora e operam das 8h às 18h. A maioria deles permite o pagamento por até três horas, apesar de alguns aumentarem esse período. Muitos aceitam cartão de crédito; se não funcionar, o melhor é comprar um Meter Card, disponível no **Miami Beach City Hall** (mapa p. 44; 1st fl, 1700 Convention Center Dr); no **Miami Beach Chamber of Commerce** (mapa p. 44; 1920 Meridian Ave); ou em qualquer estacionamento municipal ou supermercado Publix. Os valores são de $10, $20 e $25 (e os medidores custam $1 por hora).

Aluguel

CARRO

Aluguel de carro é um negócio muito competitivo. A maioria das locadoras exige um cartão de crédito, ter pelo menos 25 anos e uma carteira de motorista (a carteira de seu país vai funcionar, mas uma PID é recomendada). Algumas empresas nacionais podem alugar a motoristas entre 21 e 24 anos com uma taxa adicional. Quem tem menos de 21 anos normalmente não pode alugar.

Boas agências independentes estão listadas neste guia e no **Car Rental Express** (www.carrentalexpress.com), que taxa e compara agências independentes nas cidades dos EUA; é particularmente útil para procurar aluguéis mais baratos a longo prazo.

Entre as locadoras nacionais destacamos as seguintes:

Alamo (www.alamo.com)
Avis (www.avis.com)
Budget (www.budget.com)
Dollar (www.dollar.com)
Enterprise (www.enterprise.com)
Hertz (www.hertz.com)
National (www.nationalcar.com)
Rent-a-Wreck (www.rentawreck.com)
Thrifty (www.thrifty.com)

Carros para alugar estão disponíveis em todos os aeroportos e em muitos locais no centro. Com reservas antecipadas para um carro pequeno, as taxas diárias com milhagem ilimitada custam em torno de $35 a $55, enquanto taxas semanais típicas custam entre $200 e $400, mais impostos e taxas. Se alugar em alguma agência fora do aeroporto, economiza as exorbitantes taxas.

Uma alternativa em Miami é o **Zipcar** (www.zipcar.com), um serviço de compartilhamento de carro que cobra taxas de aluguel por hora/dia com gasolina grátis, seguro e milhagem limitada incluída; pré-pagamento é exigido.

MOTO

Para andar com uma Harley pela Flórida, entre em contato com a **EagleRider** (☎888-900-9901; www.eaglerider.com), que possui escritórios em Miami. Oferece vários modelos, com preços a partir de $150 por dia, mais seguro. Não é obrigatório que adultos (mais de 21 anos) usem capacete na Flórida, mas é bom usar.

MOTOR-HOME (RV)

Esqueça hotéis. Dirija o seu próprio. Passear pela Flórida com veículos recreativos pode ser barato ou caro, depende de você.

Depois de escolher o tamanho do veículo, pense no impacto dos preços de gasolina, milhagem, custos adicionais, seguro e depósitos reembolsáveis; isso pode aumentar rapidamente. O mais típico é que os RVs não venham com milhagem, então estime as milhas antecipadamente para calcular o verdadeiro custo do aluguel.

CruiseAmerica (☎800-671-8042; www.cruiseamerica.com) A maior empresa de aluguel de RV possui escritórios por todo o sul da Flórida.

Adventures on Wheels (☎800-943-3579; www.adventuresonwheels.com) Escritório em Miami.

Recreational Vehicle Rental Association (www.rvra.org) Boas informações sobre RV e dicas, além de ajudar a encontrar locais para alugar.

Legislação de trânsito

Se é novo nas estradas da Flórida ou dos EUA, aqui estão algumas informações básicas:

» A velocidade máxima nas interestaduais é 75mp/h (120km/h), mas isso cai para 65mp/h (105km/h) e 55mp/h (88km/h) nas áreas urbanas. Preste atenção às placas. O limite de velocidade nas cidades varia entre 24km e 72km/h.

» A polícia da Flórida é bastante rigorosa com os limites de velocidade, e as multas são caras. Se for pego 10 milhas (16km) acima do limite, a multa é de $155.

» Todos os passageiros no carro devem usar cinto de segurança; a multa por não usar é de $30. As crianças com menos de três anos devem estar numa cadeirinha de segurança.

» Como no restante dos EUA, dirija pelo lado direito da estrada. Nas autoestradas, ultrapasse pela esquerda, mas tome cuidado, pois motoristas ansiosos geralmente ultrapassam por qualquer espaço disponível.

» A menos que esteja marcado, é possível virar à direita no sinal vermelho, desde que pare antes. Numa placa de parar, o carro que chega ao cruzamento primeiro tem preferência. Se chegarem juntos, o carro à direita tem preferência.

Ônibus

A **Greyhound** (☎800-231--2222; www.greyhound.com) é a principal empresa para chegar e sair de Miami. Há quatro grandes terminais: **Airport terminal** (☎305-871-1810; 4111 NW 27th St); **Main Downtown terminal** (mapa p. 56; ☎305-374-6160; 1012 NW 1st Ave); **North Miami terminal** (mapa p. 52; ☎305-945-0801; 16560 NE 6th Ave); e o **Southern Miami terminal** (☎305-296-9072; Cutler Ridge Mall, 20505 S Dixie Hwy).

Táxi

Fora do Aeroporto Internacional de Miami (MIA), South Beach e do Porto de Miami, onde os táxis passam como abelhas numa colmeia, é melhor usar um telefone para solicitar um. Tente o **Metro** (☎305-888-8888), o **Sunshine** (☎305-445-3333) ou o **Yellow** (☎305-444-4444) para um passeio.

Táxis em Miami possuem preços básicos e taxímetro. Não precisa pagar nada extra por malas ou por número de pessoas, embora espera-se uma gorjeta entre 10% e 15% do valor marcado. Acrescente uns 10% ao preço normal (ou um dólar, o que for maior). Se for mal atendido, pegue o número da licença e o nome do motorista, mais a placa do carro e entre em contato com a **Taxi Complaints Line** (☎305-375-2460).

Em Key West, pegue um dos táxis rosa com taxímetros da **Key West Taxis** (☎305-296-6666).

Transporte local

Ônibus

Miami

O sistema de ônibus em Miami é chamado **Metrobus** (☎305-891-3131; www.miamidade.gov/transit) e apesar de ter um extenso sistema de rotas, o serviço é bastante irregular. Cada rota de ônibus tem um horário diferente, e as rotas geralmente começam às 5h30 e vão até 23h, apesar de algumas rodarem 24 horas. As viagens custam $2 e devem ser pagas com troco exato com um cartão magnético, moedas ou uma combinação de nota de 1 dólar e moedas (a maioria dos locais usa o Metropass mensal). Um mapa das rotas fácil de usar está disponível on-line.

Em South Beach, uma excelente opção é o **South Beach Local Circulator** (☎305-891-3131), um ônibus circular com acesso para deficientes que opera por Washington entre South Pointe Dr e a 17th St e volta pela Alton Rd do lado oeste da praia. A viagem custa somente 25 centavos, e ele passa a cada 10 a 15 minutos entre 7h45 e 1h de segunda a sábado e das 10h até a 1h aos domingos e feriados. Procure os pontos a cada dois quarteirões, marcados com postes com sinais Electrowave coloridos.

Coral Gables tem seu próprio "ônibus", um híbrido elétrico disfarçado de bonde. É grátis, mas só é bom para andar por Gables (às vezes faz parte da viagem um quarteto à capela – uma experiência de volta ao passado). A rota norte-sul passa pelo Ponce de León Blvd de Douglas Metrorail Station à SW 8th St (entre 6h30 e 20h segunda a quinta, e 6h30 e 22h sexta).

Key West

A Key West Transit (☎305--809-3910; www.kwtransit.com; tarifa única $2) opera um serviço local de ônibus em Key West. A linhas de ônibus conectam a parte histórica e ocidental da ilha com as unidades residenciais e os shopping centers de Key West oriental. Esse é um serviço especialmente útil para os moradores da ilha que trabalham na parte oeste de Key West e não têm meios para ir de carro.

Se é turista, o serviço mais útil da KW Transit é o **Lower Keys Shuttle**; acesse www.keywestcity.com e procure em *departments*, depois *Department of Transportation*. Esse serviço de ônibus liga Key West e Marathon nove vezes por dia; a passagem custa pouco mais de $3. Em Marathon, é possível se conectar com o **301 Dade-Monroe Express** ($2,35), operado por Dade County, que conecta Marathon com Florida City seis vezes por dia; acesse www.miamidade.gov/transit para uma agenda detalhada. Essa rota trabalha na direção contrária também, o que significa que é fácil tomar ônibus públicos de Florida City até Key West. Só se planeje para uma viagem longa; por exemplo, se sair do aeroporto de Key West às 12h21, vai chegar a Mike Marker 50 em Marathon às 14h. Depois terá de esperar até o 301 partir de MM 50 às 15h45, deixando-o em Florida City às 18h.

Metrô

Em Miami, o **Metromover** (www.miami dade.gov/transit/mover), sem motorista, circula no centro e se conecta com o **Metrorail** (www.miamidade.gov/transit/rail). É um sistema de trens com 34km que possui uma linha elevada que vai de Hialeah passando pelo centro de Miami e ao sul até Kendall/Dadeland. Os trens passam entre 5 e 15 minutos das 6h à 0h. O preço é $2 ou $1 com uma transferência no Metromover. Na época da pesquisa, já tinham começado os planos de uma extensão do Metrorail de Miami até o aeroporto.

O regional **Tri-Rail** (☎800-874-7245; www.tri-rail.com) conecta Dade, Broward e Palm Beach. Os preços são calculados com base numa zona, e a rota engloba seis zonas. As passagens não são vendidas no trem, então lembre-se de comprá-las antes de embarcar. Todos os trens e as estações são acessíveis para pessoas com deficiências. Para uma lista de estações, entre no site da Tri-Rail.

Trem

Os trens da **Amtrak** (☎800-872-7245; www.amtrak.com) correm entre várias cidades da Flórida. Como uma forma de circular pelo estado, a Amtrak oferece serviços bastante limitados, mas para certas viagens específicas os trens podem ser fáceis e baratos. Basicamente, trens diários viajam entre Jacksonville, Orlando e Miami, com uma linha se estendendo até Tampa. Além disso, uma via expressa (ou ônibus) leva os passageiros da Amtrak até Daytona Beach, St. Petersburg e Fort Myers.

bastidores

ESCREVA PARA NÓS

Adoramos ouvir notícias dos viajantes – seus comentários nos mantêm mais ligados e nos ajudam a melhorar nossos livros. Nossa viajada equipe lê cada palavra a respeito daquilo que você amou ou odiou neste guia. Embora não possamos responder individualmente, sempre asseguramos que suas mensagens sejam remetidas ao autor adequado a tempo da próxima edição. Cada pessoa que nos enviar informações receberá agradecimentos na próxima edição.

Visite **lonelyplanet.com/contact** para enviar suas atualizações e sugestões, ou para pedir ajuda. Nosso premiado site também contém inspiradores relatos de viagem, notícias e discussões.

Atenção: podemos editar, reproduzir e incorporar seus comentários em produtos Lonely Planet, tais como guias, sites e produtos digitais. Então, nos informe se você não deseja que seus comentários sejam reproduzidos ou que seu nome seja citado. Para conhecer a nossa política de privacidade, visite lonelyplanet.com/privacy.

NOSSOS LEITORES

A Lonely Planet agradece aos viajantes que usaram a última edição deste guia em inglês e enviaram dicas, orientações úteis e histórias interessantes:
Lars Andersson, Jorge Azcarate, Chris Brown, Jeff Buckley, Ray Dunn, Judy Gawelek, Stefan Girsberger, Catherine Larkman, Samuel Martin, Christianne Oosterbaan, Samuela Poncia, Priya Sharma, Ben Singer

AGRADECIMENTOS DO AUTOR

Adam Karlin

Obrigado: Anna Whitlow, Paula Nino, Jordan Melnick, Megan Harmon, a família Paquet, minha equipe em Keys e todo floridense que participou. Muito obrigado à equipe da Lonely Planet: Alison, Jennye Garibaldi, Jeff, Jennifer e Emily. Obrigado à minha avó, Rhoda Brickman, por me levar à Flórida pela primeira vez, a meus pais que sempre me deram um lugar para escrever, e a Rachel por ser Rachel.

AGRADECIMENTOS

Dados do mapa do clima adaptados de Peel MC, Finlayson BL e McMahon TA (2007) "Updated World Map of the Köppen-Geiger Climate Classification", *Hydrology and Earth System Sciences*, 11, 163344.
Foto da capa: Posto de salva-vidas, South Beach, Miami Beach, Bildagenthur Huber/R. Schimid/4 Corner Images © Muitas das imagens neste guia estão disponíveis para licenciamento por Lonely Planet Images: www.lonelyplanetimages.com.

ESTE GUIA

Esta 6ª edição do guia *Miami & the Keys* em inglês da Lonely Planet foi escrita por Adam Karlin, que também escreveu a edição anterior. As primeiras edições foram escritas por Beth Greenfield, Kim Grant, Nick Selby e Corinna Selby. Este guia foi coordenado pelo escritório de Oakland da Lonely Planet e produzido por:

Editor Jennye Garibaldi
Coordenação editorial Charlotte Orr
Coordenação de arte Wibowo Rusli
Gerente editorial Brigitte Ellemor
Editor-sênior Susan Paterson
Gerente de cartografia Shahara Ahmed
Gerente de arte Chris Girdler, Jane Hart
Editores-assistentes Alice Barker, Jackey Coyle, Briohny Hooper, Anne Mulvaney
Cartógrafos-assistentes Anita Banh, Valeska Canas, Xavier Di Toro
Pesquisa de capa Naomi Parker
Pesquisa de imagens Sabrina Dalbesio
Agradecimentos a Sasha Baskett, Ryan Evans, Heather Howard, Trent Paton, Raphael Richards, Gerard Walker

Idioma

O inglês falado hoje é uma evolução do germânico ocidental que, por sua vez, pertence à família das línguas indo-europeias. O inglês antigo sofreu influência do latim. Com a conquista dos normandos, palavras nórdicas e escandinavas passaram a fazer parte do idioma. O inglês moderno foi altamente difundido e seu léxico significativamente aumentado, além de ter sofrido importantes mudanças gramaticais.

O inglês é falado nos Estados Unidos, Canadá, Austrália, Nova Zelândia, Reino Unido, África do Sul e outros países onde a Inglaterra teve influência. São mais de 370 milhões de falantes nativos do idioma mais aqueles que a utilizam como segunda língua. Existem hoje mais falantes não nativos do idioma do que nativos.

Devido a uma globalização sem precedentes, o inglês é hoje a mais importante língua internacional. Ela é usada para fins comerciais, acadêmicos, midiáticos, artísticos, esportivos, diplomáticos, científicos, turísticos e para se fazer negócios.

Pronúncia

Vogais

Assim como no português, existem cinco vogais em inglês. Porém, essas vogais representam doze sons diferentes. Os exemplos de pronúncia abaixo são uma aproximação aos sons do inglês americano padrão. As vogais podem ser mais longas ou mais curtas, além de mais abertas ou mais fechadas. Para facilitar a pronúncia eliminamos essas diferenças e reduzimos os sons de vogal a nove. São eles:

Representação gráfica do som	Exemplo do som em português	Exemplo do som em inglês
i	igreja	see, single
ei	comprei	name
é	café	breakfast, map
a	mar	car
ê	entrar	person
ó	ótimo	block, hostel
ôu	comprou	hotel
u	baú	spoon, full
ai	cai	fine

Consoantes

Em inglês existem 21 consoantes que representam 24 sons. No geral, as consoantes não apresentam grandes dificuldades para os falantes de português, pois a pronúncia de grande parte dos sons é idêntica em nosso idioma. No entanto, é necessário prestar atenção a algumas letras que podem causar certa confusão se não pronunciadas corretamente. Para facilitar a pronúncia eliminamos algumas diferenças e reduzimos os sons de consoante a sete. São eles:

Atenção: As letras "th" em inglês são pronunciadas colocando-se a língua entre os dentes ou logo atrás dos dentes superiores. Como esta é uma dificuldade comum aos falantes de português, nós adaptamos as pronúncias do "th" para "d", "f" e algumas vezes para "t".

Representação gráfica do som	Exemplo do som em português	Exemplo do som em inglês
rr	real	hotel
k	casa	car
r	carne ("r" do interior do estado de São Paulo)	road
sh	chá	show
j	jardim	casual
tch	tchau	check
dj	*	John

* este som não existe em português

Tonicidade

O sistema de escrita do inglês não indica qual sílaba deve ser tônica. Não há acentuação gráfica como em português. Porém, reforçar a sílaba certa é tão importante quanto pronunciar os sons corretamente. Muitos mal-entendidos ocorrem por uma alteração na sílaba tônica. Por isso, quando necessário, elas estarão indicadas na transcrição por meio do sublinhado.
Veja um exemplo: hotel = rroutél.

ACOMODAÇÕES

Estou procurando um/uma...
I'm looking for a... aim lu-kin fór a...

pensão	Boarding house bór-din rraus
hotel	Hotel rrou-tél
albergue da juventude	youth hostel iuf rrós-tél

Gostaria de um quarto...
I'd like a... room aid laik a... rum

duplo	Double dê-boul
individual	Single sin-gêl
com duas camas	Twin tu-in

Quanto custa por...?
How much is it per...?
rrau mêtch iz it pêr...?

noite	Night nait
pessoa	Person pêr-sên

Inclui o café da manhã?
Does it include breakfast?
dêz it in-klud brék-fést?
Posso ver o quarto?
Can I see the room? kén ai si dê rum?
Não me agrada.
I don't like it. ai dont laik it
Está bem. Vou alugá-lo.
It's fine. I'll take it. its fain. al teik it.

INFORMAÇÕES BÁSICAS

Bom dia.	Good morning. gud mór-nin
Boa tarde.	Good afternoon. gud éftêr-nun
Boa noite.	Good evening/night gud ivi-nin/nait
Até logo.	See you later si iu lei-têr
De nada.	You're welcome iór uél-kêm
Desculpe.	Sorry só-rri
Com licença.	Excuse me iks-kiuz mi

Como vai o senhor/a/ você?
How are you? rrau ar iu?
Como você se chama?
What's your name?
uóts iór nêim
Me chamo...
My name is... mai nêim iz
De onde você é?
Where are you from?
uér ar iu fróm?
Sou de...
I'm from... aim from...

LOCALIZAÇÃO

Como posso chegar a...?
How do I get to...?
rrau du ai gét tu...?
Fica longe?
Is it far? izit far?
Qual é o endereço?
What's the address?
uóts dê a-drés?
Poderia indicá-lo (no mapa)?
Can you show me (on the map)? kén iu shou mi (ón dê mép)?
Siga em frente.
Go straight ahead. gou strêit arréd
Vire à esquerda / direita.
Turn left / right. têrn left / rait

COMENDO FORA

Gostaria de fazer uma reserva
I'd like to make a reservation.
aid laik tu mêik a ré-zer-vêi-shên
Aceitam cartão de crédito?
Do you accept credit cards?
du iu êk-sépt kré-dit kardz?
Uma mesa para..., por favor.
A table for..., please. a têi-bêl for..., pliz.
Posso ver o cardápio, por favor?
Can I see the menu, please?
kén ai si dê mê-niu, pliz?
O quê me aconselha?
What do you recommend?
uót du iu ré-kê-mênd?
Qual é o prato do dia?
What's today's special? uóts tu-dêiz spé-shêl?
Vou provar o que ele/a está comendo.
I'll try what he/she is having.
aul trai uót rri / shi iz rré-vin

Sou vegetariano/a.
I'm a vegetarian.
aim a vé-dji-té-riên
Uma (cerveja), por favor. Can I have a (beer), please? kén ai rrév a (biêr), pliz?
O preço no cardápio inclui as taxas de atendimento?
Is service/cover charge included in the bill? iz sêr-vis / kê-ver tchardj in-klu-dêd in dê bil?
A conta, por favor.
The bill, please.
dê bil, pliz.

SAÚDE

Estou doente.
I'm sick. aim sik
Preciso de um médico.
I need a doctor. ai nid a dók-têr
Onde fica o hospital?
Where's the hospital?

uér iz dê rrós-pi-tal
Sou alérgico/a a
I'm allergic aim a-lêr-djik
antibióticos antibiotics
én-ti-ba-ió-tiks
penicilina penicillin pé-ni-si-lin
Estou com... I have (a)... ai rrév (a)
tosse cough kóf
diarreia diarrhea dai-ê-ri-a
dor de cabeça headache hé-deik
náusea nausea nó-zia

DIFICULDADES COM A LÍNGUA

Você fala português?
Do you speak Portuguese?
du iu spik in-glish?
(Não) Entendo.
I (don't) understand.
ai (dont) ên-dêr-sténd
O que quer dizer...?
What does... mean?
uót dêz... min?
Pode..., por favor?
Could you please...?
kudiu pliz...?
repeti-lo. repeat that ri-pit dét
falar mais devagar. speak more slowly spik mór slou-li
escrevê-lo. write it down rait it daun

COMPRAS

Queria comprar...
I'd like to buy... aid laik tu bai...
Quanto custa?
How much is it? rrau mêtch iz it?
Poderia baixar um pouco o preço? Could you lower the price? kudiu lou-êr dê prais?
Não gosto.
I don't like it. ai dont laik it
Eu o compro.
I'll take it. al teik it
Aceitam cartão de crédito?
Do you accept credit cards?
du iu êk-sépt kré-dit
Estou procurando um/uma...
I'm looking for (the)... aim lu-kin fór (dê)
caixa eletrônico ATM ei-ti-êm
banco Bank bénk
farmácia Chemist kê-mist
embaixada Embassy êm-ba-si
agência de câmbio exchange office iks-tchéndj ófis
correio post office poust ófis
(super)mercado (super) market (su-pêr)mar-kêt
escritório de turismo tourist office tu-rist ófis
A que hora abre/fecha?
What time does it open/close? uót taim dêz it ou-pên /klouz?
Quero trocar dinheiro/ cheques de viagem.
I want to change some money/traveler's checks.
Ai uant tu tchéndj sêm mê-ni / tré-vê-lêrz tchéks
Qual é a taxa de câmbio?
What is the exchange rate?
uót iz dê iks-tchéndj reit?
Onde há um internet café por aqui? Where's the local internet cafe? uér iz dê lou-kal in-têr-nét ké-fê?
Queria usar a internet.
I'd like to get internet access.
aid laik tu gét in-têr-nét ék-sés

TRANSPORTES

Transporte público
A que horas sai/chega o...?
At what time does the... leave/arrive?
ét uót taim dêz dê... liv / ê-raiv
onibus Bus bês
avião Plane plêin
trem Train trêin
Gostaria de um bilhete para...
I'd like a ticket to... aid laik a ti-kêt tu...
Quanto custa a tarifa para...?
What's the fare to...? uóts dê fér tu...?
1ª classe 1st class fêrst klés
2ª classe 2nd class sé-kênd klés
ida one-way uên uêi
ida e volta round-trip raund trip
tarifa de estudante student's (fare) stu-dênts fér
táxi taxi té-ksi

Transporte particular
Gostaria de alugar um/uma... I'd like to hire a... aid laik tu rra-iêr a...
4x4 4WD fór uil draiv
bicicleta bicycle bai-si-kêl
carro car kar
moto motorbike moutêr-baik
pick-up pickup pikêp
Esta é a estrada para...?
Is this the road to...? iz dis dê roud tu...?
Onde há um posto de gasolina?
Where's a gas/petrol station?
uérz a gés/pé-troul stêi-shên?
Complete, por favor.
Please fill it up. pliz fil it êp
Quero (vinte) litros.
I'd like (20) liters. aid laik (tu-ên-ti) li-têrz

Índice

Páginas de mapas **000**
Páginas de fotos 000

N

O

P

Q

Páginas de mapas **000**
Páginas de fotos 000

R

S

T

U

V

W

Z

como usar este guia

Preste atenção nestes ícones:

- Nossa recomendação
- GRÁTIS — Entrada franca
- Opção sustentável
  Nossos autores selecionaram esses lugares como dedicados à sustentabilidade – por exemplo, que incentivam as comunidades e os produtores locais, respeitando o meio ambiente ou dando suporte a projetos de conservação ambiental.

Estes símbolos vão ajudá-lo a achar exatamente o que você procura:

- Atrações
- Atividades
- Cursos
- Visitas guiadas
- Festivais e eventos
- Onde dormir
- Onde comer
- Onde beber e vida noturna
- Lazer
- Onde comprar
- Informação/transporte

Estes símbolos fornecem as informações fundamentais:

- Números de telefone
- Horário de funcionamento
- P Estacionamento
- Proibido fumar
- Ar-condicionado
- Acesso à internet
- Acesso a wi-fi
- Piscina
- Opções vegetarianas
- Menu em inglês
- Para família
- Aceita animais de estimação
- Ônibus
- Balsa
- M Metrô
- S Metrô
- Metrô (tube)
- Tram
- Trem

Estas abreviações indicam qual é o tipo de acomodação:

ap	apartamento	f	família	qq	quarto quádruplo	ste	suíte
c	casal	q	quarto	s	solteiro	t	triplo
dc	dormitório coletivo	qd	quarto duplo				

Resenhas organizadas pela preferência do autor.

Legenda no mapa

Atrações
- Praia
- Budismo
- Castelo
- Cristianismo
- Hinduísmo
- Islamismo
- Judaísmo
- Monumento
- Museu/Galeria
- Construção histórica
- Vinícola / Vinhedo
- Zoológico
- Outra atração

Atividades, cursos e visitas guiadas
- Mergulho/Snorkel
- Canoagem/Caiaque
- Esqui
- Surfe
- Natação/piscina
- Caminhada
- Windsurfe
- Outras atividades, cursos, visitas guiadas

Onde dormir
- Onde dormir
- Camping

Onde comer
- Onde comer

Onde beber e vida noturna
- Onde beber
- Café

Lazer
- Lazer

Onde comprar
- Onde comprar

Informações
- Correios
- Informações turísticas

Transporte
- Aeroporto
- Posto de fronteira
- Ônibus
- Funicular
- Bicicleta
- Balsa
- Metrô
- Tram
- Estacionamento
- S-Bahn
- Táxi
- Trem/Ferrovia
- Tram
- Metrô
- U-Bahn
- Outro transporte

Rede viária
- Rodovia
- Autoestrada
- Principal
- Secundária
- Terciária
- Pista
- Via não pavimentada
- Calçadão
- Degraus
- Túnel
- Passagem de pedestre
- Passeio a pé
- Roteiro alternativo
- Caminho

Fronteiras
- Internacional
- Estado/província
- Em litígio
- Regional/subúrbio
- Parque marinho
- Ponte
- Muro

População
- Capital (Nacional)
- Capital (Estado/província)
- Cidade
- Distritos

Geografia
- Cabana/abrigo
- Farol
- Mirante
- Montanha/vulcão
- Oásis
- Parque
- Passagem
- Área para piquenique
- Cachoeira

Hidrografia
- Rio
- Rio intermitente
- Pântano
- Recife
- Canal
- Água
- Área seca
- Geleira

Áreas
- Areia
- Cemitério (cristão)
- Cemitério (outros)
- Parque/floresta
- Pista
- Atração (construção)
- Destaque (construção)

NOSSA HISTÓRIA

Um carro velho batido, uns poucos dólares no bolso e um desejo de aventura. Em 1972 era tudo que Tony e Maureen Wheeler precisavam para fazer a viagem de suas vidas – cruzar a Europa e a Ásia e em seguida a Austrália. A jornada durou muitos meses e ao final – quebrados, mas inspirados – eles se sentaram à mesa de sua cozinha e escreveram juntos seu primeiro guia de viagem, *Across Asia on the Cheap*. Em uma semana, foram vendidos 1.500 exemplares. Nascia a Lonely Planet. Hoje, a Lonely Planet tem escritórios em Melbourne, Londres e Oakland, com mais de seiscentos autores e funcionários. Nós compartilhamos da crença de Tony de que "um grande guia precisa fazer três coisas: informar, educar e divertir".

NOSSO AUTOR

Adam Karlin

Autor coordenador

Adam cresceu, como muitos norte-americanos, com avôs na Flórida, e lembra-se com saudades dos muitos dezembros em que migrou para West Palm Beach. Mais tarde, trabalhou como repórter para o *Key West Citizen.* O que se seguiu foi um período de matérias sobre despejos de trailers de parques, mosquitos famintos, melodramáticas audiências do governo local (há outro tipo?) e refugiados cubanos, além de curtos momentos trabalhando como DJ de rádio e leão de chácara nas Keys. No final, foi contratado pela Lonely Planet para cobrir o sul da Flórida em toda sua estranheza. Desde então, escreveu ou contribuiu com mais de duas dúzias de guias, quase sempre em locais tropicais: o Sul dos EUA, Caribe, África e Sudeste da Ásia. É uma vida. Siga Adam em www.walkonfine.com.

Leia mais sobre Adam em:
lonelyplanet.com/members/adamkarlin

Lonely Planet Publications Pty Ltd
ABN 36 005 607 983

Austrália (escritório central)
Locked Bag 1, Footscray, Victoria 3011
☎ 61 3 8379 8000, fax 61 3 8379 8111
www.lonelyplanet.com – talk2us@lonelyplanet.com.au

EUA – 150 Linden St, Oakland, CA 94607,
☎ 510 250 6400, ligação grátis 800 275 8555
fax 510 893 8572, info@lonelyplanet.com

Reino Unido – BBC Media Centre - 201 Wood Lane,
London W12 7TQ
☎ +44 (0) 20 7106 2129
go@lonelyplanet.co.uk

Miami e Keys
1ª edição do guia em português – julho de 2012.

Diretor Editorial: Marcos Strecker
Editora: Melissa Rodriguez Leite
Assistentes editoriais: Érika Nogueira Vieira e Rebeca Michelotti
Tradução: Marcelo Barbão
Preparação: Fabiana Medina
Revisão: Ana Maria Barbosa
Paginação: Eduardo Amaral
Consultoria linguística: Glaucia Roberta Rocha Fernandes

Editora Globo S/A
Avenida Jaguaré, 1485 - 05346-902 - São Paulo - SP
www.globolivros.com.br
Edição autorizada para a Editora Globo S/A
com exclusividade para a língua portuguesa.

ISBN 978-85-250-5177-6

Tradução de *Miami & the Keys*,
6ª edição, janeiro de 2012© Lonely Planet

Texto fixado conforme as regras do novo Acordo Ortográfico da Língua Portuguesa, assinado em Lisboa em 16 de dezembro de 1990 (Decreto Legislativo do Congresso Nacional do Brasil nº 54, de 1995).

Impressão: Bartira Gráfica
Impresso em São Paulo, Brasil.

Dados Internacionais de Catalogação na Publicação (CIP)
(Câmara Brasileira do Livro, SP, Brasil)

Karlin, Adam
Lonely planet : Miami e keys / Adam Karlin ; [tradução Marcelo Barbão]. -- São Paulo : Globo, 2012.

Título original: Lonely planet : Miami e keys
ISBN 978-85-250-5177-6

1. Miami (Cidade) - Descrição e viagens - Guias
I. Título.

12-07142 CDD-917.59381

Índices para catálogo sistemático:

1. Guias de viagem : Miami 917.59381
2. Miami : Guias de viagem 917.59381